普通高等教育管理科学与工程类“十一五”规划教材

运 营 管 理

范体军　李淑霞　常香云　编著

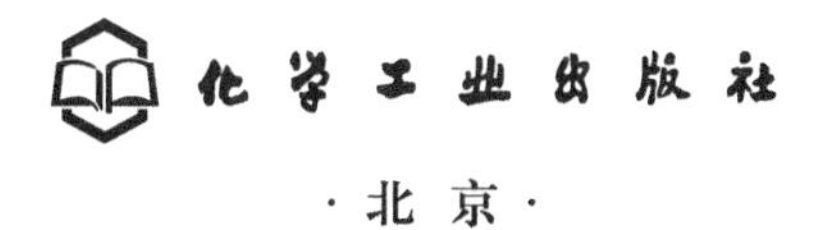

·北京·

内 容 提 要

运营管理是一门实践性很强的学科，涉及管理学和运筹学等，是多门学科知识的综合应用。本书的内容共分13章，按四部分进行结构组织，即绪论和运营战略、运营系统设计、运营系统运行、运营系统维护及改进。其特点主要在于：（1）内容新颖，信息量大，国内外最新研究动态被有机地穿插于有关章节中；（2）将运营管理丰富的内容从运营战略、运营设计、运营运行和运营系统维护视角组织起来，内容丰富，体系合理、完整；（3）侧重企业生产的实际运作，结合案例分析，具有很强的现实性和可操作性。

本书既可作为高等院校信息管理与信息系统、工程管理、物流管理、工商管理、人力资源管理、市场营销等管理类各专业学生的教材，也可供高职高专相关专业教学使用。

图书在版编目（CIP）数据

运营管理/范体军，李淑霞，常香云编著. —北京：化学工业出版社，2008.9（2024.9重印）

普通高等教育管理科学与工程类“十一五”规划教材

ISBN 978-7-122-03530-1

Ⅰ. 运… Ⅱ. ①范…②李…③常… Ⅲ. 企业管理-高等学校-教材 Ⅳ. F270

中国版本图书馆CIP数据核字（2008）第126975号

责任编辑：唐旭华　　文字编辑：林　丹

责任校对：宋　玮　　装帧设计：風行書裝

出版发行：化学工业出版社（北京市东城区青年湖南街13号　邮政编码100011）

印　　装：北京虎彩文化传播有限公司

787mm×1092mm　1/16　印张13¾　字数373千字　　2024年9月北京第1版第8次印刷

购书咨询：010-64518888　　售后服务：010-64518899

网　　址：http://www.cip.com.cn

凡购买本书，如有缺损质量问题，本社销售中心负责调换。

定　　价：25.00元

前　　言

随着网络技术的发展、全球经济的一体化，以及科学技术的进步和生产力的不断提高，顾客（customer）的消费水平不断增强，企业之间的竞争（competition）日益加剧，加上政治、经济、社会环境的巨大变化（change），特别是资源正在日益耗竭，人口正在日益增长，这些都导致企业所处的整个市场环境的不确定性大大增加。企业为了适应这种变化，竞争方式已经不能仅仅只是基于价格的竞争和基于品种的竞争，而必须发展为基于时间的竞争、基于服务的竞争和基于环保的竞争。在这种环境中，运营管理作为企业获得竞争优势的重要手段尤为重要。有些企业为生存而苦苦挣扎，而有些企业却因卓越的运营管理而经营得非常成功。编写本书的目的就是告诉读者如何通过运营管理来创造企业的竞争优势。

从生命周期角度，运营管理主要包括运营系统的设计、运营系统的运行和运营系统的维护。运营系统的设计包括产品或服务的选择和设计、运营设施的选址、运营设施布置、服务交付系统设计和工作设计。运营系统的设计对其运行有先天性的影响，设计质量的好坏直接影响运营系统的运行。运营系统的运行主要涉及生产计划与控制，需要在需求预测前提下，决策生产什么、生产多少和何时生产的计划问题以及如何保证按计划完成任务的控制问题。运营系统的维护主要涉及设备和设施的维护管理，其目标就是优化使用设备和设施这样的有形资产，使企业获得最大的投资回报。

全书共分 13 章。按四部分进行结构组织。第一部分为绪论和运营战略，第二部分为运营系统设计，第三部分为运营系统运行，第四部分为运营系统维护及改进。第一部分包括第 1、2 章，介绍运营管理的概述以及运营战略。第二部分包括第 3～5 章，主要介绍运营系统的运作流程、运营系统的选址与设施布置以及新产品开发。第三部分包括第 6～11 章，主要介绍需求预测与综合生产计划，独立需求库存控制，MRP/MRPⅡ/ERP，生产作业计划与控制以及供应链管理。第四部分包括第 12、13 章，主要介绍运营系统维护以及精益生产。

本书的特点：①内容新颖，信息量大，国内外最新研究动态有机地穿插于有关章节中；②将运营管理丰富的内容从运营战略、运营设计、运营运行和运营系统维护视角组织选材，内容丰富，体系合理、完整；③侧重企业生产和服务的实际运作，结合案例分析，具有很强的现实性和可操作性。

本书相关电子课件将免费提供给采用本书作为教材的大专院校使用。如有需要，可发邮件至 txh@cip. com. cn 索取。

全书结构由范体军确定。第 1、2、4、7、13 章以及第 9 章的部分内容由范体军编写。第 3、5、6、10、12 章由李淑霞编写，第 8、11 章以及第 9 章部分内容由常香云编写。研究生李丹丹、赵雁和徐晓峰参加了资料整理工作。

由于水平有限，书中难免存在不妥之处，敬请读者批评指正。

编者

2008 年 7 月

目　　录

第1章 绪 论

引导案例

沃尔玛（Wal-Mart Stores，Inc.）由美国零售业的传奇人物山姆·沃尔顿先生于1962年在阿肯色州成立，主要涉足零售业。经过四十多年的发展，沃尔玛公司已经成为美国最大的私人雇主和世界上最大的连锁零售商。沃尔玛主要有沃尔玛购物广场、山姆会员商店、沃尔玛商店、沃尔玛社区店等四种形式。

目前，沃尔玛在全球许多国家开设了超过6800家商场，员工总数190多万，分布在美国、墨西哥、波多黎各、加拿大、阿根廷、巴西、中国、韩国、德国和英国等。每周光临沃尔玛的顾客近一亿七千万人次。沃尔玛1996年进入中国，在深圳开设了第一家沃尔玛购物广场和山姆会员商店。经过十年的发展，沃尔玛目前已经在全国共46个城市开设了86家商场。

沃尔玛始终坚持公司的优良传统，即专注于开好每一家店，服务好每一位顾客。始终为顾客提供优质廉价、品种齐全的商品和友善的服务。沃尔玛每开设一家商场，均会为当地引入先进的零售技术及创新的零售观念。在激发竞争的同时，帮助提高当地零售业的经营水平和服务质量，从而促进当地经济的共同繁荣。

最近几年，该公司连续多年荣登《财富》杂志世界500强企业和“最受尊敬企业”排行榜。在美国福布斯全球富豪排行榜中，沃尔玛公司有五位家族成员连续几年占据了前十名的位置。

根据 http：//pp. ppsj. com. cn/Wal-MartStores/文章改编

你认为：沃尔玛在零售行业获得竞争优势的源泉是什么？

随着网络技术的发展、全球经济的一体化，以及科学技术的进步和生产力的不断提高，顾客（customer）的消费水平不断增强，企业之间的竞争（competition）日益加剧，加上政治、经济、社会环境的巨大变化（change），特别是资源正在日益耗竭，环境正在日益恶化，人口正在日益增长，都导致企业所处的整个市场环境的不确定性大大增加。在这种环境中，有些企业因经营不善而濒临破产，有些企业为求得生存而苦苦挣扎，但却仍有企业经营的非常出色。

除了上面沃尔玛成功的案例外，我们可以看看Dell公司：在20世纪后期，制造业实现了由大规模标准化生产走向大规模敏捷定制的飞跃。最典型的案例当属Dell模式，Dell公司充分利用信息技术实现了大规模敏捷定制，从而一举奠定了全球PC霸主的地位！

Dell公司成功的秘诀是什么？也许人们说是它的直销模式。既然直销模式相比分销模式而言能为制造企业赢得竞争优势，那为什么HP公司、联想公司等生产PC企业不采用这种模式？事实上，直销模式本身并不难，难点在于企业运营管理的支持。

同样地，麦当劳、肯德基快餐的成功运作也值得我们深思。就餐饮业而言，中国人自己开设的餐馆无论在菜肴的花色还是在口味等方面应该说更适合中国人，但为什么没有一家餐馆能经营成它们这样的规模？很重要的一点是麦当劳、肯德基快餐的标准化服务，它们将制造业的大批量、标准化生产原理应用于服务业，使其服务质量不会因地点、区域等改变而变化。其基础是运营管理的支持。

企业运营管理能力的增强无疑能提高企业的竞争能力，获得竞争优势。

1.1 运营管理在企业中的地位

在企业的运营活动中，运营、理财和营销是企业最基本的活动。运营涉及企业输入转化为输出的过程；理财是为组织筹措资金并合理地运用资金的过程，包括投资、融资和资金的合理利用；营销则是发现与发掘顾客需求的过程，包括挖掘顾客需求，合理定价和广告促销等。可见，运营是企业职能中最重要的职能活动之一。

图 1-1 简单描述了制造企业的运营、财务会计和市场营销的职能。制造企业的运营活动包括生产设施的建设和维护、生产与库存控制、质量保证与控制、采购、制造以及产品开发设计等。财务会计包括现金管理、股票发行以及应收应付账款和总账等；市场营销主要包括促销、广告和销售等。

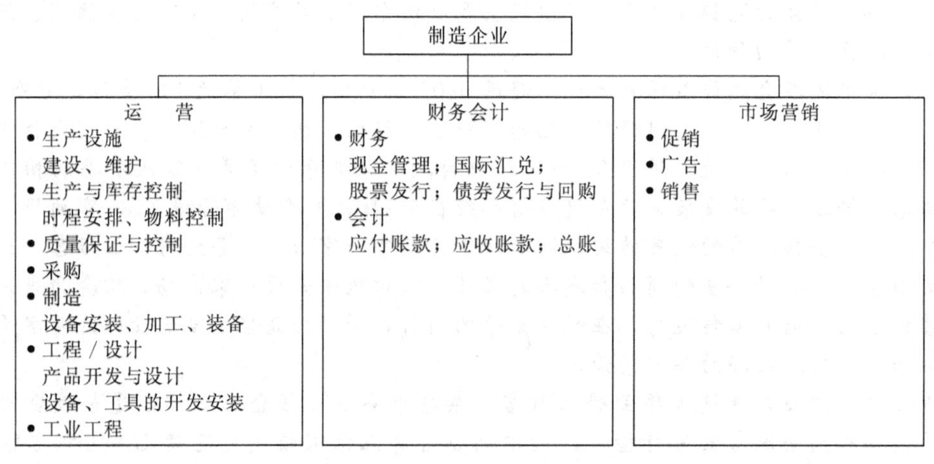

图 1-1　制造企业的运营职能

图 1-2 简单描述了航空公司的运营、财务/会计和市场营销的职能。航空公司的运营职能包括飞机维护、设备维护和供餐等地面作业，机组调度和飞机离港等航班作业等；财务会计则包括现金控制、应收和应付账款等；市场营销则包括订票和航班安排等交通管理，以及销售和广告活动。

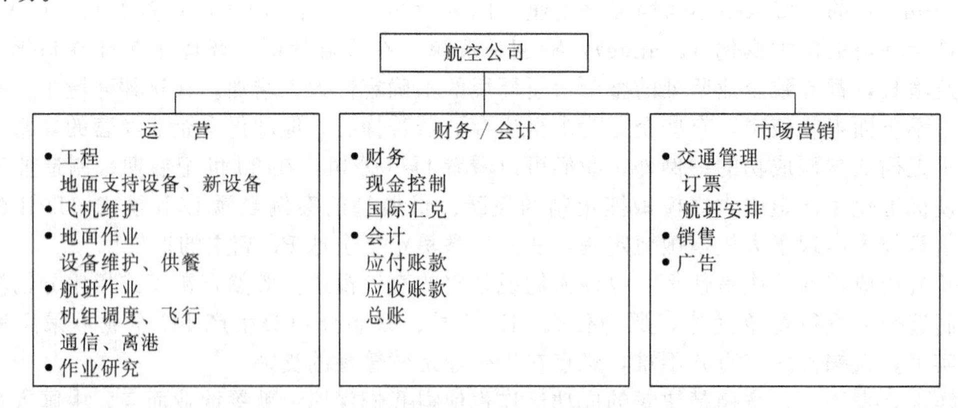

图 1-2　航空公司的运营职能

1.2 运营管理的目标及基本内容

(1) 运营管理的目标

运营管理是对一切社会组织利用资源将输入转化为输出过程的管理。运营管理所追求的目标就是：高效、灵活、准时、清洁地生产合格的产品和提供满意的服务。其目标体现了CQSTE五方面的特征，即低成本（cost，C）、合格质量（quality，Q）、满意的服务（service，S）、准时性（time，T）和清洁地生产（environment，E）。

（2）运营管理的基本内容

从运营系统的整个生命周期角度看，运营管理主要包括三方面内容：运营系统的设计、运营系统的运行和运营系统的维护。

运营系统的设计包括产品或服务的选择和设计、运营设施的选址、运营设施布置、服务交付系统设计和工作设计。运营系统的设计一般在设施建造阶段进行，但在运营系统的生命周期内，不可避免地要对运营系统进行更新，包括扩建新设施、增加新设备，或者由于产品和服务的变化，需要对运营设施进行调整和重新布置，在这种情况下，都会遇到运营系统设计问题。运营系统的设计对其运行有先天性的影响，设计质量的好坏直接影响运营系统的运行。

运营系统的运行主要涉及生产计划与控制两个方面。计划主要解决生产什么、生产多少和何时出产的问题，包括预测对本企业产品和服务的需求，确定产品和服务的品种与产量，编制生产计划，做好资源的组织，人员班次安排，统计生产进展情况等。

控制主要解决如何保证按计划完成任务的问题，包括生产进度控制，采购程序控制和库存控制等。生产进度控制的目的是保证各生产单元生产计划的按期完工，产品按期装配和出产。采购程序控制包括对战略性物资、重要性物资和一般性物资的采购审批控制程序等。库存控制包括对原材料库存、在制品库存和成品库存的控制。如何以最低的库存保证供应，是库存控制的主要目标。

运营系统的维护主要涉及设备和设施的维护管理。特别对于一些资产密集型的企业，如石油化工、电力和航空等行业，设备和设施的运行维护效率直接决定企业的竞争能力和经济效益。因此，运营系统维护的目标就是优化使用设备和设施这样的资产，使企业获得最大的投资回报。具体地，运营系统维护的目标就是提高资产的维修效率，增加资产的可靠性，降低资产的总体维修成本，尽量延长资产的使用寿命。

图 1-3 展示了一个典型制造企业的运营系统及相关要素。从该图可以看出，整个系统的运营包括原材料的采购、产品的生产以及产品的销售过程。在这一过程中，运营的核心是运营计划。运营计划包括长期生产能力计划、生产计划、短期物料需求计划和作业计划，它体现了运

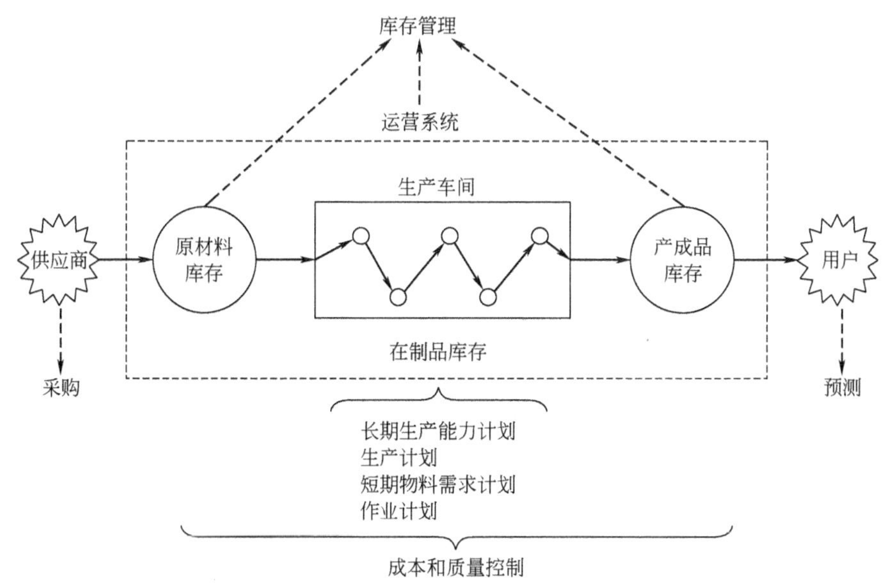

图 1-3　运营系统及相关要素

营计划的层次性，即长期计划、中期计划和短期计划。该计划决定了运营系统生产什么、生产多少和什么时间生产等要素。运营系统的重点内容是库存管理问题。库存问题不仅包括原材料的库存，而且包括在制品库存和产成品库存。除此之外，成本和质量管理又贯穿于运营管理的始终。

1.3 运营管理的概念及分类

1.3.1 运营概念

运营（operation）的概念最早来自于生产（production），是在生产的概念基础上发展起来的。生产是一个产品的制造过程。而运营是与生产产品或提供优质服务直接关联的一组活动，包括产品制造过程和提供服务的过程，也称生产运营或生产运作（production and operations）。

运营概念的发展与服务业的兴起有直接关系。图 1-4 显示了美国劳工职业分布情况。从图中可以看出，1956 年，美国白领人数首次超过蓝领人数，并且从那时起，一直超过蓝领人数。另一方面，美国的服务业在 GDP 中的比重 1952 年首次超过第一产业——农业的比重，并且越来越高。不仅仅是美国，整个世界的服务业发展也遵循同样的趋势。在我国，服务业对 GDP 的贡献也有极大增长。

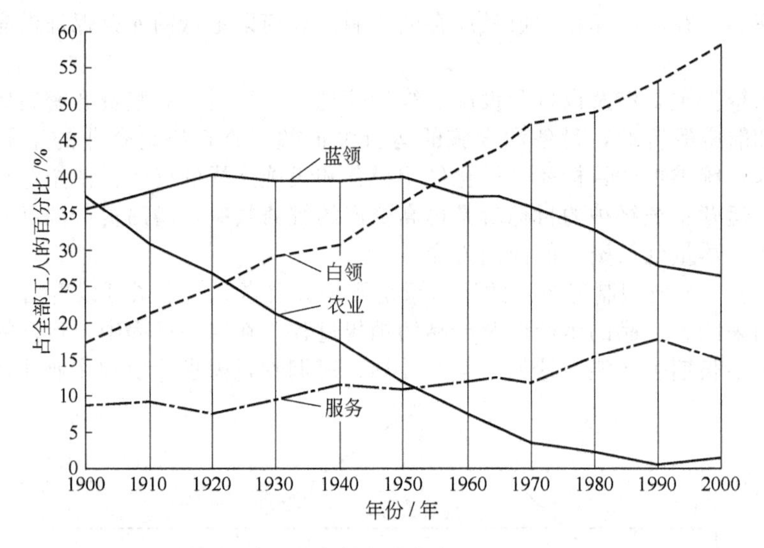

图 1-4 美国劳工的职业分布（1900～2000）

资料来源：U. S. Department of Commerce，Bureau of Census，Statistical Abstract of U. S. 1995

目前，服务业正在蓬勃发展，出现了如个人服务、社会服务、商贸服务、金融服务、通信服务和交通服务等。更重要的是许多制造企业走上了制造与服务并举的道路，服务在其产品价值中的比重也是越来越高，制造业中越来越多的人从事服务工作。

在这种情况下，如何来定义运营（operation）呢？运营是一切社会组织利用资源将输入转化为输出的过程。输入可以是原材料、顾客、劳动力以及机器设备等资源。输出的是有形的产品和无形的服务。输入不同于输出，这就需要转化。典型的运营转化的过程有以下几种：

物理过程（例如制造）；

位置移动过程（例如运输）；

交易过程（例如零售）；

生理过程（例如医疗保健）；

信息过程（例如电信）。

表 1-1 列出了典型社会组织的输入、转化和输出内容。

表 1-1 典型社会组织的输入、转化和输出

社会组织	主要输入	转化	主要输出
医院	病人	诊断与治疗	恢复健康的人
工厂	原材料	加工制造	产品
物流公司	甲地的物资	位移	乙地的物资
餐厅	饥饿的顾客	提供精美的食物、舒适的环境	满意的顾客
大学	高中毕业生	教学	高级专门人才
咨询站	情况、问题	咨询	建议及解决方案

1.3.2 运营的分类

不同形式的生产运作系统在运营方式上存在较大差异，因此有必要对生产进行分类。按输出物的性质，可以将生产分为制造性生产和服务性生产。

（1）制造性生产

制造性生产是通过物理或化学作用将有形输入转化为有形输出的过程。例如：汽车制造、钢铁冶炼、石油化工和啤酒生产等都属于制造性生产。

① 流程性生产与离散性生产　按生产工艺过程的特点，制造性生产可以分为流程性生产与离散性生产。流程性生产是物料均匀、连续地按一定工艺顺序移动，并不断改变形态和性能，最后形成产品的生产，如炼油、化工、冶金、食品、造纸等都属于流程性生产。流程性生产一般生产设施地理位置集中，生产过程自动化程度高，生产协作与协调任务较少。

离散性生产也称加工装配式生产，是指物料离散地按一定工艺顺序移动，在移动中不断改变形态和性能，最后形成产品的生产，如机床、汽车、柴油机、锅炉、船舶、家具、电子设备、计算机、服装等产品的制造，都属于加工装配式生产。在加工装配式生产过程中，产品是由离散的零部件装配而成的。这种特点使得构成产品的零部件可以在不同地区甚至不同国家制造。加工装配式生产的组织十分复杂，是生产运作管理研究的重点。

流程式生产与加工装配式生产在产品市场特征、生产设备、原材料等方面有着不同的特点，见表 1-2。

表 1-2 流程式生产与加工装配式生产的特征

特征	流程性生产	加工装配式生产
产品品种数	较少	较多
营销特点	依靠产品的价格与可获得性	依靠产品的特点
资本/劳动力/材料密集	资本密集	劳动力、材料密集
自动化程度	较高	较低
对设备可靠性要求	高	较低
原材料品种数	较少	较多
在制品库存	较低	较高

② 备货型生产与订货型生产　按照企业组织生产的特点，可以把制造性生产分成备货型生产（make-to-stock，MTS）与订货型生产（make-to-order，MTO）两种。流程式生产一般为备货型生产，加工装配式生产既有备货型又有订货型。

备货型生产是指按已有的标准产品或产品系列进行的生产，生产的直接目的是补充成品库存，通过维持一定量成品库存来满足用户的需要。例如，流程式生产中的化肥、汽油、沥青，加工装配式生产的轴承、紧固件、小型电动机等产品的生产，都属于备货型生产。服务业的快餐运营也属于备货型生产。

订货型生产又称“按订单制造”式生产，是指按用户订单进行的生产，生产的是顾客所要求的特定产品。用户可能对产品提出各种各样的要求，经过协商和谈判，以协议或合同的形式确认对产品性能、质量、数量和交货期的要求，然后组织设计和制造。例如，锅炉、船舶等产品的生产，属于订货型生产。

备货型生产与订货型生产的特征在产品、交货期、设备、人员等方面有不同的特征，见表1-3。

表 1-3 备货型生产与订货型生产的特征

项目	备货型生产(MTS)	订货型生产(MTO)
产品	标准产品	按用户要求生产,无标准产品
产品的需求	可以预测	难以预测
价格	事先确定	订货时确定
交货期	不重要,由成品库随时供货	很重要,订货时决定
设备	多采用专用高效设备	多采用通用设备
人员	专业化人员	需多种操作技能

③ 单件生产、成批生产和大量生产　按生产的重复程度来分类，制造性生产又可以分为单件生产、成批生产和大量生产。单件生产就是根据用户的特定要求组织生产或服务，如船舶制造、医疗保健等。成批生产就是品种较多、产量较大、若干种产品成批轮换生产，如目前家用电器的生产。大量生产则是大批量生产一种或少数几种标准化产品，如福特 T 型车的生产。实际生活中，绝对的单件生产和大量生产较少出现，更多的是成批生产。成批生产又可以分为：单件小批生产、中批生产和大量大批生产。

（2）服务性生产

服务性生产又称为非制造性（non-manufacturing）生产，其基本特征是不制造有形产品，但有时为实现服务又必须提供有形产品。服务行业多从事劳务性生产。

① 服务性生产的分类　按照是否提供有形产品可将服务性生产分成纯劳务服务和一般劳务服务。纯劳务服务不提供任何有形产品，如咨询、法庭辩护、指导和讲课等。一般劳务服务则提供有形产品，如批发、零售、邮政、运输、图书馆书刊借阅等。

按顾客是否参与也可将服务性生产分成顾客参与的服务性生产和顾客不参与的服务性生产。前者如保健、旅游、客运、教育、娱乐等，没有顾客的参与，服务不可能进行；后者如修理、洗衣、邮政、货运等。顾客参与的服务性生产管理较为复杂。

根据学者 Dororthy Riddle 的观点，服务性生产可以分为：商业服务（如咨询、金融、银行等）、贸易服务（如零售业、维修和保养业等）、基础设施服务（如通讯业、运输业等）、社会或个人服务（如餐饮业、保健业等）以及公共管理（如教育、政府等）。

不同服务类型有不同的运作规律，服务性生产的分类有助于我们进一步深入地研究不同服务类型的内在运作规律。

② 服务性生产的特征　随着服务业的兴起，提高服务运作的效率日益引起人们的重视。然而，服务性生产的管理与制造性生产的管理有很大不同，不能把制造性生产的管理方法简单地搬到服务业中。与制造性生产相比，服务性生产有以下几个特点：

a. 服务的产出是无形的、不可储存的。对服务而言，服务过程就是产品；

b. 有顾客参与，顾客作为服务系统的输入，服务人员与顾客直接接触；

c. 生产率难以确定；

d. 质量标准难以建立；

e. 服务管理具有服务运作和服务营销双重职能；

f. 有形的产品和无形的服务很难区分，产品往往伴随有服务，服务的同时有物品的提供。

1.4 运营管理的发展历程

按时间发展的先后顺序，运营管理的发展历程如表1-4。

表1-4 运营管理的发展历程

年　代	理　论	创 始 人
1776年	劳动分工(division of labor)	亚当·斯密
20世纪10年代	科学管理(scientific management) 工作研究(industrial psychology) 甘特图 装配流水线(moving assembly line) 经济批量模型(economic lot size)	泰勒 吉尔布雷斯夫妇 甘特 福特 哈里斯
20世纪30年代	质量控制(quality control) 人际关系学(hawthorne study)	道奇等人 梅奥
20世纪40年代	运筹学(operations research)	丹齐格、运筹学研究小组
20世纪五六十年代	运筹学(operations research)进一步发展 生产管理领域形成(OM's emergence as a field)	布曼和怀特
20世纪70年代	计算机在企业中应用 服务质量与生产率(service quality and productivity)	IBM公司中奥里克和怀特 麦当劳餐厅
20世纪80年代	制造战略 准时生产制等(JIT,TQC and factory automation)	哈佛商学院 丰田公司、戴明、朱兰
20世纪90年代	全面质量管理与质量认证(total quality management and quality certification) 业务流程重构(business process reengineering) 精细生产(lean production) 供应链管理(supply chain management) 敏捷制造(agile manufacturing)	ISO 9000 哈默 里海大学

运营管理最早可以追溯到1776年的亚当·斯密（Adam Smith）的劳动分工（division of labor），但最早将科学的方法用于生产管理的则是20世纪10年代的泰勒（F. W. Taylor）。与泰勒同时代的吉尔布雷斯夫妇（Frank and Lillian Gilbreth）专门从事动作研究，甘特（Henry Gantt）则发明了至今仍广泛使用的编制作业计划的甘特图，哈里斯（F. W. Harris）提出了用于库存控制的经济批量模型。真正将劳动分工用到极致的是亨利·福特，他通过劳动分工创造了大量生产的奇迹，使汽车进入美国普通老百姓家庭，改变了美国人的生活方式。

到20世纪30年代，道奇（H. F. Dodge）、罗米格（H. G. Romig）和休哈特（W. Shewhart）首先将统计理论用于生产管理中的质量检验和质量控制。而梅奥（Elton Mayo）则根据霍桑的实验，提出了人际关系学说，为运营管理注入了新的元素。

在20世纪40年代，丹齐格（George B. Dantzig）提出了线性规划的单纯形法，运筹学研究小组继续发展了数学规划的研究，现在数学规划被广泛应用于运营管理的建模和决策中。

到了20世纪50年代和60年代，运筹学得到了进一步发展，众多数学家、心理学家和经济学家相继提出了如数学规划、对策论和排队论等各种数学模型，促成了运筹学的创立和发展，并将运筹学运用于运营管理领域。但运营管理被作为一门学科直到1957年爱德华·布曼（Edward Browman）和罗伯特·怀特（Robert Fetter）的《生产与运作管理分析》著作出版以及1961年埃尔伍德·布法（Elwood. S. Buffa）的《现代生产管理》著作面世。

在20世纪70年代，IBM公司的奥里克（Joseph Orlicky）和怀特（Oliver Wight）将计算

机应用于企业的运营管理，特别地他们是物料需求计划（material requirements planning，MRP）革新者。同时，麦当劳将生产制造业的理念运用到服务业，通过标准化大量生产大幅度地提高了服务质量和劳动生产率，至今仍被誉为将生产制造业的理念运用到服务业的典范。

在 20 世纪 80 年代，哈佛商学院的研究人员开发出制造战略模式，强调制造业的生产能力能够作为战略竞争的因素，其核心是集中制造和均衡制造。同时，80 年代日本制造业的崛起，引起了人们的广泛关注。其一是强调保持最小的零部件存货、把零部件及时按需送达生产现场进行生产的准时生产模式（just in time，JIT）；其二是强调这种思想与全面质量控制的结合。全面质量控制由美国质量管理专家戴明（W. E. Deming）和朱兰（J. M. Juran）引入，强调全员参与，持续改进。这时的日本制造业以其高质量、低成本而获得强大的竞争优势。

在 20 世纪 90 年代，运营管理中全面质量管理（TQM）得到发展，国际标准化组织颁布的 ISO 9000 认证体系在全球制造业的质量标准制定中发挥了重要的作用。同时，这一时期出现了业务流程再造、精益生产、供应链管理和敏捷制造等理论。

进入 21 世纪，由于互联网和电子商务的发展，它改变了运营协调和执行的职能，出现了电子化运营（E-OPS）。

1.5 新形势下运营管理面临的挑战

1.5.1 运营管理面临的形势

（1）经济全球化

进入 21 世纪后，随着全球经济的一体化，越来越多的行业正在演化为全球性行业，真正的世界市场到来。经济全球化给企业运作带来了挑战。在这种环境下，买方市场范围扩大，过剩能力增强，导致竞争的加剧，许多公司出现生存危机；产品的生命周期越来越短，研究开发费用越来越高。

同时，经济全球化给企业运作带来了机遇。企业可以权衡成本、收益、风险等因素在世界任何地点选择厂址投资建设工厂，不仅如此，企业生产的产品不仅为制造它的本地人所享用，同时也能满足全球各个角落的需要。通讯与信息技术和互联网正迅速缩短国家之间的距离，打破国家在时间、空间上的约束，使得全球化运营的企业能够将其计划决策实时地传递到世界各地的分公司。不仅如此，24 小时全天候的网上订单以及通存通兑使得企业销售信息和财务不存在地域限制。

经济的全球化使企业的竞争转向高技术行业和高附加值产品的生产，竞争重点由制造领域向服务业和技术创新领域转移，竞争者之间由竞争走向联合。

（2）环境问题

制造业是国民经济的支柱产业，在将制造资源转变为产品以及产品使用和废弃处理过程中，一方面消耗大量人类社会有限的资源，另一方面造成环境污染，是当前环境污染问题的主要根源。据统计，造成全球环境污染的排放物 70%以上来自制造业。传统的“向自然界索取”、“向自然开战”和“人定胜天”的行动正在遭受大自然的报复，如 2005 年 8 月美国新奥尔良市的飓风和暴雨淹没了整个新奥尔良市，造成几百万人流离失所。近年来，人们生活的阳光、空气和水被污染，资源被掠夺性开采和浪费，造成森林、草原的破坏，气候的恶化和水土的流失。在这种情况下，企业必须肩负起一定的社会责任，进行“绿色制造”和“生态供应链”的运作。可喜的是，目前有些企业的“绿色制造”和“生态供应链”已不仅仅停留在概念阶段，而且开始付诸行动。

（3）基于时间的竞争

如果你从上海到昆明，可选择的交通工具有汽车、列车和飞机，可以想象你不一定选择票价便宜但需要花费较长路途时间的汽车和列车作为交通工具。同样地，如果企业需要将生产的创新性产品（如电脑、手机等）从甲地运输到乙地，该企业一般不会选择运费便宜但运输时间非常长的物流公司，而会选择运费高一些但运输时间较短的物流公司。从这些例子可以看出，企业生产产品或提供服务的竞争因素已经发生变化，不仅仅是基于价格的竞争，而发展为基于时间的竞争。

基于时间的竞争主要体现在四个方面：作业层面、战术层面、战略层面和宏观层面。在作业层面，以“泰勒”为代表的时间研究主要通过缩短加工时间来提高劳动生产率；在战术层面，主要通过缩短调整准备时间，提高机器加工柔性，如丰田公司“三分钟换模”，使加工不同零件和加工相同零件具有一样的效率，能适应不同零件的加工，使生产系统具有柔性，能满足快速交货的要求；在战略层面，主要缩短新产品开发周期；在宏观层面，主要缩短从产品创新到产品处理的总响应周期，如1998年Raymond T. yeh和Keri Pearlson提出“零时间”概念。

1.5.2 运营管理的发展趋势

（1）业务流程再造

1993年，哈默（M. Hammer）和钱皮（J. Champy）在哈佛商业评论上发表文章，认为由于3C（customers，competition，change）的作用，亚当·斯密的劳动分工论已经过时。因此，公众顾客市场（customers）不复存在，它已经细分为更小的市场，甚至细分到每个顾客。另一方面，贸易壁垒的消除，使得各个国家、各个厂商之间的产品在同一市场出现，竞争（competition）白热化。除此之外，变化（change）已经成为常规，不变倒是例外。

由于“3C”的特征，企业的运营应该从面向分工的职能管理转向面向过程（process）的管理，必须对企业的业务流程进行再造（reengineering）。即从根本上对业务流程进行再思考和再设计，在现行的关键绩效指标上取得巨大改进。业务流程再造的目的是为了提高顾客的服务效率和服务质量，从而使企业获得竞争优势。

（2）精益生产

精益生产（lean production，LP）是指对一切资源的占用少，对一切资源的利用率高。它是美国麻省理工学院国际汽车项目组的研究者John Krafoik给日本汽车工业的生产方式取的名称。精益生产只需要一半的人员、一半的生产场地、一半的投资、一半的工程设计时间、一半的新产品开发时间和少得多的库存，就能生产出质量更高、品种更多的产品。

精益生产已广泛地应用于汽车制造行业，取得了良好的效果。在此基础上，丹尼尔从价值链角度提出了“精益思想”，其核心是消除浪费。

（3）供应链管理

从20世纪80年代中后期开始，由于企业所处环境的不确定性，为了赢得竞争优势，任何企业都只能在某一方面拥有一定时间内的优势，为此许多企业将原有的非核心业务外包（outsourcing）出去，自己集中资源发展核心能力，选择与设计工艺、原料供应、毛坯制造、零部件加工、产品装配、包装和运输等各个环节最有优势的企业进行合作，构成一条从供应商、制造商、分销商到最终用户的物流和信息流网络，这就是“供应链”。

供应链管理是借助信息技术（IT）和管理技术，将供应链上业务伙伴的业务流程相互集成，从而有效地管理从原材料采购、产品制造、分销，到交付给最终用户的全过程，在提高客户满意度的同时，降低整个系统的成本、提高各企业的效益。供应链使链上的企业专注于自己的核心能力的发展，各个企业发挥优势，从而使供应链企业有更强整体竞争力。

（4）敏捷制造

20世纪80年代后期，日本制造业的崛起引起了美国的关注，但学习日本精益生产方式的效果却不理想。1991 年美国国会要为国防部拟定一个较长期的制造技术规划，并体现工业界和国防部的共同利益，委托 Lehigh 大学的 Iacocca 研究所编写一份“21 世纪制造企业战略”报告。该大学邀请了理论界和实践界的代表，建立了以 13 家大公司为核心的、有 100 多家公司参加的联合研究组。耗费 50 万美元，花费了 7500 多人时，分析研究了美国工业界 400 多篇优秀报告，提出了“敏捷制造（agile manufacturing，AM）”。报告的核心建议是：由于全球性竞争使得市场变化太快，单个企业依靠自己的资源进行自我调整的速度赶不上市场变化的速度，因此，应该以“虚拟企业”或动态联盟为基础的敏捷制造模式来应对全球化激烈竞争的市场。

（5）大量定制生产

个性化生产和标准化生产是两种不同的生产方式。个性化生产满足了顾客的个性化需求，但效率低、成本高；标准化生产可以实行大量生产，从而实现了高效率和低成本。那么，如何以大量生产的效率和成本，生产个性化的产品？为实现以大量生产的效率和成本生产个性化产品，产生了大量定制生产方式。

1993 年 B·约瑟夫·派恩（B·Joseph PinelI）在《大规模定制：企业竞争的新前沿》一书中写到：“大规模定制的核心是产品品种的多样化和定制化急剧增加，而不相应增加成本；个性化定制产品的大规模生产；其最大优点是提供战略优势和经济价值。”

尽管多样化生产是在从大量生产向大量定制生产转变过程中出现的，但它只是提供顾客更多的选择。如制鞋厂生产出不同标准尺码（37 码、38 码等）的皮鞋以满足顾客的多样化要求，但很少提供非标准尺码（如 37.5 码）的皮鞋。

大量定制生产的关键是如何变顾客个性化的产品为标准化的模块。假设一家电脑公司生产 4 种不同类型的中央处理器、3 种不同类型的输入/输出装置，以及 2 种不同类型的打印机。对顾客来说，虽然这家电脑公司只生产 9 种（4＋3＋2）标准化组件，却可以为顾客提供 24 种（4×3×2）不同的电脑组装方案。

那么，这种生产方式是如何运作的呢？

假定生产制造方式可以划分为产品设计、原材料采购、零部件加工和产品组装几个典型的生产阶段，如图 1-5 所示。为了兼顾顾客个性化要求和生产过程的效率，可以将个性化生产和标准化生产进行组合，形成不同的生产方式。其关键是确定响应客户需求定制生产的转换点，即顾客订单分离点（customer order de-coupling point，CODP），见 1-5 图中的“△”符号。按照客户需求对企业生产活动影响程度的不同，即 CODP 在生产过程中的位置不同，把大规模定制分为按订单销售（sale-to-order，STO）、按订单装配（assemble-to-order，ATO）、按订单制造（make-to-order，MTO 或 fabrication-to-order，FTO）、按订单采购（purchase-to-order，PTO）和按订单设计（engineer-to-order，ETO）五种类型。当顾客可选择的只是标准化产品时，我们称之为按订单销售 STO，这一生产方式实质上是标准化生产，按库存生产（make-to-stock，MTS）。当 CODP 左移时，意味着顾客的选择多一些，即按订单装配 ATO。企业是在接到客户订单后，将企业中已有的零部件经过再配置后向客户提供定制产品的生产方式，如模块化的汽车、个人计算机等，在这种生产方式中，装配活动及其下游的活动是由客户订货驱动的。当 CODP 进一步左移时，意味着顾客的选择可以更多一些，个性化增强，即按订单加工 FTO（或 MTO）。按订单制造是指接到客户订单后，在已有零部件的基础上进行变型设计、制造和装配，最终向客户提供定制产品的生产方式，大部分机械产品属于此类生产方式。在这种生产方式中，客户订单分离点（CODP）位于产品的生产阶段，变型设计及其下游的活动是由客户订货驱动的。当 CODP 进一步左移到按订单采购 PTO 位置时，说明顾客可以对采购及其下游生产阶段提出特定需求，而其上游的设计阶段则是标准化设计模块。当 CODP 再左移到按订单设计 ETO 位置时，企业根据客户订单中的特殊需求，重新设计能满足特殊需求的新零部件或整个产品。

可见，随着顾客订单分离点（CODP）的左移，顾客个性化的程度越来越高，但生产效率越来越低。因此，企业采用大量定制生产方式时必须根据自己行业实际情况合理地确定顾客订单分离点（CODP），选择适合的大量定制生产方式。

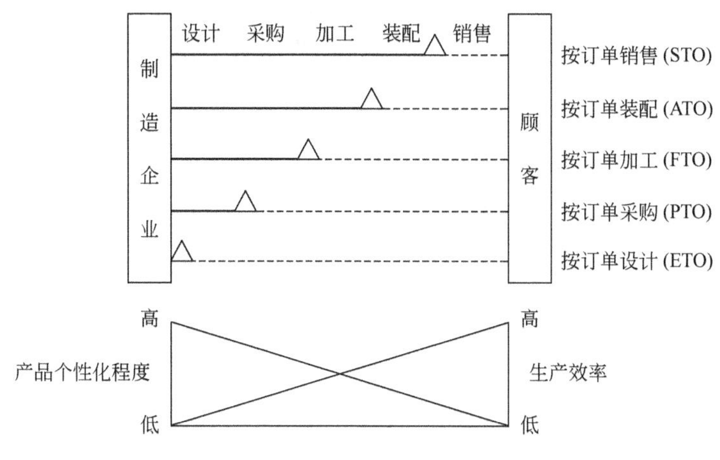

图 1-5　个性化生产与标准化生产的结合

1.6　本章小结

随着网络技术的发展、全球经济的一体化，以及科学技术的进步和生产力的不断提高，顾客（customer）的消费水平不断增强，企业之间的竞争（competition）日益加剧，加上政治、经济、社会环境的巨大变化（change），特别是，资源正在日益耗竭，环境正在日益恶化，人口正在日益增长，这些导致企业所处的整个市场环境的不确定性大大增加。在这种环境中，运营管理对于提高企业的竞争力具有举足轻重的作用，而核心的运营管理能力是企业形成核心竞争力的保证。

运营、理财和营销是企业最基本的活动。运营是一切社会组织利用资源将输入转化为输出的过程。运营管理是对一切社会组织利用资源将输入转化为输出过程的管理。运营管理所追求的目标就是：高效、灵活、准时、清洁地生产合格的产品和提供满意的服务。其目标体现了CQSTE 五方面的特征，即低成本（cost，C）、合格质量（quality，Q）、满意的服务（service，S）、准时性（time，T）和清洁地生产（environment，E）。

从运营系统的整个生命周期角度，运营管理的主要包括三方面内容：运营系统的设计、运营系统的运行和运营系统的维护。运营系统的设计包括产品或服务的选择和设计、运营设施的选址、运营设施布置、服务交付系统设计和工作设计。运营系统的运行主要涉及生产计划与控制两个方面。计划主要解决生产什么、生产多少和何时出产的问题。运营系统的维护主要涉及设备和设施的维护管理。

不同形式的生产运作系统在运营方式上存在较大差异，因此有必要对生产进行分类。按输出物的性质，生产分为制造性生产和服务性生产。按生产工艺过程的特点，制造性生产分为流程性生产与离散性生产；按企业组织生产的特点，制造性生产分为备货型生产（make-to-stock，MTS）与订货型生产（make-to-order，MTO）；按生产的重复程度来分类，制造性生产分为单件生产、成批生产和大量生产。按照是否提供有形产品分类，服务性生产分成纯劳务服务和一般劳务服务；按顾客是否参与分类，服务性生产分成顾客参与的服务性生产和顾客不参与的服务性生产。特别需要注意的是，服务性生产与制造性生产有很大不同，它有自身的一些特点，如不可存储、有顾客参与等。

从1776年的亚当·斯密的劳动分工到20世纪泰勒的科学管理再到今天，运营管理在新的形势下面临着全球化、环境问题和基于时间竞争的挑战，其发展趋势则是业务流程再造、精益生产、供应链管理、敏捷制造和大量定制生产等。

习　题

1. 简述运营管理在企业中的地位。
2. 什么叫生产？什么叫运营？请简述它们之间的区别。
3. 简述制造性生产的不同分类。
4. 简述流程式生产与加工装配式生产的区别。
5. 简述备货型生产与订货型生产的区别。
6. 简述服务性生产的不同分类以及服务性生产的特征。
7. 简述运营管理的发展历史。
8. 简述运营管理面临的挑战及发展趋势。

第2章 运营战略

引导案例

运作管理：“低成本”考验春秋航空的整体管理能力

经过11个月的审查，上海第一家民营航空企业春秋航空终于取得了“航空承运合格证”，并于2005年7月18日首航烟台。春秋航空打出了“低成本航空”的旗号，首航的最低票价只有199元。

“低成本航空”很容易就让人联想到了美国西南航空公司，而春秋航空的确也是把美国西南航空公司作为了自己的榜样，甚至直接喊出了“做中国的美西南”的口号。

首航的低票价很明显产生了效果，春秋航空的订票网站甚至几近瘫痪。虽然其发言人表示如此之低的票价只是庆祝首航，但是毫无疑问春秋航空廉价航空的旗号还是要打下去的。那么它如何实现低成本呢？春秋航空表示：“我们的飞机不提供餐食，只有一瓶矿泉水；我们通过网上订票减少中间环节；我们不使用中航信的系统；我们没有人力包袱；我们拥有统一的机型，这些至少可以省下6%～7%的成本，相比三大航也许省了20%。”

低成本不仅和商业模式有关，更和企业的整体管理能力有关。春秋航空在火热的开始阶段过后面临的是如何延续低成本的考验。

首先，春秋航空面临着精细化运营的考验。西南航空的创始人赫伯特·凯勒尔有一句名言：“飞机要在天上才能赚钱。”美国媒体曾广泛宣传和赞扬过美国西南航空公司这样的航班纪录：8时12分，飞机搭上登机桥，2分钟后第一位旅客下机，同时第一件行李卸下前舱；8时15分，第一件始发行李从后舱装机；8时18分，行李装卸完毕，旅客开始分组登机；8时29分，飞机离开登机桥开始滑行；8时33分，飞机升空。两班飞机的起降，用时仅为21分钟。但鲜为人知的是，这个纪录实际上却遭到了西南航空总部的批评，因为飞机停场时间比计划长了将近2分钟。30多年来，西南航空用各种方法使他们的飞机尽可能长时间地在天上飞。

实际上这只是西南航空管理精细的一个方面。西方有一句谚语：“魔鬼就在细节中。”中国的企业家的思维往往是喜欢从宏观思考问题，不愿意在细节上“浪费功夫”。其实好的管理就是在运作当中的一个个细节中体现的，一个个铜板也就是这样节省下来的。

其次，春秋航空面临着如何提高服务质量的考验。西南航空是有名的“最佳雇主”，有着家庭式的工作氛围，9·11之后美国航空公司纷纷裁员，但西南航空坚决不裁，与员工共度危机。这使得西南航空的员工都有着高昂的士气，士气又会通过对顾客的服务表现出来。在圣诞节乘西南航空航班回家的乘客可能会看到戴着驯鹿角的乘务员，听到扬声器里传来飞行员哼唱的圣诞歌曲，飞行员为了表示自己的愉快心情，还会将飞机轻微的摇晃两下。这些都令乘客开心不已。

西南航空的低成本背后其实是对顾客的高质量的服务，这些服务甚至是创新的、别出心裁的，提供这些服务的一定是满心热爱公司的员工。如何能做到这些，是春秋航空需要考虑的。

所以，商业模式其实并不难学，难的是如何学到这套商业模式背后的一整套管理体系从而提高自己的整体管理能力。一次，由于天气原因造成航班延误，滞留机场的大部分旅客抱怨纷纷，只有西南航空的登机口传来欢声笑语。原来，值班经理宣布临时设立一项数目可观的奖金，奖励袜子上窟窿最大的旅客。联想到几个月前国内一家航空公司因为航班延误服务不周以致乘客打出横幅发誓一辈子也不乘坐这家公司的航班，两者服务质量的差异和效果是何等鲜明。春秋航空也提出了“差异化服务”，什么叫“差异化服务”？这就是。

资料来源：Richard Li. 世界经理人. 2005.7.19

你认为：春秋航空的运营战略的定位是怎样的？不同的航空公司在其运营战略的定位上是否存在差异？

2.1 企业战略

2.1.1 企业的竞争环境

进入21世纪，企业面临的内外环境正发生着根本的变化。这些变化主要体现在三方面：工业经济到网络经济的变化、经营环境的“3C”特征和企业赢得竞争的主要因素的变化。

从工业经济到网络经济，整个企业面临的环境从“短缺经济”转变为“过剩经济”，从“大规模生产”到“小规模定制”，从“生产导向”转变为“顾客导向”，从“标准化”转变为“个性化”，从“成本优势”转变为“创新优势”，从“地域经济”转变为“全球经济”，从“多元化”到建立“核心竞争力”。

另一方面，企业的经营环境表现着“3C”特征，顾客（customer）的消费水平不断增强，企业之间的竞争（competition）日益加剧，加上政治、经济、社会环境的巨大变化（change）。“3C”的经营环境导致企业所处的整个市场环境的不确定性大大增加。

此外，企业赢得竞争的主要因素已发生变化。目前企业竞争方式已经不能仅仅只是基于价格的竞争和基于品种的竞争，而必须发展为基于时间的竞争、基于服务的竞争和基于环保的竞争。

2.1.2 企业战略

企业内外环境发生变化，在这种环境下，企业必须有一个长期发展的指导性计划，要能够预测未来，不致迷失方向，于是，提出企业战略的问题。企业战略是指为实现企业的最终目标而制定的计划，即“重大的、带全局性的或决定全局的谋划”，它指明了达到最终目标的途径。

以日本小汽车为例，目前日本小汽车已进入欧美市场，人们往往惊叹于日本的小汽车长驱直入欧洲和美国市场，实际上日本汽车公司早就制定了在石油短缺情况下的发展战略，同时尽量开发出小型节油小轿车。而在20世纪60年代末期，美国汽车工业的“三巨头”——通用汽车公司、福特汽车公司和克莱斯勒汽车公司几乎是不约而同地作出集体生产体积大、耗油多的小轿车的决策。日本企业重视企业发展战略和战略管理的成功经验，推动了企业战略理论的发展。

从战略管理的角度，企业战略包括企业战略制定、企业战略实施和企业战略评价。在企业战略的制定中，需要明确企业的使命远景，进行SWOT分析，确定企业的长期发展目标，形成企业的战略方案。

为保证企业战略的实施，需要设计适当的组织结构和控制系统，同时，必须分解企业的长期发展目标，设置企业的年度目标，根据年度目标制定相应的企业政策，并根据相应的目标配置相应的资源。

经过一段时间的战略实施后，需要评价战略实施的效果。根据企业战略评价的结果，及时修正改进原来的战略方案，使战略方案符合实际，同时也可以保证战略的最终实施。

（1）企业使命（mission）

每一个企业在生存和发展的过程中，都要履行一定的社会责任，满足某种社会需求，扮演一定的社会角色，否则便无其存在的依据，更无从谈起如何发展。无论是新办企业还是在经营中作重大调整的企业，都要解决这个问题。对这个问题的回答就是确定企业使命。企业使命就是企业在社会经济生活中所担当的角色和责任，就是企业区别于其他企业而存在的理由。一般来说，绝大多数企业的使命是高度概括和抽象的，企业使命不是企业经营活动具体结果的表述，而是企业开展活动的方向、原则和哲学。

因此，使命是一个组织的基础，是一个组织存在的原因。一个组织使命是由该组织的业务性质决定的，它应回答“一个组织从事什么”。使命指导一个组织的战略形成以及各层次的战略决策。

企业使命的定义有狭义和广义之分。狭义的企业使命定义是以产品为导向的。例如，一家准备进入高新技术产业领域的公司可以将其使命定义为生产计算机。这一表述清楚地确立了企业的基本业务，即公司生存的目的；同时也限制了企业的活动范围，甚至可能剥夺了企业的发展机会。因为任何产品和技术都存在一定的市场生命周期，都会随着时间的推移而进入衰退阶段，而市场需求却是持久的。因此，广义的企业使命定义是从企业的实际出发，以市场需求为导向来定义，着眼于满足市场的某种需求。比如一家公司将其使命定义为“向用户提供最先进的办公设备，满足用户提高办公效率的需求”，尽管这一表述相对的比较模糊，但为企业经营活动指明了方向，就不会在未来计算机惨遭淘汰的时候失去方向，失去经营领域的连续性。

下面我们看看几个公司的使命。福特公司的使命是：在汽车、与汽车有关的产品和服务以及较新的行业（如航空）等领域里成为世界范围的领导者，并不断提高产品和服务的质量以满足顾客的需要，使我们获得商业上的成功并向股东提供合理回报。电话与数据系统公司的使命是：为我们的用户提供最好的总体通讯服务。

(2) 企业愿景（vision）

企业愿景是由组织使命决定的愿景蓝图。使命和愿景共同确立了该组织的最终目标。

下面我们看看几个公司的愿景（vision）。沃尔玛公司在 1990 年的愿景是在 2000 年时成为拥有 1250 亿美元的公司；索尼在 20 世纪 50 年代的愿景是成为全球最知名的企业，改变日本产品在世界上的劣质形象；花旗银行（花旗公司的前身）早在 1915 年就确立了该公司的愿景，该愿景是成为迄今世界上最强大，最具服务意识，最广泛的金融机构。

(3) SWOT 分析

SWOT 分析是分析企业拥有的优势（strength）和劣势（weakness）以及分析企业面临的机遇（opportunity）和挑战（threat）。SWOT 分析一般从企业外部环境和内部环境分析入手。

在外部环境分析中，主要从宏观环境方面着手，从与企业有关的政治、经济、技术、社会、市场等方面进行分析，从而得出企业面临的机遇（opportunity）和挑战（threat）。另一方面，在内部环境分析中，考虑竞争对手，从企业内部的产品、技术、人力资源、资金、设备和信息等方面，结合价值链分析，得出企业拥有的优势（strength）和劣势（weakness）。

(4) 企业战略的市场定位

根据迈克尔·波特（Michael Porter）的理论，一般企业竞争战略包括三种：成本领先战略、差异化战略和集中一点战略。前两种战略市场定位面向整体市场，而后一种战略市场定位于细分市场。

成本领先战略要求企业针对规模较大的市场，采用规模经济生产较为单一的标准产品和提供较为单一的标准服务，严格控制成本和费用，尽量降低产品和服务的成本，使企业的某项业务成为该行业所有竞争者中成本最低者的战略。制造业中的福特 T 型车，服务业中的麦当劳和肯德基以及零售商业中的沃尔玛（Wal-Mart）都是运用成本领先战略的典型案例。

差异化战略要求企业创造一种能被感知的独特产品和服务，使目标顾客感到该产品和服务物有所值，愿意支付较高的费用。差异化战略并没有忽视成本，其最主要的目的是培育顾客忠诚。这种战略可以有多种形式，如品牌形象（IBM 的 Thinkpad 标志），创新技术（Spring 公司的光纤网络），顾客服务（如 Shouldice 医院的疝气手术）等。

集中一点战略要求企业深入了解顾客的具体需求来更好地为某特定目标市场服务。细分市场可以是一个特定的购买群体（如某一地区的中老年顾客），也可以是某一特定的地理区域（如沃尔玛的农村零售商）等。大多数中小企业在发展初期都采用这一战略。因为这样它们能更有效地为范围狭窄的目标市场提供优良的产品和服务。

企业一旦确定了战略的市场定位，就必须针对该市场定位形成相应的战略方案。一般来说，战略方案包括职能战略和时间以及资源配置三个维度方面的内容。由于企业战略是全局性的，因而企业战略必须分解到各个职能战略，如财务战略、人力资源战略和运营战略等。同时，由于企业战略是一个长期性的计划，为保证战略的可实施性，必须将该战略目标分解到各个较短的时间段，如一年。除此之外，由于各个职能战略在不同时间段必须要达到不同的目标，因而必须在不同时间段配置不同资源，以保障其实施。

2.2 运营战略

运营战略是在企业（或任何其他组织）经营战略的总体规划下，决定如何通过运作活动来达到企业的整体经营目标。

根据企业各种资源要素和内、外环境的分析，构建和运行一个能使企业获得竞争优势、适应市场需求并不断发展的运营系统，保证企业总体战略目标的实现。

2.2.1 企业产品和服务的竞争要素

产品和服务的竞争要素主要有六大因素：成本、质量、品种、时间、信誉和环保。

（1）成本

当企业的产品和服务成本大大低于竞争对手时，无疑该企业将能获取产品和服务的价格优势，占有更大的市场顾客群。因此，许多企业为了获得这种优势，采用了各种策略来降低成本。Kmart 在 2002 年的破产很重要的原因就是 Kmart 无法与提供低成本商品的 Wal-Mart 竞争，Wal-Mart 依靠规模效应有效地不断降低运营成本，从而成为零售业的成本最低者。

（2）质量

质量反映产品使用价值的高低和范围。产品的质量与原材料、设计和生产过程密切相关。服务的质量则与服务设施、环境、提供服务过程中的有形物质和服务人员、服务过程有直接关系。IBM 电脑以其高品质享誉世界，而联邦快递以其优质的物流服务质量享有很好的声誉。特别是随着人们消费水平的提高，“价廉质劣”的产品和服务不再受人们青睐，人们往往追求高品质的产品和服务。

（3）品种

品种是顾客对不同产品的选择余地。当质量和价格普遍达到一定水平后，顾客就要追求多样化的产品和服务。如看看我们周围的同事和同学，很少有两款一模一样的手机。产品多样化要求生产系统具有柔性，能够很快地从一种产品的生产转向另一种产品的生产。丰田公司的“三分钟换模”使得该公司通过模具的快速更换提高了其汽车产品的生产柔性。

（4）时间

时间主要指产品的交货期。当各种企业的产品和服务在价格、质量和品种方面差别不大时，快速满足顾客的产品和服务必然受到欢迎，这时，时间成为一个非常重的竞争要素。早在

1988 年，George Stalk 在《哈佛商业评论》上发表了一篇文章“时间——下一个竞争优势之源”。他认为 Atlas Door 生产工业用门之所以竞争实力居全行业之首，其原因是：一般该行业接到无现货或者是按顾客要求订做的订单时大约需要 4 个月才能供货，但 Atlas 只需几周便就可供应任何订货，因此其战略优势是时间。

（5）信誉

当各个企业提供的产品和服务在成本、质量、品种和时间上差别不大时，谁能够满足顾客个性化需求，提供最好的服务和担保，获得顾客的信赖，培养顾客对产品、服务、品牌和公司的忠诚，那么谁就能争取到顾客。信誉成为影响竞争优势的主要因素。企业的宗旨是服务顾客，产品只是服务顾客的一个部分。只有树立服务顾客的观念，并形成良好的信誉，才能获得和保留顾客，并导致顾客的忠诚。根据 James Heskett 的服务利润链的观点，利润的增长来源于忠诚的顾客。顾客忠诚度增长 5%，利润增长 25%～80%。

（6）环保

随着人们生活水平的提高，公众意识的增强，顾客不仅关注自身的健康同时也关注周围的环境。因此顾客不仅希望企业提供的产品和服务是无害的、环保的，而且希望这些企业在生产产品和提供服务的过程中应该对环境的污染最小，报废处理由企业承担。无疑，环保已成为企业产品和服务非常重要的竞争要素。例如，市场上许多企业的产品都标志“绿色产品”，绿色冰箱、绿色彩电、绿色大米、绿色地板等随处可见。

2.2.2　竞争要素的权衡

尽管企业产品和服务的竞争要素有成本、质量、品种、时间、信誉和环保，但任何一个企业不可能在所有上述的全部竞争要素中都处于领先优势。在这种情况下，企业不得不权衡这些竞争要素，确定哪些是企业成功的关键要素，然后配置企业资源去实现。

虽然企业必须权衡所有的竞争要素，然后选择某些竞争要素，但实际上，企业的产品或服务必须满足订单资格要素，即允许企业的产品和服务参与市场竞争的资格筛选标准。如果企业的产品和服务不能满足订单资格要素，则企业的产品和服务必然被市场淘汰。另一方面，企业的产品和服务满足订单资格要素并不意味着企业能够在市场获得订单，它必须还具备订单赢得要素。所谓订单赢得要素，是指企业产品和服务区别于其他企业的标准。无论是订单资格要素还是订单赢得要素，都是变化的。如在 20 世纪 70 年代日本企业进入世界汽车市场时，改变了汽车产品的订单赢得要素，从以价格为主导变化为以质量为导向。美国汽车制造商由于产品质量问题而失去了订单。到了 20 世纪 80 年代，美国的各大汽车公司提高了产品质量，才得以重新进入市场。

2.3　服务运营案例分析

你听说过哪一家医院的出院病人，每一年都会回院聚会吗？Shouldice 医院的病患者就会。不但如此，甚至每年定期举行病友聚会。

Shouldice 医院在加拿大的多伦多市附近，是一家以疝气手术闻名的医院（Shouldice Hospital），其实它最出名的并不是手术，而是顾客服务的方式。他们认为，要拥有杰出的服务，最重要的是发展出一套系统化的服务策略。

① 运作系统（传递系统）。医院的突出特点是，病人积极参与整个治疗过程中的各个方面。例如，病人在手术前自己刮脸，从手术台走到休息区，鼓励病人在手术的当晚与新来的病人讨论治疗经历以减轻他们手术前的恐惧感。

② 设施设计。设施的设计刻意鼓励病人锻炼，以便尽快在四天内恢复，这大约是在传统医院中所需时间的一半。医院的房间并不舒适，病人必须走到大厅、洗澡间和餐厅。医院的庭

院加以美化以便于散步，楼内铺了地毯并进行了装饰，避免人们产生任何与医院有关的“联想”。

③ 地点。位于空气清新的大都市社区，使得医院能成功跻身世界市场。当地人口数量大也提供了相当的病人来源，可以方便安排病人补充任何临时取消的预约。

④ 能力规划。由于疝气手术程序灵活，可以按批安排病人可能的手术时间。因此，医院的服务能力得到最大限度的运用。手术安排的灵活性允许医院可以像经营一家客满的饭店一样运作。因此，可以提供许多辅助性服务，包括清洁服务和餐饮服务。

⑤ 服务接触。所有员工都经过培训，帮助劝说病人并鼓励他们快速康复。通过让病人与员工共同进餐，培育出一种具有浓厚家庭氛围的服务文化。

⑥ 质量。最重要的质量特征是，所有医生必须坚持 Shouldice 治疗法，这使病人疝气的复发率降低。此外，病人在遇到困难时可以向他的治疗医生求助。在该医院的经历更像一次短期度假而不是住院，这增强了感知质量。

⑦ 能力与需求管理。通过邮寄问卷的方式了解病人情况，并且只接收预约病人，从而有效地控制病人需求的时机和数量。非预约病人或在等候名单中的当地居民可以填补因取消预约而产生的空缺。这样，保证了医院能力的完全发挥。

⑧ 信息。医院服务的独到之处是每年的病友聚会，这会使医院和病人之间能够保持联系。通过保存病人的资料，该医院建立起牢固的顾客基础，构成了有效的口头宣传媒介。通过每年提供的免费检查，该医院建立起了有关服务程序的独特的数据库。

2.4 本章小结

进入 21 世纪，企业面临的内外环境正发生着根本的变化。这些变化主要体现在三方面：工业经济到网络经济的变化、经营环境的“3C”特征和企业赢得竞争的主要因素变化。首先，在从工业经济到网络经济发展过程中，整个企业面临的环境从“短缺经济”转变为“过剩经济”，从“大规模生产”到“小规模定制”，从“生产”导向转变为“顾客”导向，从“标准化”转变为“个性化”，从“成本优势”转变为“创新优势”，从“地域”经济转变为“全球”经济，从“多元化”到建立“核心竞争力”。其次，企业经营环境表现为“3C”特征。第三，企业赢得竞争的主要因素已发生变化。

在这种环境下，企业必须有一个能够预测未来，不致迷失方向的企业战略，它是指为实现企业的最终目标而制定的计划，即“重大的、带全局性的或决定全局的谋划”，指明了达到最终目标的途径。从战略管理的角度，企业战略包括企业战略制定、企业战略实施和企业战略评价。在企业战略的制定中，需要明确企业的使命愿景，进行 SWOT 分析，确定企业的长期发展目标，形成企业的战略方案。企业使命（mission）是企业在社会经济生活中所担当的角色和责任，就是企业区别于其他企业而存在的理由。企业愿景是由组织使命决定的愿景蓝图。使命和愿景共同确立了该组织的最终目标。SWOT 分析是分析企业拥有的优势（strength）和劣势（weakness）、机遇（opportunity）和挑战（threat）。通过 SWOT 分析，制定企业的竞争战略。企业的竞争战略包括成本领先战略、差异化战略和集中一点战略三种。

运营战略是在企业（或任何其他组织）经营战略的总体规划下，决定如何通过运作活动来达到企业的整体经营目标。根据企业各种资源要素和内、外环境的分析，构建和运行一个能使企业获得竞争优势、适应市场需求并不断发展的运营系统，保证企业总体战略目标的实现。产品和服务的竞争要素主要有六大因素：成本、质量、品种、时间、信誉和环保。尽管企业产品和服务的竞争要素有成本、质量、品种、时间、信誉和环保，但任何一个企业不可能在所有上述的全部竞争要素中处于领先优势。在这种情况下，企业不得不权衡这些竞争要素，确定哪些是企业成功的关键要素，然后配置企业资源去实现。

习　　题

1. 简述企业所处的竞争环境。

2. 什么叫企业战略？有哪几种竞争战略？什么叫企业使命和愿景？

3. 简述 SWOT 分析。

4. 什么叫运营战略？企业产品和服务的竞争要素有哪些？

5. 什么叫订单赢得要素和订单资格要素？

6. 某公司五年前在 A 地区创建了一个炸鸡店，它具有独特的炸鸡技术，并提出“让顾客体验家庭的温馨”的服务宗旨。它的服务细致、周到，在过去的两年里，经营状况非常好。现在由于顾客很多，人们用餐前必须排队等候至少 15 分钟，许多顾客对此不满意。公司决定在邻近的 B 地区再开一家相同的炸鸡店。请问：

a. 对于炸鸡店来说，竞争重点应该放在何处？

b. 该公司应该通过哪些措施来实现其服务宗旨？

c. A 地区和 B 地区的店在运营战略上是否应有所不同？为什么？

7. 案例分析：

如果麦当劳经营医院?

在我国目前的医疗卫生体系下，如何看待医院的经营？如何看待医患关系？一个医院能从企业、商业组织中学到什么？怎样做才能为患者提供最好的医疗服务？……“如果某某企业经营医院”，这是北京大学光华管理学院卫生经济与管理学系助理教授张炜这个学期留给 19 名北大光华管理学院 MBA 们的期末作业。

“数字化的医疗管理系统是微软经营医院的最大优势”、“麦当劳经营下的医院，合理价格上的高质量标准的宗旨将会延续”……5 月 9 日晚，北京大学光华管理学院的一间教室里，一个小型的报告会正在热火朝天地举行，MBA 们带着他们各自的设想，给医改提出了多种新的思路。

“如何将企业文化融入到医院中”、“投入与产出如何平衡”、“与没有医疗经验的人合作，将会有哪些好经验应用于医院经营中”等一个个问题的讨论，让当晚的 MBA 们特别的兴奋。“我希望他们的设想既天马行空，又切合实际。”张炜微笑道。

“企业经营医院，它们的最大竞争力就是该企业的技术优势和企业文化，区别于普通公立医院的传统诊疗。”参与该课程的 MBA 张国旺认为，从企业经营的视角出发，应该可以给医院管理、医疗服务一个崭新的途径。

麦当劳式：我病，但我快乐着——全球连锁式的套餐服务

“麦当劳经营医院”，这个构想引起了在场老师和同学们的一致推崇，原因在于这个与医疗毫不相关的企业，很好地将其企业文化和运营模式应用于医院中。这个团队将麦当劳经营的医院定位在儿童医院上，并以“我病，但我快乐着”的宣传口号得到了在场人们的认同。

在医院运营中，和谐的医患关系是每个医生和患者都共同想拥有的，但又是很难做到的。该团队主讲人高森表示，之所以将医院口号定为“我病，但我快乐着”，是因为“这种快乐来自于服务的快乐，来自于医生患者和谐的快乐”。

要做到这点，该团队给出的构想是，全球连锁式的服务可以在全球范围找到最尖端的医疗技术以及最为知名的专家，提高医疗质量。将麦当劳经营的核心运用到医院经营中，在合理价格的基础上保持最高的质量标准。

在服务的类型上，体现麦当劳的快餐式服务和物有所值。就是以儿科常规体检和常见病服务为

主要服务特色，重视幼儿和学龄儿童的发育和定期检查，兼顾为13～16岁提供的特色服务，包括心理咨询和辅导。并以医院特有的套餐式服务和套餐式的优惠价格运营，实现会员制和全球连锁服务，办理会员卡，“无论到哪里都做到一卡走天下”。

同时，快捷的服务将在麦当劳医院推广，IT系统将在医院的各个环节广泛应用以提高效率，保证病人在医生的监督指导下，为复诊病人提供医疗套餐服务，从而可以节省医患的时间。“目前，麦当劳仅以儿童医院做定位，以后可发展为成人医院，或做特种病的诊治。”高森说。

海尔式：把患者当成客户——对患者分层次管理

众所周知，作为一个企业，最重要的是如何保持自己的生命力，而保持的方式就是创新。经营一家医院更是如此，MBA们就将海尔公司的创新精神引入到医院经营中，如果海尔经营医院，海尔国际医院将不断提高医疗水平和医疗环境，不断提高患者的满意度。

在医院的运营上，该团队给出的构想是，医疗质量、服务、服务市场、管理、人力资源开发这些方面的创新。在医疗质量上，为提高医院的竞争力，要成立医学科研部门，针对疑难病的有效治疗开展研究，尽量延长疑难病患者如癌症患者的生存期。同时，设计专科小病种的手术流程，提高专科手术的效率，培训年轻医生做专科手术的熟练度、准确率，让专科手术患者在最短的时间内得到最完美的手术，同时也确保了低成本。

“将患者看成医院的客户，是医疗服务上的新思路”。该团队表示，海尔国际医院将改变中国传统医院中医生和患者不对等的关系。医院不再会把自己看成是高高在上的技术权威，而是将患者看成是医院的客户。患者除了接受正常的服务外，能够通过良好的医患沟通享有一定范围的自主选择权，能够根据自己的需要，通过特种购买方式决定医疗服务的内容和响应的速度。

同时，在医院成立市场营销部和市场部，围绕如何提高患者满意度、降低医院运营成本等展开工作。并实行客户管理，建立就诊客户数据库，对不同客户进行分层次管理。

该团队认为，在人才资源开发上，要给所有的人参赛的机会和权利，所以需建立“赛马不相马”的机制，打破年龄、资历等界限，公开空缺岗位的任职条件，平等竞争，把一流的人才选拔上来。

华为式：主推学习型医院——建立培训体系

目前医院、患者间医疗信息不对称的状况依然存在，这就决定了在医患纠纷中患者永远处于弱势地位，没有话语权，很多时候患者的命运都掌握在医生的职业道德中，而不是在其医术上，医患纠纷频频出现。

在选取华为公司来经营医院的团队眼中，华为优质周到的服务、每年定量的科研投入和内部培训，都是解决这一矛盾的最大优势。一切以病人为中心的优质服务，体现在改变目前医院科室划分不理想，对患有多种疾病的人或缺乏医疗知识的人不利的局面，即为常见病和疑难杂症病患者设专门诊室，并实现电话预约、上门服务，对患者进行回访。

在医院的科研投入上，应参照华为公司目前每年拿出销售收入的10%作为研发投入的做法，为员工及客户提供众多培训课程，包括新员工文化培训、上岗培训和针对客户的培训等。这就要求该医院建立良好的培训体系，即对医生进行培训，同时以老带新，缩短医生从新手到熟手的成长时间，而且新医生的成长与其辅导者的待遇挂钩，以免其辅导者不负责任。

同时，鼓励经验共享，医生如果将自己的经验共享出来，那么将获得相应的回报，例如相应的病例中的收入，可以按一定比例给予奖励。另外，知识产权的保护作为医院来讲也至关重要，但这也恰恰是目前各医院所欠缺的，该团队认为，华为医院应与员工签订技术保密协议，对于本医院特色化的医疗方法等进行保护，员工即使离开医院也不能泄漏。

Sun Microsystems式：将网络进行到底——医疗信息化

从医疗信息化的角度入手，将医院的经营引入一个新的角度。作为向全球用户提供具实力的网络计算系统、软件、服务和解决方案的领先供应商Sun Microsystems公司，它所拥有的企业愿景就是关照网络当中的每一个人和事，并使每一个人都可以不管地域和经济差别，都能够利用机会和贡献解决方案。

以目前来看，Sun公司在医药卫生行业赢得了一定市场份额。从医院和医疗中心到电子处方交换系统，众多医疗机构选择了Sun的技术产品装备它们的网络基础设施，对于这些医疗机构，Sun提供先进的信息技术，推进医疗信息化的进程。

在此优势下，Sun Microsystems经营的医院，在充分保证病人和医护人员的隐私前提下，最大程度地保持着与外界的交互性。Sun医院与外界的连接还存在于无处不在的有线和无线网络，连向其他医疗中心、卫生部门和病人的家中。“到达目的服务区，只要拿出个人的智能卡，在终端上进行扫描，宽大的液晶屏便显示了您的主管医生亲切的问候词，和目前正在哪个房间等待您的到来。”该团队表示。

Sun医院的另一亮点为，因为大部分疾病诊断与处置流程已经可以达到标准化，当一位医生处置的病人下次再来到医院时，即使这位医生不在医院，也可以由另外一名医生继续进行诊疗，而不会出现任何差错，这样就实现了全天候、不间断的诊疗。

同时，病人离开医院之后，实际上并未与医院脱离联系，而是通过随身的监控设备随时传送身体反应的数字指标。在海量的数据处理系统面前，对于病人各类数字的管理，一切都是那么的简单。预后监控、用药时间都精确到以分钟计算。

旺旺式：多元化拓展医院——发展战略同盟

旺旺集团属于将产业多元化进行得比较好的公司，由食品到包装，再向酒店业、房地产业、动漫等都有所拓展。不同于其他团队，旺旺医院已经于去年开始试营业，此团队在分析了旺旺医院的现状和不足后，提出了更新的规划点。

多元化的经营理念融入医院中，不仅仅是体现在企业创始人蔡董事长的“生命与健康安心相托”的办院理念，还包括团队为其规划的新的增长点，即包括先进医院——设计与世界接轨，效率医院——规划流程现代化，温馨医院——经营管理人性化，贴心医院——尊重病人隐私权，洁净医院——现代化污物处理，信息医院——全院数字化管理这些多元化管理模式。

为实现这些构想，从医院建设开始，就要求务实，避免豪华，降低成本。在设备引进上，医院和西门子公司形成战略同盟，全部由其负责该事项，从而达到了价廉、系统、专业的管理特色。

以旺旺医院的现状看，目前还存在一些问题，此次团队主讲人李林峰表示，病人来源的缺乏和高级技术人员的缺乏使得旺旺医院在很多细节上难以操作。同时，其市场定位的模糊，对于高端人群缺乏强有力的技术支持，而低端人群又把它当成一所贵族医院。

另外，医院管理理念的磨合，有着日本金融学习背景的CEO却没有任何医疗经历，而主管院长等管理人员又来自于国有大型医院，在专业和非专业、现代和陈旧之间需要一些磨合。由于传统观念的影响，人们普遍存有对民营及营利医院的误认。

医院间最大竞争将取决于医疗服务

“医院间的最大竞争不是来自于基础医疗的突破，而是来自于医疗服务。”目前我国医疗服务的质量不高，越来越严峻的医患矛盾问题，不是在于人们所说的“看病贵”、“看病难”，而恰恰是医疗服务和医院的管理。

“医疗服务”这四个字，对于一个医院来讲，分量之重已远远超过医疗技术。“医疗服务”在企业管理人的眼中，会有新的阐释，通过上述的MBA们给出的关于医疗服务和管理的大胆构想，“医疗服务”成为每个团队的关键词，他们大多都将企业中的文化和精神融入到医疗服务中，给了医患矛盾的真正解决一个启示，为医院的发展提供了有借鉴意思的思路。

根据http：//news.hexun.com/2007-05-30/100074527.html的资料改编

请思考：

① 结合国内医院的现状，谈谈我国医院目前面临的主要问题是什么？医院的竞争要素一般有哪些？

② 结合你们熟悉的医院，谈谈该医院应该如何进行运营战略定位？如何进行竞争要素的权衡？

③ 是否还有典型的企业运营管理可以借鉴于医院运营管理中？

第 3 章　企业运作流程

引导案例

在快餐时代来临之前，汉堡包像其他餐馆中的食品一样，通常是根据顾客的订单来进行定制的。当餐馆接到顾客订单后，就根据顾客的要求开始将汉堡包肉片从冰箱里拿出来并放在烤架上。顾客可以选择肉饼的烤熟程度（如偏生、半熟或完全熟透），并加入顾客选择的调味品。肉饼可以选择烘烤或不烘烤。然而，用这种传统方式制作的汉堡包的质量很大程度上取决于厨

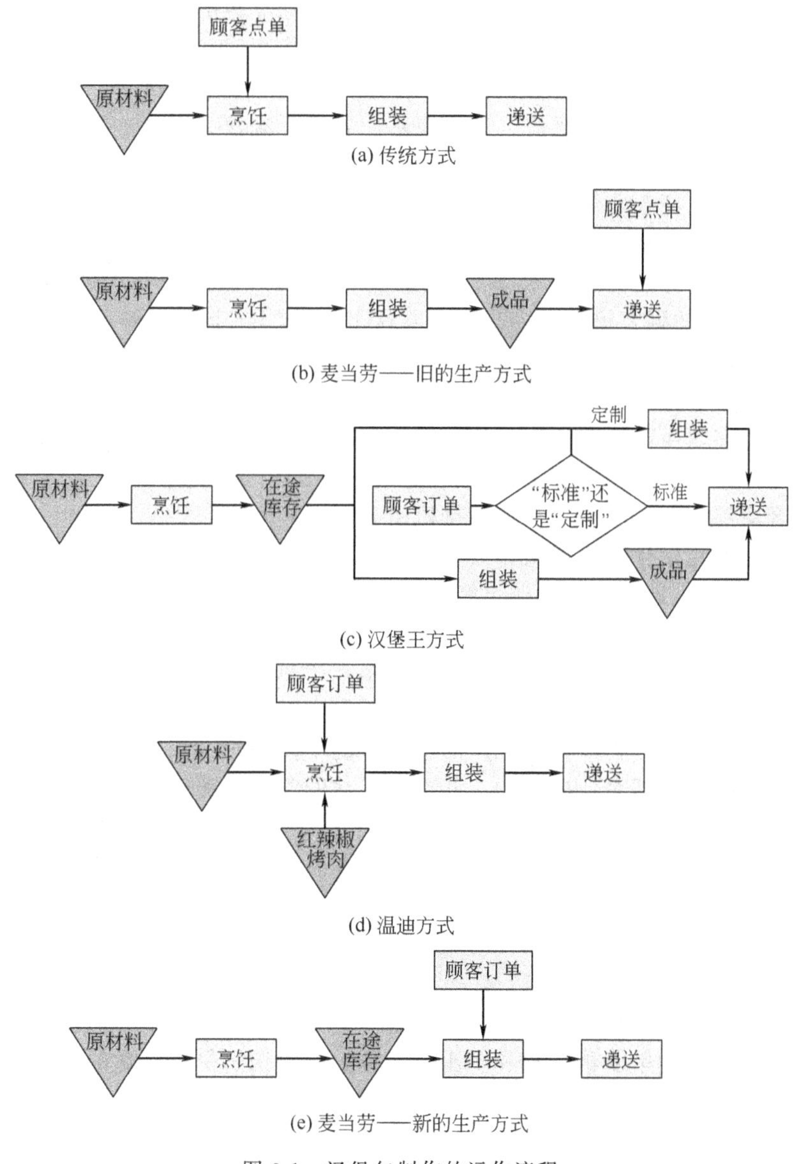

图 3-1　汉堡包制作的运作流程

师的技术。因此，即使是同一家餐馆的不同厨师制作的汉堡包，也是质量各异。此外，由于汉堡包都是在接到顾客订单后才开始制作的。因此，用这种传统方式准备汉堡包需要一个相对较长的交付期。

1950年左右，美国三大快餐连锁店汉堡王、麦当劳以及随后温迪（Wendy's）的出现，彻底改变了汉堡包烹饪和交付的方式。汉堡王和麦当劳不像当时大多数传统的餐馆那样根据顾客的订单提供多样的食品，而是只专供几个特色品种。然而，这两家快餐店虽然都有向顾客快速提供低成本食品的能力，却采取了不同的运营流程来为企业特定的目标市场服务。如图3-1所示。

资料来源：理查德·B·蔡斯，尼古拉斯·J·阿奎拉诺，F·罗伯特·雅各布斯．任建标等译．运营管理（原书第11版）．北京：机械工业出版社，2007.

3.1 运作流程的概念

在越来越激烈的市场竞争环境下，企业流程的绩效标准在不断提高，这就需要企业在快速设计和推出新产品的同时，也需要不断地提高产品的交货速度和质量。因此，企业运作流程也必须相应地不断改进。另外一方面，环境是在不断变化的，市场、技术、竞争条件都在不断变化，运作流程也需要不断地加以改进，以适应新的要求。流程并不是一成不变的，而是需要不断地加以改进，这已成为业界普遍的共识。为了更好地进行流程改进，需要经常性地进行运作流程的分析，寻找与标杆企业流程绩效的差距，制定相应的改进目标并对业务流程进行重组，从而使企业能够不断地赶超世界一流企业。

流程是使用资源（劳动力和资金等），将投入（原材料、待服务的顾客等）转换为产出（产成品、接受完服务的顾客等）的一个过程。这个过程实际上是任何一种或一组活动，它选择某些投入，并向这些投入中转移或增加价值，进而向客户提供一种或多种产出。例如，在一家工厂中，主要的流程可能是使原材料发生物理和化学变化，从而生产出产品。但是在一家工厂中也可能会有许多非生产性的流程，如订单处理、向客户提供交货日期承诺以及库存控制。在一家航空公司，主要的流程可能是将乘客和其行李从一个地方运送到另一个地方，但其流程也会包括为旅客留座、办理登机手续和安排机组人员。

构成流程的要素包括投入、产出、活动、物流、信息流和库存。投入包括人力资源（工人和管理人员）、资本（机器设备和企业设施）、购买的物料、服务、土地和能源等资源要素。为了在某一个流程得到一定量的产出，首先必须决定各种资源要素的数量，例如，多少人工、多少电力等。流程可以为其客户提供两种形态的产出：产品或服务。现在制造型企业和服务性企业都认识到组织中的每一个流程和每一个人都有其客户。有些是外部客户，他们可能是终端用户。也可能是那些购买企业提供的完工产品或服务的中间用户（如制造商、批发商或零售商）。另外一些则是内部客户，即企业内部的一些员工，他们需要依赖于前期流程所提供的投入，从而在下一个车间、下一个办公室、下一个商场或下一个部门中进一步开展流程运作。至于活动、物流、信息流和库存，对于不同行业、不同企业、生产不同产品或服务的流程可能各有不同，但是这几个要素也是不可或缺的。

进行流程设计和分析之前，有必要对运作流程进行分类。通过对流程进行快速分类，我们就能看出流程之间的相同点和不同点。

（1）单步骤流程与多步骤流程

首先，流程可以分为单步骤流程和多步骤流程。如果把引例中汉堡的制作过程看成一个简单的黑匣子，它就属于单步骤流程。不过，我们所接触到的生产产品以及提供服务的流程一般都包括一个以上的步骤（step）或环节（stage），这类流程称为多步流程（multistage process）。在多步流程中，对于每一步骤所采用的具体流程的类型都可能不相同，这样的流程也称之为混合式流程（hybrid process）。例如，薯片的制作流程可能包括清洗土豆、炸制和包装三个步骤，它们又分别采用连续、成批和流水作业方式。再比如，在引例中，不同的企业在制作汉堡时，也各采用了不同的多步流程。麦当劳汉堡包采用了成批的烹饪和包装以生产出高度标准化的产品；而汉堡王则是通过一种连续移动的“移动烘烤师”机构来烹饪汉堡包肉饼，然后再随时根据顾客的订单完成后续的组合包装并交付给顾客。

多步骤流程包括许多组与流程相关的活动，步骤一词反映了多种活动以分析为目的组合在一起。多步骤流程内也许需要缓冲。缓冲区是指每两个步骤之间用于存储的区域，存放在其中的上一个步骤的产出优先用于下一个步骤。缓冲区使得各个步骤可以独立运行。如果一个步骤的产出直接用于下一个步骤，中间没有缓冲，我们就认为这两个步骤是直接相连的。如果流程中没有设计缓冲，最常发生的问题就是阻塞和窝工，同时某个步骤因为能力限制而成为瓶颈。下面分别进行讨论这几种现象。

阻塞：发生在因为无处存放刚完工的半成品，流程中的活动不得不停止的时候。

窝工：发生在因为流程中的活动无工作可做，所以只好停止的时候。

瓶颈：发生在工序能力小于其他工序能力的时候。一般来说是该道工序的能力不能满足后道工序的生产而造成后道工序的窝工，该道工序则成为瓶颈。瓶颈限制了整个流程的产出。

以一个两个步骤的流程为例，其中第一个步骤的周期是 30 秒，第二个步骤的周期为 45 秒，如果流程需要生产 100 单位的产品，那么每生产一个单位产品，第一个步骤就会阻塞 15 秒。如果在两个步骤之间设计一个库存缓冲区，情况会发生怎样的变化呢？在这种情形下，第一步骤能在 3000 秒（30 秒/单位×100 单位）内生产出 100 单位的产品，而第二个步骤在 3000 秒内只能生产 66 单位［(3000－30）秒/45 秒/单位］的产品。这就意味着在一开始的 3000 秒内，库存缓冲区里将会存储 34 单位（100 单位－66 单位）的产品。全部产品的生产将耗时 4530 秒（3000＋34×45＝4530）。在这种情况下，第二个步骤称为瓶颈，因为它限制了流程的生产能力。

如果第一个步骤的周期时间是 45 秒，而第二个步骤的周期时间是 30 秒，情况又会如何呢？在这种情况下，第一个步骤是瓶颈，每一单位的产品将会直接从第一个步骤转移到第二个步骤。第二个步骤将窝工 15 秒以等待上一个步骤完工。但是，生产所有的产品仍需要 4530 秒。其原因是该流程的周期时间并没有发生变动，它由流程中最长的周期时间决定。当然，如果两个周期的时间接近，就能降低缓冲区中的库存。

对于上述两步骤流程的不同例子，实际上分别构成了需求约束（demand-constrained）和供应约束（supply-constrained）两种情况。在第一种情况下，对于第二个步骤，需求小于供应（第一个步骤）的能力，也即有充足输入，流程就按照需求的速度生产。在第二种情况下，对于第二个步骤，需求大于供应的能力，也即有流程的原料输入不足，流程就按照供应的速度生产。其中，供应约束流程又可根据产品供应的不同限制分为输入约束和能力约束的供应约束流程。

值得注意的是，平行地运作两个同类型的活动上能使生产能力加倍。或者，两个不同类型活动也能同时运行。在这种情况下，平行运作的流程代表了不同的选择。有时两个或两个以上不同的流程可能终止于同一个库存缓冲，这表示两个流程独立生产的产品是相同的，都将流入这个缓冲区。如果平行流程生产的产品不同，那么它们将流入不同的库存缓冲区。

（2）面向库存生产流程与面向订单生产流程

另外一种流程的分类方法是把流程分为面向库存生产（make to stock，MTS）和面向订单生产（make to order，MTO）。这两个概念，我们在前面章节有所了解，现根据开篇的案例来具体解释如何通过流程的设计实现 MTS 和 MTO。

在快餐时代之前，普通餐厅制作汉堡的传统方式通常是按照订单生产的，如图 3-1(a) 所示。首先，顾客下达订单，指定需要几成熟（半熟或全熟）的产品和需要哪些特殊的调味品(泡菜、干酪、生菜、洋葱、番茄酱)。根据这些特别的要求，厨师从库存中取出汉堡肉的原料(一般是现成的冰冻小肉饼)，制作汉堡夹肉并加热面包。最后制成汉堡包并送到顾客手中。汉堡的质量在很大程度上依赖于厨师的技术。

面向订单生产的流程只有在订单确实下达后才有效。库存（在制品和产成品）控制在最小程度。理论上，汉堡递送给顾客的响应时间会很长，因为在产品交付之前，必须一步一步完成所有的活动。所以，特殊性质的服务通常采用面向订单生产的流程。

大量生产方式给麦当劳的制作流程带来了变革，采用了 MTS 流程，也就是图 3-1(b) 所示的方式。麦当劳餐厅成批地将汉堡包肉饼放在烤架上，每批有 12 块汉堡包肉饼。面包片同样也是以 12 片为一批进行烘焙，然后进行“组装”(就是把干酪、生菜、洋葱、番茄酱等调味品和佐料加入汉堡包）和包装。当然，这也是为一批进行的。接着，将这些成品放到成品库存区，可以随时送到顾客手中。这种低成本、高效率的流程一般是备货型生产，也即预先生产出标准化的产品，然后再按顾客需求把产品快速地送到顾客的手中。因此，麦当劳的主要目标市场定位在有儿童的家庭上，对他们而言，交货速度很重要。因此，麦当劳的很多广告都强调快速服务。

在 MTS 和 MTO 的基础上，可以对这两种方式进行适当改进，形成混合型流程，以满足不同的顾客需求，提供所需的服务。例如，图 3-1(c) 所示的汉堡王方式采用了一种按照订单装配的流程 ATO（assembly-to-order)。汉堡王利用高度专业化的移动烘烤师(conveyor-broiler) 来烹饪汉堡包。他们把生的汉堡包肉饼放在一个在灼热的烘烤炉上不断移动的装置上，利用这种装置可以同时烘烤汉堡包肉片上下两面。90 秒后，当汉堡包肉片移动至烘烤炉的另外一端，已经被烤得恰到好处。面包片同样也是这样在烘烤炉上烘烤的。由于移动烘烤师的移动速度是均匀的，并且加热时间是固定的，因此，这套系统烹饪出的是质量高度一致的食品，能够最大程度地摆脱对厨师技术的依赖。但是，这种流程的柔性却非常有限。由于汉堡包肉饼在移动烘烤箱上加热的时间都是 90 秒，故汉堡包肉饼的厚度必须保持一致，从而导致汉堡王在制作巨无霸汉堡包时，唯一的方法就是将汉堡包肉饼做得更大，因为其厚度必须与常规的汉堡包保持一致。烤好的汉堡包肉饼放在面包片上储存在保温的储藏箱中，成为在制品（work-in-process，WIP）库存，这是对标准化的成品库存的一种补充。然后，再随时根据顾客订单完成后续的制作。汉堡包肉饼的 WIP 库存使得汉堡王能够在相对较短的时间内按顾客要求制作汉堡包（与传统 MTO 方式相比）。同时由于这种方法的补货时间相对较短，也能够减少成品架上的成品库存水平（与 MTS 方式相比）。汉堡王的流程优势在于能够快速地按照顾客订单组装汉堡包并交付给顾客。所以，汉堡王有一句口号：“用您自己的方式去拥有”。

温迪用的是另外一种不同的方式，如图 3-1(d) 所示。在顾客高峰期，厨师预计到顾客的到来而稍微提前将汉堡包肉饼放在烤架上进行烤烘，随时等候顾客的订单。一旦顾客惠顾并下订单后，员工就把汉堡包肉饼从烤架上拿下来并根据顾客特定要求加入不同配料，顾客甚至可以看到汉堡包制作的全过程。所以相对于麦当劳的旧的生产方式和汉堡王，温迪的汉堡包是一个高质量的定制产品，既新鲜又快速而且还符合顾客的口味。值得权衡的是，由于温迪的流程是从烤汉堡包肉饼开始的，所以比汉堡王定制的汉堡包还要稍微慢一些。

1999 年麦当劳引入了新流程，如图 3-1(e) 所示，它也是一个混合型流程。做好的汉堡包肉饼被存放在特制的储存装置中，这样湿度至少能保持 30 分钟。这个流程使用了最新的技术，汉堡包肉饼在 45 秒钟内就可以制成，面包片只需要 9 秒钟。通过专门设计的计算机系统，顾客的特殊要求能及时传到汉堡包制作区，包括烤面包片在内的制作流程，在 15 秒内对顾客的需求做出响应。这样，通过将先进的烹调技术和巧妙的流程工艺相结合，麦当劳开发出快速响应的流程。产品新鲜，交付迅速，且符合顾客的口味。

综上所述，以上不同公司制作汉堡包的流程都各有其优劣，见表 3-1 所示。麦当劳是高产量的先驱，主要面向有孩子的家庭。汉堡王有其独特的风味。温迪的产品适合那些喜欢用传统方法制作汉堡的顾客。值得一提的是，无论是麦当劳、汉堡王还是温迪，这三大快餐连锁店的成功之道，就是需要通过广告和促销手段来吸引各家流程所适合的目标市场的消费群体。

表 3-1 不同公司制作汉堡包的流程比较

公 司	成 本	柔 性	速 度	质 量
传统餐厅	高	很高	很慢	很高/可变
麦当劳(旧)	低	低	快	低/一致
汉堡王	中等	中等	中等	中等/一致
温迪	中等	高	慢	高/一致
麦当劳(新)	中等	高	快	高/一致

(3) 节拍流程与非节拍流程

节拍流程是指流程中每一道工序所用的时间都是固定的流程。例如，汉堡王的流程，它采用移动烘烤机，保证汉堡包的制作时间固定为 90 秒。在连续的流程中，为了和整条流程相协调，每项活动（或步骤）往往是以机械的方式进行的。再以流水线为例，它每 45 秒钟移动一次，另一种方法是用一个计时器计算每一周期的剩余时间，当计时器显示的剩余时间到达零时，产品就以人工的方式进入下一个工序。不考虑按照顾客要求进行生产所需的时间，我们可以计算出流程的周期时间。例如，一家汽车制造商要生产 1000 辆汽车，而装配流水线只运行 420 分钟，则周期时间就是 25.2 秒（420 分钟/1000 辆×60 秒/分钟＝25.2 秒/辆）。

3.2 运作流程绘制

流程图以图形的方式来描绘流程，可以帮助人们组建在案例分析或流程改善项目中收集到的信息。流程图包含了整个流程的每一个细节，它可以帮助团队明确价值流，找到价值流中的增值部分和非增值部分。

为了努力理解流程的具体细节，可以求助于工厂的流程说明书以及其他收集到的信息。在绘出流程图之前，首先要聚焦在我们想要具体分析的那部分流程，也就是说，我们需要确定流程边界和适度的细节程度。流程边界的设置取决于我们研究的项目。例如，一家医院的运作中，研究病人等待时间的一个项目，我们可能会关注病人是如何等待体检的（如登记、等待时间和碰见护士）。在这个项目中，病人与医生见面时，医生要求体检的报告可能在分析边界之外。然而，另一个与手术质量有关的项目可能要详细关注病人与医生见面的全过程，但是可能忽略体检的情况，或者很少会关注体检的细节。

一个流程是流程单位流过运作的过程。流程图由一系列圆圈、三角、方框、菱形和箭头组成，如图 3-2 所示。

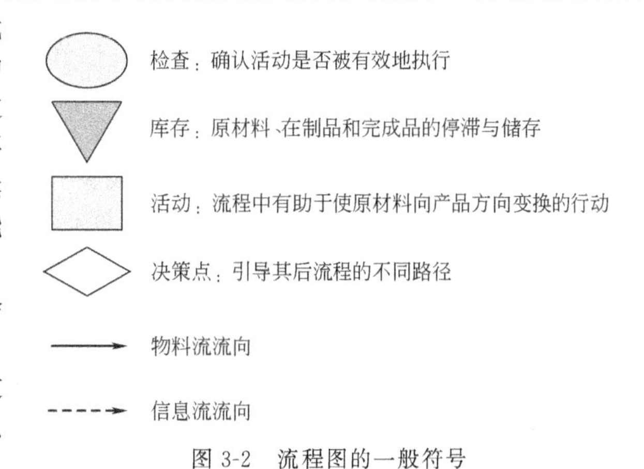

图 3-2 流程图的一般符号

方框代表增加流程单位价值的流程活动，依赖于我们选择的分析程度，一个方框本身也可以是一个流程。三角代表等待区域或者缓冲库存。与工序不同，存货不增加价值，所以，流程单位不要在存货上浪费时间。圆圈表示检查，它与活动不同，活动通常指有助于使原材料向产品方向变换的行动，而检查只是确认任务是否被有效地完成。菱形表示一个决策点，在该点，不同的决策会导致其后流程的不同路径。箭头在圆圈、三角、方框或者菱形之间，表示物料流（实线）和信息流（虚线），它指明了流程单位经过流程的路径。如果有经过流程的不同路径的不同流程单位，不同的路径使用不同的颜色对分析是很有用的。

在引导案例中，图 3-1 绘制了不同公司汉堡包制作的流程图，清楚地表达了流程的运作过程。虽然图 3-1 中没有检查环节，但这是处于分析问题的需要，我们不需关注。当然，如果要分析流程的时间，在某些情况下需要额外添加检查环节，例如检查是否添加奶酪等。

3.3 运作流程绩效

企业成功的关键因素是其衡量流程绩效的能力。这些不断反馈给管理层的绩效衡量结果为管理者的决策提供数据信息，从而可以正确判断出公司是否达到了预期的目标或标准。正如著名管理大师彼得德鲁克所言："如果不能衡量业务流程绩效，就不能很好地管理它。"如果没有适当的方法对流程绩效进行衡量，管理者们就不可能对其公司的运行绩效进行评价，也无从与其他公司进行比较。没有这些流程绩效的衡量方法，管理者们就会像那些遇到海难，漂浮在大海上的船长们一样，放眼望去，没有陆地、没有指南针，也没有其他任何能够指引方向的工具。

然而，面对越来越多的流程绩效的衡量方法，管理者们必须从中选择出那些对企业成功至关重要的方法。对特定的行业和特定的细分市场而言，一些衡量方法往往比另一些方法重要。像在快餐业，一个关键衡量标准是交货速度；而在一家高档餐馆，其关键衡量标准则可能是菜单菜色的丰富性和服务质量。

在当今信息时代，管理者们与其他人一样，需要面对各种报告所提供的各种数据信息，并以此来衡量公司绩效。因此，对管理层而言，很有必要去识别那些对企业成功至关重要的主要信息。

在分析产品和服务的生产流程时，首先有必要定义我们分析的流程单位。

在医院的服务流程中，我们选择病人作为流程单位；在一家汽车制造厂的组装线流程中，我们选择车辆作为流程单位。流程单位的选择一般是根据生产流程所供应的产品或服务的类型而确定的。另外，选择流程单位时要注意以下两点。

a. 对于同一系统的不同类型的输入，流程单位可能有多个种类。例如，代表不同的客户类型，在一个急救室中，有生命危险的手术的流程与相对简单的手术的流程就有不同的流程单位。

b. 流经流程的过程中流程单位可分解成多个流。例如，在一个装配线环境中，检验工序之后，好的产品单位继续进入下一道工序进行处理，而坏的产品单位则需要返修。

实际中绩效指标的计算方法有许多种，具体实践中必须详细了解特定的企业或行业是如何计算的。流程性能指标为生产经理提供了一个标准，便于人们进行标杆研究，并衡量流程改进的效果。其中三个常用的绩效指标如下所述。

① 库存　流程中累积的流程单位的数量称为库存（在生产中就是指在制品）。如果我们不只关注生产流程的话，库存也可以用于表示在肯德基餐厅中所有的顾客数量。

② 流程时间　一个流程单位通过流程所需的时间称为流程时间。流程时间包括该流程单

位可能等待加工的时间，因为其他在同一道工序上的流程单位（库存）也在争夺同样的资源。流程时间是一项非常重要的绩效度量，尤其是用在服务环境中。在医院中，流程时间正是病人所关心的，它度量了从病人到达医院直到病人可以回家的时间。

③ 单位时间产出或者生产率（productivity） 衡量投入转化为产出的有效程度的指标称为生产率。换言之，生产率反映了资源的有效利用程度。因此，我们可以把生产率定义为投入与产出之比：

生产率＝产出/投入

对于一个业务流程，理想的情况下，我们可以用总产出除以总投入来求得其总生产率。但是，投入往往是以不同形式出现的，比如说，一个业务流程中投入的人工是以小时度量的、投入的固定资产如办公大楼是以平方米度量的、投入的原材料是以千克度量的等。所以，若将诸如小时、平方米和千克等不同量纲的度量单位的投入资源全都放在一起进行计算出总投入是不合适的，除非我们能够将所有的投入资源都折算成统一的量纲（如货币）来度量。然而，这样的生产率难以反映各种不同投入资源的有效利用程度，运营经理也就不能很好地了解整个流程的运营绩效了。因此，一般管理层会采用单要素生产率和多要素生产率来衡量运营流程的绩效。单要素生产率表示为单个投入资源的投入与总产出之比；多要素生产率表示为一组投入资源的投入与总产出之比。其中，“总产出”可以用“总的产出数量”和“总收益”来表示。表 3-2 给出了一些常用的单要素生产率衡量的实例，实例中采用的都是管理者们熟知的度量单位，从而便于管理者们利用这些单要素生产率了解实际运营绩效。从表中可以看出，生产率可以反映出各种不同投入资源的有效利用过程，包括劳动力、原材料、设施和设备等。

表 3-2 单要素生产率衡量的实例

企业类型	餐 馆	商 场	养鸡场	发电厂	造纸厂
单要素生产率	顾客数/人工时间	销售额/平方米	鸡肉千克/饲料千克	千瓦/煤吨	纸张吨/木材吨

生产率是一个相对绩效指标，换言之，只有在进行比较时生产率才是有意义的。比如说，对于一家餐馆，上周的生产率是每个工时接待 7 个顾客，这实际上没有什么意义。只有通过该企业可以与其同行业内的同类企业，或者该企业不同时间段来比较才有价值。

为了清楚地说明这三个指标，表 3-3 给出了流程的几个例子和它们对应的库存水平，流程时间以及单位时间产出。

表 3-3 库存水平、流程时间以及单位时间产出的几个例子

项 目	肯德基餐厅	香槟酒厂	EMBA 项目	联想公司
流程单位	进入餐厅的顾客	瓶装香槟	EMBA 学生	计算机
单位时间产出	一天服务 900 名顾客	每年 26000 万瓶	每年 300 个学生	每天 5000 台
流程时间	顾客在餐厅内的平均时间 40 分钟	在酒窖的平均时间 3.46 年	2 年	60 天
库存	餐厅中平均有 60 名顾客	90000 万瓶	600 个学生	300000 台

流程中的库存、单位时间产出和流程时间三者之间存在一种特殊的联系。只要测出了其中的两个指标，就可以很方便地计算出第三个指标。如果控制住了其中一个指标，那么另两个指标之间的关系就非常明确了。例如，由于流程中的库存取决于肯德基餐厅的座位数量，为了提高餐厅每天的单位时间产出，肯德基餐厅就得降低平均每个顾客在餐厅中的流程时间。揭示出

流程中的库存、单位时间产出和流程时间三者之间联系的规则我们称为“律特法则”（根据John D. C. Little命名），即：

平均库存=平均单位时间产出×平均流程时间

律特法则可用于已知绩效度量的两个指标，再求另一个指标的情况。例如，要想找出在放射科室的病人等待做X射线胸透所需要的时间，可以采用律特法则来计算流程时间。假如平均库存为7个病人，单位时间产出为7.5（8小时60个病人），则流程时间为7/7.5=0.933小时，即56分。

律特法则在任何情况下都成立。例如，律特法则不受流程单位接受服务的顺序（如先进先出和后进先出原则）的影响。律特法则也不受随机因素影响，顾客数目的变化或者接受服务的时间的变化都不会对律特法则产生影响。

除了上述三个常用的绩效指标外，还有一些非常相关的和企业非常重视的流程绩效指标，现分述如下。

（1）能力

能力（capacity）或称生产能力，是指一个流程在一定的时间内所能实现的最大产出量（output），也就是一个流程的最大产出率（output rate）。在制造型企业中，“能力”这一绩效指标一般用单位时间内的产出量来表示，如汽车装配厂每小时所装配的汽车数量，快餐店每小时接待的顾客数，酿酒厂每年生产啤酒的桶数，造纸厂每年生产的纸张吨数等。能力的另外一种度量是可用的资源，如汽车制造厂的人工时间和机器时间，钢铁公司高炉的尺寸，石油化工业中炼油厂的规模，农业中的耕地面积，餐馆的桌子数，剧院的座位数，零售业的营业面积或收款台等。之所以从资源的投入的角度来衡量能力，是因为产品可能是高度异质的，尤其是流程要求相差很大，难以从产出的角度来衡量。

在流程绩效评价中，能力常可以分为设计能力（design capacity）、最大能力（maximum capacity）和持久能力等。设计能力是指企业在标准工作环境下的理想产出量，即当单位产出成本最小时的产出量。根据产品、流程以及企业的目标不同，设计能力可以建立在每周5天、每天1个班次的标准工作环境的基础上。最大能力指的是最大限度地使用投入资源时所能达到的最大可能产出。通常企业只能在短期内维持以最大能力进行有效产出，因为以最大能力进行运营会导致更高的能源成本、加班补贴以及由于没有时间进行预防性维修而引起的更高的机器故障率，而且由于时间延长而造成的员工疲劳也会造成故障率上升以及劳动生产率下降。而持久能力是一种能维持长时期运营的能力水平。

值得注意的是流程能力度量的是流程能够生产的数量，而不是流程实际生产的数量，例如，当机器发生故障或者其他外部事件导致流程没有生产任何东西时，流程的能力是不受影响的，但是单位时间产出则降为零。

衡量企业可用能力即设计能力的利用程度的指标称为能力利用率（capacity utilization），其定义如下：

能力利用率=实际产出/设计能力

例如，一家汽车装配厂的设计能力为每周装配3600辆，而某周的实际产出为2700辆。在这种情况下，该厂那周的能力利用率就只有75%。当然，能力利用率有可能超过100%，这就值得管理层引起重视。

或者，如前所述，采用资源投入的角度来衡量能力及其利用率。例如，假设一个柔性加工中心可以加工费时5分钟到2小时不等的零部件，那么加工中心每周的产出量会随着所需加工的零部件种类不同而出现很大的差异。该柔性加工中心的能力利用率可以定义为：

能力利用率=加工中心实际使用时间/加工中心总的可用时间

随着流程柔性的不断提高，企业将产出更多品种的产品，这种衡量能力的方式将会越来越盛行。这种方式适用于要求员工技术多样化的劳动密集型服务业，如一名外科医生的工作可能包括进行外科手术、提供门诊服务、参加例会等。衡量能力最适用的方式就是每周所投入的工作时间。

（2）柔性（flexibility）

柔性则是用来度量企业为满足不断变化的顾客需求，而对自身业务流程进行调整的有效程度的指标。

柔性的衡量指标可以从不同角度来定义，主要有如下几种。

① 作业转换时间（setup time）。它反应了一个流程能够由生产某一种产品向生产另一种产品的转换速度。例如，很多美国汽车制造企业每年都至少会暂时关闭几周的时间，来完成不同车型的转换，这就可以反映出该领域流程的柔性程度。

② 一个流程对产量变化所要求的反应速度。那些能更快地适应产量波动的企业显然比那些不能很快适应这种波动的企业更为灵活。服务型企业尤其应该具有这方面良好的柔性，因为它们不可能将顾客需求存储起来。

③ 一个流程同时产出一种以上产品的能力。例如，戴尔公司的生产流程的柔性使得其能满足每个顾客不同的需求，其柔性就好。

④ 产品品种数。

⑤ 最大生产能力平均利用系数。

（3）流程周转率（process velocity）

流程周转率是一种相对较新的流程绩效指标，也称为产出效率。流程周转率是指产品或服务通过整个流程的总产出时间，即产出周期（throughput time）与完成产品或服务本身的增值时间的比率。其中，增值时间是完成产品本身的生产或服务本身的交付所用的时间，即

流程周转率＝产出周期/增值时间

例如，美国最大的论文出版商 UMI 公司（University Microfilm International）完成一篇文稿的产出周期需要 150 天，而真正的增值时间只需要 2 小时。因此，对于 UMI 而言，其流程周转率（150 天/篇×8 小时/天）/(2 小时/篇)＝600。其实，超过 100 的流程周转率是很常见的，也就是说，增值时间只是产品整个产出周期中很小的一部分。这也就意味着，以前那种只重视增值时间的效率的做法应该得到人们的重新审视。

另外，常用的指标还有质量，交货速度（从下达订单到将产品交付到顾客手中所需的时间或交货的可靠性）等。这些我们在其他章节也详细介绍，这里不在赘述。

例 3-1　某金融公司为有资格的预制车库购买者提供贷款。在刚刚对其贷款申请处理运作进行了一次再造后，该金融公司正在评价这种变革对其服务绩效的影响。该分支机构在每 30 天的工作月内收到大约 1000 份贷款申请，并根据对每份申请的广泛审查，做出接受或拒绝的决定。

在 1 月份以前（“流程Ⅰ”），该公司对每份申请进行分开单个的处理。平均 20%的申请被接受。一项内部的审计表明，在该公司批准程序的各个阶段中大约平均有 500 份申请，这些申请还没有被做出最后的决定。

为了应答客户对处理每份申请时间的抱怨，该公司聘请一咨询公司帮助其改进决策流程使之流线化。咨询公司迅速查明了目前流程存在的一个关键问题。尽管大部分的申请能够比较迅速地处理，但是有一些却因资料不充分和/或不明确而必须花费很长的处理时间。于是建议对流程进行如下的改变（因此产生了“流程Ⅱ”），如图 3-3 所示。

① 因为被批准的申请比例相当地低，所以应该设立一个预审小组，根据严格的相当机械

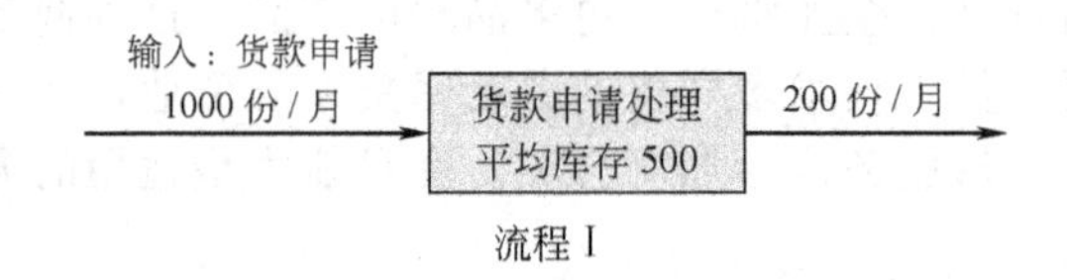

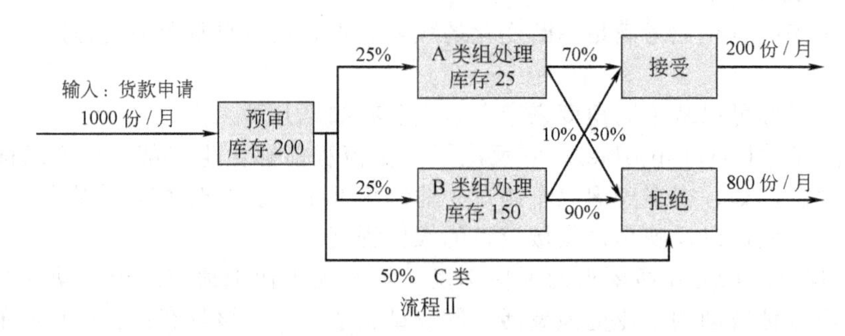

图 3-3 流程Ⅰ和流程Ⅱ的流程示意图

的原则预先处理所有的申请。

② 所有的申请可以归为以下三类中的一类：A 类（看起来就很好）、B 类（需要进一步审查）、C 类（立刻就可以拒绝）。A 类和 B 类申请将被传递到不同的专家评审分组。

③ 然后每个分组将在其专业范围内评价申请并做出接受/拒绝的决定。

该金融公司试行了流程Ⅱ。该公司发现平均 25％的申请属于 A 类，25％属于 B 类，而剩余的 50％则属于 C 类。一般地，大约 70％的 A 类申请和 10％的 B 类申请被审查批准（所有的 C 类申请都已经被拒绝）。内审检查进一步发现预审小组平均有 200 份申请接受审查，仅 25 份在 A 类分组接受审查，大约 150 份在 B 类分组接受审查。

该公司希望能够确定这种变革是否已经改进了服务绩效。

解： 流程Ⅰ和流程Ⅱ的流程示意图如图 3-3 所示。

流程Ⅰ：流程周转时间＝平均库存/平均单位产出＝500/1000＝0.5 月＝15 天

流程Ⅱ：流程周转时间＝平均库存/平均单位产出＝(200＋150＋25)/1000＝0.375 月＝11.25 日

由此可见，这种变革确实已经改进了服务绩效。

例 3-2 某食品厂有两条并行的面包生产线，每条生产线有三项主要任务，分别在三个工序进行原料（面粉、糖、水和酵母）搅拌、发酵和烘烤，如图 3-4 所示。这三项任务之间的带箭头的线条表示出这三项任务必须顺序完成。包装工序前的在制品库存表示烘烤完毕的面包有时需要在此等候包装，因为两条生产线可能分别生产两种不同的面包，而包装工序只有一个，一次只能包装一种面包。或者因为烘烤完毕的面包需要先放在这里等候变凉。一旦包装完毕，面包就被移到产成品放置地（产成品库存），准备发运到食品商店。面包以每批 100 个生产，工序的时间如下（以 100 个为单位）：搅拌 45 分钟，发酵 60 分钟，烘烤 45 分钟，包装 45 分钟。试对该流程的绩效指标进行评价。

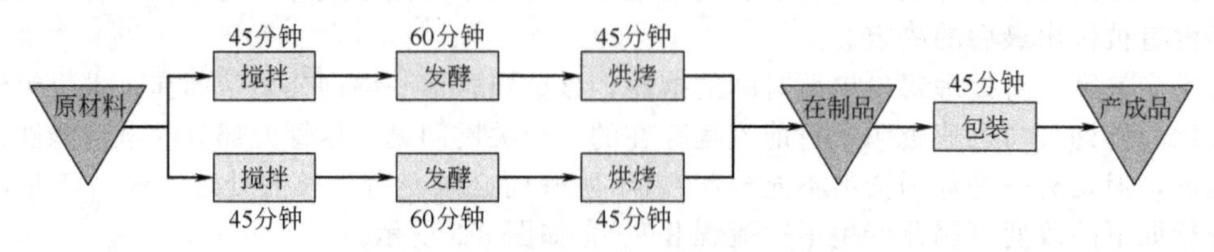

图 3-4 某食品厂面包制作流程示意图

① 瓶颈及资源利用率如何？

② 每小时的最高产量是多少？

③ 流程时间是多少？

④ 在不添加和更换设备的情况下，该面包房除生产白面包之外，还需要生产黑面包。假定生产每种面包的数量相等，一条生产线用于生产白面包，一条生产线用于生产黑面包，包装线在包装完 100 个白面包后，必须对包装线进行调整，比如更换包装袋，才能包装黑面包，包装线调整时间为 0.25 小时，在继续按照每批生产 100 个面包，包装批次同为 100 个的情况下，该生产流程的生产能力、资源利用率和流程时间又如何呢？

⑤ 如果每 400 个为一个批次（每 200 个为一批次分别生产黑白面包，包装 200 个白面包之后，花 15 分钟调整包装线，再连包装 200 个黑面包），则该生产流程的绩效又有哪些变化呢？

⑥ 两条面包生产线每天生产两班，每班 8 小时。包装线可以每天 3 班，每班也是 8 小时。为了问题分析的简便，忽略包装设备的调整时间。这时情况又如何呢？

解：① 每条面包线的节拍是每小时 100 个面包，有两条生产线可以生产面包，则面包生产的节拍为每半小时 100 个面包，即 0.5 小时/100 个。包装的节拍为每 45 分钟 100 个，即包装的节拍为 0.75 小时/100 个。所以包装是整个流程的瓶颈，其限制了流程的产出。

流程中各资源的利用率如下：

搅拌　(45/2)/45＝50%　　烘烤　(45/2)/45＝50%

发酵　(60/2)/45＝66.7%　　包装　45/45＝100%

② 每小时最高产量以包装节拍计算，这样，每小时最高产量为

1 小时/(0.75 小时/100 个)＝133 个。

③ 面包按每批 100 个运转，因为按照瓶颈的工序确定的节拍，所以没有等候时间，此时的总生产时间就是所有工序加工时间的总和，即 0.75×2＋1＋0.75＝3.25 小时。

当然，如果出现批次之间的等待，即在包装环节前出现等待的在制品，则实际总生产时间会延长。

④ 增加品种后的产能，面包的生产批量仍为 100 个，流程的瓶颈仍然在包装工序，包装工序的节拍为 (0.25＋0.75)＝1 小时 100 个面包。整个流程的产能变成 100 个/小时。

此时的设备利用率为：

搅拌　(45/2)/60＝37.5%　　烘烤　(45/2)/60＝37.5%

发酵　(60/2)/60＝50%　　包装　(45＋15)/60＝100%

此时，如果不考虑等待时间，则总生产时间为 0.75×2＋1＋0.75＋0.25＝3.5 小时。

⑤ 流程的生产能力为 200/(2×0.75＋0.25)＝114 个/小时。

每 200 个面包的总生产时间为：2×(0.75＋1＋0.75)＋0.75×2＋0.25＝6.75 小时，平均 100 个面包的总生产时间为 6.75/2＝3.375 小时。

通过比较可以看出，经过提高批次，流程的产出能力有所提高，但对于流程来说，需要在包装工序前设置更大的缓冲区。同时，随着批量的增大，顾客等待另一种面包时间增加。

⑥ 此时，由于生产和包装之间的缓冲区的存在，可以使面包生产和包装都按照各自最大的产能进行生产，因为有两条线，所以面包加工的生产能力为 200 个/小时。包装能力为 133 个/小时。

在这种情况下，两条线生产的面包在缓冲区中等待包装，需要计算等待时间，总生产时间需要将等待时间考虑进去。用工艺库存量的平均等待时间来衡量等待时间。根据律特法则：

等待时间＝工艺使用库存量/产出率

下面，计算在面包制作和包装之间的缓冲区中的平均库存量，在前两个班次中，库存增长速度是 200－133＝67 个/小时，最高库存量应该为 67×16＝1072 个/小时，在 16 个小时中的平均工艺库存量为 1072/2＝536 个/小时。在最后 8 个小时的包装班次中，库存量应该是从 1072 个/小时降到 0（因为 1072/133＝8 小时）。

因为包装作业的节拍时 0.75 小时 100 个，所以产出率为 100/0.75＝133.3 个/小时。所以平均等待时间为 536/133＝4 小时。

总生产时间＝0.75＋1＋0.75(制作)＋4(平均工艺库存等待)＋0.75(包装)＝7.25 小时

3.4 运作流程分析

了解流程对于企业竞争力而言是非常重要的。无法满足企业需求的流程会随时制约企业的发展。上面我们介绍了流程中的一些重要的概念以及流程评价的绩效指标，在此基础上，需要进一步了解流程分析的步骤。虽然不同的公司、不同的业务各有不同的流程，但是流程分析具有一般的规律，可以按照下面的步骤来进行。

(1) 获取流程分析的目的

确定流程模型的细节，就必须清楚地知道流程分析的目的。分析流程需要解决几个重要的问题，比如，该流程每小时能处理多少位顾客的需求？接待一位顾客需要多少时间？提高产能需要哪些改进？流程的成本是多少？这项工作比较困难，但却是非常重要的。必须弄清其目的是解决问题，还是更好的了解流程改进对于企业未来运作中的影响。

(2) 建立流程图

对系统进行分析的最好方法是描绘流程图，它可以帮助人们将实际的运作流程清楚地再现出来。这部分在上述章节已详细阐述。

(3) 确定每道工序以及的工序间的特征

在绘制出流程图的基础之上，详细收集各道工序的信息，例如每道工序的机器设备数、人员安排、工序加工时间、具体运作等情况。

工序之间通过信息流和物料流进行着沟通与交流。我们需要确定前后相邻的两道工序之间的转运批量和转运时间。流程的拉推方式的确定是非常关键的，它决定了信息和物料传递的方式。所谓推动（push）方式，指每一道工序都将自己生产的产品放在一个库存中，其作用是在它与紧后工序之间充当“缓冲”。这个紧后工序将从这个库存中提取产品，进行加工，然后再把它们送入下一个缓冲库存。这种方式能够降低意外事件所造成的干扰，使各道工序在不受干扰的情况下运作，从而提高它们的工作效率。但这种方式也是有代价的，库存占用大量的流动资金，加工时间较长，从而导致反应速度较慢。而拉动（pull）方式，指每道工序的产品加工完成之后，都会“准时”而且直接地交付给下一道工序进行加工。这种方式往往是通过来自顾客的订单来拉动各道工序，因而效率很高，并且反应迅速。

(4) 确定流程的瓶颈

由于流程中各道工序的流程能力没有加以平衡，而且实际上也不可能完美地得到平衡，所以整个流程中会存在瓶颈工序。这一步，需要通过分析计算各工序的流程能力，找出瓶颈工序，即产能最小的那道工序。

(5) 分析流程的产能及每道工序的效率

根据瓶颈工序来分析流程的产能，计算出流程中其他工序的空闲时间、时间利用率，以及所形成的在制品库存等绩效考核指标。

(6) 提出流程改善的措施及建议

通过前面几步的分析，可以找出流程中存在的问题，针对产生的原因提出相应的解决办法和改善措施、建议。流程改善的措施很多，例如我们可以为瓶颈工序增加设备或者为瓶颈工序增加人员，培训多面手，提高设备的效率，创建多工位共享的流水线布局（U 形流水线）以及平衡流水线等方式平衡各道工序的流程能力。当然还可考虑通过生产班次的调整或者通过某些关键工序的加班来平衡各道工序的流程能力。

3.5 运作流程选择

管理人员在设计一个良好运行的流程时，需要事先做出的决策之一就是流程选择，也就是决定是否要围绕产品或者流程来组织资源。对于给定的某一流程而言，企业的竞争重点对这一选择有着重要影响。反过来，对整个工厂或者整条生产线很重要的流程选择，并不一定就对每一个流程或者子流程有重要意义。在前面章节介绍过，企业可选择的流程形式包括单件、成批、大量（流水线）和连续等。如何进行运作流程选择，是企业面临的一个十分重要的问题。

一般来讲，有什么样的产品需求特征，就应该匹配什么样的流程。海斯（Hayes）和惠尔莱特（Wheel wright）首先提出了能反映这种产品产出流程组织方式与产品结构性质之间的匹配关系的产品——流程矩阵（product-process matrix，PPM），如图 3-5 所示。

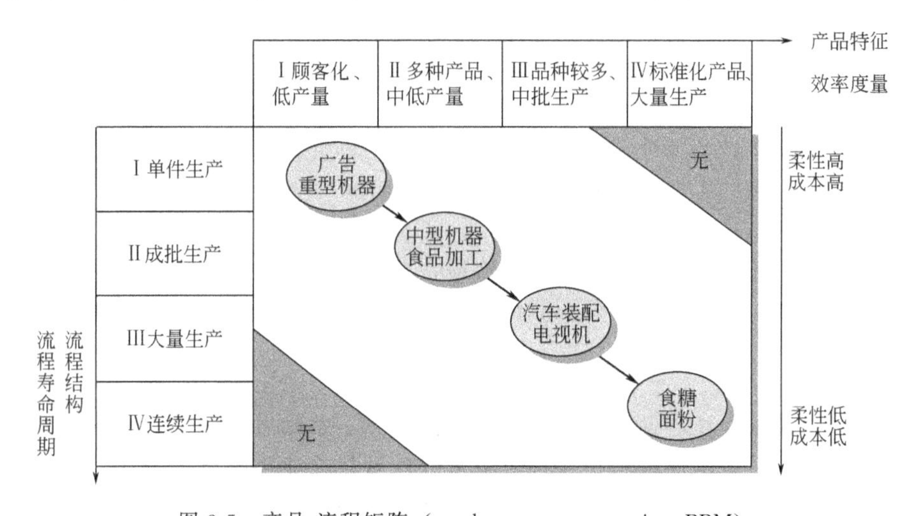

图 3-5 产品-流程矩阵（product-process matrix，PPM）

矩阵中的横坐标表示产品结构与产品生命周期。随着产品生命周期的演变（由导入期、成长期、成熟期到衰退期），市场需求特性渐趋同一化，产品的产出量增加而产品结构（水平方向）变窄。纵坐标表示流程结构与流程生命周期。随着流程生命周期的演变，生产运营流程的规模效应与学习效应逐渐凸现，自动化程度很高的专用设备与标准物流（垂直方向）变得经济可行。在矩阵中的对角线上列出了具有代表性的行业，都分别能够在矩阵中找出匹配其产品结构性质的流程组织方式，从而达到最好的技术经济性。然而，随着行业的技术发展，企业也可能恰当地利用偏离对角线的匹配策略，提升自身的竞争优势，以出奇制胜。例如，沃尔沃公司在其汽车装配线上可以生产出任何车型的汽车。因此，在产品-流程矩阵中，沃尔沃的汽车装配线应位于流程结构第Ⅱ阶段与产品结构第Ⅲ阶段的交界处。因为，沃尔沃不能像福特汽车公司和通用汽车公司等竞争对手那样进行大批量生产，所以牺牲了传统的装配线的高效性。而另一方面，沃尔沃的汽车装配线却更加具有柔性，并能够进行更好的质量控制。矩阵中的其他类型的产品-流程的匹配也可以进行类似的分析。

由图 3-5 中的产品-流程矩阵可见，当产品产出流程组织方式从矩阵的左上角演变到右下角时，其效率与成本优势逐渐凸现，但同时也逐渐损失了企业的定制能力与市场反应的柔性，因此，由矩阵的右上角演变到左下角往往是企业匹配策略的“雷区”。因为处于右上角的企业对市场的变化反应很慢，然而企业又想要在需要高产量、低成本的行业中竞争，但运用的却是高可变成本、定制化的项目型组织方式，从而使得企业损失市场的机会成本相当高，因为在项目型组织方式下的高价会让顾客流失而另谋他所。处于左下角的企业能够生产出比实际需求还要多的产品，然而企业的现金支付成本很高，因为固定成本过高，这与流程式生产需要投入大型的资本密集型设备密切相关。

由上可见，一方面，人们应该根据产品结构性质，沿对角线选择和配置生产流程，可以达到最好的技术经济性；另外一方面，那种传统的根据市场需求变化仅仅调整产品结构的战略往往不能达到预期目标，应同时调整生产流程。

3.6 流程再造

除了流程改进，流程再造（process reengineering）是设计或者再设计流程常用的一种方法，而且它在当今管理领域中正得到越来越多人注意。

流程再造是指从根本上对流程进行重新思考和再设计，从成本、质量、服务和速度等方面迅速提高流程的绩效。流程再造是一种重新发明创造的过程，而不是渐进式的逐步提高。它是一剂猛药，并不时常需要，也不确保成功有效。再造所带来的阵痛，如解雇职员、在信息技术方面投资而造成资金大量外流，几乎总是带来大规模的变化。然而，流程再造也可能会有丰厚的回报。例如，贝尔亚特兰大公司对其电话业务进行了再造。经过 5 年的努力，该公司将其联系新客户的时间从原来的 16 天缩短为只有几个小时。这一变化导致 Verizon 公司解雇了 2 万名员工，但毫无疑问，贝尔公司更有竞争力。

准备进行再造的流程应该是公司的核心流程，比如企业订单的履行活动。因此，再造需要集中于这一核心流程，常常会用到跨职能部门的团队、信息技术、领导力和流程分析。下面逐一来看这些基本要素。

（1）关键流程

再造的重点应该放在核心业务流程上，而不是放在诸如采购或者营销之类的职能部门上。通过集中注意力于一些关键流程上，管理人员可以发现机会来消除不必要的工作和监管活动，而不是担心如何守住自己的活动领域。出于时间和精力的考虑，再造应该从基本流程人手，比如新产品开发或者客户服务。在其他流程中，可以继续开展常规的流程改进活动。

（2）强有力的领导

再造要想成功，高层管理人员必须进行强有力的领导。否则，冷嘲热讽、消极对抗以及职能部门之间的界限可能都会阻碍企业进行重大变革。管理人员通过提供一种必要的权威影响力，以保证该项目的实施是具有战略意义的，从而可以帮助克服企业中存在的消极对抗的现象。主管人员应该为流程设置关键性的绩效目标，并加以监督。高层管理人员还应该在企业中营造一种紧急的氛围，使大家认识到变革是迫不得已的，也是需要长期进行下去的。

（3）跨职能部门的团队

团队的成员来自每一个受到流程变革影响的职能部门，他们负责实施一个流程再造的项目。例如，对一个保险索赔处理流程进行再造，三个职能部门的人员应该加入团队之中：客户服务部、核算部和会计部。在参与度很高的工作场所，团队进行自我管理、员工获得授权是司空见惯的事情，而不是例外，此时再造的效果最好。可以把自上而下和自下而上的行动结合起来，因为，自上而下有利于设定绩效目标，自下而上则有利于确定如何完成这些绩效目标。

（4）信息技术

信息技术是流程再造的一个主要推动力。大多数的再造项目都围绕着信息流（如履行客户订单）进行流程设计。这些流程的运营者会对市场上发生的事情做出反应，他们需要信息网络和计算机技术来更好地完成工作任务。流程再造的团队必须要确定什么人、什么时候、什么地点需要信息。

（5）重新开始的理念

再造需要企业拥有一种重新开始的理念，即再造要从客户愿意与企业打交道的方式入手。为了确保企业以客户为导向，团队要着手分析企业内部和外部客户的目标。一般来说，团队首先为产品或者服务设立一个价格目标，减少一些追求利润的欲望，进而发现一个合适的流程，以客户愿意支付的价格为他们提供所需的产品或者服务。再造实际上是从未来开始行动的，并倒过来开展工作，不受现有运营方法的限制。

（6）流程分析

尽管需要拥有重新开始的理念，但是实施再造的团队必须理解当前流程中的许多事情。例如，正在做什么？做得怎么样了？有哪些因素影响该流程？这种理解可能会开辟出一些新的思考领域，开动脑筋思考也许会带来最丰厚的回报。团队必须观察整个企业中所有流程的每一个程序，记录下每一个步骤，反复考问为什么要做这些事情，进而剔除那些并不真正必须要做的事情。各个流程相对于竞争对手能够持续多长时间的有关信息也是很有价值的。这一点，在本章前面有所介绍。

在流程分析和识别再造机会的基础上，流程再造需要对流程进行再设计。流程再设计的核心是设计流程的输入和输出，以及输入和输出之间的过程。围绕着企业流程再造的目标和使命，系统地清除存在的约束，提高企业运行的绩效指标。这个过程需要开放的思维方式，不是使原有的流程变得更好，而是重新设计流程。在分析和设计开始时，很难确认新流程是否有效，因此尽可能多地准备备选方案，再经过一系列的确认评估，最终形成完善的设计。这是一个不断完善的循环过程。下面是流程设计中需要遵循的一些原则。

（1）工作的合并

在流程再造中，将过去不同的任务合并为一个任务，但不是所有的工作由一个人来完成，可以根据实际组建流程小组完成整个流程，减少交接手续，共享信息，并能对顾客变化做出快速反应。

（2）增加员工的决策权

在流程中，执行流程的员工和流程小组既有责任，也有对该项目有决策权力，决策应成为工作的一部分。这样会节约时间，降低管理成本，加快对客户的反应速度，垂直的等级制度也相应被压缩。特别是在决策支持技术的帮助下，决策活动变得更加容易。

（3）采用同步流程

在现有流程中，大多数流程是连续流程和平行流程。连续流程是指某一工序只有在上一道工序完成以后才能进行下一道工序，它按照先后顺序依次进行。平行流程是指所有流程分开，同时单独进行，最后将各流程的输出进行汇总。连续流程和平行流程的共同缺点是周期长，并且平行流程只有到了最后阶段，问题才能发现和暴露出来，延误了解决问题的最佳时机。而同步流程是指多道工序在互动的情况下同时进行，各个工序之间随时可以交流，及时更新共享数据，及时发现和处理问题。同步流程减少了整个流程实际运行时间。

（4）减少不必要的审核和监督

许多审核和监督的环节是为了保证质量，控制生产率和财务状况。这些流程有的是沿袭旧的规则，流程存在的条件早已经发生变化；有些只是基于形式，是没有实质内容的检查；有些是重复性的检查；另外由于被分离的流程较多，也需要用审核和监督连接这些流程。这些审核和监督过程消耗了企业大量的资源。

（5）建立信息资源的共享和在源头获取信息

通过计算机信息系统，实现公司内的信息共享。任何信息只需在企业中的一点输入，其他数据要素出现后，可以追加在已存在的信息上，消除不必要的数据重复输入，同时也消除了两次和多次输入时数据的误差和不匹配。避免信息格式的重排和转换。避免数据从一种格式转换到另一种格式，或者从一个计算机系统打印出来，再用手工输入到另一个计算机系统。在信息的源头对信息进行一次性收集和获取，避免了错误信息和信息重新获取费用。

（6）清除非增值活动

非增值活动主要集中于以下几方面：

① 过量的生产/过度的供应；

② 等待时间；

③ 运输、转移、移动；

④ 库存和文牍；

⑤ 缺陷、故障与返工。

（7）增加增值流程

企业的流程尽可能的增加增值流程，把客户的实际需要作为流程设计的依据，并且还要研究顾客的需求。因为顾客的需求是提高企业竞争优势的切入点。

（8）为流程安排有效的资源

必须对子流程进行说明，这样才可以在运行环境中安排有效的资源。流程再设计的原因是为了资源的有效利用，以前流程曾经可以被接受，这是因为流程使资源发挥了效用。如果流程导致了资源的流失，那么该流程就不能被接受。流程设计需要精简子过程，直到为流程配置有效的资源。在流程的执行中，同时会有多种活动进行，一般情况下，完成子过程的资源是有限的，从而导致资源的竞争，因此必须为流程合理设置相关资源。

（9）预测可能的失败方式

必须预测各种可能出现的失败（或者失败组合），及其产生的影响。针对各种可能的失败，设想预防的措施和应急方案。

和运营管理中的许多新技术、新概念一样，再造也是在20世纪90年代早期被人鼓噪起来的，它几乎成了企业迅速获取竞争优势的一剂秘方。流程再造已经在许多企业中获得了成功，并且这种成功还将会继续下去。当然，现实的经验才能更好地展现出这种方法的全貌。再造并不简单易行，也不是所有的流程或者所有的组织都适合进行再造。许多企业无力在时间和资源上进行足够的投资，以实施这种剧烈动荡的、清除历史的再造方法。适度地进行改变，以更好地与企业战略和企业文化匹配，也许会比追求突破性进展带来更好的效果。企业中也可以实施与信息技术毫无关系的重大的流程改进活动。企业不仅仅需要改进跨职能部门的流程，也需要改进每一个职能部门领域内的流程。

3.7 本章小结

在快速多变的市场环境下，企业运作流程也必须相应地不断改进，以适应新的要求。流程是使用资源（劳动力和资金等），将投入（原材料、待服务的顾客等）转换为产出（产成品、接受完服务的顾客等）的一个过程。这个过程实际上是任何一种或一组活动，它选择某些投入，并向这些投入中转移或增加价值，进而向客户提供一种或多种产出。构成流程的要素包括投入、产出、活动、物流、信息流和库存。流程可分为单步骤流程与多步骤流程、面向库存生产流程与面向订单生产流程、节拍流程与非节拍流程等。

流程图以图形的方式来描绘流程，可以帮助人们组建在案例分析或流程改善项目中收集到的信息。流程图由一系列圆圈、三角、方框、菱形和箭头组成。

衡量流程绩效常用的指三个指标包括库存、流程时间、单位时间产出（或生产率）。除此以外，能力、柔性、流程周转率等流程绩效指标也十分重要。

运作流程分析的步骤包括获取流程分析的目的、建立流程图、确定每道工序以及的工序间的特征、确定流程的瓶颈、分析流程的产能及每道工序的效率、提出流程改善的措施及建议。

运作流程选择可以帮助企业围绕产品或者流程来组织资源。产品-流程矩阵说明：一方面，人们应该根据产品结构性质，沿对角线选择和配置生产流程，可以达到最好的技术经济性；另外一方面，那种传统的根据市场需求变化仅仅调整产品结构的战略往往不能达到预期目标，应同时调整生产流程。

流程再造是指从根本上对流程进行重新思考和再设计，从成本、质量、服务和速度等方面迅速提高流程的绩效。

习　题

1. 为什么说流程中的瓶颈可能产生“漂移”？请举例说明。

2. 麦当劳声称新的流程可以为顾客提供更加新鲜的产品，并且可以为顾客定制需要的产品，你认为如何才能实现这种按照顾客需求定制的新流程？对比麦当劳的新工艺与汉堡王和温迪(Wendy's)使用的工艺，哪一个似乎可以生产出最新鲜的汉堡？

3. 为什么增加批量可以减少流程的调整时间，而且也能同时增加流程的产能？

4. 用你自己的话说出“律特法则”的含义。描述一个你观察到的应用“律特法则”的例子。

5. 流程绩效的衡量指标有哪些？

6. 流程分析的步骤包括哪些？

7. 考虑表 3-4 所示的具有三个资源的一个流程。请回答：

表 3-4　流程表

资　源	活动时间/(分/单位产品)	工人数量/人
1	8	2
2	6	1
3	16	4

① 瓶颈是什么？

② 这个流程的能力有多大？

③ 如果需求是 8 个单位产品/小时，那么单位时间产出是多少？

8. 某国际酸梅公司在桶装酸梅时以每小时 150 桶的速度装到运输卡车上，并以持续不变的每小时 100 桶的速度进行处理。运送卡车在早上 6:00 到下午 2:00 的 8 小时里的到达速度是统一的。假设运输卡车足够小使得酸梅的运输可以被看做是连续的流，早上 6:00 第一辆卡车到达立刻进行卸载与处理，公司的箱柜最多可以装载 200 桶酸梅。如果一辆卡车到达而此时箱柜是满的，那么这辆卡车就必须等待直到箱柜中有空间为止。请回答：

① 在任意给定的时间点，在卡车上等待处理的酸梅最多有多少桶？

② 什么时候起卡车停止等待？

③ 什么时候箱柜变空？

④ 如果公司聘用1临时工提高他们的处理能力，那么当临时工加入工作的时候，处理速度上升至每小时125桶。临时工在上午10:00开始工作，直至卡车停止等待结束工作。那么什么时候公司可以停止使用临时工呢？

9. 案例分析：

草籽娃娃曾是1994年夏天风行一时的新产品。从1994年4月中旬开始生产以来，Seiger Marketing已经两次搬迁和扩建它的草籽娃娃生产分厂及仓库。即使这样，在1994年7月的生产水平仍然使它们于安大略省的多伦多工厂的设备生产能力达到了其物理极限。

草籽娃娃的合伙人，西方商学院的新近毕业生安顿·拉比和龙能·哈拉里，却不愿意给草籽娃娃的生产主管他商学院的同学本·瓦拉蒂任何实质性建议，只是会说："保持弹性。我们也许会拿到10万件的订单，但是如果这些订单没有来，我们将保持现有人员，并不承担巨大的库存。"基于这种不确定性的背景，本正在寻求提高生产能力的方法，这些方法的实施是不能以牺牲弹性和提高成本为代价的。

当草籽娃娃的主人把它们从盒子里取出时，他们会发现一个光秃秃的惹人喜爱的人头状的小东西，这个小东西的直径大约8厘米左右。在水中浸泡后，把草籽娃娃放在潮湿的环境中呆上几天，它就会长出一头漂亮的绿头化。草籽娃娃主人的创造力能够通过发型的变化表现出来。草籽娃娃的销售工作是从多伦多地区的花店和礼物商店开始的，但由于产品获得广大顾客的普遍欢迎和认可，分销工作通过K-Mart、Toys R Us和沃尔玛特这样的商店在全国范围内开展。到7月中旬，有10万多草籽娃娃在加拿大出售，向美国的出口工作也已经开始。

草籽娃娃通过一个混合批量流水生产过程加工出来。6个填充机操作员同时工作，把锯末和草籽装进尼龙袋子里，这样就制成了基本的球体。操作员把球形体放入塑料的装载盒里，每盒可装25只。在另一个批量作业地，一个操作工人把带有塑料外衣的电线在一个简单的模具上缠绕一下就制成了草籽娃娃的眼镜。接下来的作业过程是一个由人工组成的流水线。三个塑形工把球形体从装载盒拿出来，通过加工使球形体看起来更像人头，这包括为它们塑造出鼻子和耳朵，在塑形工的旁边有两个工人，他们把先前做好的眼镜架在草籽娃娃的鼻子上，并把两只塑料的小眼睛用胶水粘在镜框里。经过塑形和组装的草籽娃娃都转交给一个工人，他负责用织物染料给它画上一个红红的嘴，画完后把它们放在一个晾架上，经过5个小时晾干以后，两个包装工人把草籽娃娃放进盒子，然后再把它们装入便于运输的箱子里。

为了分析研究生产能力，本和他的日常监管鲍勃·韦克莫对草籽娃娃的各加工工序及转移时间做了估计。估计的时间如下：填充——1.5分钟；塑形——0.8分钟；制作眼睛——0.4分钟；构造眼镜——0.2分钟；涂染——0.25分钟；包装——0.33分钟。除去不可避免的拖延和休息时间，本得出他可以对一个8小时班次按7小时计算实际工作时间。

请思考：

① 按照本的计算方法，目前一个班次可生产多少草籽娃娃？如果一周生产七天，一天三班，那么一周的产量能达到多少。

② 安顿从沃尔玛特接到一张大订单，预计还会有更多的订单，于是他要求本将产量提高到每天4000件。本应该如何处理？

③ 尽管不是一个严重的问题，但通常在一个公司的早期生产中会有15%的产品要丢掉。假定缺陷出在填充之前或填充的过程中，而直到包装时才被发现，这对生产能力有什么影响？如果在填充工序后进行一下特别检验有帮助吗？

第4章　生产/服务系统的设施选址与设施布置

引导案例

家乐福（Carrefour）物流选址

“每次家乐福进入一个新的地方，都只派1个人来开拓市场。进中国台湾家乐福只派了1个人，到中国内地也只派了1个人。”家乐福的企划行销部总监罗定中用这句令记者吃惊不已的话做他的开场白。

罗解释说，这第一个人就是这个地区的总经理，他所做的第一件事就是招一位本地人做他的助理。然后，这位空投到市场上的光杆总经理，和他唯一的员工做的第一件事，就是开始市场调查，进行家乐福分店的选址。

因为Carrefour的法文意思就是十字路口，而家乐福的选址也不折不扣地体现这一个标准——所有的分店都开在了路口，巨大的招牌500米开外都可以看得一清二楚。显然，这样一个投资几千万的店，当然不会是拍脑袋想出的店址。需要经过几个方面的详细测算。

第一，就是分店商圈内的人口消费能力。首先通过市场调研收集这方面的数据。如以某个原点出发，测算5分钟的步行距离会到什么地方，然后是10分钟步行会到什么地方，最后是15分钟会到什么地方。根据中国的本地特色，还测算以自行车出发的小片、中片和大片半径，最后是以车行速度来测算小片、中片和大片各覆盖了什么区域。如果有自然的分隔线，如一条铁路线，或是另一个街区有一个竞争对手，商圈的覆盖就需要依据这种边界进行调整。

然后，需要对这些区域进行进一步的细化，调查这片区域内各个居住小区的详尽的人口规模和特征，计算不同区域内人口的数量和密度、年龄分布、文化水平、职业分布、人均可支配收入等许多指标。有时甚至根据这些小区的远近程度和居民可支配收入，再划定重要销售区域和普通销售区域。

第二，就是调查这片区域内的城市交通和周边的商圈的竞争情况。如果一个未来的店址周围有许多的公交车，或是道路宽敞，交通方便。那么销售辐射的半径就可以大为放大。有些家乐福就干脆自己租用公交车定点在一些固定的小区间穿行，方便这些离得较远的小区居民上门一次性购齐一周的生活用品。由于未来潜在销售区域会受到很多竞争对手的挤压，所以家乐福也会将未来所有的竞争对手计算进去。当然，除此之外，还会结合环境是否清洁，哪类产品的价格比较高，生鲜产品的新鲜程度如何等，运用定性到定量的评价方法进行选址。

——根据 http://www.huayu56.com/wuliuanli/guojiwuliuanli/20070814/4033.html 文章改编

4.1　企业的设施选址意义

设施选址在企业运作管理中具有十分重要的地位。经常吃麦当劳或肯德基的人会有印象：几乎每一个麦当劳或肯德基门店都生意兴隆。其原因除了品牌的因素外，店址的选择也是其中至关重要的条件。选到了合适的地点，等于生意成功了一半。清朝末年湖广总督张之洞创办汉阳铁厂，在选址上的战略决策失误导致后来汉阳铁厂开炉生产仅仅4年，累计的亏损已经达到100多万两白银。设施选址直接关系到设施建设的投资和建设的速度，同时在很大程度上也决定了所提供的产品和服务的成本，从而影响整个企业的经济效益。错误的选址决策无论对制造型企业还是服务型企业都意味着高昂的代价，因为在错误时间、错误地点选址决策会进一步导致错误的能力规划或者错误的流程选择，从而给企业带来无法弥补的损失。

4.2 选址决策的一般步骤

从范围看，选址决策一般遵循先选择国家，再选地区，然后再选地点的顺序。而在选择过程中还要遵循以下的步骤。

（1）明确企业选址的目标

制造业选址和服务业选址的目标存在差异。一般来说，制造系统选址的目标是追求成本最小化，而服务业选址的目标是追求收益最大化。为此，制造企业的选址尽量考虑原材料的可获得性，尽量靠近原材料的供应地，如上海宝山钢铁公司选址就考虑到进口澳大利亚铁矿石的可获得性。而服务业的选址目标追求靠近顾客。选址的第一步就是要明确企业选址的目标是什么，在此基础上，根据选址的目标，列出评价选址地点的影响因素。

（2）分析选址决策所要考虑的影响因素

影响选址决策的因素非常多，不仅有经济因素，同时还有政治因素、社会因素和自然因素等。在经济因素方面，则有包括交通运输条件、原材料的可获得性等。在下一节我们将详细介绍。

（3）找出可供选择的选址方案

企业选址方案一般有以下三种。

① 扩建现有厂址。当选择该选址方案时，选址决策工作比较简单。如果现有地址有足够的扩展空间，在其他条件相同的情况下，应优先考虑这种选择。

② 保留现有厂址并增加新的厂址。对于制造业，新增厂址的考虑主要是扩充产能，同时还须考虑生产出的产品快速送达需求的市场。对于服务业，如零售商业，增开新的店面可作为一种保护性策略，以维持市场份额或防止竞争对手进入市场。

③ 放弃现有厂址而迁至新的厂址。市场的转移、原材料的消耗以及原址运营成本过高经常促使公司做出这种选择。比如，矿山资源开采已经完竭，这时企业就不得不寻找新的矿山。迁址要考虑的因素也有很多，既要对企业进行迁址的成本及因此而获得的利润与留在原址的成本和利润进行比较和权衡，同时，还需将市场的覆盖面、运输成本的变化等综合慎重考虑。迁址涉及面较大，一般是非常大的工程，需要花费大量的成本及时间。如东风汽车有限公司总部搬迁至武汉，就是其中一例。

（4）选择合适的评价方法，评估几种选择并作出选址决策

常见的选址评价方法包括因素评分法、重心法、线性规划法等。我们将在后面的章节中详细地介绍。

4.3 设施选址的影响因素

对于生产系统和服务系统，在设施选址方面考虑的因素会有很大的差异。一般地，由于不同地点产品售价变化不大，因此生产系统的选址着眼于成本。生产系统的地点选址对于成本有至关重要的影响，会直接关系到产品的运输成本和生产成本，不同地点的成本会存在很大的差异。对于服务设施的选址，则着眼销售收入，因为不同地点服务成本相差无几。地点的不同直接影响影响客户接触量，进而影响商业交易量。

在选址过程中，选择国家、地区和地点的影响因素存在很大差异。选择国家的影响因素一般包括备选国家的政府政策、文化传统与经济系统、市场位置、劳动力、基础设施和外汇汇率

等。选择地区的影响因素一般包括企业长远规划、地区的吸引力、劳工素质与劳工成本、能源成本、当地政府的优惠政策、靠近客户和供货商以及土地和建筑费用等。选择地点的影响因素包括地点大小（可利用空间）、地点成本、进出的运输条件、协作服务条件以及周边环境影响等。

（1）选择国家的影响因素

① 政府政策　政府政策是国家选择首要关注的因素。政治局面的稳定、法律是否健全等直接关系到企业投资的资本权益能否得到保障。在一个政局动荡、经常发生战争的国家投资建厂或者开设新的公司，风险性极高。同时，当地政府的政策是否鼓励企业在当地落户（比如，设立经济开发区、低价出售或出租土地、税收减免、低息贷款等）以及是否抑制企业在当地落户的政策（比如设置文化和法律壁垒等）。另外，环境保护等有关法规也直接关系到投资建厂或开设新的公司的成功与否。

② 文化传统与经济系统　不同国家和地区，宗教文化信仰和风俗习惯会存在很大的不同，因此，企业的产品或服务要适合当地的需求。另外，还要考虑当地教育水平的总体状况、经济是否发达等经济系统。

③ 市场位置　随着全球经济一体化，企业可以在全球任何国家开设新的工厂，其中企业选址的一个非常重要的因素就是考虑离目标市场位置的远近。距离市场位置的远近直接影响服务产品的物流成本、销售成本以及交货速度等。近年越来越多的跨国企业选择在中国开设新的工厂（如丰田、福特等以及诺基亚、博世等），选择的原因固然有成本因素的考虑，但其中一个非常重要的因素就是离整个中国或者亚洲目标消费市场非常近。

④ 劳动力　对于劳动密集型企业，由于人力资源成本占产品和服务的比重大，因此必须考虑当地国家廉价劳动力的可供给性。随着当前制造行业向精细化、复杂化、自动化发展，对于这些技术性要求较高的企业，需要有受过良好教育和专业技能培训的职工，只有这样高素质的职工才能胜任越来越复杂的工作，因此，选择国家时需要考虑当地国家劳动力的教育情况。

⑤ 基础设施　基础设施包括交通、信息、市政等基础条件。交通主要考虑公路、铁路、航空和海运等服务状况；通信信息则主要考虑视频系统、信息网络以及公共信息平台的可获得性；市政方面，则考虑电力、燃气、供热、供水、废弃物排放与处理设施和条件等。便利的基础设施不但可以降低运营成本，而且可以高质量、快捷地为顾客提供服务。

⑥ 外汇汇率　外汇汇率也是国家选择的影响因素之一。汇率的波动对于跨国企业服务于全球市场的供应链利润影响很大。比如，一家在日本生产产品卖往美国的公司要冒日元升值的风险，因为其成本以生产日元结算，而收益是美元，一旦日元升值就将导致以美元计价的生产成本上升，从而降低公司利润。汇率风险可以通过合理的分公司选址决策解决，合理设计的供应链网络可以充分利用汇率波动的机会，限制或免于它的波动所带来的损失，并增加利润。

（2）选择地区的影响因素

① 企业长远规划　由于选址是企业战略决策的关键因素之一，企业在地区的布局，一定要结合自身实际和长远发展规划，有条有序地进行。如沃尔玛门店分布一般有长远规划，并且具有一定的集中度，这有利于沃尔玛总部实行更加精细科学的管理，节省人力、物力、财力，而且每一个门店的设立都为整个企业的发展战略服务。

② 地区的吸引力　对于服务业来说，人口密度低的地区吸引力低，且顾客光临的次数也少；一个地区人口密度越高，其地区的吸引力也越高。对于制造业，地区的吸引力主要体现当地政府的办事效率、规范，以及当地的配套设施。

③ 劳动力素质和成本　即使在同一个国家，不同地区的劳动力素质和成本也存在很大的差异。在我国，东部地区人口受教育程度普遍高于西部。在劳动力成本方面，东部劳动力成本明显高于西部。人力资源是企业的重要资源，它的可获得性及成本直接影响企业的地区选址

决策。

④ 能源成本　制造业是能源消耗的大户。特别是一些大型的钢铁公司、电解铝生产企业、大型化工厂等，它们在生产过程中需要消耗大量的能源，能源在其生产成本中的比重非常高。因此，对于这样的企业在选址中必须考虑能源成本。

⑤ 政府的优惠　当地政府的优惠政策对于企业选址决策也有非常重要的影响。我国许多地区为了吸引外资，纷纷出台各种优惠政策，减免相应的税收，进行相应投资环境的政策配套。

⑥ 靠近客户和供应商　靠近客户和供应商可以使企业降低大量原材料运输成本以及产成品运输成本。特别是，对于实施精益生产方式的企业，靠近主要的供应商是它们实施精益生产方式的条件之一。只有这样，才能使无库存的生产成为可能。对于零售商业而言，靠近选择的目标客户是其选址的最基本要素。

⑦ 土地和建筑费用　由于选址涉及的投资非常庞大，而在这些投资中用于土地和建筑的费用占了相当大的比重，因此，在选址中，也需要慎重考虑选址决策中的土地和建筑费用问题。对于大型的公司，不同的地区在土地政策方面提供的优惠条件存在很大差异，有些地区提供免费的土地租赁费用，而有些地区则可能需要花费高昂的费用。

⑧ 自然环境　在自然环境中，不仅要考虑气温、温度、湿度等气候条件，而且还要考虑水资源条件，特别是对于耗水量大的企业，如造纸厂、发电厂、钢铁厂等。

(3) 选择地点的影响因素

① 可利用空间的大小　当选择国家、选择地区之后，地点的选择则直接与生产或服务的设计规划能力密切相关，而与这些能力相配套的则是地点的可利用空间的大小，它直接影响企业生产能力或服务能力的发挥。

② 地点成本　即使是在同一个城市，选择城市中心和郊区在成本方面也会存在很大的差异。一般地，城市中心的土地价格和店面租赁价格会高出郊区或者稍离市中心地区不少，但城市中心的客流量要比郊区或者稍离市中心地区高出不少。

③ 进出的运输条件　对于制造企业，原材料以及产成品的进出非常频繁，良好的交通运输条件是其企业生产运作的基本条件。对于零售商业，情况也类似。对于物流配送中心，由于运输是物流活动的核心环节，配送活动必须依靠各种运输方式所组成的最有效的运输系统，才能及时、准确地将商品送交给顾客。所以，配送中心的选址应尽可能接近交通运输枢纽，如高速公路、主要干道、其他交通运输站港等，以提高配送效率，缩短配送运输时间。

④ 协作服务条件及周边环境影响　地点选择的服务条件及周边的环境影响主要指与职工生活密切相关的教育、购物、娱乐、交通、医疗收入水平等方面的情况。这些服务条件和周边环境会影响企业员工的工作、生活条件，直接影响企业对员工的吸引力以及员工对企业的忠诚度。

(4) 选址决策案例

宝马是驰名世界的汽车企业，也被认为是高档汽车生产业的先导。宝马公司创建于1916年，总部设在德国的慕尼黑。由最初的一家飞机引擎生产厂发展成为今天以高级轿车为主导，并生产享誉全球的飞机引擎、越野车和摩托车的企业集团，名列世界汽车公司前20名。宝马也被译为“巴依尔”。1992年，BMW（宝马）决定在南卡罗莱纳的斯帕坦伯格建立它在德国之外的一个主要的制造厂。它选址决策考虑的影响因素如何？

首先需要选择国家。根据其市场定位，宝马认为美国是世界上最大的豪华轿车市场，且在20世纪90年代后期是人口生育的高峰期，人口增长速度快。在劳动力方面，美国有较低的劳工成本，当时为17美元/小时，而在德国则为27美元/小时，同时美国一年只有11天假期，而德国有31天假期。在运输成本方面，在美国建厂每辆车的成本仅2500美元。由于新厂新设备导致较高的劳动生产率，每辆车成本可降低 2000～3000 美元。

然后选择地区。选择南卡罗莱纳地区，主要考虑了劳动力成本以及当地政府的优惠政策。根据调查，在南卡罗莱纳的劳动力成本较低。当时美国全国平均工资为 27051 美元/年，而南卡罗莱纳的平均工资仅为 17000 美元/年。另外，在当地政府的优惠政策方面，在该州建厂，宝马公司可享受一亿三千五百万州税减免，从机场到工厂的自由贸易区待遇以及不收零件进口税和整车出口税等待遇。

4.4　设施选址方案的评估方法

影响设施选址的因素众多，关系也非常复杂，因此必须对拟定的选址方案进行综合评价分析。在常用的综合评价方法中，既有定性分析方法也有定量分析方法。一般最常用的是因素分析法、重心法和线性规划法。

(1) 因素分析法

因素分析法在选址方案选择中应用相当广泛，它是一种把非常复杂的问题转换为易于理解的简单方法。

因素分析法的使用一般采用如下步骤：

① 列出与选址有关的各种因素；

② 评价各因素之间的重要程度，赋权重；

③ 对于各种备选地址的各种因素评分；

④ 将每个因素的评分值与其权重相乘，计算出每个因素的加权分值；累计每个备选地址的所有因素的加权分值，计算出每个备选地址的总分；

⑤ 选择总分最高的备选地址作为最优方案。

例 4-1　捷达汽车公司打算建一个汽车制造厂，已经选出 A 和 B 两个备选地址，公司管理层决定使用以下的标准进行最后的选址决策，并已经根据各标准相对于公司选址决策的重要程度，赋予了每个因素一个权重，给出了两个备选地址的每个因素评分值（参见表 4-1）。

解： 表 4-1 计算出了每个因素的加权分以及每个备选地址的总评分。

表 4-1　基于因素分析法的选址决策

因　素	权　重	评　分		得　分	
		方案 A	方案 B	方案 A	方案 B
区域内能源供应情况	0.3	100	90	30	27
动力的可得性与供应的稳定性	0.25	80	90	20	22.5
劳动力环境	0.1	85	90	8.5	9
生活条件	0.1	90	80	9	8
交通运输情况	0.05	80	90	4	4.5
供水情况	0.05	70	80	3.5	4
气候	0.05	80	70	4	3.5
供应商情况	0.05	70	90	3.5	4.5
税收政策与有关法律法规	0.05	100	80	5	4
总分				87.5	87

根据因素评分法，总分最高的 A 地应被选中。

(2) 重心法

重心法（center of gravity method）是一种定量方法，一般用于单个设施的最优位置决策。使用该方法的前提是现有设施的位置以及它们之间要运输的货物量（或者运输费用）能够定量表达。该方法常用于制造型企业决策制造厂与配送设施的相对位置，服务型企业的配送中心以及零售店等选址。

重心法公式如下：

$$C_x=\frac{\sum d_{ix}V_i}{\sum V_i}$$

$$C_y=\frac{\sum d_{iy}V_i}{\sum V_i}$$

式中 C_x——重心的 x 坐标；

C_y——重心的 y 坐标；

d_{ix}——第 i 个地点的 x 坐标；

d_{iy}——第 i 个地点的 y 坐标；

V_i——运入第 i 个地点或从第 i 个地点运出的货物量。

例 4-2 ABC 公司现有的三个汽车销售分店 A，D，Q，它们的坐标分别为（100，200），（250，580），（790，900），如图 4-1，它们每月的汽车销售量分别为 1250 辆，1900 辆和 2300 辆。现打算建立一个地区仓库，由该仓库直接向三个销售分店供货，求该仓库的最佳位置。

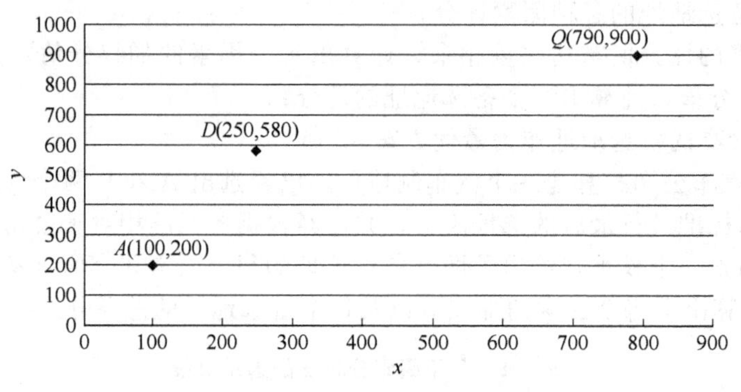

图 4-1 三个汽车销售分店 A，D，Q 的坐标

解：根据上述的信息，我们可以计算出重心的坐标为：

$$C_x=\frac{100(1250)+250(1900)+790(2300)}{1250+1900+2300}=\frac{2417000}{5450}=443.49$$

$$C_y=\frac{200(1250)+580(1900)+900(2300)}{1250+1900+2300}=\frac{3422000}{5450}=627.89$$

通过计算，得出该仓库的最佳位置在（443.49，627.89），如图 4-2。

（3）线性规划法

在定量数据可获得的情况下，线性规划法可以帮助企业找到成本最小的选址方案。应用该方案的解决问题思路是：如何把某种产品从若干个产地运输到若干个销地，并使得总的运输成本最低。

运用线性规划法解决选址问题的步骤如下。

① 建立线性规划模型。该线性规划模型的目标函数是运输成本最小，其约束条件是产销平衡的能力约束。

② 线性规划模型求解。用线性规划软件（如 Lindo）求解，或者用 Excel 的 Solver 功能进行求解。

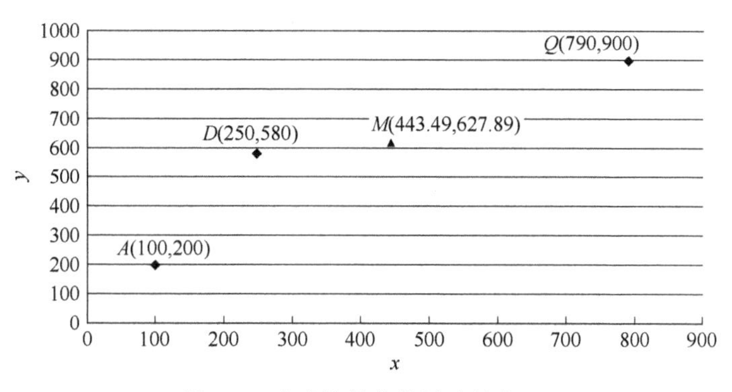

图 4-2　仓库的最佳位置选择点 M

③ 选择选址方案。根据求解结果，计算总成本，比较各备选方案，选择成本最小的方案。

例 4-3　某公司现有 3 个工厂 A，B，C，它们在 3 个不同城市。有 2 个仓库 P 和 Q，它们位于不同城市，仓库用来存放工厂生产的产品，随时供应用户，每个仓库每月需供应市场 2100 吨产品。各工厂到各个仓库的单位运费如表 4-2。为了更好地服务顾客，该公司再设置一个新仓库。经过调查研究评价，确定 X 和 Y 两个点可建仓库，选址决策需要确定究竟是选址 X 点还是 Y 点建仓库。

表 4-2　工厂生产能力和至仓库运费表

工厂生产能力和至仓库运费					
工　厂	生产能力	到各仓库单位运费/元			
		P	Q	X	Y
A	2100	15	27	48	51
B	2400	27	12	24	27
C	1800	45	24	9	15
		2100	2100	2100	2100

解： 首先选择 X 点建仓库。那么假定 X_{ij} 为工厂 i 运到仓库 j 的运输量，其中 $i=1$，2，3，分别表示 A，B，C 三个工厂；$j=1$，2，3，分别表示 P，Q，X 三个仓库。则建立的线性规划模型为：

$$\text{Min } Z_x=15x_{11}+27x_{12}+48x_{13}+27x_{21}+12x_{22}+24x_{23}+45x_{31}+24x_{32}+9x_{33}$$

s. t. ：

$$\begin{cases} x_{11}+x_{12}+x_{13}=2100 \\ x_{21}+x_{22}+x_{23}=2400 \\ x_{31}+x_{32}+x_{33}=1800 \\ x_{11}+x_{21}+x_{31}=2100 \\ x_{12}+x_{22}+x_{32}=2100 \\ x_{13}+x_{23}+x_{33}=2100 \\ x_{ij}\geqslant 0 \end{cases}$$

通过线性规划软件（如 Lindo）或者用 Excel 的 Solver 功能进行求解，可以计算出 Z_x 的目标值。

然后选择 Y 点建仓库。原理如上，建立线性规划模型，通过软件求解，可以计算出 Z_y 的目标值。

比较 Z_x 和 Z_y 的总成本的大小，如果 Z_x 大，则选择 X 点建仓库。

4.5 设施的布置

4.5.1 设施布置的类型

设施布置一般有四种类型：工艺原则布置，产品原则布置，成组技术和固定布置。

(1) 工艺原则布置

工艺原则布置是一种将相似的设备或功能集中放在一起，完成相同工艺加工任务。例如将所有的车床放在一个地方，将所有的铣床放在另一个地方等，如图 4-3 所示。同样地，医院一般也是采用工艺原则布置的典型，在医院每个科室能完成特定的医疗服务，如产房和加护病房等。

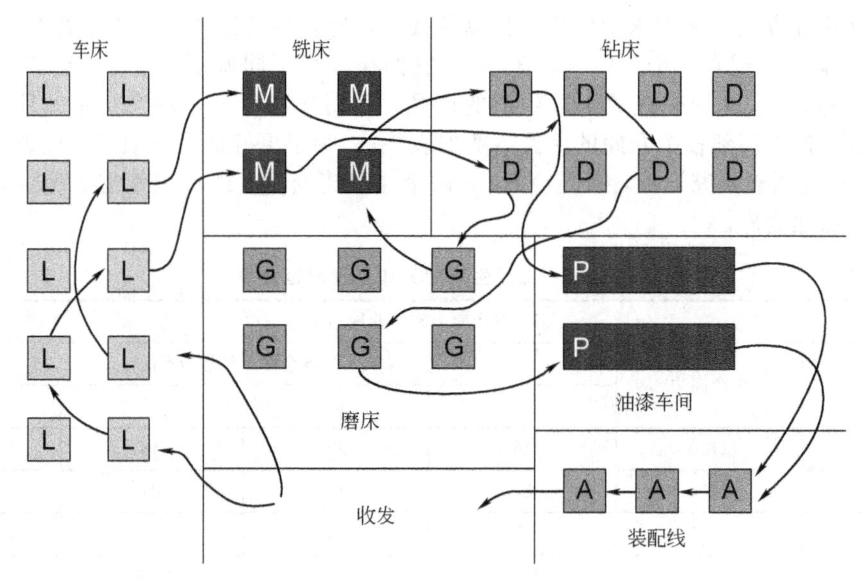

图 4-3 按工艺原则布置示意图

(2) 产品原则布置

产品原则布置是一种根据产品制造的步骤来安排设备或工作过程的方式，最常见的如流水线或者产品装配线。一般地，鞋、化工设备和汽车清洗剂等的生产均按照产品原则布置。

例如，假定零件 A 的加工工艺过程为：车→铣→钻→热处理→切齿，零件 B 的加工工艺过程为：铣→钻→热处理→磨，两种零件加工完成后组装成产品 C。按产品原则布置的示意图如图 4-4 所示。

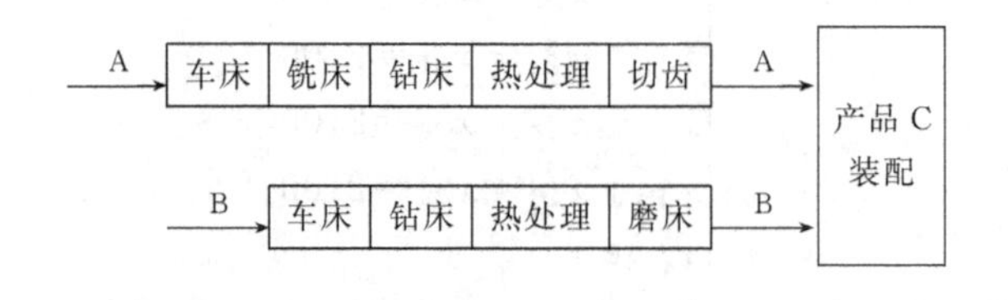

图 4-4 按产品原则布置示意图

(3) 成组技术

按工艺原则布置生产和服务设施，被加工对象在生产单元之间交叉往返运输，导致生产周期的延长。为此，在实践中创造了成组技术布置，将不同的机器组成加工中心（或工作单元）来对形状和工艺要求相似的零件进行加工，如图 4-5 所示。成组生产单元类似于产品原则布置形式，但比它具有更高的柔性，适合多品种少批量的生产方式。

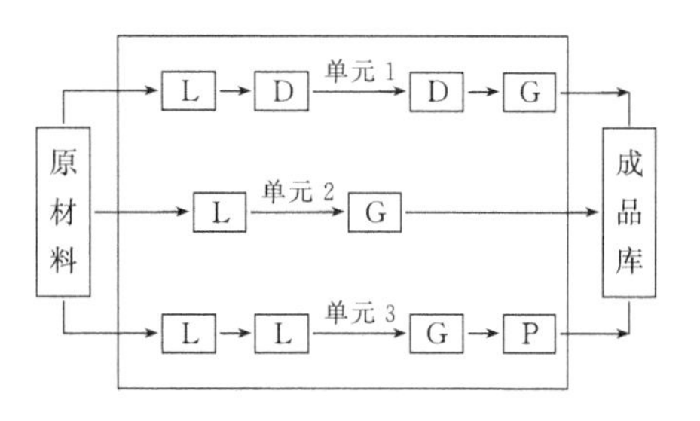

图 4-5　成组生产单元布置示意图

（4）固定布置

固定布置是指由于产品的体积庞大或重量太重，不得不将产品位置固定，生产工人和设备都随产品所在的某一位置而移动。这种布置形式适用于大型产品的装配过程。如大型船舶和飞机等的装配以及医院的手术室（病人固定在手术台上，医生、护士以及手术器材都需要围绕病人布置）一般采用这种布置方式。

4.5.2　设施布置的考虑因素

当选择设施布置类型之后，接着必须系统地布置设施。不论采用怎样的方法，设施布置必须考虑以下的因素。

（1）环境条件

环境条件指运营组织的周围特征，如噪声水平、照明、温度等。特别是在服务型企业，为顾客提供服务的部门应尽可能地布置在环境条件好的位置。

（2）空间布置及其功能性

对于制造型企业，设施布置设计的目标是使两地之间物流成本最小化。对于服务性企业，设施布置设计的目标不仅要考虑工作人员的行走方便，而且更重要的必须考虑顾客在服务前台的行走时间最小化。设施布置应该尽可能地向顾客提供服务机会吸引顾客消费。如有的大商场设施布置设计得像单通道迷宫，顾客在进入之后，必须要走完整个商场才能走出来。

（3）徽牌、标志和装饰品

徽牌、标志和装饰品是服务型企业具有重要意义的标识物。例如，餐厅中穿着白衬衣、戴着白帽子、系着白围裙的服务员传递给顾客的信号是“我能满足您的服务要求”。

4.5.3　工艺原则布置的设计方法

工艺原则布置的关键问题是设计好各工作部门的相对位置，使布置满足企业运营过程的要求和流程，使各部门的工作流畅通。对于制造业，按工艺原则布置进行设计设施布置的目标是追求运输成本最小或距离最短。对于某些服务业，如商场，与制造业设计设施布置的目标正好相反，其设施布置的目标是追求运输成本最长或距离最长。如宜家居等商场，顾客一旦进入，必须要走完整个卖厂才能走出来，目的是尽量让顾客行走长的距离，吸引顾客消费。

企业管理部门一般按工艺原则布置，但具体地，在一栋楼中企业管理部门中的计划部、财务部等部门又应该如何布置？按工艺原则布置设施位置的方法既有定性的方法如相关图法，也有定量的方法如“从至表”法。

（1）相关图法

当只能定性地描述企业各个部门之间的活动的关系密切程度，使用相关图法能较好地解决设施的布置问题。相关图法是由穆德提出的，它是根据企业各个部门之间的活动关系密切程度布置其相互位置。

使用相关图法要遵循下面的步骤。

① 将关系密切程度划分为 A、E、I、O、U、X 六个等级，其含义见表 4-3。

② 列出导致不同程度关系的原因，见表 4-4。使用这两种资料，将待布置的部门一一确定出相互关系，根据相互关系重要程度，按重要等级高的部门相邻布置的原则，安排出最合理的

表 4-3　关系密切程度的分类表

代　号	相邻要求	线　代　号	代　号	相邻要求	线　代　号
A	绝对必要		O	一般	
E	特别重要		U	不太重要	
I	重要		X	不必要	

表 4-4　关系密切的原因

代　号	关系密切原因	代　号	关系密切原因
1	使用共同的原始记录	6	工作流程连续
2	共用人员	7	做类似的工作
3	共用场地	8	共用设备
4	人员接触频繁	9	其他
5	文件交换频繁		

布置方案。

例 4-4　假定现在有如图 4-6 的六个部门：办公室、更衣室、收发室、仓库、工具箱和车间。需要将六个部门分配到如图 4-7 所示的六间办公地点。

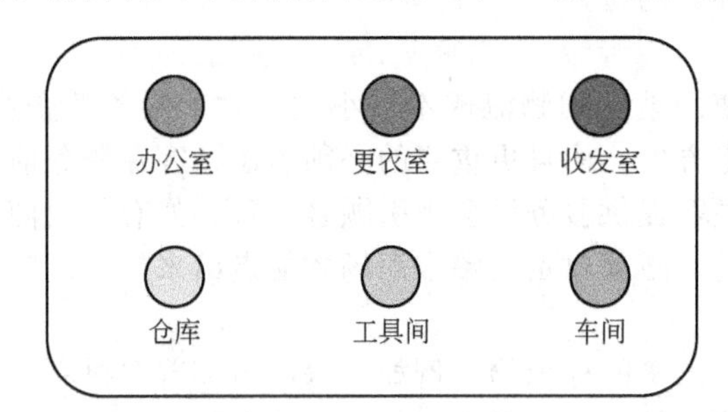

图 4-6　需要分配办公地点的六个部门

房间 1	房间 2	房间 3
房间 4	房间 5	房间 6

图 4-7　六间待分配的房间

解：首先根据表 4-5 分析上述六个部门之间的密切程度，形成如图 4-8 的关系图。

然后，进行初始布置，假定办公室、更衣室、收发室、仓库、工具箱和车间依次分配到房间 1 至房间 6。

用线代码画出它们之间的关系，如图 4-9。

从图 4-9 可以看出，关系最密切的收发室与仓库以及车间之间距离太远，因此应该尽量将仓库、收发室和车间靠近。为此进行适当修正，得出如图 4-10 的关系图表达。

可以看出，图 4-10 的分配方案要好于图 4-9。因此，办公部门的房间分配可以按照该方案实施。

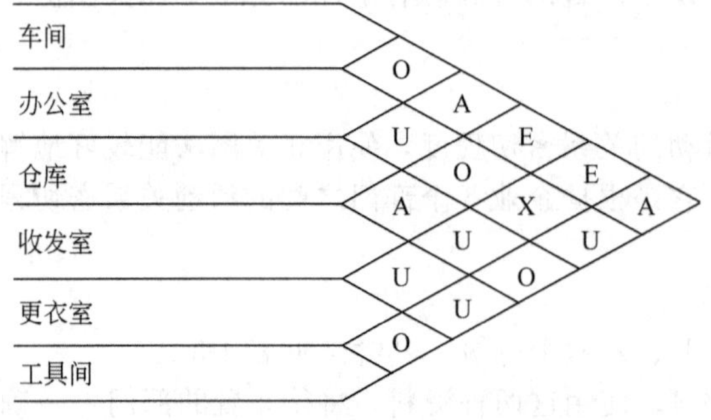

图 4-8　六个部门之间的关系图

（2）从至表法

从至表是一种常用的生产和服务设施布置方法。利用从至表列出不同部门、机器或设施之间的相对位置，通过对角线元素为基准计算各工作地之间的相对距离，从而找出整个单位或生产单元物料总运量最小的布置方案。这种方法能够预测部门与部门之间的物料移动总量，它是一种定

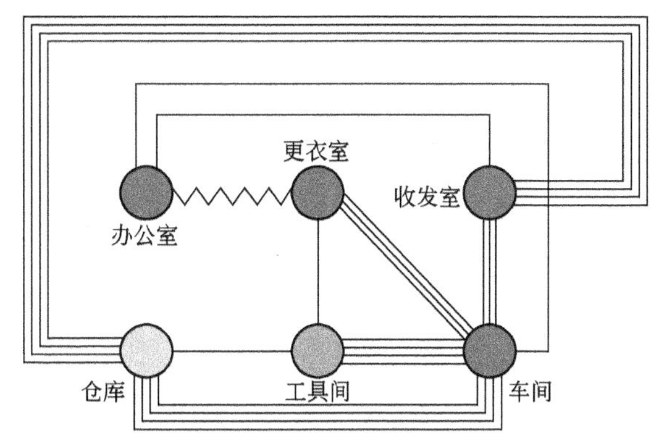

图 4-9 初始布置后的相互之间的关系表达

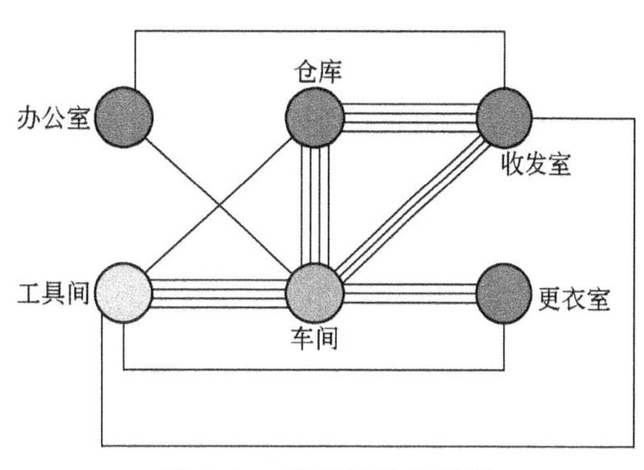

图 4-10 修正后的关系图

量的分析方法。其基本步骤如下：

① 根据工艺路线，确定物料在部门之间的移动量；

② 确定物料在工作地之间的移动距离和单位运输成本；

③ 制定布置的初始方案，根据物料在部门之间的移动距离和单位运输成本，计算物料移动的总成本；

④ 用实验法对初始方进行修正，确定最满意的布置方案。

例 4-5 某公司的管理部门准备合理地安排企业的 6 个部门，假定六个部门待分配的房间如图 4-6，如何布置这六个部门，使部门间物料移动的成本最低。

解： 首先，根据工艺路线，确定出物料在部门之间的移动量，具体如表 4-5。

表 4-5 部门之间的物料移动量

部 门	1	2	3	4	5	6
1		50	100	0	0	20
2			30	50	10	0
3				20	0	100
4					50	0
5						0
6						

其次，确定物料在房间之间的移动距离和单位运输成本。为简化计算，相邻房间之间的单位运输成本为移动距离，为 1，如图 4-11 所示。不相邻房间之间的成本等于它们之间相隔的距离，如房间 1 到房间 3 的距离为 2，房间 1 到房间 6 之间的距离为 3。

然后，制定初始方案，假定房间 1 至房间 6 分别布置部门 1 至部门 6。这样，可以得出部门之间的运输成本（等于单位运输成本乘物流量），如图 4-12。

这样，初始方案的总成本为：

$$C = 50\times1+100\times2+20\times3+30\times1+50\times2+10\times1+20\times3+100\times1+50\times1 = 660$$

在此基础上，进行调整，尽量将物流

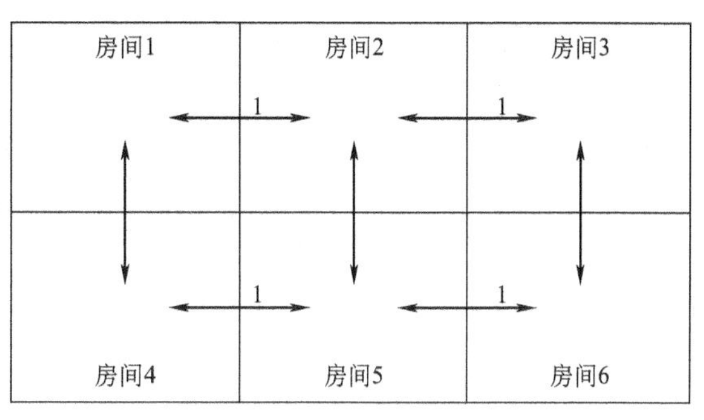

图 4-11 相邻房间之间的单位运输成本

量流动多的部门相邻布置。将部门 1 和部门 2 交换位置。调整方案如图 4-13。这样，调整方案的总成本为：

$$C=50\times1+100\times1+20\times2+30\times2+50\times1+10\times2+20\times3+100\times1+50\times1=530$$

经试验比较，得出图 4-13 方案为最佳方案。其布置如图 4-14。

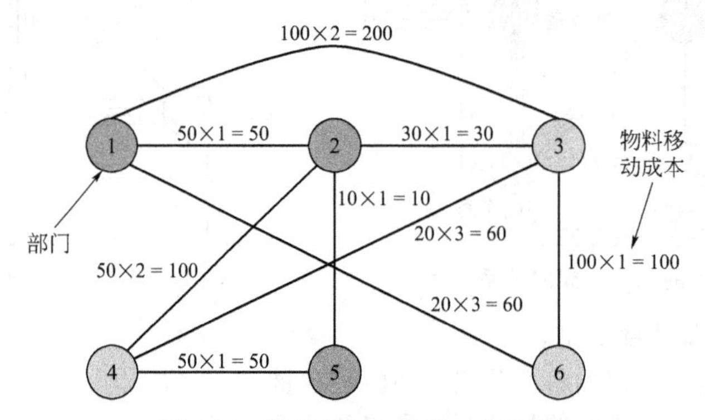

图 4-12 初始布置方案及成本计算

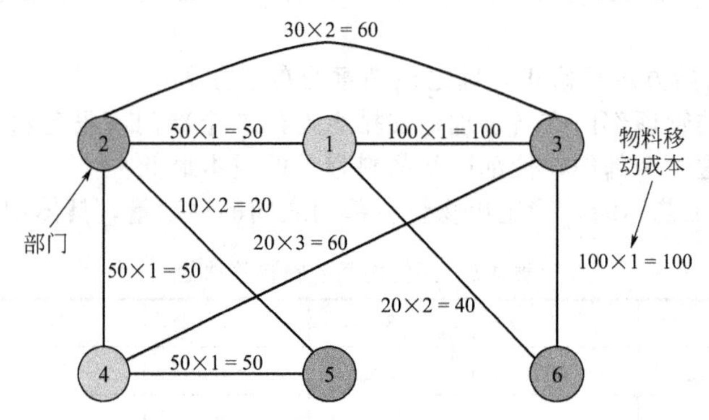

图 4-13 调整方案及成本计算

部门 2	部门 1	部门 3
部门 4	部门 5	部门 6

图 4-14 最终的布置方案

4.5.4 产品原则布置的设计：生产线平衡

制造企业经常需要将待完成的工作分配给不同的工作地，每个工作地由一个或两个工人操作。由于不同工作地的工作时间不同，因此，有的工作地常常要等待加工，而有的工作地却有大量待加工的物料堆积。为了提高生产线的效率，减少生产线上的闲置时间，增加设备利用率，降低人力资源的浪费，必须进行生产线平衡，决定如何将工作分配给不同的工作地。

生产线平衡需要以适当方式将生产线上若干相邻工序合并成一个大工序，该大工序在指定的工作地完成，使大工序的作业时间接近或等于生产线的节拍。具体步骤如下：

① 明确要完成的具体任务；

② 确定工序之间的先后次序；

③ 建立工序先后次序的网络表达；

④ 估计每个工序所需的时间；

⑤ 计算瓶颈时间、完成总任务的时间和生产节拍；

⑥ 计算生产节拍和工作地数目；

⑦ 分派任务到各个工作地；

⑧ 计算生产线的效率。

例 4-6 某装配线进行电风扇安装，要求每天生产100台。假定电风扇安装需要经过A，B，…，H道工序。其中每道工序的任务描述、任务完成时间以及前继工序如表4-6。需要进行电风扇装配线的平衡。

表 4-6 工序的任务参数

任务	时间/分钟	任务描述	前继任务
A	2	装支架	无
B	1	装开关	A
C	3.25	装电机架	无
D	1.2	固定电机	A,C
E	0.5	装扇叶	D
F	1	装安全罩	E
G	1	接电线	B
H	1.4	测试	F,G

解： ①绘制工序网络图。根据表4-6描述的工序次序，绘制的工序网络图见图4-15。

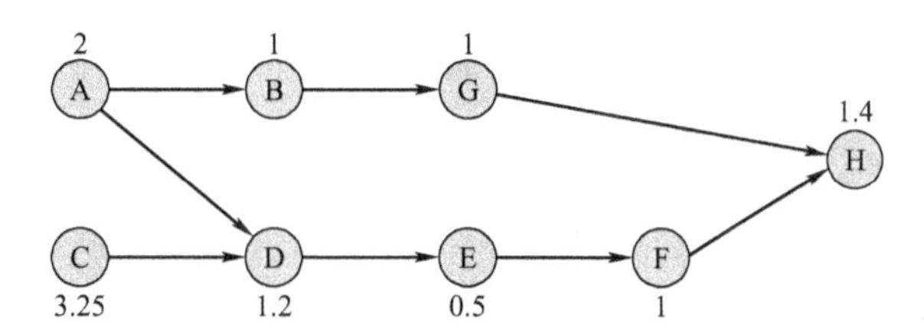

图4-15 电风扇安装的工序网络图

② 计算瓶颈时间、完成总任务的时间和生产节拍。

根据表4-6的工序完成时间，可以看出工序C（装电机架）完成时间为3.25分钟，该工序时间最长，因此该道工序为瓶颈。

根据瓶颈时间，求出每天的最大产量：

$$\text{每天最大产量}=\frac{\text{每天可用生产时间}}{\text{瓶颈时间}}=\frac{420}{3.25}=129\text{（台）}$$

根据每天的生产要求——100台/天，求出生产节拍C与工作地数量N_t如下：

$$\text{生产节拍 } C=\frac{\text{每天的生产时间}}{\text{要求的每天产量}}=\frac{420}{100}=4.2\text{（分钟/台）}$$

根据表4-6，完成一台电风扇安装的任务时间总和T为所有工序时间之和，即：

$$\text{任务时间总和 } T=2+1+3.25+1.2+0.5+1+1+1.4=11.35\text{（分钟/台）}$$

根据任务时间总和T和生产节拍C，可以求出工作地数量N_t：

$$\text{工作地数量 } N_t=\frac{\text{任务时间总和 } T}{\text{节拍 } C}=\frac{11.35}{4.2}=2.702\text{ 或 }3$$

③ 分派任务到各个工作地。根据②，工作地数量为3个。那么具体地，根据生产节拍为4.2分钟/台，各工序应该分配给哪个工作地呢？

对于工作地1。根据工序次序，首先分配工序A在工作地1，由于生产节拍为4.2分钟/

台，当完成工序A后，可用的时间为4.2－2＝2.2分钟；接着根据工序网络图，由于工序A后的紧后工序为B和D，而D的开工条件是工序C必须完成，因此，只能分派工序B。当工序B也分配给工作地1后，工作地1的可用时间为2.2－1＝1.2分钟。显然，还能将工序G分配给工作地1。此时，工作地1的闲置时间为4.2－2－1－1＝0.2分钟。这样，工作地1分配的工序为A，B和G。

对于工作地2。按照工序网络图，完成工序G之后，只能进行工序C或者工序H的分配。由于工序H的紧前工序F还没有完成，因此只能开始分配工序C。当工序C分配给工作地2之后，工作地的可用时间为4.2－3.25＝0.95分钟。由于工序C完工后只能进行工序D的工作。而工序D的完成时间为1.2分钟，显然不能分配给工作地2。为此，工作地2分配的工序为C。

对于工作地3。根据上述的分配原理，工作地4分配的工序为D、E、F和H。该工作地的闲置时间为4.2－1.2－0.5－1－1.4＝0.1分钟。

④ 生产线的生产效率。生产线的生产效率计算如下：

$$\text{效率}=\frac{\text{任务时间总和 }T}{\text{实际工作站数量 }N_t\times\text{节拍 }C}=\frac{11.35}{3\times 4.2}=90.1\%$$

4.6 本章小结

设施选址在企业运作管理中具有十分重要的地位。设施选址直接关系到设施建设的投资和建设的速度，同时在很大程度上也决定了所提供的产品和服务的成本，从而影响整个企业的经济效益。错误的选址决策无论对制造型企业还是服务型企业都意味着高昂的代价，因为在错误时间、错误地点选址决策会进一步导致错误的能力规划或者错误的流程选择，从而给企业带来无法弥补的损失。

从范围看，选址决策一般遵循先选择国家、再选地区、最后再选地点的顺序。在选择过程中，要明确企业选址的目标、分析选址决策所要考虑的影响因素、找出可供选择的选址方案以及选择合适的评价方法，最后评估几种选择并作出选址决策。

生产系统和服务系统在设施选址方面考虑的因素会有很大的差异。一般地，生产系统的选址着眼于成本，服务设施的选址则着眼销售收入。

在选址过程中，选择国家、地区和地点的影响因素存在很大差异。选择国家的影响因素一般包括备选国家的政府政策、文化传统与经济系统、市场位置、劳动力、基础设施和外汇汇率等。选择地区的影响因素一般包括企业长远规划、地区的吸引力、劳工素质与劳工成本、能源成本、当地政府的优惠政策、靠近客户和供货商以及土地和建筑费用等。选择地点的影响因素包括地点大小（可利用空间）、地点成本、进出的运输条件、协作服务条件以及周边环境影响等。

影响设施选址的因素众多，关系也非常复杂，因此必须对拟定的选址方案进行综合评价分析。在常用的综合评价方法中，既有定性分析方法也有定量分析方法。一般最常用的是因素分析法、重心法和线性规划法。

选址之后，必须对设施进行布置。生产和服务设施布置类型有四种：工艺原则布置，产品原则布置，成组技术和固定布置。设施布置的考虑因素主要有环境条件、空间布置及其功能性以及徽牌、标志和装饰品等。

对于工艺原则的布置，关键问题是设计好各工作部门的相对位置，使布置满足企业运营过程的要求和流程，使各部门的工作流畅通。对于制造业，按工艺原则布置进行设计设施布置的目标是追求运输成本最小或距离最短。对于某些服务业，如商场，与制造业设计设施布置的目标正好相反，其设施布置的目标是追求运输成本最长或距离最长。具体地，按工艺原则布置设施位置的方法既有定性的方法如相关图法，也有定量的方法如“从至表”法。

对于产品原则的布置，需要进行生产线平衡，将待完成的工作分配给不同的工作地，提高生产线的效率，减少生产线上的闲置时间，增加设备利用率，降低人力资源的浪费。生产线平衡需要以适当方式将生产线上若干相邻工序合并成一个大工序，该大工序在指定的工作地完成，使大工序的作业时间接近或等于生产线的节拍。

习　题

1. 简述企业在什么情况下面临选址问题。

2. 简述企业选址决策的步骤。

3. 举例说明，企业在选址决策时，需要考虑哪些因素？

4. 举例说明，制造业选址决策和服务业选址决策考虑的影响因素存在哪些差别？

5. 讨论设施布置的几种类型的特点。

6. 为什么要进行生产线平衡？生产线平衡需要遵循哪些步骤？

7. 某公司在考虑如表 4-7 的因素情况下，通过评分，得出各影响因素的评分，关于选址决策的问题，如何在 A、B、C 中进行选择。

表 4-7　选址决策的因素评估表

因　素	权　重	位　置　选　择		
每项总分 100 分		A	B	C
便利设施	0.15	80	70	60
停车场	0.20	72	76	92
显示区域	0.18	88	90	90
顾客交通	0.27	94	86	80
运营成本	0.10	98	90	82
临近设施	0.10	96	85	75

8. 一家公司五个部门共用一个资料室，分别是营销部、人力资源部、销售部、会计部、研发部，其坐标以及使用资料的人数如表 4-8 所示。问该资料室安排在何处为最优？

表 4-8　部门坐标及使用人数

部　　门	坐　　标	人　　数
营销部	(5,13)	31
人力资源部	(8,18)	28
销售部	(0,0)	19
会计部	(6,3)	53
研发部	(10,12)	32

9. 一个加工车间有六台设备，已知其生产的零件品种及加工路线，表 4-9 给出了零件在设备之间的每月移动次数，表 4-10 给出了单位运输成本。假定待布置的厂房布置如图 4-16，请根据表 4-9、表 4-10 所示数据确定该车间的最佳布置方案。

表 4-9　设备间每月平均移动次数

设　备	锯　床	磨　床	冲　床	钻　床	车　床	插　床
锯床		217	418	61	42	180
磨床	216		52	190	61	10
冲床	400	114		95	16	68
钻床	16	421	62		41	68
车床	126	71	100	315		50
插床	42	95	83	114	390	

表 4-10　单位运输成本　　/元

设　备	锯　床	磨　床	冲　床	钻　床	车　床	插　床
锯床		0.15	0.15	0.16	0.15	0.16
磨床	0.18		0.16	0.15	0.15	0.15
冲床	0.15	0.15		0.15	0.15	0.16
钻床	0.18	0.15	0.15		0.15	0.16
车床	0.15	0.17	0.16	0.20		0.15
插床	0.15	0.15	0.16	0.15	0.15	

房间 1	房间 2	房间 3
房间 4	房间 5	房间 6

图 4-16　待布置的厂房位置

10. 根据图 4-17 填写各部门间活动关系，并将 9 个部门安排在一个 3×3 的区域里面，要求部门 5 位于左下角位置上。

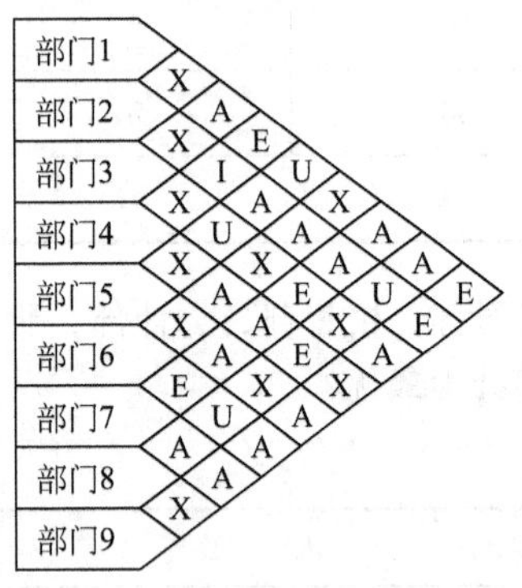

图 4-17　各部门间活动关系表

11. 案例分析：

UPS 上演"双城记"，三大国际巨头暗战华南

距离美国 UPS 公司位于浦东机场的上海国际航空转运中心破土动工才半年时间，UPS 于 2008 年 5 月 22 日突然宣布，其现位于菲律宾的亚洲航空转运中心将转移至中国的深圳机场。

UPS 为什么在中国要双中心并行？

2008 年 5 月 22 日，UPS 中国及亚太区资深副总裁黎松江表示，"设在深圳的亚洲枢纽将主要服务于亚太地区；而作为 UPS 的国际枢纽，上海转运中心的主要工作则是管理发往日本、韩国、美国和欧洲的货物。深圳转运中心并不会对上海转运中心造成任何影响。"

但安信证券航空运输分析师邓红梅分析，"从目前来看，DHL 的亚太转运中心设在香港，FEDEX 从菲律宾迁至白云机场，这次 UPS 则从菲律宾迁至深圳机场，可能与珠三角正处在国际航线的交叉点有一定关系。这应该是三大国际巨头布局的需要。"

扎堆珠三角

2008 年 5 月 21 日，深圳机场、其控股股东深圳市机场（集团）有限公司和 UPS 就在深圳机场建设 UPS 泛亚航空转运中心事项达成一致，签订三方协议。转运中心的基础设施物业由机场集团投资建设，预计将于 2010 年完工并启用。UPS 提供给本报的信息显示，新转运中心预估投资 1.8 亿美元（一期）。

根据协议，UPS的泛亚航空转运中心转移至深圳机场。据悉，UPS的深圳转运中心一开始运转就将具有每小时处理多达18000件货物的能力，相比之下，UPS菲律宾的中心只具有每小时7500件的处理能力。

从深圳机场公布的协议内容分析，UPS与深圳机场的合作与此前联邦快递与广州白云机场的合作方式相似。

值得注意的是，另一家国际快递巨头的联邦快递（FEDEX）已将其亚太转运中心迁至位于珠三角的广州白云机场。DHL的亚太转运中心设在香港。

目前除了TNT之外，三大国际快递巨头都已经在中国建立了转运中心，都看中了中国航空快递市场快速增长的态势。据其了解，从2002年起，这个市场每年约增长20%左右。“因此这些跨国巨头都在努力构建中国的网络格局，谁先把网络布局好了，谁就占了先发优势，这是必然的。”

“中国南部的运输呈现增长态势，因此从离客户较近的转运中心分拣并分配这个运送量具有很大的意义。”UPS亚太区总裁德瑞克．伍德沃德说。

目前，亚洲区域快递行业增长迅速。仅中国大陆、中国香港、日本、韩国与中国台湾的市场就达到了UPS亚洲区域内一半以上的运送量占有率。而且，其中相当大一部分的亚洲包裹出口量都出自香港和中国南部地区，这正是UPS在深圳设转运中心意义所在。

继UPS之后，四大快递之一的DHL也选择了在上海建造自己的航空枢纽，并将于2009年启用。而其于2005年投资1.1亿美元扩建的香港亚太货运转运中心，已在2007年年底完成，比预期提早6年。

“三大巨头都扎堆在珠三角布局亚太转运中心，除了这一区域腹地有大量的货物运量之外，应与这里是国际航线的交叉点有相当关系。”邓红梅表示。

虽然目前联邦快递和UPS都在珠三角布了局，但有人认为，因为珠三角的蛋糕很大，一家公司吃不完，因此它们之间的竞争应该不会很激烈，但对香港机场却会产生很大的分流，因为香港很大一部分货源来自珠三角，一旦白云机场和深圳机场的转运中心投入运营，对香港机场将有影响。

双中心并行

对UPS的“双城记”，如果在上海的货物可以组织一个全货机，就不需要将货物运至亚太转运中心进行集散，而是直接从上海飞至目的地，而亚太转运中心的则是集散全亚太地区的业务。

“UPS在上海的国际转运中心在我们全球网络中的地位相当于UPS在美国路易斯维尔和在德国科隆的空运枢纽。”黎松江说。在上海的UPS国际航空转运中心将于2008年11月启用，届时它将中国与UPS的国际网络连接起来，目的地包括美国与欧洲的各个城市。

有人认为：上海国际转运中心只是UPS针对内亚地区的克拉克转运中心及其他亚洲、欧洲转运中心的补充。

分析师邓红梅认为，上海这个转运中心虽然称为国际转运中心，但是货物量每年也不过20万吨，而深圳的货物量预计在60万吨以上。与上海相比，深圳这个转运中心才是所谓真正的洲际转运中心，上海算不上真正的转运中心，只是因为上海这个市场的货物吞吐量一直比较大，哪个国际快递巨头也不可能绕开这个城市，所以国际巨头都必须在上海建立一个转运基地。DHL2007年在签订谅解备忘录考虑将北亚枢纽设立在上海，也是考虑到上海的业务量的关系，他们觉得有必要设立一个基地，但其亚太转运中心在香港。

根据《21世纪经济报道》文章改编

请思考：

① UPS国际航空转运中心在中国的选址考虑了哪些因素？

② UPS国际航空转运中心选址对其物流战略的有何影响？

第5章　新产品开发

引导案例

招商银行自1987年4月8日成立以来，已从当初偏居深圳蛇口一隅的区域性小银行，发展成为了一家具有一定规模与实力的全国性商业银行，初步形成了立足深圳、辐射全国、面向海外的机构体系和业务网络。目前，招商银行总资产逾7000亿元，在英国《银行家》杂志“世界1000家大银行”的最新排名中，资产总额居前150位。近年来，招商银行连续被境内外媒体授予“中国本土最佳商业银行”、“中国最受尊敬企业”、“中国十佳上市公司”等多项殊荣。

所有这些成绩的取得，除了招商银行发展战略的成功外，在产品上的成功都源于招商银行的一卡通，源于招商银行对以“一卡通”为代表的招行信用卡业务的精心研发与设计。甚至有人评价说：真正能体现招商银行技术领先的产品，开始于“一卡通”。

招商银行重视银行产品的技术研发和产品设计，根据市场和客户需求，充分发挥拥有全行统一的电子化平台的巨大优势，率先开发了一系列高技术含量的金融产品与金融服务，打造了“一卡通”、“一网通”、“金葵花理财”、“点金理财”等知名金融品牌，树立了技术领先型银行的社会形象。招商银行于1995年7月推出的银行卡——“一卡通”，被誉为我国银行业在个人理财方面的一个创举，至今累计发卡量已超过3000万张，卡均存款余额超过4500元，居全国银行卡首位。1999年9月在国内首家全面启动的网上银行——“一网通”，无论是在技术性能还是在业务量方面，在国内同行业中都始终处于领先地位，被国内许多著名企业和电子商务网站列为首选或唯一的网上支付工具。

招商银行“一卡通”能够取得如此巨大的发展，其根本的原因就在于招商银行始终坚持与时俱进，“因您而变”的经营理念，持续不断的开拓创新是支撑“一卡通”迅速发展，走向成功的原动力。“因您而变”是招商银行立足于银行业的本质特性提出的一个全新的经营理念。“因您而变”的内涵，就是要真正以客户为中心，通过不断的创新满足客户不断变化的需求。

当其他银行纷纷以招商银行“一卡通”为赶超目标，不断推出功能强大，花样繁多的新银行卡产品时，招商银行又审时度势，高瞻远瞩，以市场细分、分层服务为目标，在“一卡通”服务基础上，建立了个人银行的高端服务体系——“金葵花”理财品牌及服务体系，该体系旨在面向高端客户提供高品质、个性化的综合理财服务，真正发挥了“一卡通”这一综合理财平台的作用，再次引领了国内银行业的新方向。这一个个创新的成功案例是招行“因您而变”服务理念的最好的诠释，因此，理念的创新是招商银行“一卡通”业务不断发展的源泉。

在此基础上，为更好地满足市场需求，招商银行为“一卡通”注入更多的科技含量和服务功能，并致力对“一卡通”已有业务品种和功能进行整合、完善，加快业务门类和服务品种多元化的开发，逐步构建起一个多层面、多元化、包含个人资产、负债、中间业务的全方位、综合性个人银行理财架构。招商银行从业务初期即已构建起柜台通存通兑网、ATM机全国通兑网、POS机全国消费网以及网上银行四大个人理财综合服务网络，在国内率先推出了“电话银行”、“手机银行”、PDA“掌上银行”等新型的客户服务渠道，与营业网点、自助银行一起形成了“水泥+鼠标”模式的新型服务网络，向客户提供24小时、足不出户、方便、快捷的金融服务。

资料来源：任君卿，周根然，张明宝．新产品开发．北京：科学出版社，2005.

5.1 引言

5.1.1 新产品的概念与分类

新产品是指在产品特性、材料性能和技术性能等方面（或仅一方面）具有先进性或独创性的产品。所谓先进性，是指由于采用了新技术、新材料产生的先进性，或由原有技术、经验技术和改进技术综合产生的先进性。所谓独创性，是指由于采用新技术、新材料或引进技术所产生的全新产品。

根据对产品的改进程度，可把新产品分为创新产品（breakthrough product）、换代新产品（next-generation product）、改进新产品（derivative product）三类。

① 创新产品　即应用科技成果，运用新技术、新工艺和新材料制造的市场上前所未有的产品。成功推出创新产品可以使企业获得先入为主的优势。例如，美国摩托罗拉公司于1973年推出了第一部手机，日本东芝公司于1985年推出了第一台笔记本电脑。这些革命性的产品深刻地改变了人们的生活和工作方式。创新产品可使企业保持持续的竞争力。

② 换代新产品　即对市场上已经出现的产品在结构和性能上进行部分改变而形成的产品，它使原有产品的性能得到改变和提高。如从电熨斗到自动调温电熨斗，再到无绳人工智能电熨斗；以及从第三代战机到三代半战机，再到第四代、第五代战机。

③ 改进新产品　即对现有产品的质量、性能、材料、款式、包装等方面进行改良之后生产出来的产品。推出改进新产品需要投入的资源很少。改进新产品是对现有产品的补充和延伸，通过不断地改进和延伸现有产品线，企业可在短期内保持市场份额。例如，江民公司每年下半年推出的新年序列杀毒软件就属于改进新产品。

5.1.2 新产品开发的意义

产品是企业赖以生存和发展的物质基础，在日益激烈的市场竞争中，企业之间的竞争在很大程度上就表现为产品之间的竞争，同时产品的竞争又促进了新产品的开发。新产品开发，是指新产品构思、研制、生产和销售活动的全过程。随着社会进步，科学技术的长足发展，可支配收入及自由时间的增多，价值观的改变，人们对产品或服务的需求日益呈现出多样化，这对产品开发提出了更高的要求。对于企业而言，进行新产品开发和服务设计也是企业生存和发展的基本需要，其必要性主要体现在以下几个方面。

① 新产品开发有利于企业保持长期的竞争优势。对现代企业来说，加强新产品的研究与开发已经是一项经常性的工作。因为在当今市场需求迅速变化、技术进步日新月异的环境下，新产品的研究与开发能力以及相应的生产技术是企业在竞争中获胜的根本保证，产品/服务设计决定成本大小、质量好坏、产品上市时间快慢、柔性大小和客户满意程度的重要因素，产品/服务设计良好的组织将更能实现它的目标。20世纪80年代康巴斯开发了石英钟，把老牌钟厂——上海中国钟厂推上绝路；90年代不思进取，故步自封，企业重新陷入困境。这个反例说明企业的长盛不衰离不开新产品的开发。

② 新产品开发有利于开发企业新的生长点、扩大市场份额。在激烈的市场竞争中，那些能够不断地开发出新产品/服务并快速推向市场的企业，将凭借先入为主的优势抢占更多的市场份额。图5-1所示的为最近五年新产品在销售中占的百分比。由图可见，企业的新产品在销售中占的百分比越高，则其越有可能成为领导者。例如，汤顿（Tandem）电脑公司以溢价向世界推出功能强大的“容错”电脑，获得不同凡响的成功。但是当销售收入滑坡、顾客强烈要求采用“开放”的操作系统和降低价格时，该公司的产品战略就要相应改变。他们采用的战略就是同类相食：放弃现有的产品系列，即使它们目前销量很好，开发价格有竞争力的、更好的替代产品——然后大幅度降低原产品的价格。日益激烈的竞争和更短的产品周期使同类相食成

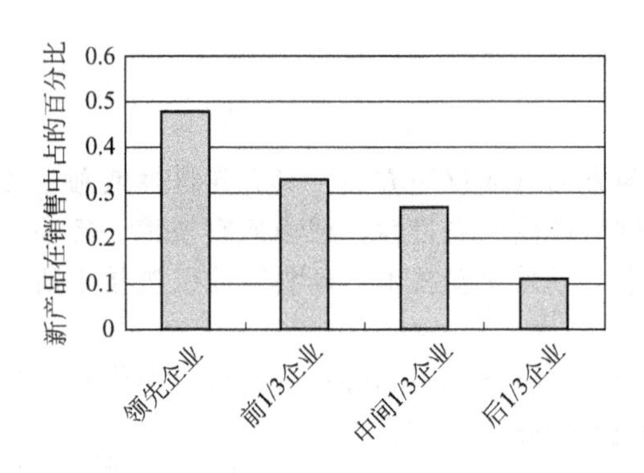

图 5-1 近五年新产品在销售中占的百分比

为一种生存的手段，特别是在竞争白热化的电脑和电子消费产品等领域。据统计，在个人计算机行业，由于产品开发周期和产品生命周期不断缩短，如果个人计算机制造企业的新产品延迟 6～8 个月推出，就将丧失 50%～75%的销售份额。

成功的产品研发的效益是巨大的。有些研究能获得专利，公司可取得专利许可证和版税。当然，许多研究不能获得专利，或者有些公司不遵循专利制度，公开它们发明的细节，因而这些公司不能取得版税收入。但即使这样，率先向市场推出新产品的企业仍能在竞争对手赶上之前获得利润。产品早期的售价会很高，因为在竞争对手推出对应的产品之前，市场存在暂时的垄断。

③ 新产品开发是适应个性化定制生产的需要。经营环境的变化要求企业实行个性化定制生产，这对企业的产品/服务设计提出了挑战，要求企业要有很强的产品开发能力，才能支持个性化定制生产的有效实施。它需要采用设计产品族和统一并行的开发方式，对零件、工艺进行通用化，对产品进行模块化设计以减少重复设计，使新产品具备快速上市的能力。传统的手段已经不能适应知识经济下的技术创新的要求，需要应用信息技术，建立客户需求与产品开发、技术开发及制造协同的信息平台和全局共享的、可搜索的、可重用的产品结构信息数据库，定义模块化、通用化、标准化的产品结构，支持产品变型来满足客户需求。

④ 新产品开发也是产品更新换代的需要。产品像生物体一样，有其存在的生命周期，即从研制成功投入市场直至被淘汰退出市场的“生命”历程。一般来说，产品的生命周期包括投入期、成长期、成熟期和衰退期几个阶段。考虑音乐工业处于不同生命周期阶段的产品的情况：数字化磁带正处于投入期，CD 唱片处于成长期，盒式磁带正从成熟期转向衰退期。在不同阶段，对产品的需求是不一样的。在投入期，顾客对产品不太了解，产品需求通常很低。随着设计的改进，产品更加可靠，更加成熟，成本逐渐降低，顾客对产品和服务的了解不断加深，产品需求逐渐增加，产品经历成长期，并达到成熟。在成熟期，设计很少变化，需求停止增长，市场最终达到饱和。随后，需求开始呈下降趋势，产品进入衰退期。

当然，产品经历生命周期的特定阶段所花的时间存在很大差别：有些产品经历各阶段的时间很短，有些则要花更长的时间。时间的长短经常与产品的基本需求和技术变化的比例有关。有些玩具、小说及流行产品的生命周期不超过一年，然而其他更有用的产品，如衣服清洗和烘干机，可能会持续多年，直到出现技术变化。但是，任何产品都不可能永远保持旺盛的生命力，而且总的发展趋势是产品生命周期越来越短，产品的更新换代速度越来越快。这就要求企业要有很强的产品研发能力，以不断地改进产品，促进产品需求的增长，延长产品的生命周期，乃至更快地开发出更新换代的产品，从而能在产品生命周期中获得更大的收益。当产品处于成长期时，着手研制开发新产品；当产品处于成熟期时，积极推出新产品；当产品处于衰退期时，果断地中止产品的生产，代之以新产品。

另外，由于产品开发时间占总开发时间的近 60%，决定了 70%的成本。为缩短新产品上市准备时间，必须缩短产品设计时间。

5.1.3 新产品开发的压力与动力模式

如前所述，产品是有生命周期的，新陈代谢是一种规律，企业必须改进老产品、开发新产品才能赢得市场。目前，新产品开发面临着费用高、成功率低、风险大、回报下降等压力。

格雷格·史蒂芬（Greg A. Stevens）和詹姆斯·布朗（James Burley）调查统计后提出：

3000个新产品的原始想法，只有1个能成功。成功曲线如图5-2所示。艾尔巴拉（Albala）在总结以往研究的基础上指出，新产品开发的死亡率为98.2%。在初期的项目中只有2%可以进入市场，其他的都半途而废。通过对美国和欧洲的文献中报道的所谓失败事例进行研究，其结果是：大约25%的工业新产品与开发者的愿望相去甚远，同时30%～35%的消费品也遭到了同样的命运。

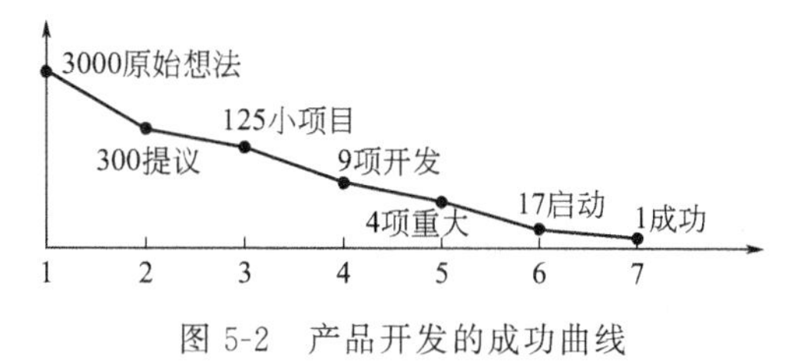

图5-2　产品开发的成功曲线

新产品是利益与风险的共同体。新产品开发风险是指企业对内外环境不确定因素的影响估计不足或无法适应，或对开发过程难以有效控制而造成失败的可能性。所以，识别风险、规避风险对于成功开发新产品具有重要意义。新产品的开发会遇到市场、技术和环境等许多不确定性因素的影响，这是一项具有巨大风险的活动。其中，技术风险主要源于技术本身不成熟、技术效果的不确定性、技术寿命的不确定性和工艺创新滞后导致成本劣势等方面。市场风险则主要源于顾客需求的不确定性、市场接受时间的不确定性、模仿及类似功能产品的存在以及难以预测新产品的扩张速度。当然，开发新产品还会面临管理、资金、政治、法律和政策等风险。由于每一种新产品内在的失败风险情况是不同的，所以报酬也不相同。在投资、风险和报酬之间做出权衡是决定是否要着手进行一项新产品计划的主要原则——关键性的上马或下马决策。此时，需要新产品预测来为这些类型的决策提供重要的数量上的信息资料。

新产品失败主要归结为三个关键原因：①没有潜在的用户和需求；②新产品与当前的需求不匹配，要么不能满足需求，要么功能过剩；③在营销方面，特别是在将产品介绍给顾客的相互沟通方面的工作不得力。

新产品开发的动力可分为技术导向、市场导向、同行竞争。

① 技术导向　即从最初的科学探索出发开发新产品，以供给的变化带动需求的产生和变化。美国西屋公司发明了晶体管，日本索尼公司购买了晶体管，创造了世界范围的大市场，但在晶体管之前，市场根本不知道晶体管，这种需求是潜在的。自19世纪以来，前所未有的产品一个接一个地创造出来，从汽车、飞机、大炮到电影、电视、计算机、移动电话。技术导向型产品构成了众多企业的生产内容，每一种新产品都带起一串企业，甚至构成一个行业，创造大规模的市场需求，引发激烈的市场竞争。美国的英特尔、杜邦公司、P&G公司，日本索尼都是成功的技术创新者。

② 市场导向　是按照所谓需求理论方式，从市场需求出发进行新产品开发。即通过市场调查来了解市场需要什么样的新产品，然后对其作为商品来说在生产技术、价格、性能等方面的特性进行研究，进而再通过该新产品商品化后的销售预测来决定是否开发。市场导向型产品是以“市场-研究开发-生产-市场”的模式出现的，即把市场需求代入研究。

技术导向型虽可以先发制人，创造一个大市场。但是，市场一旦从潜在转为现实，就开始分化，顾客在花色、性能、品种和价格上不断产生新的愿望，形成不同层次的市场，造成需求的差别化、细分化，谁能够满足不同层次的期望谁就能够“后发制人”。例如：美国的奇尼恩公司开发了收音机、电视机、调频立体声系统等多个品种，在20世纪60年代一直是收音机和电视机市场的最大供货商，但70年代末却不得不退出整个家用广播电视行业。

当今市场导向型和技术导向型同样重要，一方面技术进步日新月异，另一方面市场需求日益多样化。企业要根据其特点以及内外部环境决定自己的策略。

③ 同行竞争　出于竞争的目的而开展的产品开发。

当然，也有其他一些开发模式普遍存在，表5-1总结了这些模式的特征。

表 5-1 新产品开发动力模式的总结

类 型	描 述	鲜明特征	举 例
市场导向型	从市场机会出发开发合适的产品以满足顾客的需求	一般性过程包括计划、概念开发、系统设计、细节设计、测试和完善,最后是投入生产	体育用品、家具、设备
技术导向型	从新技术出发,寻找合适的市场	计划阶段包括技术和市场的匹配,概念开发阶段采用现有的技术	采用塑性涂料的雨衣、聚乙烯信封
平台产品	假定新产品将建立在已有的技术系统上	概念开发建立在给定的技术平台上	消费型电子产品、电脑、打印机
工艺集中型产品	这类产品的特征是产品生产过程的高度集中	一开始就要明确规定生产过程,产品和流程的设计在初始阶段就要同时进行	点心食品、早餐谷类食品、化学药品、半导体
面向顾客的产品	新产品是对现有产品的小改动	产品的相似性允许用同一条流水线和高度集成的开发过程	发动机、手表、电池、集装箱
高风险产品	技术或市场的不确定性导致失败的不确定性	在早期就发现风险并在过程中解决。尽可能早地采取分析和测试活动	医药品、航空系统
速成品	模型和原型的快速建立,加快设计-制造-测试的循环	重复细节设计和测试直到产品完成或时间和预算用完	软件、手机、电话系统
复杂系统	系统必须分解成几个子系统和许多部件	子系统和部件的开发依靠许多开发团队同时工作,然后进行系统整合与测试	飞机、喷气式发动机、汽车

归根结底，新产品开发成功首先必须满足技术与市场匹配的原则。新产品诞生的一个基本条件是特定的技术（科学、方法、思维过程、设备等）以一种特定的方式被利用，即它对人类的需求产生了新满足、或更高的层次上实现了这种满足。因此，了解和确定人们的需求，将这种需求用技术实现，这是新产品开发的关键。

5.2 新产品开发的流程

5.2.1 新产品开发的过程

由于企业的性质、产品类型的复杂程度、技术应用的熟练程度以及科研设计水平等的差别，导致新产品开发方式的差别，也导致开发新产品的程序有所不同。一般说来，在新产品开发方式中，大部分新产品可能只是在原来产品基础上的改进，只有极少数是真正创新的新产品。但是，创新的新产品即经过自主开发方式得到的新产品仍是企业开发的最高层次，这个过程也是最为系统与复杂的。一般来讲，一个完整的产品开发过程一般包括四个基本步骤：概念开发、产品设计、工艺过程设计以及市场导入，如图 5-3 所示。

(1) 概念开发

概念开发的主要任务是识别客户需求，产生并评估一个或一系列“概念产品”。一般由产品创意与可行性研究两个阶段组成。新产品始于创意，创意是新产品开发的基础。创意来源于设想，设想在于创新。通常，新产品创意是在市场调查研究的基础上，以市场需求为出发点，并考虑企业本身的条件形成的。当技术进步诱生新产品创意时，企业对市场的敏感是十分重要的。创意是一个创造性的过程，也是一个学习性的过程，可来自不同的渠道：企业的研究与开发部门的创新与变革、市场营销部门的市场调研、客户的抱怨或要求、生产运作人员的建议、销售代理以及供应商甚至是竞争者的行为等。

经过筛选后的新产品创意，还要进一步形成比较完整的产品概念，也就是把新产品的创意具体化，用文字、图像或制作模型等技术形式完成新产品的具体方案，说明产品的作用、功能、特点和使用方法。同时，在这个阶段还要从金融、财务的角度上研究新产品的开发，需要在目前和将来的一个时期对一个新产品潜在的销售收入进行预测。随着市场计划的制定，成本、价格也被估算出来。另外，还要对不同方案的产品所需资源进行分析与评估。当然，可邀请一定数量的顾客进行评价，听取顾客的意见，了解新产品的概念受顾客欢迎的程度，从而形成产品的开发方案，并进一步完成新产品开发可行性研究。对新产品概念的可行性研究主要从企业的市场条件、财务条件和生产运作条件等方面来评价其经济性、适用性和市场竞争能力。

① 市场条件：包括上市能力、预期的销售增长可能、对现有产品的影响、产品的竞争状况以及竞争力等。

② 财务条件：包括投资需求、投资回报率(ROI)、对企业总获利能力的贡献率以及预计的现金流等。

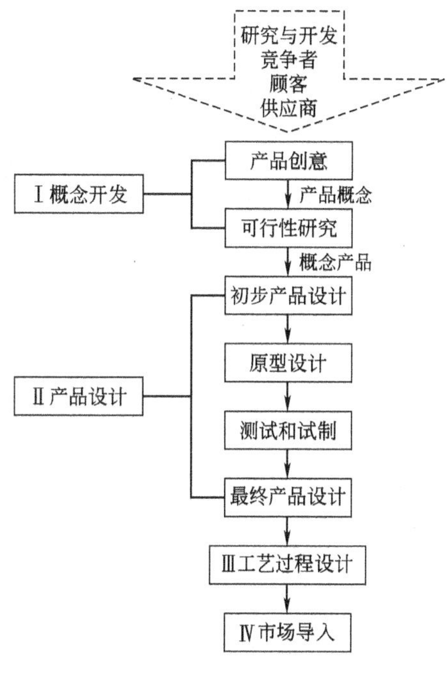

图 5-3　产品开发的过程

③ 生产运作条件：包括产品开发时间、质量、技术的可行性、组织生产或交付产品的能力、现有设施与管理经验的经验效应、对相关规章与法律问题乃至伦理道德问题的考虑程度等。

(2) 产品设计

产品概念开发的结果仅仅是勾勒了一个产品的骨架，下一步是要进入初步产品设计阶段，必须对概念产品进行全面的定义，初步确定产品的性能指标、总体结构和布局，并确定产品设计的基本原则。为了适应动态变化的竞争环境，设计出具有市场竞争力的产品，企业应遵循以下产品设计的基本原则。

① 设计出顾客需要的产品（服务，体验），强调顾客满意度。

② 设计出可制造性（manufacturability）强的产品，强调快速响应。

③ 设计出可靠性强的产品（服务），强调产品责任。

④ 设计出绿色产品（green product），强调商业道德。

经企业主管部门审核、认可初步设计之后，就可以开始产品的定型设计了。对其中关键技术要进行原型设计、测试和试制。据统计，目前在 100 项新产品构思中只有 6 项进入样品原型设计，因此，为了评估和检验新产品的市场业绩和技术性能，以进一步确认产品构思的市场价值与竞争力，原型设计也是一个重要的筛选环节。

借助于计算机技术与因特网，人们可以在虚拟环境下对产品与服务进行原型设计、测试。虚拟设计具有两个重要特征，即交互和实时性，能使设计者呈主动状态，设计者能身临其境，而且图形真实感强，有远、近、纵、深的感觉，并可实现产品生命全周期的管理，多产品和新旧产品同时开发和资源共享。虚拟设计通过在计算机中生成的虚拟原型进行多方案对比，从中选出最佳方案，还可进行虚拟装配，以检查各零部件尺寸以及可装配性，即时修改错误。这样，通过虚拟原型进行虚拟试验，就不用再去做更多的实物试验，从而既节省了时间又节约了费用。过去，汽车制造行业经常采用黏土原型设计新汽车。而在现代，虚拟现实技术在汽车产品设计中大显身手。例如，在戴姆勒-克莱斯勒公司耗资巨大的梅赛德斯汽车设计中心里，设计人员可在该中心提供的“虚拟现实中心”的虚拟环境中进行工作，车身设计师可以在这里检查车体的线条和轮廓，检测车身表面的光洁度，分析汽车的空气动力学性能等。从而使其开发一种新车型的时间从1年以上缩短到两个月左右，不但抓住了宝贵的市场先机，而且可以使开发成本最多降到原先的十分之一。

最终的产品设计应该能够充分利用有限元分析、优化设计和计算机绘图等手段，经过这一系列逐步细化的过程，最后确定产品的子系统、组件、部件、零件及其各项设计参数，并拿出产品的全套工作图纸和说明书。

(3) 工艺过程设计

产品设计解决的是“什么”的问题，即顾客需要什么样的产品（服务）；工艺过程设计解决的是“怎么样”的问题，即如何生产出顾客需要的产品以及如何提供出顾客需要的服务。它是产品设计过程和制造过程之间的桥梁，把产品的结构数据转换为面向制造的指令性数据。工艺过程设计的结果，一方面反馈给产品设计用以改进产品设计，另一方面作为生产实施的依据。工艺过程设计的主要任务是确定产品的制造工艺及其相应的后勤支持过程，具体而言是指按产品设计要求，安排或规划出由原材料加工出产品所需要的一系列加工步骤和设备、工装需求的过程。也就是说，有关产品或服务的思路不能是凭空的；必须以组织的生产能力为基本出发点。设计者进行设计时要清楚了解生产能力（如设备、技能、材料类型、计划、技术、特别能力）。这将有助于选择适合生产能力的设计。当市场机遇与生产能力不符时，管理者就必须考虑扩大或改变生产能力的可能性，以充分利用这些机遇。

工艺过程设计难度大，是技术系统中的瓶颈环节。它涉及的范围广，用到的数据和信息量相当庞大，又与生产现场的个人经验水平密切相关。工艺过程设计包括以下程序。

① 产品图纸的工艺分析和审查　产品图纸的工艺分析和审查，是保证产品结构工艺性的重要措施。产品图纸的工艺分析和审查的主要内容有：产品结构是否与生产类型相适应，是否充分地利用了已有的工艺标准；零件的形状尺寸和配合是否合适，所选用的材料是否适宜，以及在企业现有设备、技术力量等条件下的加工可能性和方便程度。

② 拟定工艺方案　拟定工艺方案是工艺计划的总纲。在工艺方案中要明确产品制造过程中会存在哪些主要问题，关键件用什么方法加工、工艺路线怎样安排，工艺装备的原则和系数如何确定等重大原则问题。具体来说，工艺方案的内容一般包括：确定产品所采取的工艺原则，规定生产时应达到的质量要求、材料利用率、设备利用率、劳动量和制造成本等技术经济指标，列出产品的各类加工关键件，确定工艺路线，进行工艺方案的经济效果分析。

③ 编制工艺规程　工艺规程是最主要的工艺文件，它是安排生产作业计划、生产调度、质量控制、原材料供应、工具供应、劳动组织的基础数据，是具体指导工人进行加工制造操作的文件。编制工艺规程包括：产品及零部件制造方法相顺序的确定，设备的选择，切削规范的选择，工艺装备的确定，设备调整方法的选择，产品装配与零件加工的技术条件的确定等。

④ 工艺装备的设计与制造　为实现工艺过程所需要的工具、夹具、卡具、量具、模具等，总称为工艺装备。工艺装备的设计与制造对贯彻工艺规程，保证加工质量，提高生产效率，具有重要作用。

至此为止，产品设计过程实际上完成了从顾客域到功能域、物理域和制造域的转换。

(4) 市场导入

市场导入过程中可先进行市场试销，即样品经过鉴定以后，企业可进行小批量试生产，在所选择的有代表性的目标市场中做检验性试销。试销不仅能增进企业对新产品销售潜力的了解，而且有助于企业挑选与改进市场营销方案，能够启发或指明改进市场营销策略的方向。紧接着，进入正式投产阶段。新产品经过试销以后，根据来自市场的意见对产品修改定型，然后正式投入批量生产。一个产品批量规模的大小主要取决于产品自身和市场行为，在新产品商品化的过程中，市场是新产品开发的落脚点，也是新产品开发是否成功的最关键的一步。所以，此时应能够正确选择投放市场的时间，正确选择目标市场，并制定正确的营销组合策略。市场导入时一定注意产品本身要做到万无一失。因为在产品的导入阶段，消费者是最挑剔的，所以一定要保证产品的质量，同时要做好相应的服务措施。在产品的市场导入时，营销方案的合理设计对产品市场导入的成功也会起到重要的作用。

新产品开发过程示意的每一步并不是单纯的线性，即后一步必须等前一步完成后才能开始。在产品开发过程中，研发部门（开发技术与设计产品）、制造部门、运作部门（包括供应商的选择与制造流程的设计）和市场部门（识别目标市场并预测产品需求）关系十分紧密且起着非常重要的作用，同时，财务、会计和信息系统部门等也对新产品开发流程起着重要的支持作用。所以，在这个过程的每一步都要根据环境状态的变化而不断地修正产品开发的规划，以使经过这个过程而开发出的产品能够适应动态的市场。

由于新产品开发过程的复杂性、企业组织结构的变化及新产品开发环境的不确定性，新产品开发模式也在不断优化。但是，随着产品开发技术的高尖端性、市场需求的复杂多变化、产品的市场生命周期越来越短等，还有新产品的市场占有率不理想，或者因顾客对产品的需求迅速变化导致新产品失败，这些可能是上述一般模式无法解决的问题。因此，有必要先从组织模式来分析新产品开发的流程。

5.2.2　新产品开发的组织模式

(1) 串行工程

如前所述，一般的产品开发过程首先是先构思出产品概念，然后由产品设计部门人员完成产品的精确定义之后，再提交制造部门人员制定产品工艺过程计划，由质检部门人员确定相应的质量保证计划，最后由市场部门人员导入市场。其各阶段是顺序由企业内不同职能部门的不同人员依次进行的，因而通常被称为串行工程。

串行的产品开发过程存在着许多弊端。图 5-4 所示的幽默画道出了其弊端。它说明决定顾客的需求必须有足够的信息，而设计部门、生产部门和营销部门之间应进行交流并取得一致意

市场营销部门提出的设计

生产要求特定的设计

高级设计师的设计

制造部门生产出的产品

顾客对设计产品的使用情况

顾客的实际需要

图 5-4　信息闭塞所造成的不同设计观点

见。而串行工程首要的问题是以部门为基础的组织机构严重地妨碍了产品开发的速度和质量。归纳起来，串行的产品开发过程存在的主要问题有以下两点。

① 各下游开发部门所具有的知识难以加入早期设计，产品设计人员在设计过程难以考虑到顾客的需求、制造工程、质量控制等约束因素，易造成设计和制造的脱节。越是设计的早期阶段，降低费用的机会越大；而发现问题的时间越晚，修改费用越大。费用随时间成指数增加。

② 各部门对其他部门的需求和能力缺乏理解，目标和评价标准的差异和矛盾降低了产品整体开发过程的效率。

(2) 逆向工程（reverse engineering，RE）

与“正向设计”过程不同，逆向工程是一个“从有到无”的过程。逆向工程也称反求工程或反向工程，是根据已存在的产品或零件原型构造产品或零件的工程设计模型，并在此基础上对已有的产品进行剖析、理解和改进，是对已有设计的再设计。简单地说，也就是根据已经存在的产品模型，反向推出产品设计数据（包括设计图纸或数字模型）的过程。在积极遵守知识产权保护法规的前提下，合法地反向设计他人的产品，既可以降低产品创新风险，又可以减少研究开发费用，缩短产品开发周期。例如，在20世纪六七十年代，日本就大量引进了美国和西欧的先进技术，通过反向工程，成功地开发出比原产品质量更好、功能更强、价格更便宜的产品，大大拓展了日本产品的国际市场。逆向工程应用领域相当广泛，有模具制造业、玩具业、游戏业、电子业、鞋业、高尔夫球业、艺术业、医学工程及产品造型设计等方面。

(3) 并行工程（concurrent engineering，CE）

为减少产品的开发时间和成本、保证产品质量、降低产品成本、提高产品竞争力，必须采用改进新产品开发过程的组织模式，消除职能部门之间的隔阂，优化企业的资源配置，于是提出了并行工程的产品设计方法，以便并行地集成设计、制造、市场、服务等资源。

根据Winner等人（1988）对并行工程的定义，并行工程是对产品及其相关过程，包括制造过程和支持过程，进行并行、一体化设计的一种系统化方法。这种方法力图使产品开发者从开始就考虑到产品全生命周期从概念形成到产品报废的所有因素，包括质量、成本、进度和用户需求，以减少产品早期设计阶段的盲目性，尽可能早地避免因产品设计阶段不合理因素对产品生命周期后续阶段的影响，缩短研制周期。

企业若想充分发挥并行工程的优势，提高产品开发过程的效率和柔性，必须进行过程变革与组织变革。

① 过程变革是指将传统的并行过程重构为并行过程，使得产品开发者在一开始设计时就综合考虑产品生命周期的所有因素（顾客的要求、可制造性、可靠性、环保性、经济性等）。

② 组织变革是指打破职能部门制的组织结构，建立跨部门、跨专业的高效的开发团队，使得与产品生命周期有关的不同领域的相关人员全面参与和协同工作，实现生命周期中所有因素在设计阶段的集成。

当然，这种开发方式仍存在许多难点。例如，设计和制造之间长期存在的界限很难马上克服，单纯将一群人召集在一起，以为他们能够高效合作的想法是不切实际的。另外，要使该流程发挥作用，必须有充分的沟通和灵活性，而这点却很难达到。

为支持并行的工作模式，还需要一些技术上的支持，如虚拟设计、产品数据管理（product data management，PDM）、计算机辅助设计/计算机辅助工艺设计（computer aided design/computer aided process planning，CAD/CAPP）、三化技术（产品系列化、零部件标准化、通用化）、成组技术和减少变化方案（variety reduction program，VRP）等。同时，在产品设计的不同阶段采取不同的措施，如表5-2所示。其中设计的这些方法措施将在后面具体介绍。

表 5-2 并行工程中在产品设计不同阶段采取不同的措施

不同阶段	需求阶段	设计阶段	制造阶段	营销阶段	使用阶段	终止阶段
采取的措施	顾客参与 质量功能部署(QFD)	CAD/CAPP VRP、GT	DFM、DFA	价值工程 CE	工业工程 IE	绿色制造

这样，并行开发团队可以通过能够支持并行工作、甚至异地工作的计算机网络系统，实时地相互沟通信息、进行专家咨询、讨论设计方案、审查设计结果等。例如，美国波音飞机制造公司为研制波音 777 型喷气客机，投资 40 多亿美元，采用庞大的计算机网络来支持并行设计和网络制造；从 1990 年 10 月开始设计到 1994 年 6 月试制成功仅花了 3 年零 2 个月；试飞一次就成功，立即投入运作。在实物总装后，用激光测量偏差，飞机全长 63.7m，从机舱前端到后端 50m，最大偏差仅为 0.9mm。

(4) 协同产品商务 (collaborative product commerce, CPC)

随着“短缺经济”向“过剩经济”的过渡，顾客的要求越来越高，市场竞争越来越激烈。在这种情况下，企业为了增强竞争力，主动地采取大规模定制、全球化、外包和协作等策略，以获得更短的上市时间、更低的成本，来更敏捷的满足顾客不断变化的需求。同时，Internet 技术的发展使得跨企业的产品研发平台成为可能。因此，美国咨询公司 Aberdeen Group 于 1999 年 10 月提出了协同产品商务的概念。根据其定义，协同产品商务是一类新的软件和服务，它使用 Internet 技术把产品设计、分析、寻源（包括制造和采购）、销售、市场、现场服务和顾客连成一个全球的知识网络，使得在产品商业化过程中承担不同角色、使用不同工具、在地理上或供应网络上分布的个人能够协作的完成产品的开发、制造以及产品全生命周期的管理。从管理上说，协同产品商务是一组经济实体（制造商、供应商、合作伙伴、顾客）的动态联盟，共同开拓市场机会并创造价值的活动的总称。当 CPC 成为产品实现核心竞争力的基础，它就会产生价值，并提高企业建立在共同数据和技术基础上的四种能力，即产品生命周期管理、产品组合和知识产权管理、协同管理、创新管理。实现协同产品商务会带来以下好处。

① 协同产品商务可以通过敏捷的协作产品创新捕捉市场机会，扩大市场规模。

② 协同产品创新能取得更为持久的竞争优势。

③ 协同产品商务能带来更快的上市时间、更大的市场份额和更高的利润率。

从产品开发发展的过程来看，CPC 经历了产品数据管理 (product data management, PDM)、产品全生命周期管理 (product life-cycle management, PDM) 和 CPC 三个阶段见表 5-3。

表 5-3 协同产品商务的发展

发展阶段	20 世纪 80 年代	20 世纪 90 年代	21 世纪
竞争焦点	利润	市场份额	市场规模
产品研发策略	低成本	上市时间	产品创新
产品研发流程	串行设计流程	并行工程	企业间协作
产品研发组织	部门制	跨部门团队	跨企业团队
产品研发平台	计算机辅助设计/工程/制造等信息集成，PDM	企业范围的产品研发平台，PLM	跨企业的产品研发平台，CPC

协同产品商务的基本架构可表示为如图 5-5 所示的三层架构。

基于角色的 Web 访问。这一层为协同各方提供方便、安全、无障碍的信息访问门户。具体功能包括信息的浏览、搜索、订阅等。

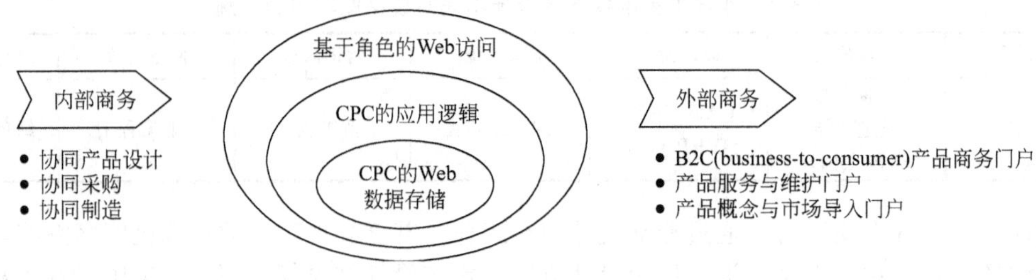

图 5-5 CPC 的三层基本架构

CPC 的应用逻辑（产品应用财富）。这一层体现了人、活动和信息相互交互的逻辑。具体功能包括协作流程管理、信息的共享和重用、同已有系统的集成等。

CPC 的 Web 数据存储（产品信息财富）。这一层的主要作用是把产品数据变成企业的知识财富。具体功能包括信息的捕获、存储、整理、丰富、结构化和摘要。

协同产品商务包含以下核心理念。

① 价值链的整体优化。协同产品商务从产品创新、上市时间、总成本的角度追求整体经营效果，而不是片面地追求诸如采购、生产和分销等功能的局部优化。

② 以敏捷的产品创新为目的。迅速捕获市场需求，并且进行敏捷的协作产品创新，是扩大市场机会、获取高利润的关键。

③ 以协作为基础。协同产品商务的每个经济实体发挥自己最擅长的方面，实现强强联合，以获得更低的成本、更快的上市时间和更好的满足顾客需求。顾客参与到产品设计过程，可以保证最终的产品是顾客确实需要的。

④ 以产品设计为中心进行信息的聚焦和辐射。产品设计是需求、制造、采购、维护等信息聚集的焦点，也是产品信息向价值链其他各环节辐射的起源。只有实现产品信息的实时、可视化共享，才能保证协作的有效性。

企业要实现协同产品商务，必须练好内功和外功。内功就是要建立满足 CPC 需要的协同产品研发管理体系，包括面向敏捷协同产品创新的产品战略、组织、绩效、流程等各方面。外功就是要加强与外部的联系和合作，从而形成敏捷协同的产品研发网络。虽然 CPC 带来的效益是明显的，但是 CPC 无论在技术上还是操作上都难于实现，且出错的风险也相当高。要使 CPC 成功实施，需要注意以下关键要素。

首先，将要做的事进行优先排序和模块化，只选择那些和愿景一致的领域。整个 CPC 系统庞大而复杂，因此要分阶段进行实施，同时要对总体构思和最终目标有明确的概念。

要明确需要什么样的效益。比如，在竞争之前削减人力、降低成本，或者可能不会让产品上市创造价值。那么，这是成本、上市速度，还是产量的问题呢？是知识产权的影响还是创新问题呢？因此，要建立设计目标，以及实现这些目标的流程和功能。

浪费时间的事情也是在浪费成本。为了削减时间和成本，要重新进行设计。重新设计，则可能会降低性能，最终增加时间。

并行组织。没有一个涵盖多部门人员组成和职责的明晰的组织概念，数据和工作流都是没用的。

组织客户参与，就像组织协同实施一样。

组织的变革一直被视为企业创新成功或失败的关键，CPC 也无二样。需要克服运营和设计之间，以及两者与市场间的障碍。

没有必要采用统一的机制，因为这要求海量的数据转换和中央控制。要确保设计一个数据管理和升级流程，从而使不同的数据保持一致和最新的状态。

5.3　新产品开发方法

5.3.1　发明问题解决理论

TRIZ（theory of inventive problem solving）是发明问题解决理论的词头。该理论是前苏联 G. S. Altshuller 及其领导的一批研究人员，自 1946 年开始，花费 1500 人·年的时间，在分析研究世界各国 250 万件专利的基础上所提出的发明问题解决理论。20 世纪 80 年代中期前，该理论对其他国家保密，80 年代中期，随着一批科学家移居美国等西方国家，逐渐把该理论介绍给世界产品开发领域，对该领域产生了重要的影响。G. S. Altshuller 认为发明问题的基本原理是客观存在的，这些原理不仅能被确认也能被整理而形成一种理论，掌握该理论的人不仅能提高发明的成功率、缩短发明的周期，也使发明问题具有可预见性。

发明问题解决理论的核心是技术系统进化理论。这一理论提出：技术系统一直处于进化之中；解决冲突是其进化的推动力，进化速度随技术系统一般冲突的解决而降低，使其产生突变的唯一方法是解决阻碍其进化的深层次冲突。以键盘的设计为例，可见其中的思想所在。作为计算机外围设备的重要组成之一，键盘已经是随处可见。目前常见的键盘是一个刚性整体，体积也比较大，不方便携带。美国海军陆战队配备了一种可以折叠的键盘，便于行军中携带。再就是一些 PDA 产品，将键盘输入功能设置在其柔性的外包装套上，展开后就成了一个比较大的键盘。而现在液晶触摸屏也可以作为输入设备代替键盘。最近，以色列一家公司推出一种虚拟激光键盘，它通过将全尺寸键盘的影像投影到桌子平面上，用户在上面就可以像使用物理键盘一样直接输入文本。这几种输入设备基本上代表了过去几十年来键盘的主要发展历程。从中可以发现键盘的演变脉络，即从一体化的刚性键盘到折叠式键盘，到柔性的键盘，到液晶键盘，再到激光键盘。如果我们将键盘核心技术的这种演变过程抽象出来，会发现它是按照从刚性，到铰链式，到完全柔性，到气体、液体，一直到场的发展路线。其实很多产品的发展也是沿着这条路线不断进化。比如轴承，它从开始的单排球轴承，到多排球轴承，到微球轴承，到气体、液体支撑轴承，到磁悬浮轴承。又如切割技术，从原始的锯条，到砂轮片，到高压水射流，到激光切割等。它们在本质上基本都是沿着和键盘同样的演变路线不断发展。

解决问题的发明是分等级的，按照产生发明所需要的反复尝试的次数把发明分为五个等级（5 级发明等级最高，一般都是基于新的科学发现，1 级发明最低，只是对产品的一般改进），在技术发展的不同阶段产生的发明级别是不同的。

Altshuller 依据世界上著名的发明，研究了消除冲突的方法，提出了消除冲突的发明原理，建立了消除冲突的基于知识的逻辑方法，这些方法包括发明原理（inventive principles）、发明问题解决算法（ARIZ，algorithm for inventive problem solving）及标准解（TRIZ standard techniques）。

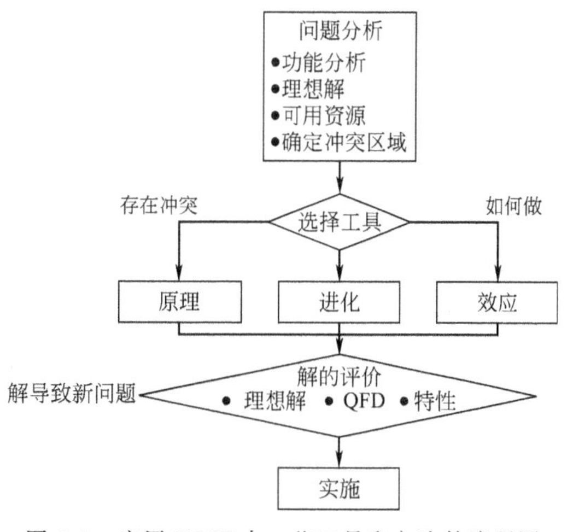

图 5-6　应用 TRIZ 中一些工具和方法的流程图

在利用 TRIZ 解决问题的过程中，设计者首先将待设计产品的特定问题（specific problem）表达成为 TRIZ 的一般问题（general problem），然后利用 TRIZ 中的工具，如发明原理、标准解等，求出该 TRIZ 问题的普适解（general problem）或称模拟解（analogous solution）；最后设计者再把该解转化为领域解或特解（specific problem）。

TRIZ 认为，技术创新产生于技术的概念设计阶段，即必须在概念设计阶段产生新的原理解。TRIZ 已建立了一系列的普适性工具，帮助设计者尽快获得满意的领域解，不仅在前苏联得到广泛应用、在美国的很多企业特别是大企业，如波音、通用、克莱斯勒、摩托罗拉等的新产品开发也得到了应用，创造了可观的经济效益。应用 TRIZ 中一些工具和方法的流程图如图 5-6 所示。

5.3.2 产品质量功能展开

产品质量功能展开（quality function deployment，QFD）于 20 世纪 70 年代初，起源于日本，由日本东京技术学院的 Shigeru Mizuno 博士提出。进入 80 年代以后逐步得到欧美各发达国家的重视并得到广泛应用。质量功能展开是将顾客呼声融入产品或服务开发流程的一种结构性方法。它的目的是确保整个流程的每个方面都考虑顾客的要求。倾听和理解顾客的要求是 QFD 的核心特征。顾客的要求经常以一种普遍陈述的形式出现，如“草坪平整机的切割高度应容易调整”。一旦了解到顾客的要求，这些要求必须转化为与产品或服务有关的技术指标。例如，改变草坪平整机高度的陈述可以联系到实现该职能的机械、地点、使用说明、控制机械的弹簧的牢固程度或所需要采用的材料。从制造目的上说，这些指标就必须联系到材料、尺寸及生产中所用的机器。

由于强调从产品设计的初期就同时考虑质量保证与改进的要求及其实施措施，QFD 被认为是先进生产模式及并行工程环境下质量保证与改进的最热门研究领域及 CE 环境下面向质量设计（design for quality，DFQ）的最有力工具，对企业提高产品质量、缩短开发周期、降低生产成本和增加顾客的满意程度有极大的帮助。丰田公司于 20 世纪 70 年代采用了 QFD，取得了巨大的经济效益，其新产品开发成本下降了 61%，开发周期缩短了 1/3，产品质量也得到了相应的改进。世界上著名的公司如福特公司、通用汽车公司、克莱思勒公司、惠普公司、麦道公司、施乐公司、电报电话公司、国际数字设备公司及加拿大的通用汽车公司等也都相继采用了 QFD。从 QFD 的产生到现在二十年来，其应用已涉及汽车、家用电器、服装、集成电路、建筑设备、农业机械、船舶、自动购货系统、软件开发、教育、医疗等各个领域。

QFD 的结构是以一系列矩阵为基础的。主体矩阵联系顾客的要求（是什么）和对应的技术要求（如何解决），如图 5-7 所示。基本矩阵通常要增加附加特征以拓宽分析范围。典型的附加特征包括重要性衡量和竞争性评估。人们通常给技术要求建立一个相关的矩阵，这个矩阵能揭示有冲突的技术要求。加上这些附加特征，矩阵系列就有了图 5-8 所示的形式。由于它的外形像座房子，故而经常被称为质量屋。在实际应用中，视具体要求的不同，质量屋结构可能会略有不同。例如，有的时候，可能不设置屋顶；有的时候，竞争性评估和重要性衡量的组成项目会有所增删等。通过构造一个质量屋矩阵，QFD 交叉职能团队能够利用顾客反馈信息来进行工程、营销和设计的决策。矩阵帮助团队将顾客要求转换为具体操作或技术目标。这一过程鼓励各部门之间紧密合作，并且使各部门的目标和意见得到充分理解，帮助团队致力于生产满足顾客需求的产品。

图 5-7 QFD 主体矩阵

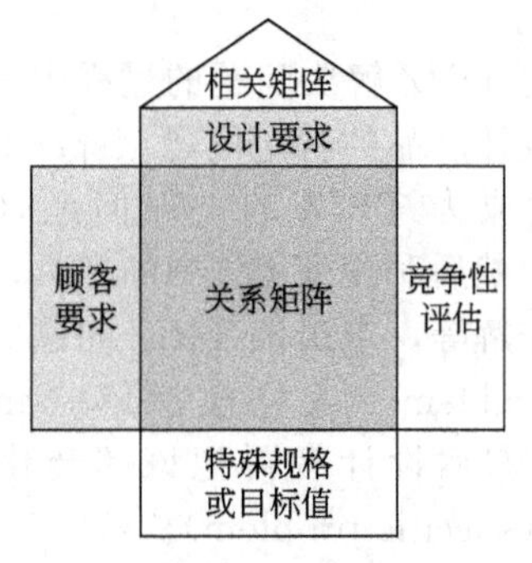

图 5-8 质量屋

一个完整的质量屋包括 6 个部分。

① 顾客需求及其权重，即质量屋的“是什么”。

② 技术需求（最终产品特性），即质量屋的“如何解决”。

③ 关系矩阵，即顾客需求和技术需求之间的相关程度关系矩阵。

④ 竞争分析，站在顾客的角度，对本企业的产品和市场上其他竞争者的产品在满足顾客需求方面进行评估。

⑤ 技术需求相关关系矩阵，质量屋的屋顶。

⑥ 技术评估，对技术需求进行竞争性评估，确定技术需求的重要度和目标值等。

下面以纸张的 QFD 为例说明如何构造质量屋，如图 5-9 所示。

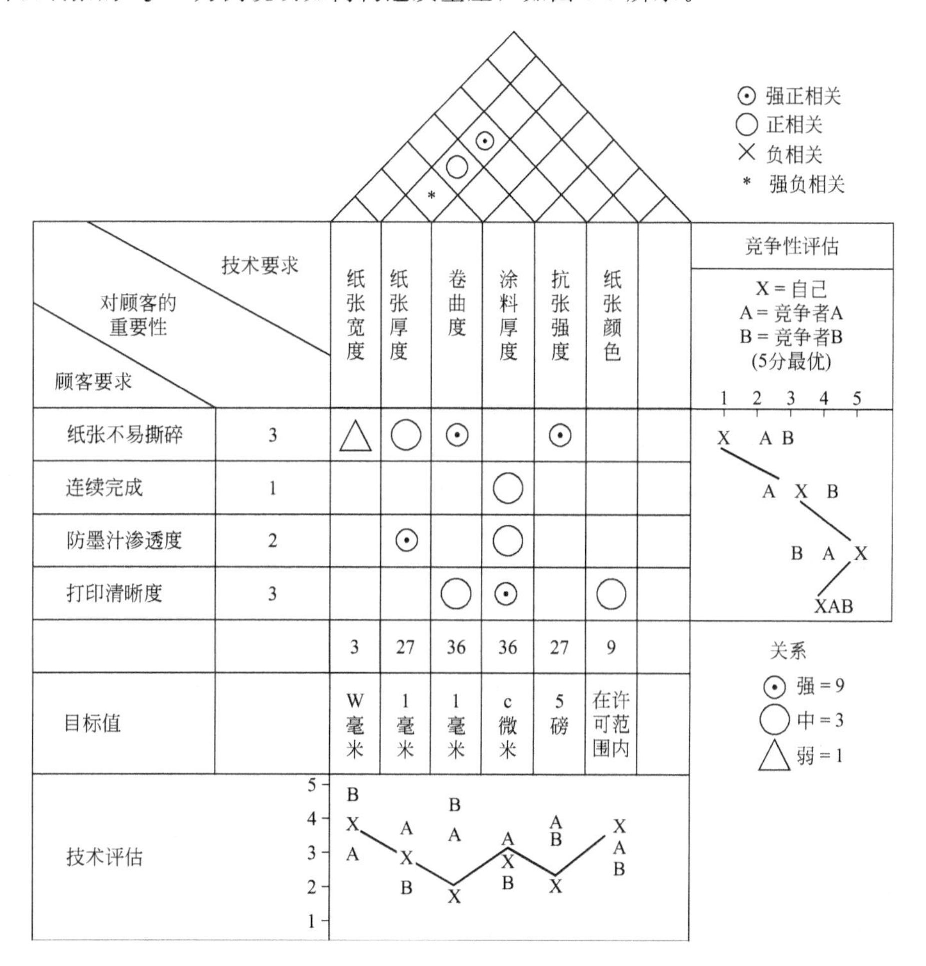

图 5-9　纸张的质量屋

首先，在图的左边列出顾客的要求，靠近顶部垂直列出各项技术要求。其次，表的中央表现了技术要求和顾客要求之间的重要关系及关系的重要度。带点的圆圈表示强正相关关系，即它暗指能满足顾客要求的最重要的技术要求。每个顾客要求旁边列出了“对顾客的重要度”的数字（3 代表最重要）。设计者决定在哪处做最大努力时，将考虑重要度的分值和相关性的强度。

接着，考虑在质量屋顶的相关矩阵。要特别注意在“纸张厚度”和“卷曲度”之间的强负相关关系。设计者不得不寻找方法克服它或做出替代决策。

在图的右边是将供应商与两个主要竞争对手（A 和 B）在顾客要求上的表现相比较的竞争

性评估。例如，供应商（X）在第一项顾客要求中表现最差而在第三项顾客要求中最好。斜线连接X的表现。理想的情况是通过设计能够让X在各项中都达到最高。

图5-9的底部是重要度衡量、目标值及技术评估。技术评估的方式与竞争性评估类似（注意X各项之间的连线）。目标值典型地包括技术规格，这里不做详述。重要度加权值是分配到各关系中的分值的加总（看右边较下方对关系衡量的解释）。第一个图框中的3指产品对顾客的重要度为3且与质量特性的联系度为1。重要度加权值和目标评估值帮助使设计者重点放在想要得到的结果上。在这个例子中，第一项技术要求得到的重要度加权值最低，而在紧接着的4项技术要求都得到相对较高的重要度加权值。

5.3.3 稳健设计

产品质量是企业赢得用户的一个最关键因素。任一种产品，它的总体质量一般可分为用户质量（外部质量）和技术质量（内部质量）。前者是指用户所能感受到、见到、触到或听到的体现产品好坏的一些质量特性，而后者是指产品在优良的设计和制造质量下达到理想功能的稳健性。进入20世纪90年代以来，人们认识到产品的质量首先是设计出来的，并把产品的质量由以往靠产品检验和生产过程控制（被动的和防御的）来保证发展到从产品质量设计（主动的）入手，以从根本上确立产品的优良品质。稳健设计（robust design）就是一种有效的保证产品高质量的工程方法。

稳健设计的基本问题就是如何利用干扰因素与产品质量间的非线性效应，通过调整设计变量及控制其容差，使产品或系统的功能函数具有较好的稳定性（不灵敏性），即具有较强的抗各种噪声的能力。换言之，若做出的设计能在各种因素的干扰下保证产品质量的稳定性，或者用廉价的零部件能组装出性能稳定与可靠的质量上乘的产品，则认为该产品的设计是稳健的。例如，一双好的皮靴显然不是用于在泥浆和雪堆中跋涉的，一双沉重的橡胶长靴恰好是适用于泥浆或雪堆的，因此，橡胶靴就比皮靴多具备稳健设计。一种产品（或服务）的稳健性越好，它由于使用环境变化发生故障的可能性就越低。因此，设计者在产品或服务中引入的稳健性越多，它的耐久性就越好，从而顾客的满意水平就越高。

目前，在美国把一切用于提高和改进产品质量的有关工程方法统称为稳健设计。传统的稳健设计方法可以以20世纪70年代末和80年代初由日本学者G. Taguchi（田口光一）博士所创立的三次设计法（或损失模型法）为典型的代表。该法把产品或工艺过程的设计分为系统设计、参数设计和容差设计三个阶段来完成。在系统设计即方案设计完成后，探求参数的最佳搭配，按经验给出关键参数容差的几个水平值，然后用正交表编排试验方案，由误差因素模拟各类噪声的影响，以质量损失函数或信噪比（即输出y的均值平方与其方差之比）大小来度量产品质量特性的稳定性。

田口方法的核心特征是参数设计，这种方法在美国公司最为常用。它包括为产品和流程都设定特殊规格，从而带来制造差异性、产品变异性及使用条件等方面的稳健设计。田口方法修正了传统实验设计的统计方法。请考虑这个案例：假设一个公司在它将要生产的新产品中需要使用12种化学材料。这些材料的供应商有两家，但这两家供应商的侧重点各有不同。古典的实验设计方法需要进行$2^{12}=4016$次测验以确定哪种化学组合是最优的。而田口方法只要测试各种可能组合的一部分。依靠专家来确认最有可能影响产品重要特性的变量，这种组合的数量将戏剧般地降低，据说可能只要32种。在数量减少后的组合模型中所确认的最好模型可能是近似最优的组合，但并非最优。这种方法的优点是只需用相关的很少的实验，就能很快在产品和流程设计中取得主要进展。

近些年来，随着计算机技术、优化和CAD技术的发展，又在传统的稳健设计方法中注入了许多新的内容，逐渐形成近代的稳健设计方法，并在学术界和工程界引起重视与兴趣。

5.3.4 计算机辅助设计、工艺设计和制造

计算机技术在产品设计中的应用日益频繁，计算机辅助设计、工艺设计和制造（computer aided design/computer aided process planning/computer aided manufacturing，CAD/CAPP/CAM）就是其中的代表。

CAD是指利用计算机作为工具、帮助人们进行设计的一切适用技术的总和。CAD一般包括两项内容：带有创造性的设计，如方案的构思、工作原理的拟定等，以及非创造性的工作如绘图、设计计算等。前者要求发挥人的创造性思维能力、创造出以前不存在的设计方案，这项工作一般由人来完成，后者完全可借助计算机来完成。设计者可以用一支钢笔、一个键盘、操作杆或类似的设备在显示器上修改已有的设计或创造新的设计。一旦设计被输入电脑，设计者就能在屏幕上调整它。它能够旋转以提供不同角度的图像，它能够被剖开使设计者能够看到内部结构。设计者还能将图像扩大以便做进一步的检查，可以打印全部的设计文档，也能将它变成电子文件，为公司需要该信息的人员所使用。它集数值计算、仿真模拟、几何模型处理、图形学、数据库管理系统等方面的技术为一体，把抽象的、平面的、分离的设计对象具体化、形象化，它能够通过“虚拟现实”技术把产品的形状、材质、色彩，甚至加工过程淋漓尽致地表现出来，并能把产品的设计过程，通过数据管理，实现系统化、规范化。现在越来越多的产品在使用这种方法进行设计，包括变压器、汽车零件、飞机零件、组装电路和电力发动机。

计算机辅助设计的主要优点是提高了设计者的生产率，他们不必再为准备产品或零件的机械图而费神，也不必再为修改错误或吸收新观点而重复手工绘制或修改机械图。据可靠估计，CAD将设计者的生产率提高了3～10倍。CAD的第二个优点是它建立的数据库能为制造部门提供如产品几何图形和尺寸、荷载力、材料规格等必要信息。但是，制作这种数据库需要投入大量的精力。

有些CAD系统允许设计者对已提出的设计进行工程和成本分析。例如，电脑既能确定一个零件的重量和体积，也能做压力分析。如果有许多可供选择的设计，电脑就能按照设计者的要求迅速检索并选择出最优的设计。

CAPP是指工艺设计人员利用计算机完成零件工艺规划设计的过程。它接受来自CAD系统的零件信息，包括几何信息和工艺信息，运用工艺设计知识，设计合理的加工路线，选择优化的加工参数和加工设备。

随着制造业生产技术的发展和多品种小批量的要求，特别是现代集成制造技术的发展与运用，传统的工艺设计方法已经远远不能满足自动化和集成化要求。CAPP克服了传统工艺设计的许多缺点，借助计算机技术，来完成从产品设计到原材料加工成产品所需的一系列加工动作及其对资源需求的数字化描述。CAPP系统的应用不仅可以提高工艺规程设计效率和设计质量，缩短技术准备周期，为广大工艺人员从繁琐、重复的劳动中解放出来提供了一条切实可行的途径，使工艺人员可以更多地投入工艺试验和工艺攻关，而且可以保证工艺设计的一致性、规范化，有利于推进工艺的标准化。更重要的是工艺物料清单BOM（bill of materials）数据是指导企业物资采购、生产计划调度、组织生产、资源平衡、成本核算等的重要依据，CAPP系统的应用将为企业数据信息的集成打下坚实的基础。

CAM的核心是计算机数值控制（简称数控），它是将计算机应用于制造生产过程的过程或系统。制造企业中利用数控机床或加工中心等先进设备进行加工，不宜采用由人过多参与的传统的自动编程方法。由CAD系统向CAM系统提供零件信息，CAPP系统向CAM系统提供加工工艺信息和工艺参数，CAM系统可根据工艺流程和几何尺寸、工艺精度等要求，自动产生零件程序，进而产生刀位文件，最终生成数字控制NC（numerical control）加工程序。

采用CAD/CAPP/CAM的优点有很多。

① 提高了产品质量。它们为设计者提供了一个可以考察更多可能的选择、考虑更全面的潜在问题和危险的机会。

② 缩短了设计所需要的时间。时间就是金钱，设计所花费的时间越短，成本也就越低。

③ 降低了生产成本。减少了库存量，通过改善工作时间安排，提高了人力的使用效率，能更迅速地进行设计变动和更改，从而降低了成本。

④ 可以获得大量数据资料。能够保存准确的产品资料，使每个人都能依照相同的资料信息进行工作，这会大大降低成本。

⑤ 使制造业的生产水平上升到新高度。例如，能够用三维立体形式旋转并描绘物体；能够检查清晰度；能够联结各个部件及附件，从而改进数控型机器工具的使用——所有这些都为制造业提供了新的生产能力。它们帮助摒弃了许多细节性工作，从而使设计者能够集中精力从事概念性和想象性的工作。

5.3.5 面向制造的设计

面向制造的设计（design for manufacturing，DFM）的主要思想是在产品设计时不但要考虑功能和性能要求，而且要同时考虑制造的可能性、高效性和经济性，即产品的可制造性（或工艺性）。其目标是在保证功能和性能的前提下使制造成本最低。在这种设计与工艺同步考虑的情况下，很多隐含的工艺问题能够及早暴露出来，避免了很多设计返工；而且通过对不同的设计方案根据可制造性进行评估取舍，根据加工费用进行优化，能显著地降低成本，增强产品的竞争力。

把一个功能性的产品设计转化为可制造的产品，产品设计师们必须考虑许多方面。他们可以选择不同的方法和不同的材料。材料可以选择铁或铁化物（钢）、铝、紫铜、黄铜、镁、锌、锡、镍、钛或其他金属；非金属包括塑料、木材、皮革、橡胶、碳化物、陶瓷、玻璃、石膏、混凝土等；并且，这些材料都能用多种方法加工如锻造、切割和成型。在许多机械加工过程中，可以选择冲压、印花、滚转、研磨、浇铸、注塑等。

DFM 还要求把不可拆分的零部件数降到最低，进而简化产品。在电子行业中，制造上通过组合不同电子元件中的电路来形成更大的集成电路。这样由于电子传输更快，不仅使集成电路的速度得以提高，而且减少了体积，提高了可靠性。如果电子电路由几个独立的电子元件组成，减少可能的连接就可以提高电路的可靠性。如图 5-10 所示，通过分析产品的制造和装配过程中的可制造性，把一个简单的托架从 5 个零件减少到只有 1 个零件。

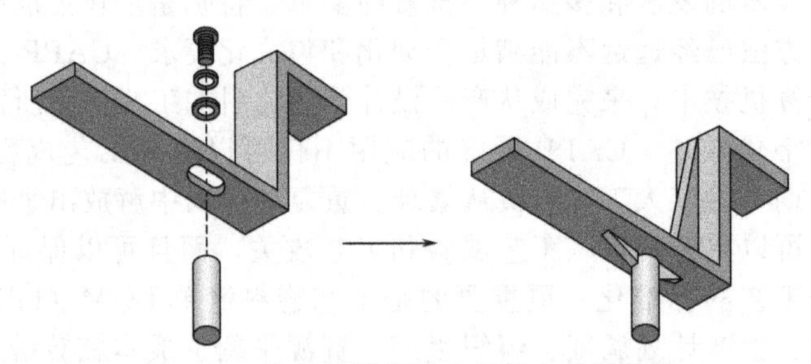

图 5-10　改变设计以减少托架上的零件数

可以说，DFM 是 CE 的思想核心。设计与制造，是产品生命周期中最重要的两个环节。而并行工程，最重要的是产品设计与制造过程设计的并行。在设计阶段就能考虑可制造性是并行工程最基本的优势所在。DFM 也是 CE 的实现方法。要实现 CE，设计和制造绝不可能再保持传统的串行分离的方式。DFM 方法所提倡的在设计中考虑制造工艺，根据加工能力来设计产品及其零件的方法必然是 CE 的设计方法。

自从 DFM 的概念被提出以来，又相继出现了很多 DFx 的概念，比如 DFQ（design for

quality），DFR（design for reliability），DFD（design for disassembly）等，逐渐覆盖了产品从设计到制造、使用、回收的整个生命周期，这实际上已经在DFM的基础上拓展成为CE的思想：在设计阶段就考虑各后续阶段的整体效益。例如，DFA与DFM相似，主要考虑设计出来的各种零部件能否在现有条件下安装并避免误装。它的两个基本原则是设计的大量零部件必须易于搬运与安装。

5.3.6 价值分析与价值工程

考虑顾客需求的另一个途径是在设计产品时分析最终产品的“价值”，而在产品设计中考虑价值是重要的。价值分析或价值工程（value analysis/value engineering，VA/VE）的目的是简化产品的生产过程。它的目标是以更低的成本获得同样甚至更好的性能，同时顾客需要的所有功能保持不变。价值分析与价值工程通过发现并去除不必要的成本来实现这一目标。采购部门通常将价值分析作为降低成本的途径。在生产之前，价值工程被看做降低成本的方法。然而实际上，对于一个既定的产品，在价值分析和价值工程间存在一个循环。因为新材料、新工艺等情况，对已经进行过价值工程的产品需要再次应用价值分析技术。

价值工程的工作程序可以分以下四个阶段。

① 信息阶段（information phase） 这一阶段的工作包括确定价值工程的应用对象和需要解决的问题，评估价值工程研究的可行性，收集相关信息，组建项目团队，配置所需资源。

② 构思阶段（speculative phase） 这一阶段的目的是寻找在满足质量、功能要求的前提下降低成本的途径。通过功能分析系统技术（function analysis systems technique，FAST）进行功能分析，在一张图表上展现出建设功能、系统功能或构件功能之间的逻辑关系。在制作完成FAST图之后，价值工程团队充分发挥集体智慧，利用头脑风暴法（brain storming）等方法技术，提出各种有助于提高价值的方案。这一过程不可或缺，它是提出最佳解决方案的前提和基础。

③ 分析阶段（analytical phase） 这一阶段的主要工作是通过成本分析与比较，对前期产生的各方案进行选优。此后，再应用寿命周期成本（LLC）对最终方案进行最低成本分析。

④ 提案阶段（proposal phase） 向相关单位递交价值工程项目的研究结果，获得委托方的认可，并阐明提案执行各有关方面（项目设计者、执行者及管理者等）的责任、义务以及合作关系，以推动提案的后续贯彻执行。

采用价值工程可以提高质量/提升绩效，减少总寿命周期成本，使生产、设计过程的浪费下降到最低水平，简化功能并提高功能的可靠性，辨识生产过程中的隐患，并找出解决办法。当然，要成功实施价值工程，离不开团队工作与创造性理念。

5.4 新产品开发绩效评估

不断将新的产品投放市场，对企业竞争能力的提高是非常重要的。为了获得成功，企业必须对不断变化的顾客需求和竞争对手的行动做出反应。把握机遇、加快发展力度以及为市场提供新产品和新工艺的能力是至关重要的。由于新产品和新工艺的数量增加，产品生命周期缩短，企业必须比以往开发出更多的项目，同时大幅削减每个项目的成本。

以美国汽车市场为例，在过去的25年内，随着汽车型号与市场份额的增长，汽车企业为了维持其市场份额，开发的项目增长了4倍。但每一个车型的产量减少、设计寿命缩短，意味着资源消耗必须大幅降低。为了保持竞争力，企业必须加快生产、设计和开发活动。

评价产品开发是否成功有以下几个标准：推出新产品的速度和频率、开发流程的效率、推出产品的质量（见表5-4）。总的来说，时间、质量和生产效率决定了开发绩效，外加其他活动——销售、生产、广告和顾客服务——决定了项目的市场影响力和盈利能力。

表 5-4 新产品开发绩效的主要指标

绩效指标	评价标准	对竞争力的影响
上市时间	新产品推出的频率 从开始构思到产品推向市场的时间 项目开发数量和完成数量 新产品的销售份额	对顾客和竞争者反应的敏感程度 设计的质量——贴近市场 项目的频率——模型寿命
生产率	每个项目的工程时间 每个项目的原材料成本和制造工具的成本 实际与计划的差异	项目数量——设计的新颖程度和推广度 项目的频率——开发的经济性
质量	使用中的适应性——可靠性 设计质量——绩效和顾客满意度 生产质量——工厂和车间的反馈	信誉——顾客忠诚度 对顾客的吸引力——市场占有率 盈利能力——售后服务的成本

5.5 本章小结

新产品是指在产品特性、材料性能和技术性能等方面（或仅一方面）具有先进性或独创性的产品。根据对产品的改进程度，可把新产品分为创新产品、换代新产品、改进新产品三类。

新产品开发是一项风险很大的活动。新产品失败的原因主要包括没有潜在的用户和需求、新产品与当前的需求不匹配、或者营销不利。新产品开发的动力可分为技术推动、市场牵引、同行竞争。新产品开发的模式有很多种，要使新产品开发成功首先必须满足技术与市场匹配的原则。

一般来讲，一个完整的产品开发过程一般包括四个基本步骤：概念开发、产品设计、工艺过程设计，以及市场导入。

新产品开发的组织模式包括串行工程、逆向工程、并行工程、协同产品商务等。

新产品开发的方法有发明问题解决理论 TRIZ、产品质量功能展开、稳健设计、计算机辅助设计、工艺设计和制造、面向制造的设计、价值分析与价值工程等。

新产品开发绩效的主要指标包括推出新产品的速度和频率、开发流程的效率、推出产品的质量等。

习　题

1. 什么是新产品？新产品开发的 4 个主要阶段是什么？
2. 讨论产品开发企业战略中的重要地位。
3. 产品生命周期包括哪些？
4. 什么是 CE，为什么说它对成功的产品开发相当重要？并行工程的实现技术有哪些？
5. 讨论面向顾客设计思想的重要性。
6. 寻找一个需要提高质量的例子，采用 QFD 方法进行质量功能的展开。选择一个产品，列出其在设计、制造中需考虑的问题。产品可以是音响、电话、桌子等物品。要考虑设计的功能和美学因素，以及有关可制造性的重要因素。
7. 新产品开发绩效评估指标有哪些？

第6章 需求预测

引导案例

为飞机乘客提供飞行中的膳食是一笔巨大的业务。西北航空公司和欧洲航空公司（continental）的食品预算每年大约各是3亿美元。Delta每天提供大约135000份食品。美国航空公司每年在食品上花费大约8亿美元，每份食品平均8.2美元。因为在食品上有如此巨额的花费，航空公司都对预测每次航班所需食品的数量非常感兴趣。

造成航空食品需求预测困难的因素主要包括乘客放弃预定的座位、乘客在起飞前才买票和飞行的取消。更复杂的是，一些乘客不要食品，小孩需要儿童套餐，一些乘客要求特殊的减肥餐以及头等舱的乘客要得到不同于经济舱乘客的食品，或者要求有两种或两种以上的选择。有的航班能达到100%上座率，而同时，另一些航班只有60%的上座率。有时候，航班管理员（gate agent）不得不在是让航班准时起飞还是等待空缺食品的到来之间做出决定。

如果某航空公司给某一航班预定了太多食品，多出来的食品就只能扔掉，尽管罐装的谷类食品可以捐给慈善团体。如果公司不预定足够的食品，即使那些饥饿的乘客得到食品保证，如"嘉宾优惠券"（frequent-flier coupons）或者免费的混合饮料，他们还会被激怒，而且将来可能就不再乘坐这家航空公司的班机了。这一切都给精确预测所需食品的数量带来了很大的困难。

在整个航空行业，食品不足的航班占所有航班的1%。去年，欧洲航空公司食品不足的航班的比例平均为0.6%，而食品过多的比例远程航班中平均为3.5%，以休斯敦为中心的近程航班中则平均为5%。为了确保头等舱乘客对食品选择的满意，西北航空公司将食品与头等舱乘客数量的比例从100%提高到了125%。

"人们期望得到满意的餐饮服务。"欧洲航空公司餐饮服务高级主管琳达·赞恩（Linda Zane）这样说，"好的食品是我们十分看重的。"准确的需求预测是基于成本-效益原则提供良好顾客服务的关键因素。

资料来源：诺曼·盖泽等. 运营管理. 第9版. 北京：人民邮电出版社，2005.

6.1 需求预测

6.1.1 需求预测概述

(1) 预测及其分类

预测（forecast，predict，prophesy）是对未来可能发生的情况的预计与推测。由于商业环境中存在着太多无法准确预测的因素，预测不可能是绝对准确的。即使是十分周密的预测，也可能与未来事实不完全相符，甚至相差很远。然而，对每一个商业组织和每一个重要的管理决策来说，预测都是至关重要的。预测是实施长期计划的基础。在财务和会计等功能性领域中，预测为制定预算计划和成本控制提供了基础。营销部门依靠销售预测来制定新产品计划、销售网点的布设、销售人员的补充等关键决策。生产与运营人员使用预测来制定周期性决策，包括工艺选择、生产负荷计划以及设备布置，也包括关于产品计划、调度和库存等方面的连续性决策活动。因此，但是我们应当在合理的限度内，努力去寻找并运用可能的最佳预测方法。

预测按不同的目标和特征可以分为不同的类型。下面是常用的几种分类方法。

① 按预测时间的长短分类　可分为长期预测、中期预测和短期预测。

长期预测是对5年或5年以上的需求前景的预测。它一般是利用市场调研、技术预测、经济预测、人口统计等方法，加上综合判断来完成的，其结果大多是定性的描述。长期预测是企业长期发展规划、产品研究开发计划、投资计划、生产能力扩充计划的依据。

中期预测是对一个季度以上、2年以下需求前景的预测。它可以通过集体讨论、时间序列法、回归法、经济指数相关法等方法结合判断而做出。它是制订年度生产计划、季度生产计划、销售计划、生产与库存预算、投资和现金预算的依据。

短期预测是以日、周、旬、月为单位对一个季度以下的需求前景的预测。短期预测可以利用趋势外推、指数平滑等方法与判断有机结合来进行。它是调整生产能力、采购、安排生产作业计划等具体生产经营活动的依据。

一般说来，短期预测可以补偿随机波动并对短期变化（如顾客对新产品的响应）进行调整。中期预测模型适用于受季节性因素影响的情况。长期预测模型用于摸索总体趋势走向，在识别主要拐点时特别有用。

② 按基本方法分类　可分为定性（qualitative）预测、时间序列分析、因果联系和模拟模型。

定性预测，因其依据是来源不同的各种主观意见，故又称主观预测法。定性预测是基于估计与评价的，简单明了，不需要数学公式。它包括基层预测（或销售人员意见汇集法）、市场调研、小组共识（或部门主管集体讨论法）、历史类比、德尔菲法等。

时间序列分析（time series analysis）是定量（quantitative）预测中十分重要的一种方法。它是基于这样一种理念：与过去需求相关的历史数据可用于预测未来的需求。这种方法是本章的重点，将在后续章节介绍。

因果联系假定需求与某些内在因素或周围环境的外部因素有关，它试图弄清预测对象的基础和环境系统情况。例如，销售量可能会受到广告、质量和竞争对手的影响，它们直接存在因果关系。我们将用线性回归方法对此加以讨论。

模拟模型允许预测人员对预测的条件做出多种的假设。表6-1列出了上述4种基本的预测方法的各种分类。

表6-1　预测方法和常用模型

方法		介绍
定性方法	基层预测	从分层结构中处于最低层末梢的、直接处理所要预测的对象的人员那里收集信息，把这些信息汇总，得到预测结果。例如，通过汇总每一个销售人员的预测（他们是对这一销售领域最为了解的人），便可得到对总销售额的预测
	市场调研	通过各种不同方法（问卷调查、上门访谈等）收集数据，检验市场假设是否正确。这种方法通常用于长期预测和新产品销售预测
	小组共识	通过会议自由而坦率地交换意见。这种方法的指导思想是群体预测比个人预测要准。会议参加者可以是高级管理人员、销售人员或顾客
	历史类比	将所预测的对象与类似的产品相联系。利用类似产品的历史数据进行预测，这在设计开发新产品时很重要
	德尔菲法	由一组专家分别回答问卷。由组织者汇集调查结果，并形成新的调查问卷，再由该组专家重新回答。由于接受了新的信息，对这组专家而言也是一个学习过程，而且不存在如群体压力或出现某些主导性个体对预测结果产生的影响

续表

方法		介绍
时间序列分析	简单移动平均	对某一包含一些数据点的时间段求平均，即用该时间段所含数据点的个数去除该段内各点数据值之和。这样一来，每一点对平均值都具有相同的影响力
	加权移动平均	个别点的权重可能比其他数据点要高或者低一些，可根据经验而定
	指数平滑	最新数据的权重高于早期数据，此权重因子随着数据的老化依指数下降
	回归分析	将历史记录的数据按数据值随时间的变化拟合为一条直线。最常用的拟合方法是最小二乘法
	鲍克斯・詹金斯(Box Jenkins)	较复杂，但显然是目前最精确的统计方法。它把各种统计模型与数据结合在一起，利用贝叶斯(Bayesian)后验分布将这些模型应用于时间序列分析
	法希斯金(Shiskin)时间序列	也称为 X-11，由人口调查局的朱利叶斯・希斯金(Julius Shiskin)提出。这是一种将时间序列分解为季节性因素、趋势性因素和不规则因素的有效方法。该方法需要至少 3 年的历史数据。该方法对确定公司销售额的拐点问题非常奏效
	趋势外推	使数学方法得出的趋势曲线与数据点相匹配，并将其外推至未来
因果分析	回归分析	与时间序列中的最小二乘法相似，但可以包括多元变量。回归分析的基础是其他事件的发生影响了预测结果
	投入/产出模型	关注每一家企业对其他企业及政府的销售情况，给出由于另一家企业的采购变化导致的某一生存企业预测销量的变化情况
	先行指标	统计那些与所预测的序列呈同方向变动，但其变动发生在所预测的序列变动之前的统计数据；例如，汽油价格的上涨预示着未来大型轿车销量的下降
	计量经济模型	试图用一组相互联系的方程来描述经济中的某些因素
模拟模型		以计算机为基础的动态模拟模型。预测人员可以对模型中的内部变量和外部环境进行假设。根据模型中的变量，预测人员可以询问诸如：如果销售价格上涨 10%，预测结果将如何变化？一次全国性的经济轻微衰退将对预测带来什么影响

另外，表 6-2 比较了其中几种基本的预测模型的优劣。移动平均法与指数平滑法最适合于短期预测，不仅易于使用，而且所需的数据样本比较少。长期预测模型比较复杂，所需的数据样本比较多。至于企业选用哪一种预测模型主要取决于下列因素。

a. 预测的时间跨度　适合的预测方法选择受所预测生产资源的性质影响。工人、现金、库存和设备计划是短期性的，能用移动平均或者指数平滑模型进行预测。诸如工厂生产能力和资本储备等长期生产资源需求需要用回归法、部门主管集体讨论法、市场调研或者其他更适合的方法进行评估。

b. 产品和服务的性质　根据产品和服务性质的不同，管理者对不同的产品应运用不同的预测方法。这类影响预测方法选择的因素有：产品是大批量生产的还是高成本生产的；产品是制造业产品还是服务业产品；产品受季节性影响，还是在成长或者在衰退；产品处于生命周期中的哪一个阶段等。

c. 模型的响应性和抗干扰性要求　人们所期望的预测模型对实际需求数据变化的反应程度，必须根据设定的数据的抗干扰或者意外变化的能力来进行调节。每一个预测模型的脉冲响应和抗干扰能力都是不一样的，同时，模型的选择必须适合预测情况。

d. 相关数据的获取　在选择预测方法时，数据的可获得性和相关性是很重要的因素。例如，如果顾客的态度和偏好在预测中是相关因素，同时顾客的态度和偏好又能通过比较经济的方式得到，那么进行需求估计时，对顾客进行调查就是很适合的方法。另一方面，如果要预测新产品的销售额，那么调查顾客就不可行，可以使用历史类比、市场调查法、部门主管集体讨论法或者其他方法。

e. 预测精度和成本的要求　在选择预测方法时，成本和精确度往往是交替考虑的。换句话说，一般成本高精确度就高。高精确度的方法要使用更多的数据，而数据通常很难得到，这样，模型的设计、完善和运作就更昂贵。有些统计模型，例如历史类比法和部门主管集体讨论法等方法，成本较低或者较为适中。而德尔菲法和市场调研法，成本高，而且花费时间长。每一个企业都必须权衡成本和精确度的利弊以适合自身情况。

f. 合格的预测人员　不同的预测方法对预测人员的要求也有所差异，因此，在选择预测方法时也要考虑预测人员的个人背景。

表 6-2　预测方法的比较

预测方法	时间跨度	需要的历史数据	数据分布	准备时间	预测人员个人背景
简单移动平均	短期	5～10 个观察值	数据应该是稳定的	短	不要求精通
加权移动平均	短期到中期	10～15 个观察值	呈现长期趋势变动	短	对预测方法有所掌握
指数平滑	短期到中期	10～20 个;有季节变动,每季度至少 5 个	呈现长期趋势变动	短	对预测方法有所掌握
综合方法	短期到中期	两对谷峰足够	处理循环和季节变动分布	短到中等	不要求精通
回归分析	短期、中期或长期	每个自变量 10 个观察值	能够处理复杂分布	建模时间长，实施时间短	非常精通

由表 6-2 可见，有很多种预测方法可供选择，但是没有哪一种预测方法适合于各种情况。当就某一给定情况选择一种预测方法时，管理者或分析人员必须充分考虑到经济因素、产品趋势、成长状况、竞争环境等多种可能变量的影响，由此对预测结果加以调整。

对企业产品的实际需求是市场上众多因素作用的结果。其中有些因素是企业可以影响甚至决定的，而有些因素则是企业可以影响但无法控制的。在众多因素中，一般地讲，某产品的需求取决于该产品的市场容量以及该企业所拥有的市场份额，即市场占有率。当然，可能还存在其他一些影响需求的各种因素，例如，广告、营销努力、商业信誉、产品设计、信用政策和产品质量等。这些因素是可以通过企业的努力而实现的。还有一些企业不能控制的需求影响因素，如商业周期、产品生命周期、顾客偏好、竞争者的行为、随机影响等。

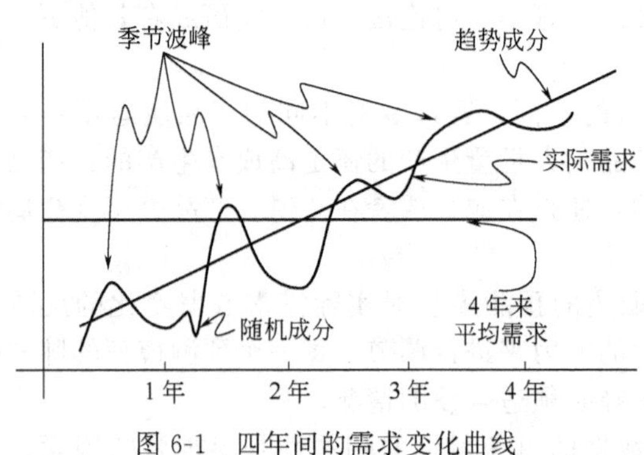

图 6-1　四年间的需求变化曲线

在选择预测方法时，其他要考虑的因素包括历史数据的可获得性、有无计算机可供使用、决策者会不会使用所选的预测方法、需要收集和分析的数据、必要的准备时间以及有没有使用某种预测方法的经验等。

(2) 需求的构成

大多数情况下，对产品或服务的需求可以分解为 5 个组成部分：一段时期内平均需求，趋势，季节性需求，周期性需求和随机偏差。图 6-1 显示了四年间的需求变化情况，并在图上标明了需求变化趋势、季节性需求、周期性需求等因素以及平滑的需求曲线附近的随机干扰（或误差）。

趋势成分是数据随着时间的变化表现出的一种趋向（由于人口、技术等原因）。它按某种规则稳步地上升或下降，或停留在某一水平。季节性需求在一年里按通常的频率围绕趋势作上下有规则的波动（由于天气、顾客等原因）。周期性需求在较长的时间里（一年以上）围绕趋势作有规则的上下波动。周期性因素是很难确定的，因为周期的时间跨度可能未知，或者引起周期性的原因可能没考虑到，对需求的周期性影响可能来自于政治大选、战争、经济条件或社会压力等。因此，这种波动也常被称作经济周期。随机偏差是由很多不可控因素引起的、没有规则的波动。从统计学角度来讲，当需求的所有已知成因（平均值、趋势、季节性因素和周期性因素）都从总需求中扣除后，剩下的就是需求的不可解释的部分。如果人们无法确定这些剩余部分的成因，就假定其为纯随机原因。这些无法解释的部分通常被称为预测中的误差或白噪声。

(3) 需求预测的步骤

需求预测的一般步骤如下所述。

① 明确预测目的。预测的目的是什么？何时进行预测？预测的对象又如何？通过明确预测目的，可以确定所需信息资料的详尽程度、必要资源（人力、时间、成本）的数量以及预测的精确度。

② 确定时间跨度。必须确定预测时间间隔；同时应清楚，当时间跨度增大时，预测的精确度降低。

③ 选择预测方法。根据预测目的和可获得的信息资料选择恰当的预测方法。

④ 收集并分析相关的数据。在开始进行预测之前必须收集并分析数据，明确所有的假设前提。在做出预测以及应用预测结果时应能满足这些前提条件。

⑤ 进行预测。根据预测方法的要求，对信息资料或数据进行处理分析，获得预测结果。

⑥ 对预测过程进行监控。必须对预测的全过程进行监控，以便确定预测是否像预期的那样进行。如果偏离了预期，要重新检查所用的方法、提出的前提条件以及数据的合理性。如认为必要，做出适当的调整后再行预测。

⑦ 将预测结果付诸实际应用。

这些步骤总结了从开始、设计到应用预测的各个环节。如果是定期进行预测，数据应定期收集。如果是做实时预测，还必须依靠相应的硬件和软件，如零售终端的 POS 系统和数据挖掘技术等。

6.1.2　预测中的定性方法

(1) 销售人员意见汇集法

销售人员意见汇集法是通过对企业销售力量中的成员定期对未来需求做出的估计进行汇编而得出预测结果。销售人员是企业分层结构中处于最低层末梢的、直接处理所要预测的对象的基层人员，他们掌握了关于未来需求的最有效信息。因此，该方法具有以下一些好处。

① 销售人员最可能知晓在最近一段时间客户将会购买哪种产品或服务，以及购买的数量是多少。

② 销售范围通常是根据行政区划或区域来划分的。按照这种方式进行分解的信息对于实现库存管理、分销以及销售力量人员分配等目的非常有用。

③ 每单个销售人员的预测可以很容易地被合在一起，形成地区性的或者国家性的销售预测。

④ 由于取样较多，预测结构较具稳定性。

⑤ 由于销售人员的意见受到重视，增加了其销售信心。

但是这种方法也有一些缺点。

① 销售人员个人的偏见可能会影响预测，如一些人生性乐观，而另一些却更加谨慎。

② 销售人员并非总能发现消费者“想要”（一系列愿望）和真正“需要”（必须购买）之间的差别。

③ 如果企业用个人销售量作为绩效评价指标，销售人员就倾向于低估需求预测，这样当他们超额完成自己的预测值时，绩效就会显得相当不错；或者他们可能只在完成要求的最低销

售额之前努力工作，但绩效看起来也不差。

④ 当预测涉及紧俏商品时，预测值容易被高估。

(2) 部门主管集体讨论法

对于新的产品或服务进行预测的时候，销售人员可能就无法做出准确的需求估计了。部门主管集体讨论法可通过把一个或多个管理者的观点、经验和技术知识进行总结，得出一个预测结果。该方法可用于考虑一些新的销售促销或者意外的国际事件之类的例外情况，从而对已有的销售预测进行调整，还可用于技术预测。

该方法简单易行，可快速获得预测结果，而且汇集了各主管的经验和判断，不需要准备和统计历史资料。不过，这种预测方法有一些缺点。由于占用了管理者的宝贵时间，该方法代价很高。尽管该方法可能在某些情况下可以得到保证，但有时却变得失控，与会人员间容易相互影响。另外，如果管理者被允许不经过全体的同意就能对预测进行修正，这样得出的预测结果是没有用的。而且，因为预测是集体讨论的结果，故无人对其正确性负责。

有效使用部门主管集体讨论法的关键是确保预测反映的不是一系列的各自独立的调整，而应该是由管理者一致同意的唯一一个预测结果。

(3) 市场调研法

市场调研是通过收集数据进行调查来提出假说并进行检验，进而确定客户对产品或服务的兴趣的一种系统性方法。进行市场调研包括以下内容。

① 设计问卷从被访者那里获得所需的经济和人口信息，并且询问被访者是否对产品或服务感兴趣。

② 决定如何实施这项调查，是采用电话调查、邮寄调查还是采用人员访问调查。

③ 选择一个具有代表性的家庭样本，该样本通过在目标产品或服务的市场范围内随机抽取获得。

④ 用判断和统计工具对信息进行分析以了解被调查者的反应，确定它们的满足程度，考虑问卷中不包含的经济或竞争性因素，以及分析该调查是否代表了潜在市场的随机样本。

市场调研法可以被用于短期、中期以及长期的需求预测。短期预测准确度非常高，中期预测也不错，长期预测的准确度还可以。预测来源于顾客期望，该方法能较好地反映市场需求情况，也有利于改进产品，有针对性地开展促销活动，特别适用于对新产品或缺乏销售记录的情况。虽然市场调研法可以得到重要的信息，但它的第一个缺点就是结果中一般包含大量的限制条件和障碍；第二个缺点是通常邮寄问卷得到答复的比率非常低（30%就已经很高了），很难获得顾客的通力合作；第三个缺点就是调查的结果可能并没有反映市场的看法，顾客所说不一定符合顾客最终实际所做，因为顾客的期望值不断变化；第四个缺点是由于顾客的参考点通常十分有限，因而这种调查可能只会产生模仿性而不是创新性的理念。

(4) 德尔菲法

德尔菲法（Delphi method）是一种让一组专家在匿名的情况下达成对问题的共识的过程。在没有历史数据帮助形成统计模型以及企业内部关的经验进行推断性预测时，这种预测方法就能派上用场。该方法的本质是利用专家的知识、经验、智慧等带有很大模糊性的无法量化的信息，通过通信的方式进行信息交换，逐步地取得一致的意见，达到预测的目的。该方法包括领导小组挑选专家和制定调查表、迭代函询调查和形成最终预测意见三个阶段。在运用德尔菲法时，应遵循匿名性，反馈性，收敛性三个原则。这样，一方面可以避免了专家会议的弊端，另一方面又保证了能够获得一致的预测结果。

德尔菲法可以用于生成产品需求长期预测和新产品销售预测，该方法还可以用于技术预测。德尔菲法可以用于获得一组专家的一致意见，这些专家都致力于追踪先进的科技、社会的变化、政府的法律法规以及竞争环境。讨论的结果可以为企业的研发人员指明方向。

6.1.3 预测中的定量方法

定量预测模型是基于历史数据的数学模型。这些模型假定过去的数据和未来有关，而且，一些相关数据通常都能找到。这里我们讨论几种定量模型以及预测监控。

(1) 时间序列分析

所谓时间序列（time series）是按一定的时间间隔，把某种变量的数值依发生的先后顺序排列起来的序列。时间序列分析是一种以时间为独立变量，利用过去需求随时间变化的关系来预测未来的需求的一种方法。时间序列分析常用的两个模型是时间序列平滑模型和时间序列分解模型。时间序列平滑模型又包括朴素法、移动平均法（简单移动平均、加权移动平均）和指数平滑法（一次指数平滑、二次指数平滑）等。其中，朴素法是一次指数平滑法的特例。

① 朴素法（naive method） 朴素法是假定下一期的需求与最近一期的需求相同。这种方法虽然简单，但是它在实际中常常用到，是效益费用比最高的预测模型。该模型也是讨论下述复杂模型的出发点。

② 移动平均法（simple moving average） 移动平均法是一种用于预测下一时期需求的短期时间序列预测模型，它用一组最近的实际数据值来进行预测，包括简单移动平均法（simple moving average）和加权移动平均法（weighted moving average）。这两种方法的思路非常简单，其公式分别为式(6-1) 和式(6-2)。

$$SMA_{t+1}=\sum_{i=t+1-n}^{t}A_i/n=[A_{t+1-n}+A_{(t+1-n)+1}+A_{(t+1-n)+2}+\cdots+A_t]/n \tag{6-1}$$

$$WMA_{t+1}=\sum_{i=t+1-n}^{t}\alpha_{i-t+n}A_i/n=[\alpha_1A_{t+1-n}+\alpha_2A_{(t+1-n)+1}+\alpha_3A_{(t+1-n)+2}+\cdots+\alpha_nA_t]/n \tag{6-2}$$

由上两式可见，简单移动平均法对数据不分远近，同样对待。简单移动平均法预测值与所选的时段长 n 有关。n 越大，对干扰的敏感性越低，预测的稳定性越好，响应性则越差。有时最近的趋势反映了需求的趋势，此时用加权移动平均法更合适。当存在可察觉的趋势时，可以用权数来强调最近数据。若对最近的数据赋予较大的权重，则预测数据与实际数据的差别较简单移动平均法要小。加权移动平均法更能反映近期的变化，因为更接近当前的数据可以被赋予更大的权数。近期数据的权数越大，则预测的响应性就越好，但稳定性越差；反之则预测的稳定性越好，但响应性越差。不过，权数的选择带有一定主观性，没有权数选择的既定公式。

移动平均法在为使预测保持稳定而平衡掉需求的突然波动方面是有效的，但有3个问题。

a. 加大 n 数会使平滑波动效果（稳定性）更好，但会使预测值对数据实际变动（响应性）更不敏感。

b. 移动平均值并不能总是很好地反映出需求的趋势。由于是平均值，预测值总是停留在过去的水平上而无法预计会导致将来更高或更低水平的波动。

c. 移动平均法需要大量历史数据。

例6-1 某公司产品的逐月销售量记录如表6-3所示。取 $n=3$，试用移动平均法进行预测。已知第12月的实际销量为29，试对这两种方法进行比较。

表6-3 某公司产品的逐月销售量记录

月份	1	2	3	4	5	6	7	8	9	10	11
实际销量/百台	20	21	23	24	25	27	26	25	26	28	27

解： 根据式(6-1)，用简单移动平均法的求解过程如图6-2所示。

根据式(6-2)，用加权移动平均法的求解过程如图6-3所示。

月份	实际销量 / 百台	预测销量 (n=3)
1	20.00	
2	21.00	$SMA_4=(A_1+A_2+A_3)/3=21.33$
3	23.00	
4	24.00	21.33
5	25.00	22.67
6	27.00	24.00
7	26.00	25.33
8	25.00	26.00
9	26.00	26.00
10	28.00	25.67
11	27.00	26.33
12	29.00	27.00

图 6-2　简单移动平均法求解示例

月份	实际销量 / 百台	预测销量 / 百台 (n=3)
1	20.00	$\alpha_1=0.5,\alpha_2=1.0,\alpha_3=1.5$
2	21.00	$WMA_4=(0.5A_1+A_2+1.5A_3)/3=21.83$
3	23.00	
4	24.00	21.83
5	25.00	23.17
6	27.00	24.33
7	26.00	25.83
8	25.00	26.17
9	26.00	25.67
10	28.00	25.67
11	27.00	26.83
12	29.00	27.17

图 6-3　加权移动平均法求解示例

根据上述结果，可对简单移动平均（SMA）和加权移动平均（WMA）的预测结果进行比较，如图 6-4 所示。由图可见，在选取合适权数的条件下，加权移动平均的预测结果比简单移动平均的滞后性要小，也即响应性要好。

③ 指数平滑法　指数平滑法也是一种用于预测下一时期需求的短期时间序列预测模型。这种模型中，上一期的预测销售额被上一期的预测误差修正，对上一期预测值的修正成为下一期的预测。

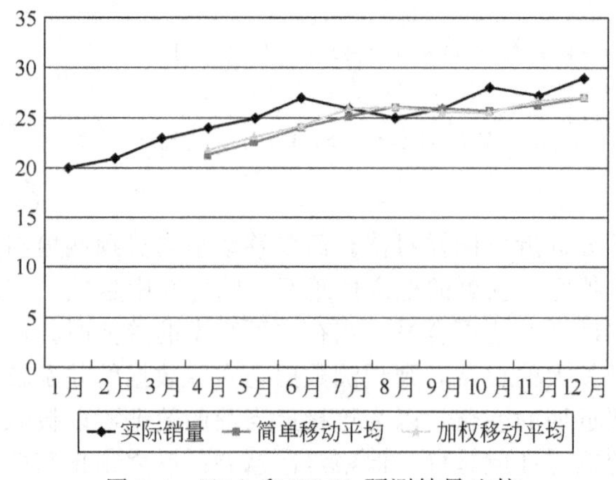

图 6-4　SMA 和 WMA 预测结果比较

通过指数平滑，可以对过去某些期的实际数据进行平滑，从而获得更好的预测结果。常用指数平滑法包括一次指数平滑法（single exponential smoothing）和二次指数平滑法（double exponential smoothing）。

a. 一次指数平滑法　一次指数平滑法是另一种形式（比较复杂）的加权移动平均法。加权移动平均法只考虑最近的 n 个实际数据，指数平滑法则考虑所有的历史数据，只不过近期实际数据的权重大，而远期实际数据的权重小。但是，在实际应用中，一次指数平滑法只需要很少的历史数据。

一次指数平滑法的预测公式为：

$$新的预测=上期预测+\alpha(上期实际需求-上期预测值) \quad (6\text{-}3)$$

即下一期的预测是对上一期预测偏差的调整。

为便于分析计算，对预测公式(6-3) 处理如下：

$$SF_{t+1}=SF_t+\alpha(A_t-SF_t)=\alpha A_t+(1-\alpha)SF_t \quad (6\text{-}4)$$

式中　SF_{t+1}——新一期的预测值；

SF_t——上一期的预测值；

A_t——上一期的实际值；

α——平滑系数（$0\leqslant\alpha\leqslant1$）。

而且，$SF_{t+1}=\alpha A_t+(1-\alpha)SF_t$

$$=\alpha A_t+\alpha(1-\alpha)A_{t-1}+\alpha(1-\alpha)^2A_{t-2}+\cdots+\alpha(1-\alpha)^{t-1}A_1+(1-\alpha)^tSF_1$$

可见，第 $t+1$ 期的预测值等于前 t 期实测值的指数形式的加权和；且随着实测值年龄的增大，其权数以指数形式递减。

讨论两种极端情况：

Ⅰ. $\alpha=0$

$$SF_{t+1}=SF_1=A_1$$

即对近期的数据都加上 0 权数，只考虑最历史的数据。

Ⅱ. $\alpha=1$

$$SF_{t+1}=\alpha A_t=A_t$$

即对所有历史数据都加上 0 权数，只考虑最近期的数据（朴素法）。

例 6-2　某公司产品的逐月销售量记录如表 6-4 所示。假设第一月的预测值为 11，分别取 $\alpha=0.4$ 和 $\alpha=0.7$，试用一次指数平滑法进行预测，并进行比较。

表 6-4　某公司产品的逐月销售量记录

月份	1	2	3	4	5	6	7	8	9	10	11	12
实际销量/百台	10	12	13	16	19	23	26	30	28	18	16	14

解：根据式(6-4)，当 $\alpha=0.4$ 时，

$$SF_2=\alpha A_1+(1-\alpha)SF_1=0.4A_1+(1-0.4)SF_1=0.4\times10+(1-0.4)\times11=10.6$$

当 $\alpha=0.7$ 时，

$$SF_2=\alpha A_1+(1-\alpha)SF_1=0.7A_1+(1-0.7)SF_1=0.7\times10+(1-0.7)\times11=10.3$$

依此类推，可分别计算出各期的预测值，写入表 6-5 中。

表 6-5　某公司产品的逐月销售量记录及预测值

月　份	实际销量(A_i)/百台	预测销量(SF_i)($\alpha=0.4$)	预测销量(SF_i)($\alpha=0.7$)
1	10.00	11.00	11.00
2	12.00	10.60	10.30
3	13.00	11.16	11.49
4	16.00	11.90	12.55
5	19.00	13.54	14.97
6	23.00	15.72	17.79
7	26.00	18.63	21.44
8	30.00	21.58	24.63
9	28.00	24.95	28.39
10	18.00	26.17	28.12
11	16.00	22.90	21.04
12	14.00	20.14	17.51

$\alpha=0.4$ 和 $\alpha=0.7$ 时的预测值比较见图 6-5 所示。

可见，用一次指数平滑法进行预测时，预测值可以描述实际值的变化形态与趋势，但预测值总是滞后于实际值：

当实际值呈上升趋势时，预测值总是低于实际值；

当实际值呈下降趋势时，预测值总是高于实际值。

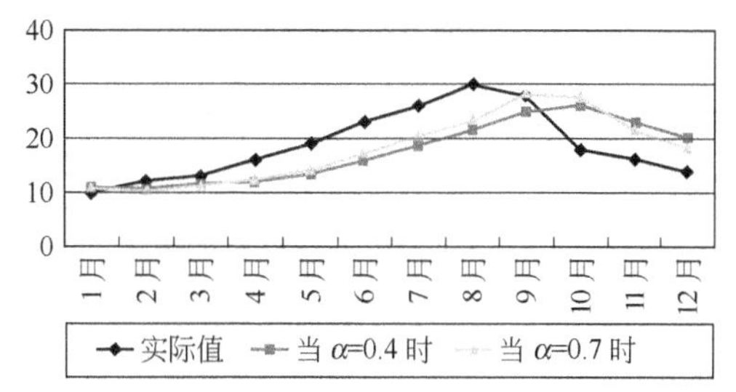

图 6-5　$\alpha=0.4$ 和 $\alpha=0.7$ 时的预测值

比较不同的平滑系数对预测的影响，当出现趋势时，取较大的 α 得到的预测值与实际值比较接近（即预测精度较高）。预测值依赖于平

滑系数 α 的选择。一般而言：α 较小则预测稳定性较好，α 较大则响应性较好。

b. 二次指数平滑法　如前所述，在有趋势的情况下，用一次指数平滑法预测会出现滞后现象。面对有上升或下降趋势的需求序列时，可采用二次指数平滑法进行预测以获得更好的预测结果。二次指数平滑法也叫趋势调整指数平滑法，因为该方法先用一次指数平滑法进行预测（得到基数预测值），然后用趋势滞后值（正或负）进行调整，即：

$$\text{最终预测值}(DF_t)=\text{基数预测值}(SF_t)+\text{趋势校正}(T_t) \tag{6-5}$$

式中　SF_t——第 t 期的一次指数平滑法预测值。

$$SF_t=\alpha A_{t-1}+(1-\alpha)SF_{t-1} \quad (SF_0\text{ 事先给定}) \tag{6-6}$$

$$T_t=\beta(SF_t-SF_{t-1})+(1-\beta)T_{t-1} \quad (\beta\text{ 为趋势平滑系数}, T_0\text{ 事先给定}) \tag{6-7}$$

二次指数平滑法预测的基本步骤为：

步骤 1：计算第 t 期的一次指数平滑预测值 SF_t；

步骤 2：用 $T_t=\beta(SF_t-SF_{t-1})+(1-\beta)T_{t-1}$ 计算趋势；

步骤 3：计算趋势调整后的二次指数平滑预测值 DF_t，$DF_t=SF_t+T_t$。

例 6-3　某公司产品的逐月销售量记录如表 6-6 所示。假设 1 月份的预测值为 11，$T_0=0$，分别取 $\alpha=0.2$ 和 $\beta=0.4$，试用二次指数平滑法对 9 月份的销售量进行预测。

表 6-6　某公司产品的逐月销售量记录

月份	1	2	3	4	5	6	7	8
实际销量/百台	10	12	13	16	19	23	26	30

解：由公式(6-5)～公式(6-7)，

$$SF_2=\alpha A_1+(1-\alpha)SF_1=0.2A_1+(1-0.2)SF_1=0.2\times12+(1-0.2)\times11=11.2$$

$$T_2=\beta(SF_2-SF_1)+(1-\beta)T_1=0.4(11.2-11)+0=0.08$$

$$DF_2=SF_2+T_2=11.2+0.08=11.28$$

依此类推，可分别计算出各期的预测值，写入表 6-7 中。

表 6-7　某公司产品的逐月销售量记录及预测值

月　份	实际需求	一次预测 SF_t	趋势 T_t	二次预测 DF_t
1	12	11	0.0	—
2	17	11.20	0.08	11.28
3	20	12.36	0.51	12.87
4	19	13.89	0.92	14.81
5	24	14.91	0.96	15.87
6	26	16.73	1.30	18.03
7	31	18.58	1.52	20.10
8	32	21.07	1.91	22.98
9	36	23.25	2.02	25.27

图 6-6 为一次和二次指数平滑预测值与实际需求值的比较。

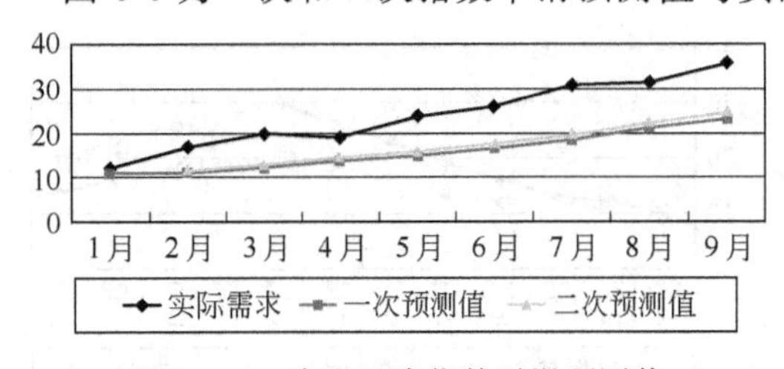

图 6-6　一次和二次指数平滑预测值与实际需求值的比较

二次指数平滑预测的结果比一次指数平滑预测的结果在有趋势存在的情况下，与实际值更为接近，且滞后要小。而且，二次指数平滑预测的结果与 α 和 β 的取值有关。α 和 β 越大，则预测的响应性越好；反之则稳定性越好。实际上，趋势平滑系数 β 的取值与 α 类似，更大的 β 取值表明更强调趋势的最近变化；小的 β 取值则给予最近的趋势变动更小的权重，从而倾向于将当前的趋势平滑掉。总之，α 影响二次预测的基数，β 影响预测值的上升或下降的速度。

④ 时间序列分解模型　时间序列是按时间顺序排列的数列，它包含一个或多个需求的影响因素：趋势、季节性、周期性、自相关性和随机性。时间序列的分解意味着对时间序列数据识别并分解为以上 5 个因素。常用的时间序列分解模型包括乘法模型和加法模型。顾名思义，应用时间序列分解模型得到的预测值应分别等于时间序列中的趋势成分、季节成分、周期成分和随机成分的相乘或相加结果。实际中，识别趋势（即使不进行数学分析也很容易画出散点图并找出运动方向）和季节性因素（通过历年相同时期的比较）相对容易一些，但要确定周期（也许几个月，也许几年）、自相关和随机因素却相当困难，预测人员一般把所有不能识别为上述因素的其他因素统称为随机因素。

几种可能的时间序列类型包括无趋势、无季节波动时间序列，无趋势、有季节波动时间序列，有线性趋势、相等的季节波动时间序列，有线性趋势、放大的季节波动时间序列，非线性趋势、相等的季节波动时间序列，非线性趋势、放大的季节波动时间序列等。为说明问题，我们主要讨论有线性趋势、相等的季节波动时间序列的线性季节模型。线性季节模型是线性变化趋势与季节性变化趋势共同作用的结果。若采用加法模型，则

$$包括趋势性和季节性的预测=趋势+季节变动量 \tag{6-8}$$

在相加式季节变动中，其假设为：无论趋势效应或平均值如何变化，季节变动量恒为常数。

若采用乘法模型，则

$$包括趋势性和季节性的预测=趋势\times季节因子 \tag{6-9}$$

相乘式季节变动是季节变动的通常形式。这表明外推基量越大，则可以预计，围绕其变动的变量也越大。其中，季节因子是指时间序列中随各季节变化所做的调整系数。

例 6-4　某快餐店过去三年快餐销售记录如表 6-8 所示，试预测未来一年该快餐店的夏秋冬春各季的销售量。

表 6-8　某快餐店过去三年快餐销售记录

季　度	季度序号 t	销售量 A_t/份	季　度	季度序号 t	销售量 A_t/份
夏	1	11800	冬	7	9213
秋	2	10404	春	8	11286
冬	3	8925	夏	9	13350
春	4	10600	秋	10	11270
夏	5	12285	冬	11	10266
秋	6	11009	春	12	12138

解：第一步：求趋势直线方程 $y=a+bt$

y 为趋势预测值，t 为季节序号，a、b 为常数。

可用作图法或最小二乘法求出 a、b。这里采用作图法，作散点图（如图 6-7 所示），通过简单的目视，穿过数据点引出一条拟合直线（各数据点均匀地分布在该直线的两侧）。该直线方程为：

$$T(t)=10000+167t$$

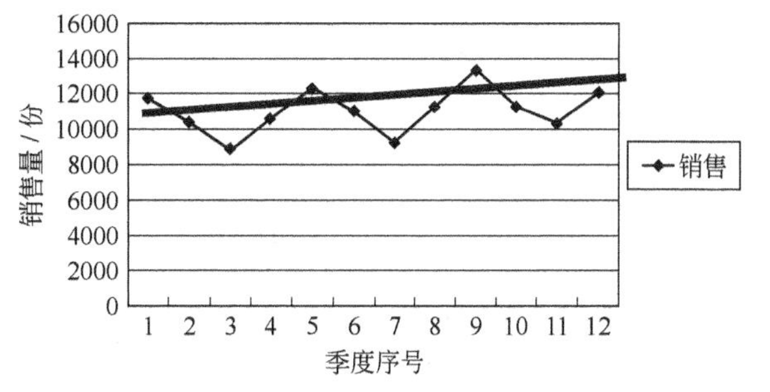

图 6-7　季度需求历史数据散点图

第二步：计算季节因子 SI。

季节因子为各周期内相应实际值与趋势值的比值的平均值。先求出每季度

的实际值 A_i 与趋势值 T_i 的比值。例如，对于第一季度：

$$A_1/T_1=11800/(10000+167\times1)=11800/10167=1.16$$

其余的比值经计算列入表 6-9。

表 6-9 A_i/T_i 的计算值

t	1	2	3	4	5	6	7	8	9	10	11	12
A_i/T_i	1.16	1.01	0.85	0.99	1.13	1.00	0.82	1.00	1.16	0.95	0.87	1.01

这样，SI(夏)＝(1.16＋1.13＋1.16)/3＝1.15；SI(秋)＝1.00；SI(冬)＝0.85；SI(春)＝1.00

第三步：计算预测值。预测值＝趋势预测值×季节因子

未来一年的夏秋冬春各季对应的 t 值分别为 13，14，15，16，预测销售量分别为：

夏季：(10000＋167×13)×1.15＝13997（份）

秋季：(10000＋167×14)×1.00＝12338（份）

冬季：(10000＋167×15)×0.85＝10629（份）

春季：(10000＋167×16)×1.00＝12672（份）

(2) 线性回归分析

回归可定义为两个或两个以上相关变量之间的函数关系。它根据一个已知变量去预测另一个或多个变量，这种函数关系通常从观测数据中找出。在简单回归中，只有一个自变量。在多重回归中有一个以上的自变量。如果历史数据是时间序列的，自变量就是时期，销售预测中的因变量就是销售额。一个回归模型并不是必须基于时间序列；还有这种情形，将因变量未来值的情况用于预测自变量未来的值。因果关系预测就是回归模型常用的领域。

线性回归普遍用于长期预测，它对主要事件和综合计划的长期预测很有用。例如，它对于预测产品簇的需求情况非常有用。即使同一簇产品的单个产品在一段时间内的需求量变化较大，整个产品簇的需求量却相当平稳。但是，如果仔细选择了历史数据中的数字，而且这系列数据只设计了未来较短的时间，那么线性回归也可以用于短期预测。

在进行线性回归分析前，首先应作出数据散点图，观察数据是否呈线性或至少部分呈线性。线性回归是指变量呈直线关系的一种特殊回归形式。

简单线性回归方程为 $y_T=a+bx$，其中 y_T 是我们要求解的因变量，a 为 y_T 轴截距，b 为斜率，x 是自变量，y_T 为预测值。这里，我们介绍用最小二乘法来进行简单线性回归分析。最小二乘法的思路是使计算值和实际值偏差的平方和最小，也即使偏导为零，得到回归直线的参数值。参数 a 和 b 的计算公式为：

$$b=\frac{n\sum xy-\sum x\sum y}{n\sum x^2-(\sum x)^2}=\frac{\sum xy-n\bar{x}\bar{y}}{\sum x^2-n\bar{x}^2} \tag{6-10}$$

$$a=\frac{\sum y-b\sum x}{n}=\bar{y}-b\bar{x} \tag{6-11}$$

偏差的衡量指标有很多，这里重点介绍两个：相关系数 r 和标准差 s_{yx}。其中：

$$r=\frac{n\sum xy-\sum x\sum y}{\sqrt{[n\sum x^2-(\sum x)^2][n\sum y^2-(\sum y)^2]}} \tag{6-12}$$

$$s_{yx}=\sqrt{\frac{\sum(y-y_T)^2}{n-2}} \tag{6-13}$$

r 表示自变量与因变量之间的因果程度，$0\leqslant|r|\leqslant1$，r 越接近 1，相关性越强。s_{yx} 则表示回归预测值的精确程度。

例 6-5 某公司近年来的广告投入与产品销售额数据见表 6-10，试求出这些数据的回归直

线；2003年公司计划投入广告费1千万元，试预测该年度的销售额。

表6-10 公司近年来的广告投入与产品销售额数

年份	1990	1992	1995	1998	2000	2001	2002
广告投入/百万元	1.0	2.0	3.0	4.0	5.0	6.0	7.0
销售额/百万元	74	79	80	90	105	142	122

解：以广告费为自变量，销售额为因变量求回归直线：

年 度	广告费 x/百万元	销售额 y/百万元	x^2	xy
1990	1.0	74.0	1.0	74.0
1992	2.0	79.0	4.0	158.0
1995	3.0	80.0	9.0	240.0
1998	4.0	90.0	16.0	360.0
2000	5.0	105.0	25.0	525.0
2001	6.0	142.0	36.0	852.0
2002	7.0	122.0	49.0	854.0
	$\sum x=28.0$	$\sum y=692.0$	$\sum x^2=140.0$	$\sum xy=3063.0$

$$\bar{x}=\frac{\sum x}{n}=\frac{28.0}{7}=4.0$$

$$\bar{y}=\frac{\sum y}{n}=\frac{692.0}{7}=98.86$$

$$b=\frac{\sum xy-n\overline{xy}}{\sum x^2-n\bar{x}^2}=\frac{3063-7\times4.0\times98.86}{140.0-7\times4.0^2}=10.54$$

$$a=\bar{y}-b\bar{x}=98.86-10.54\times4.0=56.70$$

则回归直线为：$y=56.70+10.54x$

2003年的销售额预测：

$$y_{2003}=56.70+10.54\times10.0=162.1\text{（百万元）}$$

（3）预测监控

误差总是存在的，预测也不例外。预测误差是指预测值与实际值之间的差异，即实际值减去预测值。误差有正负之分，当预测值大于实际值时，误差为负；反之为正。预测模型最好是无偏模型，即应用该模型时，正、负误差出现的概率大致相等。另外，平均误差是评价预测精度的重要指标，也是判断预测模型能否继续使用的重要标准之一，还可用于预测模型优劣比较。

常用预测误差衡量指标包括平均绝对偏差（mean absolute deviation，MAD）、平均平方误差（mean square error，MSE）、平均预测误差（mean forecast error，MFE）、平均绝对百分误差（mean absolute percentage error，MAPE）

① 平均绝对偏差（MAD） 平均绝对偏差指整个预测期内每一次预测值与实际值的绝对偏差的平均值，即：

$$\text{MAD}=\frac{\sum_{t=1}^{n}|A_t-F_t|}{n} \tag{6-14}$$

式中 A_t——表示时段 t 的实际值；

F_t——表示时段 t 的预测值；

n——整个预测期内的时段个数（即预测次数）。

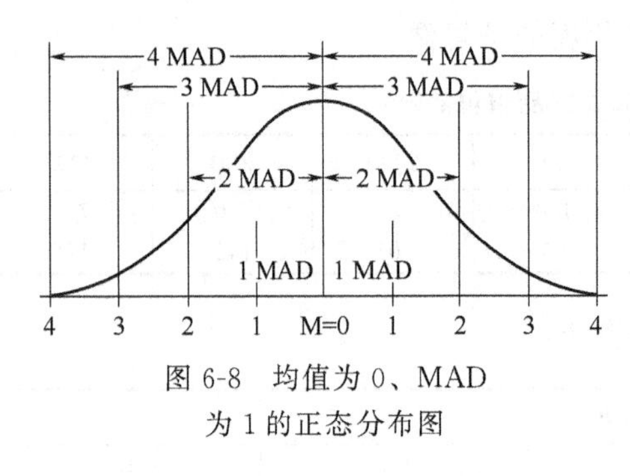

图 6-8 均值为 0、MAD 为 1 的正态分布图

MAD 能较好地反映预测的精度，但不能衡量无偏性。

当预测误差呈正态分布时（通常如此），则平均绝对偏差与标准偏差的关系如下：

$$1\text{倍标准偏差}=\frac{\sqrt{\pi}}{2}\text{MAD}，\text{或大约为 MAD 的 1.25 倍}$$

在通常的统计行为中，如果控制限设为正负 3 个单位的标准差（或±3.75MAD），则 99.7%的点将落在控制限之内，如图 6-8 所示。

② 平均平方误差（MSE） MSE 指对误差的平方和取平均值，即：

$$\text{MSE}=\frac{\sum_{t=1}^{n}(A_t-F_t)^2}{n} \tag{6-15}$$

MSE 与 MAD 类似，能较好地反映预测精度，但不能衡量无偏性。

③ 平均预测误差（MFE） MFE 指预测误差和的平均值，即：

$$\text{MFE}=\frac{\sum_{t=1}^{n}(A_t-F_t)}{n} \tag{6-16}$$

上式中的分子称为“预测误差滚动和”（RSFE）。显然，如果预测模型是无偏的，则 RSFE 应接近于 0，亦即 MFE 应接近于 0。

MFE 能够很好地衡量无偏性，但不能反映预测值偏离实际值的程度。

④ 平均绝对百分误差（MAPE）

$$\text{MAPE}=\left(\frac{100}{n}\right)\sum_{t=1}^{n}\left|\frac{A_t-F_t}{A_t}\right| \tag{6-17}$$

由上可见，任何一种指标都很难全面地评价一个预测模型，在实际应用中常将它们结合起来使用。

在实际中，我们需要通过预测监控来检验过去起作用的预测模型是否仍然有效。检验预测模型是否有效的一个简单方法是将最近的实际值与预测值进行比较，看偏差是否在可接受的范围内；另一种方法是应用跟踪信号（tracking signal，TS）。只有当 TS 在一定范围内时才表示该预测模型仍然有效。大批量存货采用±4MAD，对小批量存货采用±8MAD。一个 MAD 近似于 0.8 个标准差。

所谓跟踪信号，是指预测误差滚动和与平均绝对偏差的比值，即：

$$\text{TS}=\frac{\text{RSFE}}{\text{MAD}}=\frac{\sum_{t=1}^{n}(A_t-F_t)}{\text{MAD}} \tag{6-18}$$

6.1.4 计算机仿真预测模型

(1) 聚焦预测

聚焦预测由美国硬件供应公司（american hardware supply）的伯纳德·史密斯首创。这一方法是以两项原则为基础的：①并非总是越复杂、越昂贵的预测方法其预测效果就越好；②没有迹象表明有哪种预测技术应该应用于各种产品与服务的预测。

以美国硬件供应公司的预测系统为例，该公司需要处理客户购买的 10 万种产品的销售量的预测，这些客户无意使用旧的指数平滑模型预计他们的购买量，因为他们不懂或者不信任这个模型。恰恰相反，他们使用非常简单的方法，比如使用一种商品前一时期的需求曲线。史密斯先生选取了7种预测模型，其中包括客户使用的简单模型、旧的指数平滑模型和一些新的统计预测模型。每个月都要使用其中的每一种模型对每一商品需求进行预测。预测一种商品结果最好的那个模型将被选中，并在下个月中用以预测该种商品的需求。尽管客户有可能并没有对焦点预测方法中的预测有所关注，但是，这种方法据说还是给美国硬件供应公司提供了高质量的预测。

(2) 神经网络预测模型

神经网络是一种新兴的、不断发展的预测技术。不同于其他普通预测方法，如时间序列分析法和回归分析，神经网络可模仿人类的学习方法。因此，通过大量重复使用，神经网络可以分析出预测模型输入和输出之间的复杂关系。例如，在服务型企业中，这些输入的因子可能包括历史销售量、天气状况、每天的时间段、每周和每月的某天。输出可能是在给定时间段中可能到来的顾客数。除此之外，神经网络比传统的预测方法要快。例如，南方公司是一家向南方输送电力的公司，目前他们用神经网络来预测短期内，如7～10天的电力需求。以前，他们用传统方法只能预测中期内，如3个月的电力需求。

(3) 计算机在预测中的作用

市场上可以买到各种预测软件，有为图书馆主机系统准备的软件，也有大型软件包的“捆绑”软件，还可以是软件公司专用领域中使用的软件。这些软件有的是为个人计算机准备的。

要想使用这些软件，不必要求你是统计预测方法的专家。现在的大部分软件都易于理解、界面友好。实际上，任何人只要有电子表格的工作经验，都可以在个人计算机上做预测。这些电子表格有Lotusl-2-3，Quattro Pro、SuperCalc和Excel等。除此以外，有名的预测软件包括Forecast Pro、SmartForecast、Solo Statistical Software、Autocast Ⅱ、SAS、SPSS、STORM、QSB等。

6.2 本章小结

预测是对未来可能发生的情况的预计与推测。按预测时间的长短分类，可分为长期预测、中期预测和短期预测。按基本方法分类，可分为定性预测、时间序列分析、因果联系和模拟模型。

对产品或服务的需求可以分解为5个组成部分：一段时期内平均需求，趋势，季节性需求，周期性需求和随机偏差。

需求预测的一般步骤包括明确预测目的、确定时间跨度、选择预测方法、收集并分析相关的数据、进行预测、对预测过程进行监控以及将预测结果付诸实际应用。

预测中的定性方法包括销售人员意见汇集法、部门主管集体讨论法、市场调研法、德尔菲法等。

时间序列是按一定的时间间隔，把某种变量的数值依发生的先后顺序排列起来的序列，它是一种以时间为独立变量，利用过去需求随时间变化的关系来预测未来需求的一种方法。时间序列分析常用的两个模型是时间序列平滑模型和时间序列分解模型。时间序列平滑模型又包括朴素法、移动平均法（简单移动平均、加权移动平均）和指数平滑法（一次指数平滑、二次指数平滑）等。常用的时间序列分解模型包括乘法模型和加法模型。

常用预测误差衡量指标包括平均绝对偏差、平均平方误差、平均预测误差、平均绝对百分误差。检验预测模型是否有效的一个简单方法是将最近的实际值与预测值进行比较，看偏差是否在可接受的范围内；另一种方法是应用跟踪信号。

习　题

1. 什么是预测？

2. 说出并描述如今企业中运用的三种定性预测方法。哪一种定性预测方法适用于新产品？

3. 描述线性回归分析的主要步骤。

4. 线性回归分析基于自变量的定义和这些变量历史数据的收集。说出预测以下因变量的一些自变量：①医院服务需求量；②进入商学院的学生数；③当地汉堡快餐销售额；④县治安部门的服务。

5. 说出需求构成的组成部分。

6. 移动平均法和指数平均法最大的优点是什么？缺点呢？

7. 什么是平均绝对偏差？怎样计算？用途是什么？

8. 什么是跟踪信号？怎样计算？用途是什么？

9. 针对以下情况你会选择哪种预测模型？①浴衣的需求；②新房屋的需求；③电力使用情况；④新工厂扩建计划。

10. 举出几种你可能用以管理对某企业产品的需求的简单规则（比如“限制手中的存货”）。超市，航空公司，医院，银行以及谷物食品生产商等各自采取何种策略以影响需求？

11. 试举出几个有相乘式季节趋势关系的例子。

12. 聚焦预测的主要思想是什么？

13. 某公司空调销售量在过去的5年中稳步增长，见表6-11。1990年预测1991年销售量将达410台。用$\alpha=0.3$的指数平滑法做1992～1996年预测。

表6-11　某公司5年中的空调销售量

年　份	销量/台	预测/台	年　份	销量/台	预测/台
1991	450	410	1994	563	
1992	495		1995	584	
1993	518		1996	?	

14. 一个特定的模型用于预测某产品的需求情况。预测值和实际需求如表6-12所示，试用MAD、MAPE和跟踪信号对预测模型进行评价。

表6-12　某产品的需求预测值和实际值

月　份	实际需求	预测需求	月　份	实际需求	预测需求
10	700	660	1	790	835
11	760	840	2	850	910
12	780	750	3	950	890

第7章　综合生产计划

引导案例

Master公司是一家制造商，主要产品是割草机和除雪机，尽管割草机和除雪机都有不同规格的产品，但由于各种产品的相似度高，因此都在同一厂房生产。该公司的员工都具有多种技能，可以轮换工作，公司根据经验测定：制造一部割草机需要1.8人工小时，除雪机则需要2.5人工小时，两种产品的市场需求几乎是相反的。

本年度已近尾声，该公司准备制定下一年度的综合生产计划，此计划以两个月为一期，1月与2月为第一期，其余类推。公司目前有350名员工，每个员工每期可用的工作时间为300小时，平均薪资约为＄6000，加班的薪资为每小时＄28，但公司规定每个员工每期加班时数不得超过60个小时。员工每期的自动离职率约为2%，根据法律与劳资合约规定，员工被解雇时应领取相当两个月薪资的遣散费（＄6000），而雇用新员工时需付出广告费、面试费、培训费等成本，每人约是＄2000。另外，新进员工在第一期的平均生产效率是熟练员工的一半，因此可以假设新进员工有效的工作小时数只有熟练员工的一半。

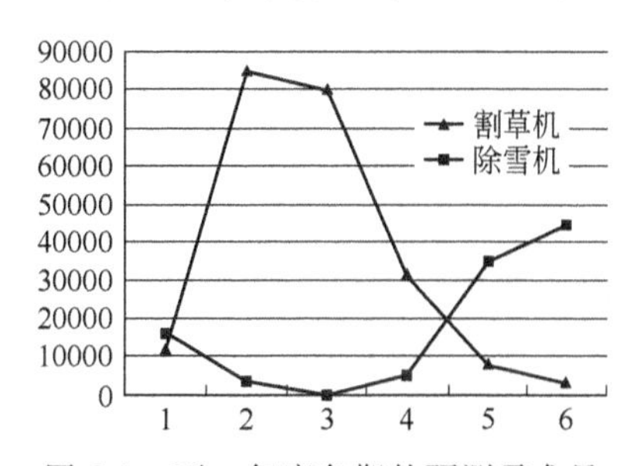

图7-1　下一年度各期的预测需求量

Master公司预估在本年度结束时，库存将有4500台除雪机与500台割草机，割草机每期的库存成本大约是＄8，除雪机每期的库存成本大约是＄10。下一年度割草机的制造成本估计为＄95，除雪机的制造成本为＄110，割草机的预定出货价格为＄210，除雪机则为＄250，市场营销部门根据此价格与过去的销售量估计下一年度各期的需求量如表7-1和图7-1。

表7-1　下一年度各期的预测需求量

期　别	割　草　机	除　雪　机	期　别	割　草　机	除　雪　机
1～2	12000	16000	7～8	32000	5000
3～4	85000	4000	9～10	8000	35000
5～6	80000	0	11～12	3000	45000

Master公司向来采取保守的人事策略，要求在需求量增加时尽量先采用加班策略，然后才考虑增聘员工，而且尽量不解雇员工。生产主管Henry必须根据这个策略规划出下年度的综合生产计划。

——根据http：//www.51oso.com/R3610.html文章改编

你认为生产主管Henry在制定综合生产计划时有哪几种策略采用？

7.1　生产计划与综合生产计划

生产计划是生产运营活动的核心。按时间，生产计划可划分为长期计划、中期计划和短期计划，如图7-2。长期计划周期大于1年，中期计划周期一般为6～18个月，短期计划周期则

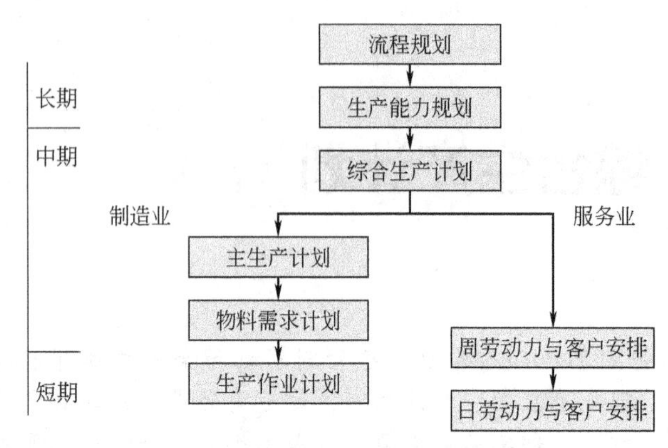

图 7-2　企业的生产计划系统

为 1 天到 6 个月。一般地，组织中的高层管理者负责长期计划，中层管理者负责中期计划，基层管理者负责短期计划。

不同的计划层次的计划内容也存在很大差异。长期计划主要考虑产品或服务的选择、工艺流程的选择以及生产系统的长期能力问题；中期计划是长期计划和短期计划之间的纽带，要将预测的产品需求转化为企业的产品产出任务计划，计划的焦点是如何有效地利用资源能力，最大限度地满足市场需求并取得最佳经济效益。在中期计划中，制造型企业和服务型企业存在很大的差异。对于制造型企业，中期计划主要包括综合生产计划、主生产计划和物料需求计划；对于服务型企业，综合生产计划是其核心。尽管无论是制造型企业还是服务型企业均有综合生产计划，但两者还是存在一定的区别：制造型企业可以利用库存增加与减少来调整生产，而服务型企业则不能。至于短期计划，制造型企业和服务型企业也各不相同。对于制造型企业，短期计划的核心是车间生产作业；对于服务型企业，短期计划的核心是周劳动力与顾客计划以及日劳动力与顾客计划。

从上可以看出，综合生产计划是联系长期与短期计划的桥梁。综合计划关注的对象是一组类似的产品。比如，电视机厂的计划人员为了编制综合生产计划，不会关心电视机的具体型号——是 27 英寸电视机、29 英寸还是 34 英寸电视机，他们关注的是将所有型号产品混在一起的某一种单一产品。同样地，麦当劳和肯德基快餐店并不关心需求是怎样细分到自己所提供的各种快餐类型，他们只关注全面的需求状况和他们想要提供的全面生产能力。

既然综合生产计划中产品类型不能真实地反映实际的产品类型，那为什么要制定综合生产计划呢？原因在于：其一执行计划需要时间，比如说，如果计划要求扩大生产设施规模或聘用（以及培训）新工人，就需要花费时间。其二，对于综合计划，具有一定的战略性特征，时间跨度较长，因此对个别产品类型需求的时间和数量进行任何精度的预测都不可能。并且，如果哪一个组织想要“锁定”在个别产品类型上，将会失去适应市场变化的灵活性。

7.2　综合生产计划策略

由于产品的市场需求不断波动，而企业又需要均衡生产，面对这个矛盾，需要制定有效的综合计划，达到需求和生产能力大致平衡，并使整个计划期间成本最小。为此，综合计划必须从供给和需求两个方面着手。

（1）需求方面

① 定价　通过差别定价，提高高峰期的产品价格，降低非高峰期的产品价格，一方面可以使高峰需求转移到低峰需求，另一方面也可以提高顾客在低峰时的潜在需求。例如，一些宾馆为了提高周末旅客的入住率，提供周末较低的特殊客房价格；航空公司为了提高夜间的载客率，提供低价的夜间飞行服务；电信公司的白天电话费率高，晚上和节假日费率低。上海地铁打算实施不同时段不同票价，期望缓解上下班高峰时乘车拥挤的状况。

② 促销　广告和其他形式的促销，如展览和直接营销等，也对需求的改变产生影响。与定价策略不同，这种方法对需求的控制能力较弱。

③ 推迟交货　将某期间的订货推迟一段时间交货，组织能够把需求转移到其他时期。但

这种策略能否成功依赖于顾客的态度，推迟交货有丧失销售机会和失去顾客的风险。

（2）供给方面

供给方面主要通过调整组织的生产能力，尽量达到与市场需求的一致。主要包括以下策略。

① 改变劳动力数量　生产任务重时多聘用工人，生产任务少时少聘用工人。这种策略在服务业用的较多。如旅游，具有明显的季节性，对于这样的公司，可以少用固定职工，在游客多时，多招募临时工。对于制造行业，由于需要专门技术，难以随时招聘技术员工，并且招聘的员工需要经过系统培训才能上岗，因此这种策略在制造业不太可行。采用这种策略必须意识到，如果随时解雇固定职工，会受到相应的法律约束以及引起工会的反对，并会影响职工工作热情。

② 忙时加班，闲时培训　在工作任务重时，通过职工的加班加点提高生产能力满足市场的需求。但这种方法有其局限性，过多的超时工作会使工作效率下降，质量降低，甚至引发安全事故。在工作任务少时，可以抽调部分职工进行培训，以提高他们的工作技能。

③ 利用兼职工人　在一天工作时间内，有时工作负荷很重，有时又很清闲。如果按工作负荷最重的时候确定职工人数，会造成人员过多。利用“钟点工”可以比较好地解决这个问题。比如餐厅和车站，在忙时采用“钟点工”，以提高服务能力。

④ 利用库存调节　这是制造型企业最常用的策略。尽管市场需求是波动的，生产能力在一定时期是固定不变的，但从一段时间的总量上讲，生产能力可以与市场需求负荷达到平衡，而这种平衡是通过利用库存来调节的。当需求率小于生产率时，库存量就会上升；当需求率大于生产率时，将消耗库存来满足需要，库存就会减少；当生产率和需求率相等时，库存不变。采取这种策略不必按最高生产负荷配备生产能力，节约了固定资产投资，是处理非均匀需求的常用策略。成品库存的作用好比水库，可以蓄水和供水，既防旱又防涝，保证水位正常。但是，通过改变库存水平来适应市场的波动，会产生维持库存费，同时，库存也破坏了生产的准时性，掩盖了管理问题，服务性生产不能采用这种策略。

⑤ 转包　转包（subcontracting）就是把一部分生产任务转给其他企业去做，利用其他企业的生产能力加工本企业的产品，相当于扩大了本企业的能力。但是，转包可能会带来能否按期交货的问题和质量问题，丧失部分控制权，而且会损失一部分收益。

7.3　综合生产计划制定

（1）综合生产计划制定的过程

制定综合生产计划的一般步骤：

① 确定每段时间的需求；

② 确定每段时间的能力，包括正常工作时间、加班工作时间以及转包；

③ 确定正常工作、加班工作、转包、维持库存、推迟交货、招聘和解聘等方面的单位费用；

④ 提出备选计划并计算各种计算费用；

⑤ 选择最满意的计划方案。

上述的步骤的关键数学问题可以描述为：在已知计划期内，每一段时间 t 的需求预测为 $F(t)$，以生产计划期内成本最小化为目的，确定时段 $t=1,2,\cdots,T$ 的产量 $P(t)$，存货量 $I(t)$ 和劳动力水平 $W(t)$ 以及转包量 $O(t)$。

（2）综合生产计划制定的成本因素

在制定综合生产计划时，必须考虑生产成本、与劳动生产率相关的成本、库存持有成本和延期交货成本等。权衡这些成本组成的总成本大小，做出相应的综合计划决策。

① 生产成本　生产成本是在某一特定时间段、某一生产类型下生产所导致的固定成本，包括直接或者间接的劳动力成本以及超时的补偿。

② 与劳动生产率相关的成本　这种成本包括招聘、培训以及解聘员工所需要的成本。

③ 库存成本　最主要的组成部分是存货所占用的资金，其他包括存储、保险、税金以及存货损失的成本。

④ 延期交货成本　这种成本通常很难衡量，包括支出的成本、客户好评的下降以及由于缺货引起的销售收益的减少。

（3）综合生产计划制定的方法

制定一个比较满意的综合生产计划，可以采用的数学方法很多，如线性规划法以及反复试验法（the trial-and-error method）等。

线性规划法是以综合计划中总成本最小化为目标，总成本包括正常工作时间、加班时间、转包单位费用、存货库存成本以及改变劳动力水平的相关成本等，约束条件为劳动力数量、工作时间、存货和转包能力等。通过建立相应的线性规划模型，可以获得最优的综合计划的解决方案。

反复试验法是在管理实践中应用比较广泛的方法。由于制定综合计划涉及的因素非常复杂，寻求最优的综合计划比较困难，因此人们常常应用反复试验法求出满意的综合计划。从生产运作方面的考虑，可以采用改变库存水平、改变职工的数量和改变生产率三种纯策略来处理非均匀需求。三种纯策略任意组合可以形成无数混合策略。混合策略一般要比纯策略效果好。对于这样的问题，可以使用反复试验法试验一些代表性的方案，从中选择一个满意的方案。

例 7-1　某公司将预测的市场需求转化为生产需求，如表 7-2 所示。该产品每件需 30 小时加工，工人每天工作 8 小时。招收工人需广告费、考试费和培养费，折合聘用一个工人需 300 元，解聘一个工人需付解雇费 200 元。假设生产中无废品和返工。为了应付需求波动，有 1000 件产品作为安全库存。单位维持库存费为 20 元/(件・月)。设每年的需求类型相同。因此在计划年度开始时的工人数等于计划年度结束时的工人数。相应地，库存量也近似相等。现比较以下不同的策略下的费用。

表 7-2　预测的市场需求及每月的工作日

(1) 月份	(2) 预计月生产需求量/件	(3) 累计需求量/件	(4) 每月正常工作日数/天	(5) 累计正常工作日数/天
1	1700	1700	20	20
2	1500	3200	21	41
3	1300	4500	22	63
4	1000	5500	21	84
5	1500	7000	23	107
6	2000	9000	24	131
7	2500	11500	21	152
8	2500	14000	20	172
9	3000	17000	20	192
10	3000	20000	20	212
11	2500	22500	19	231
12	2000	24500	22	253

解：①考虑库存调整策略。通过库存调整策略，生产计划是平稳进行，即采用固定的生产效率进行。为此首先计算生产效率。由于工人必须在 253 天中生产 24500 件产品，因此生产效

率为24500/253＝96.84件/天，而1件产品加工需要30小时，每个工人每天可工作8小时，这样需要工人数为96.84×30/8＝363.15人，于是取工人人数364人，则每天劳动生产率为364×8/30＝97.1件/天。按表7-3计算。

表7-3　通过库存水平调整的策略

月　份	累计生产天数	累计产量	累计生产需求	月末库存	维持库存费
(1)	(2)	(3)	(4)	(5)	(6)
		(2)×97.1		(3)－(4)＋1000	20(月初库存量＋月末库存量)/2
1	20	1942	1700	1242	22420
2	41	3981	3200	1781	30230
3	63	6117	4500	2617	43980
4	84	8156	5500	3656	62730
5	107	10389	7000	4389	80450
6	131	12720	9000	4720	91090
7	152	14759	11500	4259	89790
8	172	16701	14000	3701	79600
9	192	18643	17000	2643	63440
10	212	20585	20000	1585	42280
11	231	22430	22500	930	25150
12	253	24566	24500	1066	19960

根据表7-3，得出总的存储存成本为651960元。

② 考虑改变工人人数策略。通过每月的需求预测安排工人人数，上月工人数大于本月需求工人数，则解聘工人；上月工人数小于本月需求工人数，则招聘工人。由于在计划年度开始时的工人数等于计划年度结束时的工人数，则第一个月是否招聘或解聘工人，取决于12月份的工人数。整个计算如表7-4。

表7-4　仅改变工人数量的策略

月　份	预计生产月需求量	所需生产时间	月生产天数	每人每月生产小时	需工人数	月初增加工人数	月初裁减工人数	变更费
(1)	(2)	(3)	(4)	(5)	(6)	(7)	(8)	(9)
		30×(2)		8×(4)	(3)÷(5)			300×(7)或200×(8)
1	1700	5100	20	160	318		22	4400
2	1500	45000	21	168	267		51	10200
3	1300	39000	22	176	221		46	9200
4	1000	30000	21	168	178		43	8600
5	1500	45000	23	184	244	66		19800
6	2000	60000	24	192	312	68		20400
7	2500	75000	21	168	446	134		40200
8	2500	75000	20	160	468	22		6600
9	3000	90000	20	160	562	94		28200
10	3000	90000	20	160	562	0		0
11	2500	75000	19	152	493		71	14200
12	2000	60000	22	176	340		153	30600

根据第（9）列计算的总和，得出变更工人的费用为 192400 元，再加上 1000 件安全库存需 1000×20×12＝240000 元，则总费用为 240000＋192400＝432400 元。

③ 一种混合策略。我们将全年分为两期，第一期采用库存调整策略，使生产按一个固定生产效率平稳进行。接着增加或裁减工人，在第二期也采用同样的生产平稳的库存策略。假定第一期为全年的前六个月，第二期为全年的后六个月。参见表 7-5，根据计算全年的前六个月预测的需求总量为 9000 件，可用时间为 131 天。为此得出每天必须的生产效率为 9000/131＝68.7 件/天。而 1 件产品加工需要 30 小时，每个工人每天可工作 8 小时，这样需要工人数为 68.7×30/8＝257.6 人，取工人数为 258 人，则在该期的生产率为 258×8/30＝68.8 件/天。258 人生产六个月的生产量为 258×8×131/30＝9013 件。在下半期，可用的时间为 253－131＝122 天，需要的生产量为 24500－9013＝15487 件。这样下半期的生产效率为 15487/122＝126.95 件/天，由于 1 件产品加工需要 30 小时，每个工人每天可工作 8 小时，这样需要工人数为 126.95×30/8＝477 人。在下半期的生产效率为 477×8/30＝127.2 件/天。这样在年初需要解聘工人为 477－258＝219 人，在年中需要增聘工人 219 人。这要整个工人变更费为 219×(300＋200)＝109500 元，计算见表 7-5。

表 7-5 混合策略的综合生产计划

月　份	累计生产天数	生产率	累计产量	累计需求	月末库存	维持库存费	变更费用
(1)	(2)	(3)	(4)	(5)	(6)	(7)	(8)
					(4)－(5)＋1000		
1	20	68.8	1376	1700	676	16760	
2	41	68.8	2820	3200	620	12960	
3	63	68.8	4334	4500	834	14540	
4	84	68.8	5779	5500	1279	21310	
5	107	68.8	7361	7000	1361	26400	
6	131	68.8	9012	9000	1012	23730	219×300＝65700
7	152	127.2	11683	11500	1183	21950	
8	172	127.2	14227	14000	1227	24100	
9	192	127.2	16771	17000	771	19980	
10	212	127.2	19315	20000	315	10860	
11	231	127.2	21732	22500	232	15470	
12	253	127.2	24530	24500	1030	12620	219×200＝43800

根据表 7-5，工人变更费用为 109500，总的库存维持费为 210800 元，总费用为 109500＋210800＝320330 元。

显然，混合策略还有多种方案，需要不断反复试验，尽量改善所采取的策略，减少生产的总费用。

7.4 综合生产计划的分解

由于综合生产计划不涉及具体产品，不能直接用于指挥生产活动。为此，必须将假定产品或代表产品转换成具体产品，从而将综合生产计划变成产品交付计划（master schedule，MS）和主生产计划（master production schedule，MPS）。产品交付计划规定了要向顾客交付产品的具体型号、规格和交付时间；主生产计划规定了要出产产品的具体型号、规格和出产时间。

例如，某计算机生产厂计划提供的产品数量，如表 7-6 所示。综合计划以假定产品为单位：1 月份提供 400 台，2 月份提供 500 台，3 月份提供 600 台；将其变成具体产品，就构成了产品的交付计划。具体产品合计数等于假定产品数。

表 7-6　综合计划和产品交付计划

项　目	1 月	2 月	3 月
计算机(假定产品)	400	500	600
具体产品：			
台式计算机	200	300	350
笔记本电脑	150	150	200
专用服务器	50	50	50
合计	400	500	600

得到产品交付计划之后，就可以得出产品出产预计划。在每个月，将交付数量减去相应月份的成品库存，加上相应月份顾客需要提走的数量，便可计算出每个月需要产出的数量，由此得出初始的主生产计划。初始的主生产计划是否可行，必须要进行能力负荷平衡，调整超负荷的生产计划，使主生产计划可行。

主生产计划（master schedule planning，MPS）是物料需求计划（material requirements planning，MRP）的主要输入。通过 MRP 处理，对具体产品的需求就会变成对构成产品的零部件和原材料的需求，使计划得以执行。

7.5　收益管理在服务业综合计划中的应用

（1）收益管理

当你提前预订机票时，往往你的机票价格仅为机票正常票价的 3 成或者 5 成，而有时候，你提前预订酒店房间比你直接登记入住要贵。显然，这些实践活动中已经应用了收益管理。

收益管理就是以合适的价格在合适的时间将合适的生产能力分配到预期的目标顾客，使得企业的收益最大化。

收益管理方法最初由美洲航空公司提出并应用于公司的运营中。美洲航空公司通过实时掌握同一航线上不同航空公司的航班情况，及时动态调整本航空公司的票价，通过机票价格调整不同航线和不同时段的客流量，以求得公司收益的最大化。

由于服务能力与需求相匹配非常重要，而服务需求不能存储、服务需求难以预测以及服务能力难以测量等，所以在服务行业为了平衡供需协调，尽量采用收益管理。通过收益管理，可以适当地调整顾客需求，有计划地形成与需方相匹配的供给能力。目前，收益管理已广泛地应用于航空、饭店、旅游业、演艺等行业。

（2）实施收益管理的基本系件

从运营的角度，收益管理适用的对象具有以下特征：

① 可对市场顾客的需求进行细分；

② 固定投资较大，运营过程中的单位固定成本很高，但单位变动成本较低；

③ 产品不易储存，例如客房、舱位等；

④ 产品可提前预售；

⑤ 市场需求的波动大。

显然，酒店、航空公司基本具有上述全部特征。以酒店为例，即使是相同的酒店套间，其价格经常在工作日是一种价格，而在周末则是另一种价格。因为，在工作日他们可能主要面对的需求是商务人员，而在周末则主要面对的是度假者需求。

（3）实施收益管理的基本策略

① 服务行业的定位　不同的服务行业实施收益管理的策略会不一样。Kimes 和 Chase 建议可以根据两个维度来定位服务行业，这两个维度为服务时间和价格，如图 7-3。服务时间分可预测和不可预测，价格分固定和变动。这样根据两个维度的组合形成四个象限。在第一象限，常见的服务时间可以预测长短，采用固定价格策略，一般电影院、运动场和会议中心属于这种类型。在第二象限，服务时间可预测，但价格可以采用变动价格策略，如宾馆、航空线和旅游线路。在第三象限，服务时间难以预测，但采用的固定价格策略，如餐馆、高尔夫球场等。在第四象限，服务时间难以预测，价格也是变动的，如医院服务。

		价格	
		固定	可变动
服务时间	可预测	第一象限： 电影院 运动场 会议中心	第二象限： 宾馆 航空线 旅游路线
	不可预测	第三象限： 餐馆 高尔夫球场 网络服务提供商	第四象限： 持续的医院服务

图 7-3　服务行业的定位

② 基于统计的需求预测　收益管理实施的成功依赖于需求预测的准确性。一般要采用最为精确的预测方法分析顾客到来的初始时间、初始数量，顾客在服务过程中的逗留时间，在不同的服务时间段顾客数以及顾客到来的时间间隔等。需求预测的精确度越高，收益管理越可能成功。这样便于采用超额预定保证金以及放弃预定惩罚的处理措施，有助于得到良好的服务过程。

③ 市场细分及定价　通过发现产品价值周期，把相同的产品以不同的价格销售给不同的顾客。产品的价值周期是指相同的产品，对同一个顾客，在不同的时期其价值是不同的。如旅游点的宾馆，在旅游淡季和旺季，其价格会存在差异。细分市场的目标是挖掘顾客需求，将不同产品或服务销售给不同的顾客群，从而创造出最大利润。

7.6　本章小结

生产计划是生产运营活动的核心。生产计划制定的基础来自于需求预测。

按时间，生产计划可划分为长期计划、中期计划和短期计划。长期计划主要考虑产品或服务的选择、工艺流程的选择以及生产系统的长期能力问题；中期计划关注如何有效地利用资源能力，最大限度地满足市场需求并取得最佳经济效益。在短期计划方面，制造型企业的核心是车间生产作业；服务型企业的核心是周劳动力与顾客计划以及日劳动力与顾客计划。

由于企业的生产或服务面对的是市场需求不断波动，因此使整个计划期间成本最小，达到供给和需求的平衡是生产综合计划关注的主旋律。为此，综合计划必须从供给和需求两个方面着手。在需求方面，通过定价、促销和推迟交货手段调整需方的需求。在供给方面，通过改变劳动力数量、加班、利用兼职工人、库存调节和转包等策略调整供给能力。

综合生产计划的制定要遵循一定的步骤，其关键的数学问题可以描述为：在已知计划期内，每一段时间 t 的需求预测为 $F(t)$，以生产计划期内成本最小化为目的，确定时段 $t=1$，

2，…，T 的产量 $P(t)$，存货量 $I(t)$ 和劳动力水平 $W(t)$ 以及转包量 $O(t)$。显然，成本是生产计划制定考虑的目标，与生产计划制定相关的成本主要包括：生产成本、与劳动生产率相关的成本、库存成本和延期交货成本。

综合生产计划制定一般有线性规划法以及反复试验法（the trial-and-error method）等。应用线性规划方法需要建立相应的最优综合计划数学模型，难度较大。反复试验法是在管理实践中应用比较广泛的方法，但只能求出满意的综合计划。

综合计划不涉及具体产品，不能直接用于指挥生产活动。为此，必须将假定产品或代表产品转换成具体产品，从而将综合生产计划变成产品交付计划（master schedule）和主生产计划（master production schedule，MPS）。产品交付计划规定了要向顾客交付产品的具体型号、规格和交付时间；主生产计划规定了要出产产品的具体型号、规格和出产时间。

在服务业中，收益管理广泛应用。收益管理就是以合适的价格在合适的时间将合适的生产能力分配到预期的目标顾客，使得企业的收益最大化。实施收益管理需要其对象具有五方面的特征：可对市场顾客的需求进行细分、固定成本较大而变动成本较小、产品不易储存、产品可提前预售以及市场需求的波动大。实施收益管理的基本策略主要包括：服务行业的定位、基于统计的需求预测以及市场细分及定价。

习　题

1. 简述企业生产计划的层次性，以及它们的特点。

2. 结合企业实例，从供给和需求两个方面分析企业综合计划的策略。

3. 简述企业综合生产计划的制定步骤以及关键的数学问题。

4. 分析综合计划与产品交付计划和主生产计划的区别。

5. 什么叫收益管理？实施收益管理的条件是什么？实施收益管理的基本策略包括哪些？

6. 某公司将预测的市场需求转化为生产需求，如表 7-7 所示。该产品每件需 8 小时加工，工人每天工作 8 小时。招收工人需广告费、考试费和培养费，折合聘用一个工人需 300 元，解聘一个工人需付解雇费 200 元。假设生产中无废品和返工。为了应付需求波动，有 1000 件产品作为安全库存。单位维持库存费为 10 元/(件・月)。设每年的需求类型相同。因此在计划年度开始时的工人数等于计划年度结束时的工人数。相应地，库存量也近似相等。请比较不同策略下的费用。

表 7-7　预测的市场需求及每月的工作日

(1) 月份	(2) 预计月生产需求量/件	(3) 累计需求量/件	(4) 每月正常工作日数/天	(5) 累计正常工作日数/天
1	1700	1700	20	20
2	1500	3200	21	41
3	1300	4500	22	63
4	1000	5500	21	84
5	1500	7000	23	107
6	2000	9000	24	131
7	2500	11500	21	152
8	2500	14000	20	172
9	3000	17000	20	192
10	3000	20000	20	212
11	2500	22500	19	231
12	2000	24500	22	253

第8章 库存管理

引导案例

詹姆（JAM）电子是一家生产诸如工业及电器等产品的韩国制造商企业。公司在远东地区的五个国家拥有5家制造工厂，公司总部设在汉城。

美国詹姆公司是詹姆电子的一个子公司，专门为美国国内提供配送和服务功能。公司在芝加哥设有一个中心仓库，为两类顾客提供服务，即分销商和原始设备制造商。分销商一般持有詹姆公司产品的库存，根据顾客需要供应产品。原始设备制造商使用詹姆公司的产品来生产各种类型的产品，如自动化车库的开门装置。

詹姆电子大约生产2500种不同的产品，所有这些产品都是在远东制造的，产成品储存在韩国的一个中心仓库，然后从这里运往不同的国家。在美国销售的产品是通过海运到芝加哥仓库的。近年来，美国詹姆公司已经感到竞争大大加剧，并感受到来自于顾客要求提高服务水平和降低成本的巨大压力。不幸的是，正如库存经理艾尔所说："目前的服务水平处于历史最低水平，只有大约70%的订单能够准时交货。另外，很多没有需求的产品占用了大量库存。"

在最近一次与美国詹姆公司总裁和总经理及韩国总部代表的会议中，艾尔指出了服务水平低下的几个原因：①预测顾客需求存在很大的困难。②供应链存在很长的提前期。美国仓库发出的订单一般要6～7周才能交货。存在这么长的提前期主要因为：一是韩国的中央配送中心需要一周来处理订单；二是海上运输时间比较长。③公司有大量的库存。美国公司要向顾客配送2500不同的产品。④总部给予美国子公司较低的优先权。美国订单的提前期一般要比其他地方的订单早一周左右。

为了说明预测顾客需求的难度，艾尔向大家提供了某种产品的月需求量信息。

但是，总经理很不同意艾尔的观点。他指出，可以通过用空运的方式来缩短提前期。这样，运输成本肯定会提高，怎么样进行成本节约呢？

最终，公司决定建立一个特别小组来解决这个问题。

资料来源：王关义．现代生产管理．北京：经济管理出版社，2005．

"库存"在英语里面有两种表达方式：inventory 和 stock，有时被译为"存储"或"储备"。库存是企业的一项庞大的昂贵的投资。良好的库存管理能够加快资金的周转速度、提高资金的使用效率。对于制造业来说，原材料短缺将影响生产，导致费用增加，产品短缺。而库存积压将增加仓储，积压资金，提高成本，减少盈利。这些都反映了库存的重要性，库存管理有着重要的意义，库存控制是生产管理的一个主要内容。本章主要阐述库存的定义、作用和分类，库存补给策略，相关库存模型以及有效控制库存的方法。

8.1 库存概述

8.1.1 库存的基本概念

（1）库存的定义

物料的存储现象由来已久，但是把存储问题作为一门学科来研究，还是进入20世纪以后的事情。早在 1915 年哈里斯就提出了“经济批量”问题，他研究如何从经济的角度确定最佳的库存数量。“经济批量”的提出，从根本上改变了人们对库存问题的传统认识，是对库存理论研究的一个重大突破，可以说，是现代库存理论的奠基石。

“二次大战”之后，由于运筹学、数理统计等理论与方法的广泛应用，特别是 20 世纪 50 年代以来，人们开始应用系统工程理论来研究和解决库存问题，从而逐渐形成了系统的库存理论，也称为“存储论”。电子计算机的问世，又进一步提高了库存控制的工作效率，促使库存理论成为一门比较成熟的学科。

对于库存的定义，不通学者持有不同的意见。一般来说，从企业生产、经营活动的全过程而言，库存是一种物质资源的存储，是指在转化过程中处于闲置状态的物料。它是用于保证生产顺利进行或者满足顾客需要而设置的物料储备。

也有学者给出了更广义的库存定义，认为库存就是为了满足未来需要而暂时闲置的资源。这里所说的资源，不仅包括工厂里的各种原材料、毛坯、工具、半成品和成品，而且包括银行里的现金，医院里的药品、病床，运输部门的车辆等。资源的闲置就是库存，与这种资源是否存放在仓库中没有关系，与资源是否处于运动状态没有关系。汽车运输的货物处于运动状态，但这些货物是为了未来需要而暂时闲置的，就是库存，是一种在途库存。一般来说，人、财、物、信息各方面的资源都有库存问题。专门人才的储备就是人力资源的库存，计算机硬盘储存的大量信息，就是信息的库存。

任何一个运作系统，都需要若干种不同类型的物料库存。表 8-1 列出了一些运作系统需要存储的物料。不同的材料在运作系统中的重要程度是不同的，有些对系统非常重要，而有些则不会对系统有太大的影响。不同重要程度的库存物料应该有不同的管理方法。

表 8-1　运作系统持有的库存举例

运作系统	系统所持有的部分库存
旅店	食品、饮料、盥洗用品、清洗材料
医院	一次性设备、食品、药品、清洗材料
零售商店	准备出售的商品、包装材料
汽车零部件分销商	中心仓库的零部件、各分销点的零部件
电视机制造商	零部件、原材料、未完成装配的电视机、清洗材料
贵金属精炼厂	等待加工的原料(黄金、铂金等)、部分加工的原料、提纯后的原料

（2）库存的作用

理论上，库存的存在是一种资源和资金的浪费，它需要占用大量资金，增加企业的开支。从现实来看，库存的存在又是不可避免的，甚至是有利于生产经营正常进行的。一般来说，企业需要将库存维持在某一个合理水平上。持有库存的理由在不同情况下、不同企业内可能各有不同和侧重。但一般来说，库存在企业经营中主要有以下三方面的作用。

① 保证生产过程的连续和稳定　生产的均衡性是企业内部生产的客观要求，当生产所需的原材料供给变化较大时，企业就需要设立一定量的原材料库存，保持生产的连续性。

② 预防需求的不确定性和随机性，保证销售的顺利进行　外部需求受很多因素影响，如季节和节假日等，具有不确定性和不稳定性。如果市场需求增大，而又不能及时增加生产量适应这个变化，要保证满足需方的要求，就需要维持一定量的成品库存。一定量的库存就像水库一样，有利于调解供需之间的不平衡，保证企业按时交货和快速交货，改善客户服务质量，提高客户服务水平。

③ 获取规模效应　在很多情况下，通过设立库存，可以实现采购、运输和制造方面的规模经济。例如，订货需要一笔费用，采购一件商品不需要库存，但不一定经济。大批量的采购可以获得价格折扣，降低采购次数和运输费用，从而降低订货费用，降低单位产品的采购

成本。

8.1.2 库存的分类

从不同的角度对库存加以划分，可以将库存分为不同的类别。

(1) 按库存的功能

按库存功能的不同，库存可以分为安全库存、周转库存、调节库存、在途库存和投机库存。

① 安全库存 是为了应付需求、生产周期或供应周期等可能发生的不确定因素、意外中断或者延迟而设置的一定数量的库存。例如，供应商没能按照预定的时间供货；生产过程中发生意外的设备故障导致的停工等。安全库存的数量除了受需求和供应的不确定影响外，还与企业希望达到的顾客服务水平有关。

② 周转库存 在企业实际运作过程中，为了降低采购成本和生产成本，往往采用批量购入或批量生产的方法，单位采购成本或生产成本就得以降低（得到订货费用或作业交换费用，得到数量折扣）。这种由批量周期性地形成的库存就称为周转库存。周转库存的大小与订货的频率成反比，如何在订货成本和库存成本之间进行权衡选择，是决策时主要考虑的因素。

③ 调节库存 调节库存是为了调节需求与供应的不均衡、生产速度与供应速度的不均衡、各个生产阶段的产出不均衡而设置的。例如，季节性需求产品（空调、电扇等），为了保持生产能力的均衡，在淡季生产的产品用于调节库存，以备满足旺季的需求。有些季节性较强的原材料，或供应商的供应能力不均衡时，也需设置调节库存。

④ 在途库存 是两地之间的传输中的库存，是指运输以及停放在相邻两个工作地点之间或相邻两个组织之间的库存。这种库存是客观存在的，而不是有意设置的。在途库存的大小取决于运输时间以及该期间的平均需求。

⑤ 投机库存 持有投机库存不是为了满足目前的需求，而是为了其他原因。例如，因为预测到价格上涨或者物料短缺，在物料采购时，企业会购买大于需要数量的物料。使用大量基本矿产品（如煤、汽油或水泥）或农牧产品（如羊毛、谷类或动物产品）的公司可以通过在低价时大量购进这些价格容易波动的物品而节约客观的成本，这类库存就叫投机库存。

(2) 按物品需求的重复程度

按物品需求的重复程度划分，库存可以分为单周期库存和多周期库存。

单周期需求的特征是物品在一段时间内的需求，过了这段时间，该物品就没有使用价值了，如报纸、新年贺卡等，易腐烂食品如海鲜、活鱼、新鲜水果也属于这种物品，这些都是单周期需求。对单周期需求物品的订货也叫一次性订货，一次订货就有一定的批量，就构成了单周期库存问题。

多周期需求是在长时间内需求反复发生，库存需要不断补充。如机械厂所需的钢材，用完了还需要补充；家庭所需的粮食，吃完了还得再买。与单周期相比，多周期需求问题较为普遍，对多周期需求物品的库存控制问题称为多周期库存问题。

(3) 按用户对库存的需求性

按用户对库存的需求性划分，库存可分为独立需求库存与相关需求库存。

所谓独立需求是指需求变化独立于人们的主观控制能力之外，因而数量与出现的概率是随机的、不确定的、模糊的。从库存管理的角度来说，独立需求库存是指那些随机的、企业自身不能控制而是由市场决定的需求，这种需求与企业对其他库存产品所做的生产决策没有关系。对于一个独立的企业而言，其产品是独立的需求变量，因而其需求的数量和需求时间对于企业管理者而言，一般是无法预先精确确定的，只能通过一定的预测方法得出。

相关需求的需求数量和需求时间与其他的变量存在一定的关系，可以通过一定的数学关系，精确计算出它的需求量和需求时间，是一种确定性需求。如生产过程中的在制品以及需要的原材料，则可以通过产品的结构关系和一定的生产比例关系准确确定。

独立需求的库存控制和相关需求的库存控制原理是不相同的。独立需求对一定的控制系统来说，是一种外生变量，相关需求则是控制系统的内生变量。另外，独立需求和相关需求都是多周期需求，对于单周期需求，是不必考虑独立与相关的。企业里的成品库存的控制问题属于独立需求库存控制问题，在制品库存和原材料库存控制问题属于相关需求库存控制问题。

(4) 按物资在生产过程和配送过程中所处的状态

按物资在生产过程和配送过程中所处的状态划分，库存可以分为原材料库存、在制品库存、维修库存和产成品库存。

原材料库存包括原材料、零件和部件等的库存，这方面的库存也可能是符合生产者自己标准的特殊库存。在制品库存包括生产的不同阶段的半成品。维修库存包括用于维修与养护的经常消耗的物品或部件，如石油润滑脂和机器零件。产成品库存是准备运送给消费者的完整的或最终产品。

这几种库存可以放在一条供应链的不同位置。原材料库存可以存放在供应商或生产商处。原材料进入生产企业后，依次通过不同的工序，成为不同水准的在制品库存。当在制品库存在最后一道工序被加工完成后，变成产成品。产成品可以存放在生产企业内、配送中心、零售点直至转移到最终消费者手中。

8.2 库存控制概述

8.2.1 库存控制的概念

物料管理的中心问题就是定购量的确定。定购量过多，容易造成企业资金周转不灵；定购量过少，则容易造成缺料停工。为了防止定购数量过多或者过少现象的发生，就必须进行科学的库存控制（inventory control）。

库存控制是指使各种物料的库存数量经常保持在适当的水平上，以免过多或过少，造成资金积压，浪费仓库容量，增加保管困难，或供不应求，停工待料等不良现象。库存控制系统是以控制库存为共同目的的相关方法、手段、技术、管理及操作过程的集合，这个系统贯穿于从物资的选择、规划、订货、进货、入库、存储及至最后出库的一个长期过程，这些过程的作用结果实现了人们控制库存的目的。

库存控制系统需要回答的主要问题有：①多长时间检查一次库存量（订货间隔期问题）？②何时提出补充订货（订货点问题）？③每次定货量是多少（订货量问题）？

在库存管理系统中不可控的因素是需求、订货提前期。可控的是一次订多少（订货量）、何时提出订货（订货点）、多长时间检查一次库存（订货间隔期问题）。

库存控制的总目标可以描述为：在库存成本的合理范围内达到满意的顾客服务水平。为达到该目标，决策者需要在库存成本和服务水平之间做出权衡。

8.2.2 库存控制的成本

库存成本是在建立库存时或采取经营措施时所造成的成本。库存系统的成本一般以年为单位，归纳起来主要包括维持成本、订购成本、购买成本和缺货成本。

(1) 维持成本（holding cost）

维持成本用 C_H 表示，是维持库存发生的全部费用，包括存货资金占用成本、仓库租赁费用、为防止存货变质而付出的必要开支、仓库保管人员的费用、保管过程中的货损和货差、保管物资资金的银行利息、保管用具用料的费用等。其主要特征是保管成本与保管数量的多少和保管时间的长短有关。

(2) 订购成本(reorder cost)

订购成本用C_R表示，是订货过程中发生的所有费用，包括差旅费、订货手续费、招待费以及订购人员的相关费用。其主要特征是与采购次数直接有关，而与订货量的大小几乎无关。因此，必须制定采购政策和战略，以便从市场上以最有效的订货批量来进行采购，而不仅仅根据生产计划和需求。

(3) 购买成本(加工成本)(purchasing cost)

购买成本用C_P表示，是购买(加工)物资的原价。购买(加工)的批量大，可能会有价格折扣。其主要特征是与定购价格和定购数量有关。

(4) 缺货成本(shortage cost)

缺货成本用C_S表示。缺货成本是指企业生产经营过程中的存货不足，出现缺货而引起的成本支出，主要包括因为存货不足而造成的销售机会和利润的损失、顾客的不满及顾客的丧失、对晚交货或不交货的罚金以及补充订货所引起的费用。其主要特征是与缺货多少、缺货次数有关。

用C_T表示年库存总费用，则：

$$C_T = C_H + C_R + C_P + C_S \tag{8-1}$$

库存控制的目标是使C_T最小。

8.2.3 库存控制的方式

常用的库存控制方式有定量订货方式、定期订货方式、最大最小订货方式、MRP库存控制方式。

(1) 定量订货方式

定量订货方式就是订货点和订货量都为固定量的库存控制方式，如图8-1所示。在日常生产活动中连续不断地检查库存水平，当库存量下降到订货点(R)及以下时，就向供应厂家发出订货通知，每次订货量均为一个固定的量Q。所发出的订货到达后，库存量增加Q。订货提前期是从发出订货至到货的时间间隔，包括订货准备时间、发出订单、供方接受订单、供方生产、产品发运、产品到达、提货、验收、入库等过程，提前期一般为随机变量。

应用这种方式控制库存，关键是确定订购批量和订货点两个问题，以最小的存储费用来满足对存储的要求，以经济订货批量(economic order quantity，EOQ)作为订购数量可以达到存储费用最小化。关于经济订货批量模型的介绍参见8.3.1小节。定量订货方式适用于重要物资的库存控制。

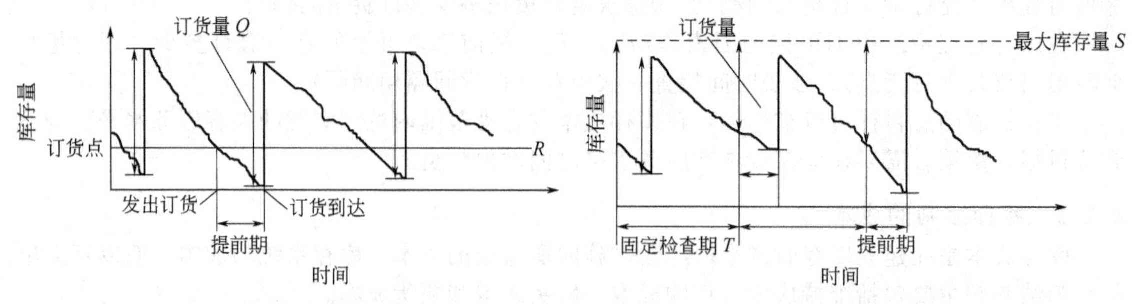

图8-1 定量订货方式　　图8-2 定期订货方式

(2) 定期订货方式

定期订货方式是按预先确定的周期检查库存水平并随后提出订货，将库存补充到预定的目标水平——最大库存量S，如图8-2所示。该系统没有订货点，每次定期检查，在现有库存量的基础上补充订货，关键是要确定固定检查期(T)和预定的最大库存水平(S)，一般适用于不很重要或使用量不大，订货费高的情况。

在定期订货方式下，不需要随时检查库存量，库存只在特定的时间进行盘点，例如每周一次或每月一次。这样就简化了管理，节省了订货费。

在定期订货方式下，不同时期的定购量不尽相同，定购量的大小主要取决于各个时期的使用率。它一般比定量订货方式要求更高的安全库存。

另外，定量订货方式是对库存连续盘点，一旦库存水平达到订货点，立即进行订购。相反地，定期订货方式仅在盘点期进行库存盘点。有可能在刚订完货时由于大批量的需求而使库存降至零，这样就有可能在整个盘点期和提前期内发生缺货。因此，在定量订货方式下只需在提前期内防止缺货，而定期订货方式下需要在提前期加上下一个周期防止缺货。

(3) 最大最小订货方式

最大最小订货方式又称非强制补充订货方式，是定量订货方式和定期订货方式的混合物。其订货策略是按预先确定的周期检查库存水平，当库存量低于最小库存水平时，提出订货，将库存补充到预定的最大库存量；当库存量大于最小库存水平时，不提出订货。如图 8-3 所示。

在这种方式下，有一个预定的最大库存水平（S）和最小库存水平（R），系统没有订货点，每次定期检查，通过比较现有库存量与最小库存水平 R 的大小来决定是否补充订货。关键是要确定固定检查期 T、最大库存水平 S 和最小库存水平 R。

和定期订货方式相比，由于不一定在每次检查时都订货，因此订货次数较少，从而节省了订货费。但最大最小订货方式可能需要相当大的安全库存。如果在检查时的库存水平高于订货点，则安全库存期需要两个订货间隔期加上提前期。

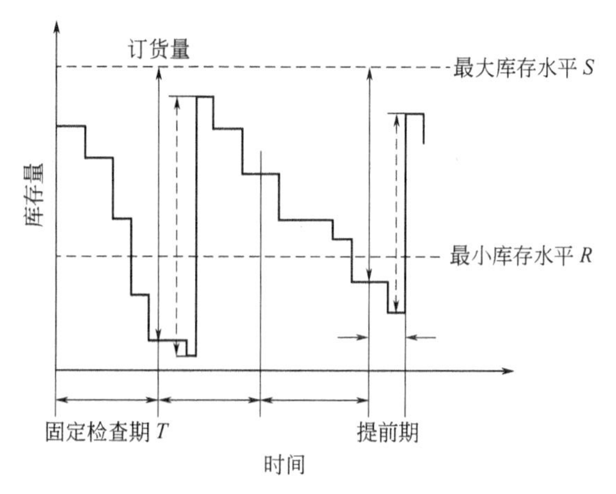

图 8-3　最大最小订货方式

(4) MRP 库存控制方式

MRP 为 material requirements planning 的缩写，中文译为“物料需求计划”。物料需求计划广泛用于相关需求物品的库存控制。其方法是按反工艺方向，根据最终产品或主要装配件的计划完工日期，来确定各种零件和材料需要订购的日期和数量。该方法在能够预知最终产品的具体需求量时特别适用。

关于 MRP 的详细介绍请参见第 9 章。

8.3　多周期库存模型

多周期库存控制的基本模型包括经济订货批量模型和经济生产批量模型。

8.3.1　经济订货批量模型

经济订货批量（economic order quantity，EOQ）也称经济订购批量，即通过费用分析求得在库存总费用为最小时的每次订购批量，用以解决独立需求物品的库存控制问题。该模型是由哈里斯（F. W. Harris）1915 年提出的，在企业界得到了广泛应用。虽然随着企业运作环境的变化也遭到了许多挑战，出现了许多变形，但是它现在仍然是一种简单而有效的订货量确定方法。

EOQ 控制的原理就在于控制订货量，使总库存费用最小。为了确定经济订货量，先做如下基本假设。

① 需求是已知的常数，即没有需求的不确定性。

② 需求是均匀的，即单位时间内的需求量不变。

③ 订货提前期是已知的，且为常数。

④ 产品成本不随批量而变化（没有数量折扣）。

⑤ 订货费与订货批量无关。

⑥ 维持库存费是库存量的线性函数。

⑦ 采用固定量系统。

下面分四种情况分别讨论。

(1) 不允许缺货，一次入库的经济订购批量

在这种情况下，物品的购入单价为常数而且不允许缺货，物品到货后入库时间很短，可以将全部物品看作是同一时间整批瞬时入库的。

刚入库时，库存数量为Q。由于需求是均匀的，随后库存数量已固定的速率降低。当库存降低到订货点时，就按Q量发出一批新的订货。经过一个固定的订货提前期（LT）后，物品到达并入库，物品在即将入库时的库存数量为零，如图 8-4 所示。

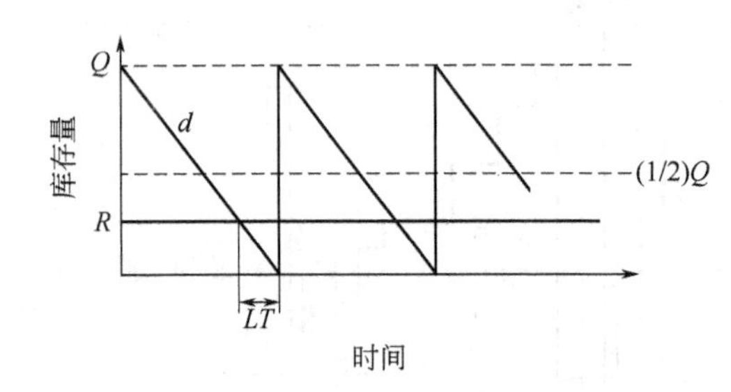

图 8-4　不允许缺货一次入库假设下的库存变化

企业在一定时间内所需物料订购次数少，用于订购的费用也少，而每次订购批量就大，支出的维持费用、购买费就多。相反订购次数多，用于订购的费用也多，而每次订购批量就小，支出的维持费用、购买费就少。由于缺货损失费C_S为零，这里主要研究在保证企业生产需要的前提下，使维持成本（C_H）、订购成本（C_R）和购买成本（C_P）之和最小的订购批量。

相关基本参数设置为：C是购买的单位货物的成本；D是年总需求量；S是每次订货发生的费用（与供应商的联系费、采购人员旅差费等）；H是单位货物每年的存储成本［$H=Ch$，h为资金费用率，元/(件・年)］；Q是订货批量；C_T是年总成本。则：

$$C_T=C_H+C_R+C_P=\frac{1}{2}QCh+\frac{D}{Q}S+CD \tag{8-2}$$

为确定经济批量，求年总成本对经济批量的一阶导数并令其为零，求得经济批量为：

$$\mathrm{EOQ}=\sqrt{\frac{2DS}{H}}=\sqrt{\frac{2DS}{Ch}} \tag{8-3}$$

订货点为：$R=d\times LT$，其中d为需求率，即单位时间内的需求量，LT为订货提前期。

例 8-1　某公司以单价 8 元每年购入 3000 单位某种产品，每次订货费用为 30 元，资金年利息率为 10%，仓储费用按所存储货物价值的 15%计算。若每次订货的LT为 2 周，试求经济订货批量、最低年总成本、年订货次数和订货点（一年按 52 周计算）。

解：已知$D=3000$件，$C=8$元/件，$S=30$元/(件・年)，$LT=2$周，$H=8\times15\%+8\times10\%=2$元/(件・年)，则：

$$\mathrm{EOQ}=\sqrt{\frac{2DS}{H}}=\sqrt{\frac{2\times3000\times30}{2}}=300\text{ 件}$$

年总成本 $C_T=3000\times8+3000/300\times30+300/2\times2=24600$ 元

年订货次数 $n=D/\mathrm{EOQ}=3000/300=10$ 次

订货点为 $R=d\times LT=3000/52\times2=115.4$ 件

（2）不允许缺货，一次订购分批入库的经济订购批量

企业在经营过程中，往往有不少物料不是整批瞬时完成进货的，而是一次订货分批连续入库，并且还是边补充边供应，一直达到最高库存量。这样就形成了一边进货入库，一边耗用出库的状态，入库的速度大于出库速度，一次订货全部进库后，库存只出不进，直到库存降低到零时，才开始新的一个库存周期循环，如图 8-5 所示。

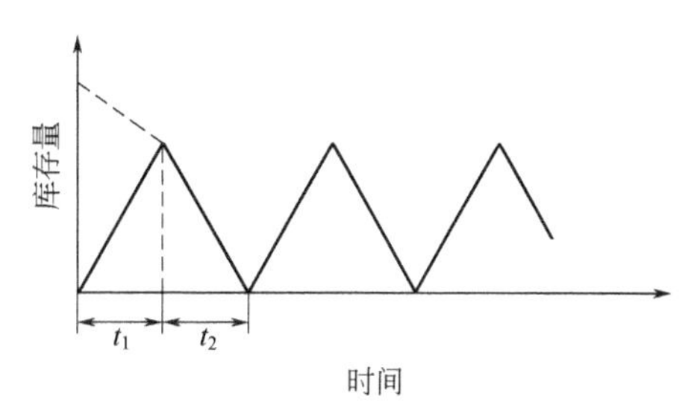

图 8-5　不允许缺货一次订购分批入库假设下的库存变化

相关基本参数设置为：C 是购买的单位货物的成本；D 是年总需求量；S 是每次订货发生的费用（与供应商的联系费、采购人员旅差费等）；H 是单位货物每年的存储成本［$H=Ch$，h 为资金费用率，元/(件·年)］；Q 是订货批量；C_T 是年总成本；物资分批进货量为 P（千克/天）；耗用量为 D'（千克/天），$P>D'$；分批补充库存需要的时间为 t_1，不进货的时间为 t_2。则：

$$t_1=Q/P\text{，平均库存量}=\frac{(P-D')t_1}{2}$$

$$\text{总费用 } C_T=\frac{(P-D')}{2}\left(\frac{Q}{P}\right)Ch+\frac{D}{Q}S+CD \tag{8-4}$$

求一阶导数得这种情况下经济批量公式：

$$\text{EOQ}=\sqrt{\frac{2DS}{Ch\left(1-\frac{D'}{P}\right)}} \tag{8-5}$$

例 8-2　某公司某种产品的年需求量为 3000 千克，物资单价为 10 元，每次订货费用为 10 元，年维持费率为 12%，每天进货量为 50 千克，每日耗用量为 10 千克，求经济订货批量。

解：$\text{EOQ}=\sqrt{\frac{2DS}{Ch\left(1-\frac{D'}{P}\right)}}=\sqrt{\frac{2\times3000\times10}{10\times0.12\times\left(1-\frac{10}{50}\right)}}=250$ 千克

（3）允许缺货的经济订购批量

在生产实际中，由于各种原因导致所采购物资无法及时到达企业，造成缺货损失的情况时有发生。这种情况下的库存情况如图 8-6 所示。在允许缺货时的库存总费用，就不仅包括维持成本、订购成本和购买成本，还包括缺货成本。确定允许缺货的经济订购批量是指维持成本、订购费用、维持费用和缺货损失费用四者之和总费用最小的批量。

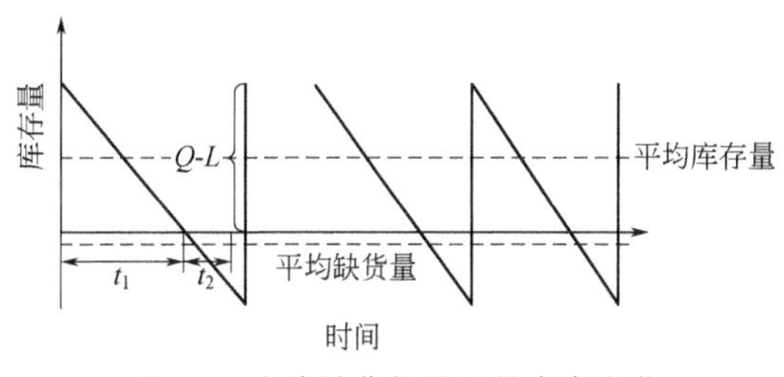

图 8-6　允许缺货假设下的库存变化

相关基本参数设置为：C 是购买的单位货物的成本；D 是年总需求量；S 是每次订货发生的费用（与供应商的联系费、采购人员旅差费等）；H 是单位货物每年的存储成本［$H=Ch$，h 为资金费用率，元/(件·年)］；Q 是订货批量；C_T 是年总成本；L 为允许缺货量；G 为单位物资缺货损失费用；d 为物资的平均每日需求量；t_1 为库存量为正数的时间，t_2 为库存量为零的时间。则：

$$t_1=\frac{Q-L}{d}\text{，}t_2=\frac{L}{d}\text{，平均库存量}=\frac{(Q-L)^2}{2Q}\text{，平均缺货量}=\frac{L^2}{2Q}$$

$$总费用\ C_T=\frac{(Q-L)^2}{2Q}\times Ch+\frac{D}{Q}\times S+CD+\frac{L_2G}{2Q} \tag{8-6}$$

通过 Q 和 L 求一阶导数并令其等于零，联立求解，得：

$$\mathrm{EOQ}=\sqrt{\frac{2DS}{Ch}\times\frac{Ch+G}{G}} \tag{8-7}$$

$$允许缺货量\ L=Q\times\frac{Ch}{Ch+G}$$

例 8-3 某公司以单价 10 元每年购入 1200 千克某种产品，每次订货费用为 300 元，年保管费率为 20%，单位物资缺货损失费用为 5 元，试求允许缺货情况下的经济订货批量。

解： $\mathrm{EOQ}=\sqrt{\frac{2DS}{Ch}\times\frac{Ch+G}{G}}=\sqrt{\frac{2\times1200\times300}{10\times0.2}\times\frac{10\times0.2+5}{5}}=710$ 千克

(4) 价格折扣时的经济订购批量

实际中，为了刺激需求，获得更大的购买行为，生产商往往在顾客的采购批量大于某一个数值时提供优惠价格，这就是价格折扣。如图 8-7 所示，有两种数量折扣的情况，当采购数量低于 Q_1 时，物资单价为 P_1；当采购数量高于 Q_1 低于 Q_2 时，物资单价为 P_2；当采购数量高于 Q_2 时，物资单价为 P_3。

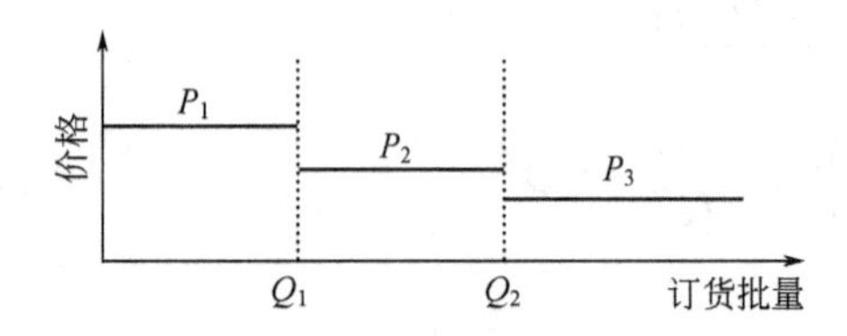

图 8-7 有数量折扣的价格曲线

当企业订购数量达到一定额度时，可以享受价格折扣优惠，那么，企业是否应该增加订货呢？在数量折扣订货条件下，单价较低，年订购成本较低，较少发生缺货，装运成本也较低。但库存量大、存储费用高、存货周转慢且容易陈旧。是否增加订货关键要看是否有净收益。要在由于折扣而获得的价格优惠加上由于减少订购次数而节省的订购费用与随着订购批量扩大而增加的维持费用之间进行平衡，对是否接受价格折扣而增大订购批量作出决策。

在此模型下，允许有价格折扣，物资的单价不是固定的。图 8-8 是有两个折扣点的价格折扣模型的费用。成本最低点或者是曲线斜率为 0 的点，或者是曲线的中断点，如图 8-9 所示。

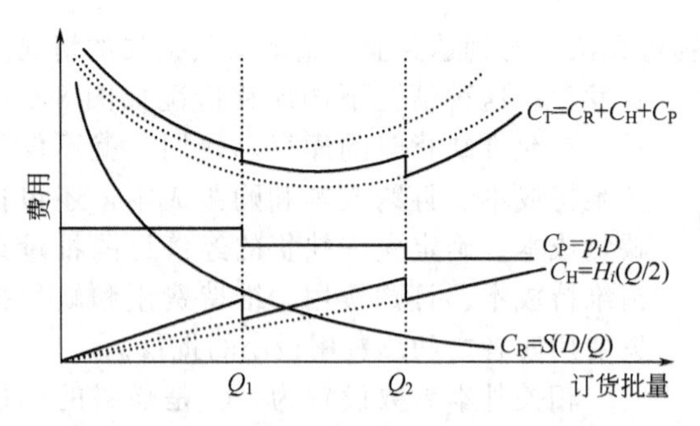

图 8-8 有两个折扣点的价格折扣模型的费用

最低成本点
最低成本点
最低成本点

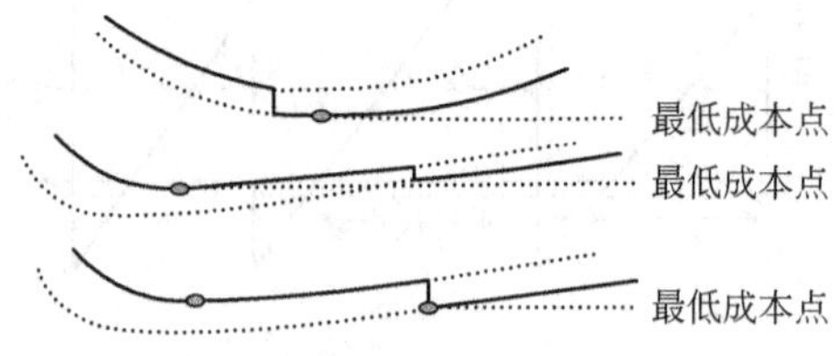

图 8-9 成本最低点示意图

价格折扣的最优订货批量的确定步骤如下。

① 取最低价格计算 EOQ，若 EOQ 可行（即按 EOQ 订货能取得对应的折扣），则 EOQ 即为最优订货批量。否则转下一步。

② 取次低价格计算 EOQ，若 EOQ 可行（即按 EOQ 订货能取得对应的折扣），则计算订货量为 EOQ 时的总成本和所有大于 EOQ 的数量折扣点所对应的总成本，其中最小的总成本所对应的订货数量即为最优订货批量。如果 EOQ 不可行，则重复本步骤。

例 8-4　某公司每年需要 4000 只开关。价格为：购买数量在 1～499 之间时，每个开关 0.90 元；购买数量在 500～999 之间时，每个开关 0.85 元；购买数量 1000 以上时，每个开关 0.82 元。每次订货费为 18 元，单位产品的库存维持费用率为 18%，求最优订货批量和年总费用。

解： 第一步：当 $C=0.90$ 时，$H=0.90\times18\%=0.162$，$S=18$；$D=4000$。则：

$$\mathrm{EOQ}(0.90)=\sqrt{\frac{2\times4000\times18}{0.162}}=942.8$$

也就是单价为 0.90 时，经济订购批量约为 943，与供应商的条件不一致，因此，942.8 不可行。

第二步：求次低的单价 $C=0.85$ 时的情况。此时：

$$\mathrm{EOQ}(0.85)=\sqrt{\frac{2\times4000\times18}{0.85\times18\%}}=970$$

也就是单价为 0.85 时，经济订购批量约为 970，与供应商的条件不矛盾，因此，970 是可行的。

大于 970 的折扣点只有一个，即为 1000 只。因此，分别计算订货量为 970 和 1000 时的总成本。

$C_{\mathrm{T}}(970)=(970/2)\times0.85\times18\%+(4000/970)\times18+4000\times0.85=3522.64$ (元)

$C_{\mathrm{T}}(1000)=(1000/2)\times0.82\times18\%+(4000/1000)\times18+4000\times0.85=3545.8$ (元)

所以，最优订货批量为 970 只。

8.3.2　经济生产批量模型

在实际生产中，往往是物料一边消耗一边补充，这样就会出现以下情况：①当生产能力大于需求时，库存是逐渐增加的，要使库存不至于无限增加，当库存达到一定量时，应该停止生产一段时间，因而生产过程是间断的；②当生产能力小于或等于需求时，生产过程是连续的，不存在成品库存。当生产能力大于需求时，就要解决多大的生产批量最经济的问题。

经济生产批量模型（economic production quantity，EPQ）又称经济生产量模型，其假设条件与经济订购批量模型的假设相同。经济生产批量模型下库存随时间变化的过程如图 8-10 所示。生产在库存为零时开始生产，由于生产率 p 大于需求率 r，库存将以（$p-r$）速率上升。经过时间 t_{p} 后，库存达到最大值 Q_1。生产停止后，库存按需求率 r 下降。当库存降低至零时，又开始新一轮生产。

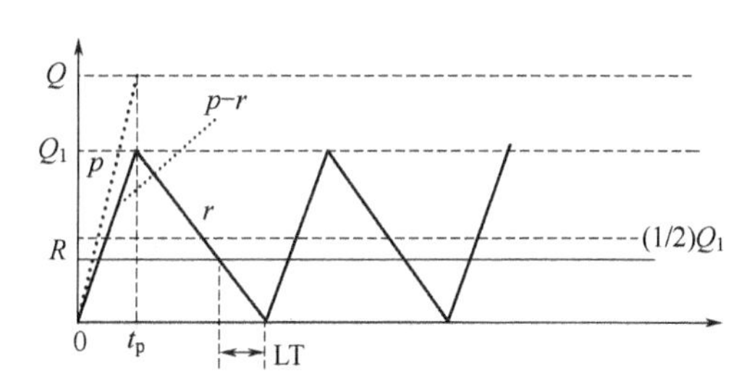

图 8-10　经济生产批量模型假设下的库存量变

经济生产批量模型的基本参数设置为：C 是单位生产成本，D 是年总需求量，S 是每次生产的生产准备费，Q 是一次生产的批量，H 是单位货物每年的存储成本，p 是生产率（单位时间的产量），r 是需求率（单位时间的出库量，$r<p$），C_{T} 是年总成本，R 是订货点，LT 是生产提前期，Q_1 是库存最大值。则：

$$C_{\mathrm{T}}=C_{\mathrm{H}}+C_{\mathrm{R}}+C_{\mathrm{P}}=\frac{1}{2}Q_1Ch+\frac{D}{Q}S+CD \tag{8-8}$$

$$Q=t_{\mathrm{p}}p \tag{8-9}$$

$$Q_1=t_{\mathrm{p}}(p-r)=Q(1-r/p) \tag{8-10}$$

相应的生产批量为：

$$\mathrm{EPQ}=\sqrt{\frac{2DSp}{(p-r)H}} \tag{8-11}$$

例 8-5 戴安公司是生产氧气瓶的专业厂。该厂年工作日为 220 天，市场对氧气瓶的需求率为 50 瓶/天。氧气瓶的生产率为 200 瓶/天，年库存成本为 1 元/瓶，设备调整费用为 35 元/次。求：①经济生产批量（EPQ）；②每年生产次数；③最大库存水平；④一个周期内的生产时间和纯消耗时间的长度。

解：已知，$S=35$ 元/次，$p=200$ 瓶/天，$r=50$ 瓶/天，$H=1$ 元/(瓶·年)，年需求量 $D=50\times220=11000$ 瓶

① 经济生产批量（EPQ）

$$\mathrm{EPQ}=\sqrt{\frac{2DSp}{H(p-r)}}=\sqrt{\frac{2\times11000\times35\times200}{1\times(200-50)}}=1013$$

② 每年生产次数

$$n=D/\mathrm{EPQ}=(11000/1013)=10.86\approx11$$

③ 最大库存水平 $Q_{\max}$

$$Q_{\max}=\mathrm{EPQ}(p-r)/p=1013\times(200-50)/200=759.75\approx760 \text{ 瓶}$$

④ 生产时间 t_p 和纯消耗时间 $(t-t_p)$

$$t_p=\mathrm{EPQ}/p=1013/200=5.065 \text{ 天}$$

$$t-t_p=(\mathrm{EPQ}/r)-(\mathrm{EPQ}/p)=1013/50-1013/200=20.56-5.065=15.02 \text{ 天}$$

8.4 单周期库存模型

8.4.1 单周期库存问题

单周期订货模型也称为单一订货库存模型，主要用于容易腐烂的物品（新鲜水果、蔬菜、鲜花等）以及有效期短的产品（报纸、杂志等）的订货。这些产品的库存存储问题称为单周期订货问题。下面问题是典型的单周期库存控制问题。

① 圣诞树问题。某批发商准备订购一批圣诞树供圣诞节期间销售。该批发商对包括订货费在内的每棵圣诞树要支付 \$2，树的售价为 \$6。未售出的树只能按 \$1 出售。如果他知道节日期间圣诞树需求量的概率分布，问该批发商应该订购多少树？

② 报童问题。一名报童以每份 0.20 元的价格从发行人那里订购报纸，然后以 0.50 元的价格售出。但是，他在订购第二天的报纸时不能确定实际的需求量，而根据以前的经验，他知道需求量具有均值为 50 份、标准差为 12 份的正态分布。那么，他应当订购多少份报纸呢？

单周期库存控制的关键点是要妥善地管理好单周期需求。单周期库存问题决策侧重于订货量，没有订货时间决策问题，订货量等于需求预测量。库存控制的关键是确定或预测需求量。

对于单周期库存来说，订货量和实际需求量的关系有两种情况：

根据预测确定的订货量与实际需求量一致，这是理想的巧合状态；

根据预测确定的订货量与实际需求量不一致，这种预测误差是客观存在的。

① 当需求量大于订货量时，会导致缺货而失去销售机会，产生机会损失形成机会成本。机会成本也称为缺货成本、欠储成本。它包括对顾客信誉的损失与错过销售的机会成本。如果短缺与用于生产的机器备件有关，那么缺货成本就是错过生产的实际成本。一般情况下，缺货成本仅指每单位的未实现利润，即：

缺货成本＝单位销售额－单位成本

② 当需求量小于订货量时，未售出的物品导致超储而造成损失，形成超储成本。超储成本也称为过期成本、陈旧成本。它属于期末剩余库存发生的损失。实际上，超储成本是购买成

本与残值之差，即：

超储成本=原始单位成本-单位残值

为了确定最佳的订货量，需要考虑各种由订货引起的费用。因为单周期需求物品的现实需求无法准确预计，而且只能通过一次性订货满足，即使有库存，其费用变化也不是很大。也正是由于仅发出一次订货和只发生一次性订货费用，所以订货费用可以视为一种沉没成本。由此可见，对最佳订货量起决定作用的是缺货成本或超储成本。

8.4.2 单周期库存控制模型

单周期库存控制的理想目标是确定最佳订货量，使长期的缺货成本与超储成本最小。确定最佳订货量可采用期望损失最小法、期望利润最大法和边际分析法。

(1) 期望损失最小法

期望损失最小法就是比较不同订货量下的期望损失，取期望损失最小的订货量作为最佳订货量。假设某种物品的单位成本为 C，单位售价为 P，降价后处理价格为 S，单位机会成本为 $C_u=P-C$，单件超储成本为 $C_0=C-S$，实际需求量为 d 时的概率为 $P(d)$，则订货量为 Q 时的期望损失的计算公式为：

$$E_L(Q)=\sum_{d>Q}C_u(d-Q)P(d)+\sum_{d<Q}C_0(Q-d)P(d) \tag{8-12}$$

例 8-6　某商场根据历史销售数据预测，今年全年商品 A 的需求分布情况如表 8-2 所示。

表 8-2　商品 A 的需求分布率

需求 d/件	3500	3600	3700	3800	3900	4000
概率 $p(d)$	0.1	0.15	0.25	0.25	0.15	0.1

该商品的进货价为 60 元/件，商场零售价为 90 元/件。如果在年底之前卖不出去，只能以 20 元/件进行处理。试问该商场该进多少量的商品 A。

解：$C_u=90-60=30$ 元/件；$C_0=60-20=40$ 元/件；

当 $Q=3700$ 件时，则：

$$E_L(3700)=40\times200\times0.1+40\times100\times0.15+40\times0\times0.25+30\times100\times0.25+30\times200\times0.15+30\times300\times0.1$$
$$=3950\ (元)$$

可按同样方法算出 Q 取其他值时的 $E_L(Q)$，结果见表 8-3。由表 8-3 可以得出最佳订货量为 3700 件，此时期望损失最小，为 3950 元。

表 8-3　商品 A 的期望损失计算表

订货量 Q	实际需求 d						期望损失 $E_L(Q)$/元
	3500	3600	3700	3800	3900	4000	
	$P(D=d)$						
	0.1	0.15	0.25	0.25	0.15	0.1	
3500	0	3000	6000	9000	12000	15000	7500
3600	4000	0	3000	6000	9000	12000	5200
3700	8000	4000	0	3000	6000	9000	3950
3800	12000	8000	4000	0	3000	6000	4450
3900	16000	12000	8000	4000	0	3000	6700
4000	20000	16000	12000	8000	4000	0	10000

（2）期望利润最大法

期望利润最大法就是比较不同订货量下的期望利润，取期望利润最大的订货量作为最佳订货量。假设某种物品的单位成本为 C，单位售价为 P，降价后处理价格为 S，单位机会成本为 $C_u=P-C$，单件超储成本为 $C_0=C-S$，实际需求量为 d 时的概率为 $P(d)$，则订货量为 Q 时的期望利润的计算公式为：

$$E_P(Q)=\sum_{d<Q}[C_u d-C_0(Q-d)]P(d)+\sum_{d>Q}C_u QP(d) \tag{8-13}$$

例 8-7 某商店挂历需求的分布率如表 8-4 所示。已知，每份挂历的进价为 $C=30$ 元/件，售价 $P=60$ 元/件。如果在一个月内卖不出去，则每份挂历只能按 $S=10$ 元/件降价处理。求该商店应该进多少挂历为好。

表 8-4 某商店挂历的需求分布率

需求 d/份	0	10	20	30	40	50
概率 $P(d)$	0.05	0.15	0.20	0.25	0.20	0.15

解：$C_u=60-30=30$ 元/件；$C_0=30-10=20$ 元/件；

当 $Q=30$ 件时，则：

$$\begin{aligned}E_P(30)=&[30\times0-20\times(30-0)]\times0.05+[30\times10-20\times(30-10)]\times0.15+[30\times20-\\&20\times(30-20)]\times0.20+30\times30\times0.25+30\times30\times0.20+30\times30\times0.15\\=&575\ (元)\end{aligned}$$

可按同样方法算出 Q 取其他值时的 $E_P(Q)$，结果见表 8-5。由表 8-5 可以得出最佳订货量为 30 份，此时期望利润最高，为 575 元。

表 8-5 挂历的期望利润计算表

订货量 Q	实际需求 d						期望利润 $E_p(Q)$/元
	0	10	20	30	40	50	
	$P(D=d)$						
	0.05	0.15	0.20	0.25	0.20	0.15	
0	0	0	0	0	0	0	0
10	−200	300	300	300	300	300	275
20	−400	100	600	600	600	600	475
30	−600	−100	400	900	900	900	575
40	−800	−300	200	700	1200	1200	550
50	−1000	−500	0	500	1000	1500	425

（3）边际分析法

边际分析法考虑：如果增加一个产品订货能使期望收益大于期望成本，那么就应该在原订货量的基础上追加一个产品的订货。

当增加到第 D 个产品时，$P(D)C_u>[1-P(D)]C_0$ 成立，式中，D 为订货量，$P(D)$ 为需求量大于等于 D 的概率分布函数。

从满足需要的最小可能订货量开始，随着订货量的增加，$P(D)$ 便随之下降。在某一点上，$P(D)$ 可以使上式两个期望值相等，将此时的 $P(D)$ 记为 $P^*(D)$，并称之为临界概率。

$$P^*(D)C_u=[1-P^*(D)]C_0$$

$$P^*(D)=\frac{C_0}{C_u+C_0} \tag{8-14}$$

确定了临界概率 $P^*(D)$，然后就可以根据经验分布找出最佳的订货量。使得 $P(D)=P^*(D)$ 的订货量即为最佳订货量，或者满足条件：$P(D)>P^*(D)$ 且 $P(D)-P^*(D)$ 为最小所对应的 D 即为最优订货量。

例 8-8 某批发商准备订购商品供节日期间销售。该批发商对包括订货费在内的每件商品要支付 4 元，商品的售价为 12 元。未售出的商品只能按 2 元出售。节日期间对该商品的需求量的概率分布见表 8-6，问该批发商的商品的最佳订购量是多少？

表 8-6 商品需求量的概率分布

需求量/件	10	20	30	40	50	60
概率	0.10	0.10	0.20	0.35	0.15	0.10
$P(D)$	1.00	0.90	0.80	0.60	0.25	0.10

解： $C_u=12-4=8$ 元，$C_0=4-2=2$ 元

$P^*(D)=C_0/(C_0+C_u)=2/(2+8)=0.20$

查表可知，实际需求大于 50 件的概率为 0.25，再结合求 D^* 的条件可以求出最佳订货量为 50 件。

8.5 库存 ABC 管理

企业需要的物料种类繁多，这些物料的重要程度、价格高低、资金占用各不相同。如何针对库存物料的不同情况和特点，实施重点的分类控制和管理，尽可能减少库存占用资金，加快资金周转，对企业具有重要的意义。

ABC 分类管理法是库存管理中常用的分析方法，也是经济工作中的一种基本工作和认识方法。ABC 分类的应用，在库存管理中比较容易取得以下成效：压缩库存量、解放被占用物资、使库存结构合理化以及节约管理力量。

8.5.1 ABC 分析法的基本原理

19 世纪帕累托在研究米兰的财富分布时发现，20％的人口控制了 80％的财富，这一现象被概括为“关键的少数和一般的多数”。这一规律的中心思想是在对各种因素进行统计分类的基础上，找出主要问题，从而将管理资源和管理工作的重点放在主要关节点，对其进行重点控制与管理。这一规律是普遍存在的，可以说是比比皆是。例如：在社会结构上，少数人领导多数人；在研究机关中，少数科研人员取得研究成果的大部分；在人事方面，德智体诸方面拔尖的只是少数；生产方面，20％的产品赢得了 80％的利润，20％的员工创造了 80％的财富等。总之，少量的因素带来了大量的结果。这一规律告诉管理者，不同的因素在同一活动中起着不同的作用，在资源有限的情况下，要把主要精力放在起着关键作用的因素上。在库存管理系统中，帕累托现象同样适用，主要体现在库存和资金占用上。上述库存价值昂贵，占用了大部分的库存资金；多数库存价格便宜，占用很小的库存资金。

ABC 分类法的基本原理是：由于各种库存物资的需求量和单价各不相同，其年耗用金额也各不相同。那些年耗用金额大的库存品，由于其占用企业的资金较大，对企业经营的影响也较大，因此需要进行特别的重视和管理。ABC 分类法通常根据年耗用金额将物品分为三类。

A 类库存品：是指 10％左右的具有很高价值的存货，它们在存货总价值中所占比例在 70％左右。

B 类库存品：是指 20％左右的具有中等价值的存货，它们在存货总价值中所占比例在

20%左右。

C类库存品：是指70%左右的具有很低价值的存货，它们在存货总价值中所占比例在10%左右。

一般来说，针对A、B、C三类库存品，需要采用相应的库存控制策略。对于A类库存品，对组织最重要，应为库存品管理的重点对象，一般应进行严格的连续控制方式；对于B类库存品，其重要程度介于A类和C类之间，企业要根据物料管理的能力和水平，采用不同方法对其实施正常控制。只有在紧急情况下，才赋予较高优先级，可按经济批量订货；对于C类库存品，对组织的重要性最低，对其管理也最不严格，一般采用比较简单的定量控制方式，可适当加大订购批量和安全库存。

需注意的是，在进行ABC分类时，耗用金额不是唯一的分类标准，还需要结合企业经营和管理等其他影响因素。有时，C类或B类库存品的缺少也会严重的影响整个生产，于是该项C类或B类库存品必须进行严格的管理，会强制地进入A类。所以在分类时不但要依据物品的耗用金额，还需要考虑库存品的重要程度等其他因素。一些更复杂的存货分类系统则同时使用多个指标，并分别按照各个指标给库存品进行A、B、C类的划分。比如。一个零件可能被划分为A/B/A类，也就是按照价值划分，它属于A类；按照缺货后果划分，属于B类；按照供应不确定划分，属于A类。

8.5.2 ABC分析的一般步骤

虽然ABC分析法已经成为了企业的基础管理方法，有广泛的适用性，但目前应用较广的还是在库存分析中，此处以库存的ABC分析及重点管理方法为例来阐述。

ABC分析的一般步骤如下。

① 搜集数据。按分析对象和分析内容，搜集有关数据。例如，打算分析产品成本，则应搜集产品成本因素、产品成本构成等方面的数据。

② 处理数据。利用搜集到的年需求量、单价，计算出各种库存品的年耗用金额。

③ 编制ABC分析表。根据已计算出的各种库存品的耗用金额，把库存品按照年耗用金额从大到小进行排列，并计算累计百分比。

④ 根据ABC分析表确定分类。根据已计算的年耗用金额的累计百分比，按照ABC分类的基本原理，对库存品进行分类。

⑤ 绘制ABC分析图。以库存品种数百分比为横坐标，以累计耗用金额百分比为纵坐标，在坐标图上取点，并连接各点，则绘成ABC曲线。按ABC分析曲线对应的数据，以ABC分析表确定A、B、C三个类别的方法，在图上标明A、B、C三类，则制成ABC分析图。

例8-9 某厂一个仓库物料有10个品种，它们的年需求量和单价如表8-7所示。假如企业决定按20%的A类物料，30%的B类物料，50%的C类物料来进行ABC库存分类。试进行ABC分类，并作相应处理。

解： ① 首先计算出每种库存品的年耗用金额，见表8-7的最后一列。

表8-7 库存物料

库存品代号	年需要量/件 (1)	单价/元 (2)	库存资金/元 (1)×(2)
a	550	30	16500
b	410	10	4100
c	60	5000	300000
d	2000	6	12000

续表

库存品代号	年需要量/件 (1)	单价/元 (2)	库存资金/元 (1)×(2)
e	1000	4	4000
f	500	16	8000
g	30	1000	30000
h	1000	1	1000
i	1500	2	3000
j	1200	30	36000

② 按照年耗用金额从大到小进行排列，并计算累计百分比。然后根据分类标准进行 A、B、C 分类，见表 8-8。

表 8-8　库存物料 ABC 分类表

类别	库存品	库存资金/元	占总资金比重	资金比重	品种比重	资金累计比重	品种累计比重
A	c	300000	72.4%	81.1%	20%	81.1%	20%
	j	36000	8.7%				
B	g	30000	7.2%	14.1%	30%	95.2%	50%
	a	16500	4.0%				
	d	12000	2.9%				
C	f	8000	1.9%	4.8%	50%	100%	100%
	b	4100	1.0%				
	e	4000	1.0%				
	i	3000	0.7%				
	h	1000	0.2%				
小计		414600	100	100	100	—	—

③ 以库存品种数百分比为横坐标，以累计耗用金额百分比为纵坐标，绘制 ABC 分析图，见图 8-11。

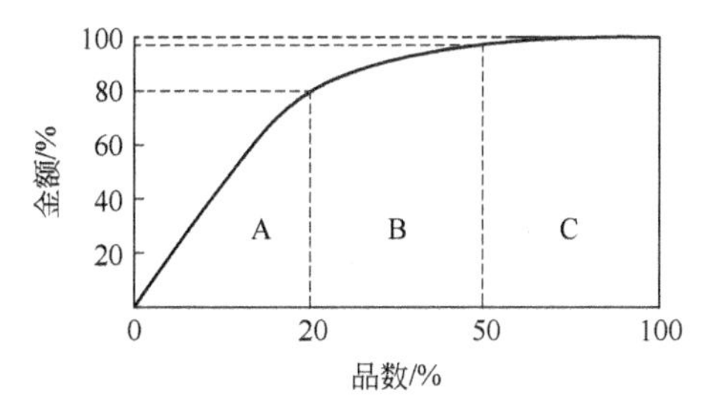

图 8-11　ABC 分析图

8.6　本章小结

库存管理是组织运作过程中的关键环节，库存管理的有效性决定着组织能否在满足顾客服务的前提下，使库存成本最小化。因此，库存管理水平决定着组织的运作效率。

本章主要学习库存管理的相关内容，包括库存的基本概念及分类，库存控制的概念、成本及其控制方式，多周期库存模型，单周期库存模型，以及库存 ABC 管理方法。

对于多周期库存模型，主要学习了经济订货批量模型和经济生产批量模型。经济订货批量也称经济订购批量，即通过费用分析求得在库存总费用为最小时的每次订购批量，用以解决独立需求物品的库存控制问题。经济生产批量模型又称经济生产量模型。在实际生产中，当生产能力大于需求时，库存是逐渐增加的，要使库存不至于无限增加，就要解决多大的生产批量最经济的问题。

单周期货库存模型，主要用于容易腐烂的物品（新鲜水果、蔬菜、鲜花等）以及有效期短的产品（报纸、杂志等）的订货。这些产品的库存存储问题称为单周期订货问题，库存控制的理想目标是确定最佳订货量，使长期的缺货成本与超储成本最小。确定最佳订货量可采用期望损失最小法、期望利润最大法和边际分析法。

ABC 分类法是库存管理中常用的分析方法，也是经济工作中的一种基本工作和认识方法。其基本原理是：由于各种库存物资的需求量和单价各不相同，其年耗用金额也各不相同。那些年耗用金额大的库存品，由于其占用企业的资金较大，对企业经营的影响也较大，因此需要进行特别的重视和管理。ABC 分类法通常根据年耗用金额将物品分为 A、B、C 三类，不同类别的物品采用相应的不同库存控制策略。

库存是一把双刃剑。一方面，库存的存在是一种资源和资金的浪费，它需要占用大量资金，增加企业的开支。另一方面，库存的存在可以使组织在不确定的环境下，为组织生产经营的正常进行增加安全感。因此，库存管理需要在保持较高服务水平与库存所带来的成本之间进行平衡。

习　题

1. 简述库存的定义和分类。

2. 独立需求与非独立需求的区别是什么？

3. 简述典型的库存控制方式及控制机制。

4. 库存控制的主要费用有哪些？

5. 讲述定量订货方式的工作机理及库存变化特点。

6. 讲述定期订货方式的工作机理及库存变化特点。

7. 简述 ABC 分类法的基本思想和实现步骤。

8. 一公司对某物料的年需求量为 80 万件，每次订货的费用为 300 元，年储存成本为购入价的 20%，单位物资的购价可分为 3 段享受数量折扣（见表 8-9）。求最优订货批量。

表 8-9　单位物资享受的折扣

定购数量/件	单位价格/(元/件)
0～9999	25
10000～19999	20
20000 以上	15

9. 某音乐会主办者需要决定订购多少件印有音乐会图标的 T 恤衫。如果能卖出，每件赚 5 元；如果卖不完，还可以将剩余的体恤衫退回工厂，但是每件要支付 3 元的赔偿。音乐会听众对 T 恤衫的需求是不确定的，但是主办单位估计不会超出 200～1000 这个范围，不同需求水平出现的概率见表 8-10 所示。

表 8-10 T恤衫不同需求水平的出现概率

需求水平	200	400	600	800
概率	0.2	0.3	0.4	0.1

10. 已知各种物品的情况如表8-11，对物品进行ABC分类。其中A类物品占总金额的80%，B类占15%，C类占5%。

表 8-11 各种物品的情况

物品	1	2	3	4	5	6	7	8	9	10
单价	0.15	0.05	0.1	0.22	0.08	0.16	0.03	0.12	0.18	0.05
年需求量	26	65	220	750	1100	1750	85	25	420	20

第9章　企业资源计划

引导案例

特变电工（德阳）电缆股份有限公司（简称“德缆公司”）是由中国输变电龙头企业——特变电工股份有限公司于1998年联合四川省电力物资公司等四家企业，对原德阳电缆厂实施资产重组成立的股份有限公司，公司年产能力达10亿元以上，是中国线缆行业综合实力前20强企业，四川省八十户重点企业之一。公司产品大量出口新加坡、澳大利亚、埃塞阿比亚、巴基斯坦、叙利亚、孟加拉、印度、苏丹、安哥拉等20多个国家和地区，全面打造了以西南为中心，辐射全国，面向国际的营销网络。

随着公司的发展，管理上出现了一系列的挑战，主要有四个方面。

① 规模扩大，原有管理模式遭遇瓶颈。

随着特变电工（德阳）电缆股份有限公司的不断壮大，各种管理上的问题也接踵而至，公司的管理开始出现瓶颈。例如，在企业快速发展过程中，规模越来越大，这也使得公司的各个部门之间常常不能紧密的协调，致使同样的工作在不同的部门之间重复进行，甚至各部门之间还会出现不必要的冲突，这些都给企业的管理造成了很大的困难。

② 销售部门信息不畅。

由于从原材料采购，到库存、生产、包装、销售之间存在较多的环节，因此销售部门不能第一时间掌握原材料、产品和价格信息，销售部门在投标过程中就无法快速准确的给客户报出产品价格，尤其是新产品报价只能通过业务员自己平时的经验积累来告诉客户一个价格范围，这样就很容易导致客户流失。

③ 产品非常复杂，工作量过大。

对于德缆公司来说，其生产技术是流程型的，而不是离散型的。投产过程中，物料投入层次分级，某一个生产段就有很多工序，工序与工序间并不是紧密联系的，多个工单中，越靠前的工序合并生产的可能性越大。例如，300多种原料可以生产27000种产品，对于这种倒金字塔形的结构，如果只是人为去进行协调，工作量是可想而知的。

④ 资金、原料积压现象严重。

线缆行业中受原料通用性强，生产周期长，合同交易时间不确定等因素限制，每个订单都很难实现明确的计划生产，但又不可能完全依靠人工来判断。这也就导致公司经常出现资金占用、原料积压等状况。

经过了长达5年的摸索和思考，德缆公司认为公司信息化已势在必行。经过细致的分析考量，公司最终决定全面采用一套涵盖生产、分销、客户关系管理、财务及商业智能分析的ERP系统，将生产、销售、采购、库存、客户关系管理紧密的结合到了一起，打破了原来信息孤岛的局面，全面提升工作效率，降低管理成本。

资料来源：http：//www.amteam.org

9.1　物料需求计划

物料需求计划（material requirements planning，MRP）起源于20世纪60年代初的美国，

最初是针对当时制造企业生产管理中存在的普遍问题以及传统库存控制方法的不足而提出的一种生产组织管理技术。它是一种生产计划与控制技术，代表了一种新的生产管理思想，是一种新的组织生产的方式。

9.1.1　传统订货点法的缺陷

订货点法是传统的库存计划与控制方法，其基本思想是根据过去的经验预测未来的需求，根据物料的需求情况来确定订货点和订货批量。

订货点法的基本假设点有：

① 对各种物料的需求是相互独立的；

② 物料的需求是稳定、连续的；

③ 订货提前期是已知的、固定的。

订货点法适合于需求比较稳定的物料库存控制与管理。然而，在实际生产中，随着市场环境发生变化，需求常常是不稳定的、不均匀的，在这种情况下使用订货点法便暴露出一些明显的缺陷。

（1）盲目性

由于需求的不均匀以及对需求的情况不了解，企业不得不保持一个较大数量的安全库存来应付这种需求。这样盲目地维持一定量的库存会造成资金积压，造成浪费。例如，对某种零件的需求可能有如表 9-1 的三种情况，假定通过经济订货批量计算出该零件的订货批量为 50 件。那么，对于情况 1，第 1 周需要 10 件，若一次订 50 件，则余下 40 件还需存放 9 周，但到第 10 周时真正需要时，余下的 40 件又不够，必须再次订货 50 件。同样地，对于情况 2 和情况 3 也同样存在类似情况。

表 9-1　某零件的需求

周次	1	2	3	4	5	6	7	8	9	10
情况 1	10	0	0	0	0	0	0	0	0	50
情况 2	10	0	50	0	0	0	0	0	0	0
情况 3	10	0	0	10	0	0	0	40	0	0

（2）高库存与低服务水平

传统的订货点方法使得低库存与高服务水平两者不可兼得。一般认为，要达到高服务水平越高则必须高库存，即使高库存也会常常造成零件积压与短缺共存的局面。例如：如果装配一个部件，需要 5 个零件，当以 95％的服务水平供给每种零件时，每种零件的库存水平很高。但装配给零件时，5 种零件都不发生缺货的概率是 $(0.95)^5=0.774$，大致每 4 次就有一次缺货。

（3）形成“块状”需求

订货点法的假设条件是均匀需求，但在制造过程中物料的需求是块状的：不需要的时候为零，需要时为一批。采用订货点法加剧了这种不均匀性，如图 9-1 所示。

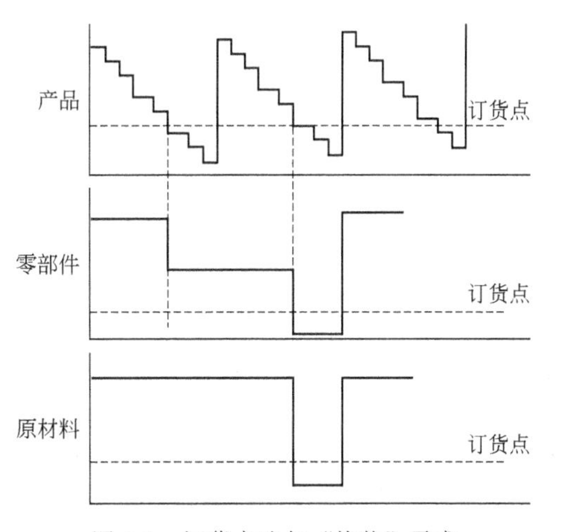

图 9-1　订货点法与“块状”需求

如图 9-1 所示，企业的产品、零部件和原材料都采用订货点法进行控制。一般说来，市场对产品的需求较稳定，呈小锯齿状。当产品的库存下降到订货点以下时，企业开始组织该产品的装配。当装配产品时，必须从零部件库中取出各种零部件，这样，零部件库存陡然下降一块，当没达到零部件订货点时，零部件不必订货，这时原材料也不必订货。随着产品库存再次下降到订货点以下，再次需要进行产品的装配时，这时又要消费一部分零部件的库存，如果零部件库存量下降到订货点以下时，就要组织资源进行零部件的加工，要进行零部件的生产就要从原材料库中领取原材料。由此可以看出，在产品的需求率为均匀的条件下，由于采用订货点方法，造成对零件和原材料的需求率不均匀，呈“块状”。“块状”需求与“锯齿状”需求相比，平均库存水平几乎提高一倍，因而占用更多的资金。

订货点法之所以有这些缺陷，是因为它没有按照各种物料真正需用的时间来确定订货日期。于是，人们便思考：怎样才能在需要的时间，按需要的数量得到真正需用的物料，从而消除盲目性，实现低库存与高服务水平？

9.1.2 物料需求计划的基本思想

物料需求计划（material requirements planning，MRP）是当时库存管理专家们为解决传统库存控制方法的不足，不断探索新的库存控制方法的过程中产生的。最早提出解决方案的是美国 IBM 公司的 Dr. J. A. Orlicky 博士，他在 20 世纪 60 年代设计并组织实施了第一个 MRP 系统。

MRP 的基本思想是围绕物料转化组织制造资源，实现按需要准时生产。

制造型企业的生产是将原材料转化为产品的过程。如加工装配式生产，工艺顺序如图 9-2，即将原材料制成毛坯，毛坯加工成零件，零件组装成部件，部件总装成产品。对于制造型的流程工业，也具有类似生产工艺顺序情况。

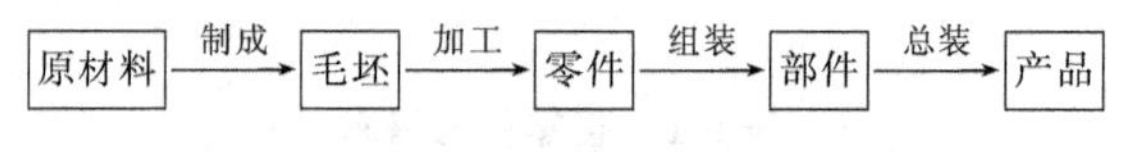

图 9-2 从原材料到产品制造的生产过程

按上述的生产过程，如果确定了产品的需求时间和需求数量，就可以确定产品装配数量和装配时间。确定了产品装配数量和装配时间就可按产品的结构确定产品所需的零部件的出产数量和出产时间，进而可以确定出零部件投入数量和投入时间，直至原材料需要的数量和需要的时间，汇总得出所需的制造资源和需要时间，如图 9-3 所示。

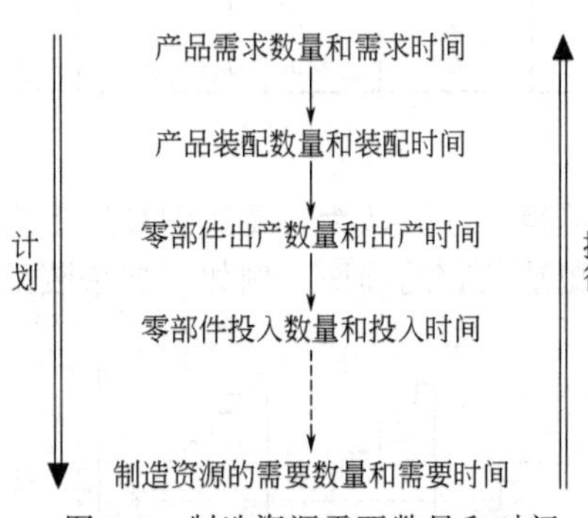

图 9-3 制造资源需要数量和时间

可见，MRP 是以物料为中心来组织生产，以物料为中心体现了为顾客服务的宗旨和按需定产的思想。这里，“物料”是一个广义的概念，泛指原材料、在制品、外购件以及产品。以物料为中心组织生产，要求上道工序应该按下道工序的需求进行生产，前一生产阶段应该为后一生产阶段服务，各道工序做到既不提前完工，也不误期完工，因而是最经济的生产方式。MRP 正是按这样的方式来完成各种生产作业计划的编制的。

MRP 处理的是相关需求。在 MRP 中，将所有物料分成独立需求（independent demand）和相关需求（dependent demand）两种类型。独立需求就是指该物料的需求与对其他产品或零部件的需求无关。它来自企业外部，其需求量和需求时间由企业外部的需求来决定，如客户订购的产品、售后用的备品备件等。其需求数据一般通过预测和订单来确定，可按订货点方法处理。相关需求则是指对某些项目的需求取决于对另一些项目的需求，如汽车制造中的轮胎需求，它取决于制造装配汽车的数量。相关需求一般发生在制造过程中，可以通过计算得到。对原材料、毛坯、零件、部件的需求，来自制造过程，是相关需求，MRP 处理的正是这类相关需求。

从上可以看出，MRP 思想的提出解决了物料转化过程中的几个关键问题：何时需要，需要什么，需要多少？它不仅在数量上解决了缺料问题，更关键的是从时间上来解决缺料问题。

如果一个企业的经营活动从产品销售到原材料采购，从自制零件的加工到外协零件的供应，从工具和工艺装备的准备到设备维修，从人员的安排到资金的筹措与运用，都围绕 MRP 的这种基本思想进行，就可形成一整套新的方法体系，它涉及企业的每一个部门，每一项活动。因此，人们又将 MRP 看成是一种新的生产方式。

9.1.3　物料需求计划系统的原理

(1) 物料需求计划处理逻辑

MRP 的基本原理就是由产品的交货期展开成零部件的生产进度日程与原材料、外购件的需求数量和需求日期，即将产品主生产计划转换成物料需求表，并为编制能力需求计划提供信息。

如图 9-4 所示，MRP 的处理逻辑是：通过主生产计划（MPS）明确“我们要制造什么”，要制造必须要有相应的物料，因此通过物料清单明确“我们需要什么”，而需要的物料可能有些已经存放着，因此，要通过库存信息了解“我们有什么”，根据物料需求计划 MRP 的处理，可以运算出生产作业计划和采购供应计划。在生产作业计划中，规定了每一项自制件的需求数量、开工日期和完工日期；在采购供应计划中，规定了采购物料的需求品种、需求数量、订货日期和到货日期。

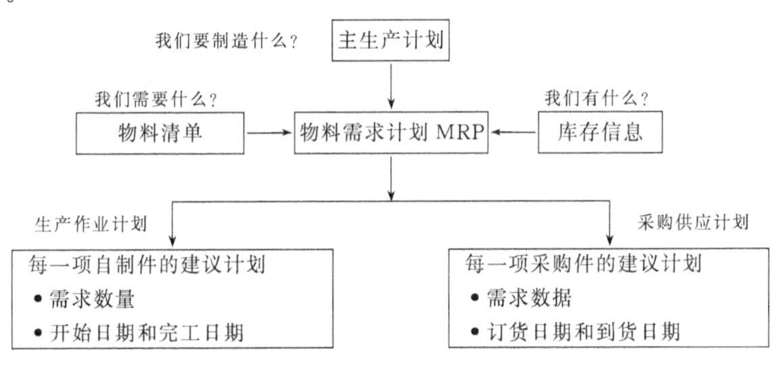

图 9-4　MRP 的处理逻辑

具体地，MRP 需要处理的问题以及所需要的信息如表 9-2 所示。

表 9-2　MRP 需要处理的问题以及需要的信息

处理的问题	所需信息
1. 生产什么？生产多少？	1. 切实可行的主生产计划(MPS)
2. 需要什么？	2. 准确的物料清单(BOM)
3. 已具备什么？	3. 准确的物料库存数据
4. 还缺什么？何时需要？	4. MRP 的计算结果(生产计划和采购计划)

下面举例说明 MRP 的处理逻辑。

① 要生产什么？

假设某公司生产 A 产品，现在接到客户的订单，要求出产的日期和数量如表 9-3，即第 8 周出产 8 件，第 11 周出产 15 件。

表 9-3　A 产品要求出产的日期和数量

周次	1	2	3	4	5	6	7	8	9	10	11
产品 A								8			15

② 需要什么？

产品 A 的产品结构如图 9-5。即 1 件 A 由 1 件 B 和 2 件 C 组装而成，其中 1 件 B 由 2 件 C 加工而成。在这里，同样的 C 处于两个不同的层次，分别在第 1 层和第 2 层。B 和 C 总装成 A 需要 2 周时间，C 采购周期为 2 周，C 加工成 B 的时间为 1 周。

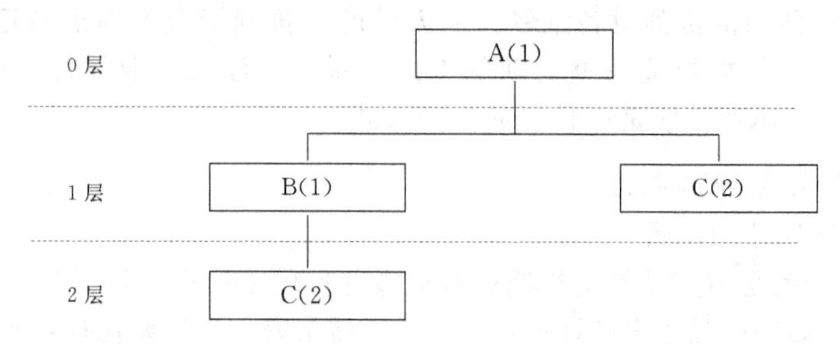

图 9-5　产品 A 的产品结构图

将 A 产品结构按时间坐标进行倒排计划，如图 9-6。要总装 1 件 A，必须提前 2 周进行总装工作，在 2 周之前必须准备好 B 和 C；要准备好 C，必须再提前 2 周发出采购订单；要准备好 B，必须再提前 1 周开始加工；B 如果能够正常进行加工，必须在加工之前 2 周发出 C 的采购订单。这里，我们将总装、加工和采购的提前准备时间统称为提前期。

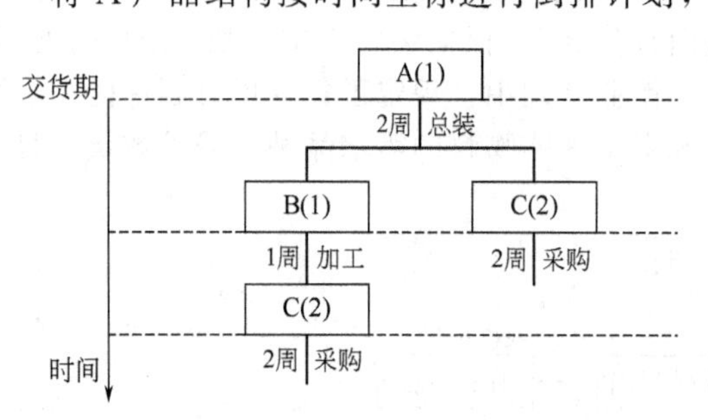

图 9-6　基于时间坐标的产品结构

③ 现在有什么？

A，B，C 的现有库存数分别为 0 件，4 件和 5 件，A 的预计到货数在整个周期为 0 件，B 在第 2 周预计到货 10 件，C 在第 1 周预计到货 10 件。见表 9-4。

表 9-4　物料库存信息表

周　次		1	2	3	4	5	6	7	8	9	10	11
A	现有数　0											
	预计到货量											
B	现有数　4											
	预计到货量		10									
C	现有数　5											
	预计到货量	10										

④ MRP 怎样处理？

MRP 的处理涉及 5 种数据：总需要量、预计到货量、现有数、净需要量和计划发出订货量。其中预计到货量和现有数为库存数据，总需要量、净需要量和计划发出订货量为需求数据。其中：

净需要量＝总需要量－预计到货量－现有数

如果计算的净需要量小于 0，则取 0。

计算过程自第 0 层开始，逐层处理，见表 9-5。对于 0 层的产品 A，由于在第 8 周和第 10 周总需要量分别为 8 件和 15 件，现有数为 0 件，通过上述公式，可以非常简单地计算出在第 8 周和第 10 周产品 A 的净需要量分别为 8 件和 15 件，由于产品 A 的总装时间为 2 周，因此产品 A 的计划发出订货量在第 6 周和第 9 周分别为 8 件和 15 件。

接着计算第 1 层的 B。由于 1 件产品 A 中包含 1 件 B，因此，通过第 0 层的产品 A 的计划发出订货量可以推导出 B 在第 6 周和第 9 周的总需要量分别为 8 件和 15 件。B 在第 2 周预计到货量为 10 件，现有数为 4 件，由于第 6 周总需要量为 8 件，第 6 周净需要量为 0 件，现有数变为 6 件；随着时间推移，到第 9 周时，由于总需要量为 15 件，而现有数为 6 件，预计到货量为 0，通过净需要量计算公式计算出第 9 周 B 需要 9 件。由于 B 的加工时间为 1 周，因此必须提前 1 周发出计划指令，即 B 的计划发出订货量在第 8 周为 9 件。

接着计算 C。由于 C 本身处于两个层次：第 1 层和第 2 层。为简化计算，取 C 所在的最低层次，即第 2 层，但总需要量的推导分别按两个层次考虑。对于处于第 1 层的 C，它是产品 A 的主要部件，即 1 件 A 由 2 件 C 总装而成，由于产品 A 的计划发出订货量在第 6 周和第 9 周分别为 8 件和 15 件，容易推导出 C 在第 6 周和第 9 周总需要量分别为 16 件和 30 件；对于处于第 2 层的 C，它是加工 B 的原材料，而 1 件 B 由 2 件 C 加工而成，由于 B 的计划发出订货量在第 8 周为 9 件，那么容易推导出 C 在第 8 周总需要量为 18 件。综合上述，C 在第 6、8 和 9 周总需要量分别为 16 件，18 件和 30 件。

由于 C 现有数为 5 件，在第 1 周预计到货量为 10 件，而第 6 周总需要量为 16 件，因此通过净需要量计算公式计算出第 6 周 C 需要 1 件。同理，推导出在第 8 和 9 周净需要量分别为 18 件和 30 件。由于 C 的采购周期为 2 周，因此 C 的计划发出订货量在第 4 周、第 6 周和第 7 周分别为 1 件、18 件和 30 件。

表 9-5　MRP 的处理

产品项目	提前期	项目		周次										
				1	2	3	4	5	6	7	8	9	10	11
A (0 层)	2 周	总需要量									8			15
		预计到货量												
		现有数	0	0	0	0	0	0	0	0	0	0	0	0
		净需要量									8			15
		计划发出订货量							8			15		
B (1 层)	1 周	总需要量							8			15		
		预计到货量			10									
		现有数	4	4	14	14	14	14	6	6	6	6		
		净需要量										9		
		计划发出订货量									9			
C (2 层)	2 周	总需要量							16		18	30		
		预计到货量		10										
		现有数	5	15	15	15	15	15	0	0	0	0		
		净需要量							1		18	30		
		计划发出订货量					1		18	30				

⑤ MRP 处理的结果：我们缺什么？

通过表 9-5 的处理，我们得出这样的结果：产品 A 在第 8 周和第 11 周分别需要 8 件和 15 件，考虑总装周期为 2 周，因此产品 A 应该在第 6 周和第 9 周分别开始总装；B 在第 9 周需要 9 件，考虑其加工周期为 1 周，因此 B 应该在第 8 周开始加工；C 在第 6 周、第 8 周和第 9 周净需要量分别为 1 件、18 件和 30 件，考虑其采购周期为 2 周，因此 C 应该在第 4 周、第 6 周和第 7 周分别开始采购。当然，可以根据实际的净需要量结合订货批量进行采购，例如 C 可以在第 4 周采购 19 件，以满足第 6 周和第 8 周的需求，然后再在第 7 周采购 30 件。

(2) MRP 的输入信息

通过上述的 MRP 的处理逻辑，可以看出 MRP 涉及 3 个输入信息：主生产计划（MPS）、物料清单（bill of materials，BOM）和库存状态文件。

① 主生产计划（MPS） 主生产计划（MPS）是 MRP 的主要输入，它是 MRP 运行的驱动力量，参见表 9-2。在主生产计划中所列出的是企业向外界提供的产品等，它们具有独立需求的特征，包括：

最终产品项，即一台完整的产品；

独立需求的备品、配件，可以是一个完整的部件，也可以是零件。

MPS 中规定的出产数量一般为净需要量，即需生产的数量。

② 物料清单（bill of materials，BOM） 物料清单（BOM）表示了产品的组成及结构信息，包括所需零部件的清单、产品项目的结构层次、制成最终产品的各个工艺阶段的先后顺序。实际产品对应有多种多样的产品结构树：同一零部件分布在同一产品结构树的不同层次上、同一零部件分布在不同产品结构树的不同层次上。这种特点给相关需求的计算带来了困难，一般采用低层码技术来处理，如表 9-5 中 C 的处理。

③ 库存状态文件 库存状态文件保存了每一种物料的有关数据，MRP 系统关于订什么，订多少，何时发出订货等重要信息，都存储在库存状态文件中。物料清单文件是相对稳定的，而库存状态文件却处于不断变动之中，如表 9-5 中的产品 A 的库存状态文件包括所有时间段的总需要量、预计到货量、现有数、净需要量和计划发出订货量这些数据。

(3) MRP 的输出信息

MRP 的输出信息较多，其中关键的是生产和库存控制用的计划和报告。现将其关键输出信息列举如下。

① 零部件投入出产计划 零部件投入出产计划规定了每个零件和部件的投入数量和投入时间、出产数量和出产时间。如果一个零件要经过几个车间加工，则要将零部件投入出产计划分解成“分车间零部件投入出产计划”。分车间零部件投入出产计划规定了每个车间一定时间内投入零件的种类、数量及时间，出产零件的种类、数量及时间。

② 原材料需求计划 规定了每个零件所需的原材料的种类、需要数量及需要时间，并按原材料品种、型号、规格汇总，以便物资部门进行采购。

③ 库存状态记录 记录各种零部件、外购件及原材料的库存状态数据，以便于计划与实际的对比，进行生产进度控制和采购计划控制。

(4) 几个参数

通过 MRP 处理，在求出净需要量后，要确定计划发出订货的数量与时间，与提前期、批量以及安全库存几个参数有关。

① 提前期 MRP 中的提前期一般按计划单位计，如果计划单位为周，那么 MRP 中的提前期的计划单位也为周。在 MRP 中，提前期一般分为采购提前期和生产提前期。

采购提前期是指从发出采购订单开始，经供应商供货、在途运输、到货验收、入库所需的时间；生产提前期是指从订单下达开始，经过准备物料，准备工具、工作地和设备，加工制造，直到检验入库所需的时间，如零件的加工周期和产品的装配周期。

② 批量 在实际生产中，为节省订货费或设备调整准备费，需要确定一个最小批量。也就是说，在 MRP 处理过程中，计算出的计划发出订货量不一定等于净需要量。如表 9-5 中，尽管 B 在第 9 周净需要量为 9 件，但 B 在第 8 周的计划发出订货量不是必须为 9 件，考虑生产

批量问题，可以为 10 件或 12 件等；同样地，尽管 C 在第 6、8 和 9 周净需要量分别为 1 件、18 件和 30 件，但在第 4 周的计划发出订货量并不一定必须为 1 件，考虑采购批量问题，可以为 20 件或 30 件。

一般地，增大批量就可以减少加工或采购次数，相应地将减少订货费或设备调整费，但在制品库存会增大，要占用更多的流动资金。而批量过小，占用的流动资金减少，但增加了加工或订货费用。因此，必须有一个合理的批量。

由于产品结构的层次性，使得批量的确定十分复杂，各层元件都有批量问题，因此一般仅在最低层元件订货时考虑批量。最常用的批量策略有逐批确定法和固定批量。

逐批确定法（lot-for-lot）：净需要量是多少，批量就取多少。

固定批量：批量是一个固定的量。

③ 安全库存　设置安全库存是为了应付不确定性，防止生产过程产生缺料现象，避免造成生产或供应中断。尽管 MRP 处理的是相关需求，仍有不确定性。比如，不合格品的出现，外购件交货延误，设备故障，停电，缺勤等。因而，相关需求也有安全库存问题。

但 MRP 认为，只有对产品结构中最低层元件或原材料设置安全库存才是必要的。同时，安全库存的引入对净需要量的计算产生一定的影响。引入安全库存量后，净需要量的计算公式为：

净需要量＝总需要量－预计到货量－现有数＋安全库存量

9.1.4　物料需求计划的发展

MRP 的发展经历了从订货点法到 MRP，从 MRP 到闭环 MRP，再到 MRPⅡ 和 ERP 的阶段，如图 9-7。

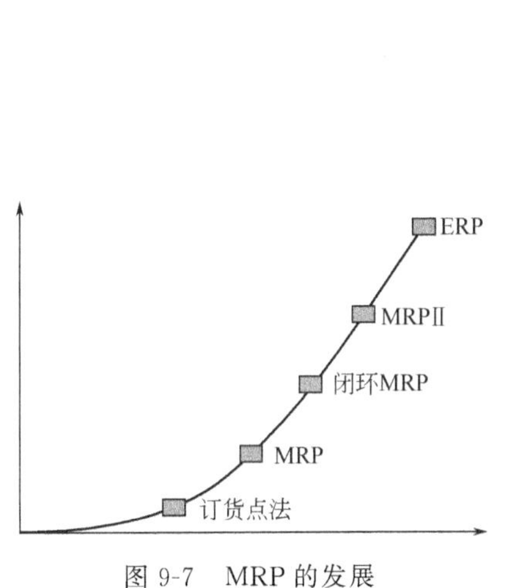

图 9-7　MRP 的发展

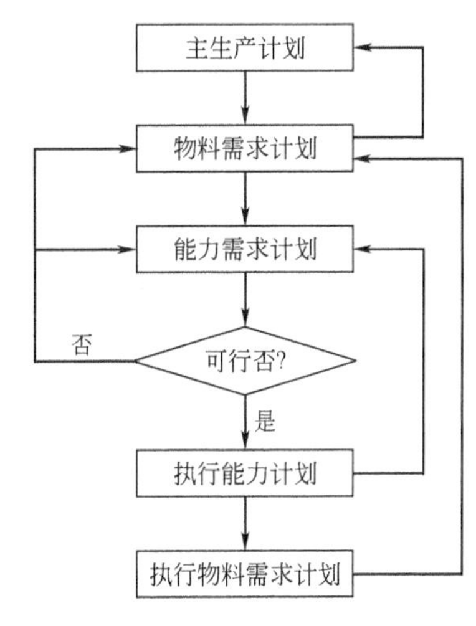

图 9-8　闭环 MRP

闭环 MRP 与 MRP 的最大区别在于闭环 MRP 增加了能力计划平衡功能。在 MRP 中，尽管按 MRP 的处理逻辑可以形成车间生产计划和采购计划，但车间生产计划和采购计划的可执行性很大程度上取决于车间生产能力的约束以及采购仓储的限制。为此，必须进行能力需求计划的平衡。如果能力需求计划可行，那么执行相应的能力计划和物料需求计划，否则，必须重新调整主生产计划和物料需求计划，使计划具有可行性。这样，形成了一个计划与控制系统，如图 9-8。总的来说，闭环 MRP 在初期 MRP 的基础上补充了以下功能：

① 编制能力需求计划；

② 建立了信息反馈机制，使计划部门能及时从供应商、车间作业现场、库房管理员、计

划员那里了解计划的实际执行情况；

③ 计划调整功能。

9.2 制造资源计划

制造资源计划（manufacturing resources planning，MRPⅡ）是20世纪80年代初在MRP的基础上开始发展起来的，它是一种资源协调系统，代表了一种新的生产管理思想。

MRPⅡ的基本思想就是把企业看作一个有机整体，其逻辑流程如图9-9。MRPⅡ实际上从横向和纵向两个角度体现了其管理思想。在纵向上，一方面向下体现出从决策层、计划层到控制执行层对企业经营计划的层层分解，迅速下达，并具体落实到车间和班组，责任明确；另一方面，通过向上反映，从控制执行层、计划层到决策层的计划执行情况信息的及时反馈，为计划的及时调整提供依据。在横向上，体现出企业的核心业务——“计划控制系统与财务系统集成关系”，它们之间的联系桥梁是信息的管理——生产基础数据的管理。通过信息系统将基础数据集成一体，实现企业各部门业务活动的沟通与联系，形成了一个资金流、物流、人员流和信息流的集成系统。

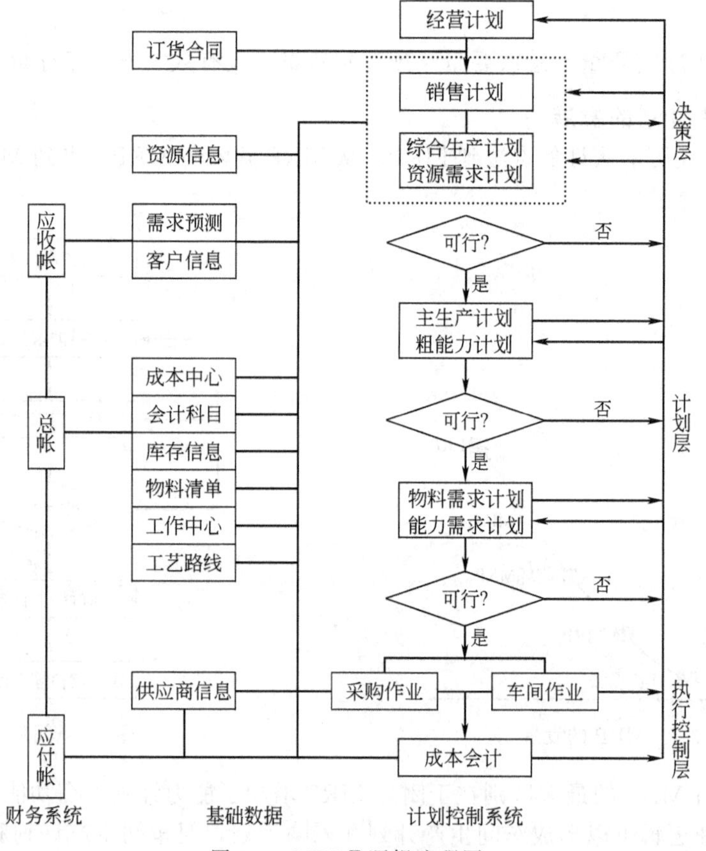

图9-9 MRPⅡ逻辑流程图

MRPⅡ的功能和范围已经远远超出了物料需求计划并覆盖了企业全部生产资源，解决了企业内部管理系统的一体化问题，其特点可以从以下六个方面来说明。

（1）计划的一贯性与可行性

MRPⅡ是一种计划主导型管理模式，计划层次从宏观（决策层）到微观（执行控制层），从战略到技术，由粗到细，逐层优化。MRPⅡ提供了一个与企业长期发展战略目标一致的完整而详尽的计划体系，加上产能的反馈与控制，使计划具有一贯性、有效性和可执行性。

（2）管理的系统性

MRPⅡ是一项系统工程，在“一个计划”原则的协调下将企业所有与生产经济直接相关的部门的工作联结成一个有机的整体，提高了企业的整体效率。

（3）数据共享性

MRPⅡ是一种企业管理信息系统，企业各部门都依据同一中央数据库的信息进行管理。任何一种数据变动都能及时地反映给所有部门，使数据共享，消除了许多重复工作和数据冲突，提高了企业决策的准确性。

（4）动态应变性

MRPⅡ是一个闭环系统，它要求跟踪、控制和反馈瞬息万变的实际情况。管理人员可随时根据企业内外部环境条件的变化迅速作出响应，及时决策调整，保证企业有效地运行。

（5）模拟预见性

MRPⅡ具有模拟功能，它可以解决“what-if”的问题，可以预见在相当长的计划期内可能发生的问题。事先采取措施消除隐患，而不是等问题已经发生了再花几倍的精力去处理。

（6）物流与资金流的统一

MRPⅡ集成了成本会计和财务功能，可以由生产活动直接产生财务数据，把实物形态的物料流动直接转换为价值形态的资金流动，保证生产和财务数据的一致。

9.3 企业资源计划

（1）企业资源计划的概念及工作原理

企业资源计划（enterprise resource planning，ERP）是由美国著名的 Gartner Group 公司于 20 世纪 90 年代初提出的一个概念，它通过一系列的功能标准来界定 ERP 系统。由于企业的生产经营活动——从原材料的采购、制造、到产品的分销不仅需要对企业内部资源进行计划控制，同时也需要外部企业的密切合作，而 MRPⅡ仅局限于企业内物流、资金流和信息流的管理，由此产生了企业资源计划 ERP 的概念。企业资源计划（ERP）将企业的运营流程当作是一条紧密连接的供应链，对供应链上所有环节集成为一体化系统，实施有效管理。

与 MRPⅡ相比较，ERP 具有如下的功能特点。

① 扩充了企业经营管理功能。ERP 相对于 MRPⅡ，在原有功能的基础上进行了拓宽，增加了质量控制、运输、分销、售后服务与维护、市场开发、人事管理、实验室管理、项目管理、配方管理、融资投资管理、获利分析、经营风险管理等功能子系统。它可以实现全球范围内的多工厂、多地点的跨国经营运作。

② 面向供应链——扩充了企业经营管理的范围。ERP 系统把客户需求和企业内部制造活动以及供应商的制造资源整合在一起，强调对供应链上所有环节进行有效管理。

③ 模拟分析和决策支持的扩展——支持动态的监控能力。为企业作计划和决策提供多种模拟功能和财务决策支持系统；提供诸如产品、融资投资、风险、企业合并、收购等决策分析功能；在企业级的范围内提供了对质量、客户满意、效绩等关键问题的实时分析能力。

④ 系统功能模块化。运用应用程序模块来对供应链上的所有环节实施有效管理。“物流”类模块实现对供应、生产、销售整个过程和各个环节的物料进行管理。“财务”类模块提供一套通用记账系统，还能够进行资产管理，提供有关经营成果的报告，使企业管理决策建立在客观、及时的信息基础之上。“人力资源”类模块提供一个综合的人力资源管理系统。它综合了诸如人事计划、新员工招聘、工资管理和员工个人发展等各项业务活动。

ERP 系统能够自动完成一个组织功能领域的各项任务（财物、人力资源、销售、采购和物料分配)，并能将这些不同类领域的数据资料储存在一个数据库中。ERP 除了 MRPⅡ已有的生产资源计划、制造、财务、销售、采购等功能外，还有质量管理、实验室管理、业务流程管理、产品数据管理、存货、分销与运输管理、人力资源管理和定期报告系统等，如图 9-10 所示。目的是通过信息共享和互相交流提高企业各部门之间的合作和交流。

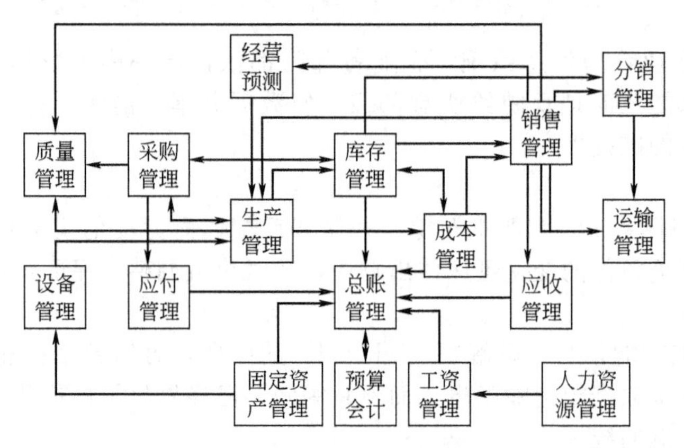

图 9-10 ERP 的原理图

从系统功能上来看，ERP 系统虽然只比 MRPⅡ系统增加了一些功能子系统，但更为重要的是这些子系统的紧密联系以及配合与平衡。正是这些功能子系统把企业所有的制造场所、营销系统、财务系统紧密结合在一起，从而实现全球范围内的许多工厂、多地点的跨国经营运作。

(2) ERP 成功实施的关键因素

ERP 常被称为“头脑工程”或是“一把手工程”，这表明，当 ERP 系统实施时，必然对原有利益体系进行一次新的重新组合。大量的研究与实践表明，ERP 成功实施的最关键因素是企业高层领导必须明确实施 ERP 的目的和战略意义。ERP 是企业的战略工具，其作用范围广、影响深远、自身庞大复杂，因此，高层领导需要从企业长期发展的战略高度来研究和审视实施 ERP 的目的和意义。

第二个关键因素是企业必须建立有效、规范的基础管理，包括科学的管理模式、完善的管理制度、合理的业务流程、可靠的基础数据、齐全的文件档案等，为成功实施 ERP 制造一个适宜的管理环境。否则 ERP 将成为无源之水，无本之木。尤其重要的是企业组织结构的变革，ERP 的模块常跨越了传统的部门界限，因此，需要企业业务从以职能划分转变为以流程重组，需要许多部门甚至合作伙伴一起共享信息、协调工作。

成功实施 ERP 的第三个关键因素是企业全体员工的支持。人本管理是现代管理的一个重要特点，“人”的因素对于 ERP 系统能否成功实施至关重要。首先必须在思想上理解和接受这种先进的管理思想和管理模式。如果部门内的员工没有大局思想，使得各部门自行其是，那么就无法把企业建成有机整体。如果只是凭借少数管理人员和技术人员的调试和摸索，那么企业的 ERP 系统是绝对不可能实施成功的。因此，企业需要建立相应的竞争机制、激励机制和约束机制，把实施 ERP 与制定长期发展战略和企业全员绩效考核有机结合起来，促使员工自主地投入到 ERP 实施中来。

第四个关键因素是 ERP 软件的选型以及合作伙伴（包括软硬件提供商和咨询顾问）的选择。ERP 虽然形式上是软件，实质上是一种管理的经验和理念。因此，在 ERP 实施过程中需要对相关行业非常熟悉了解的专家。专家在与客户的交流过程中，一方面能遵循行业的标准，另一方面对于客户提出的需求是否合理，是否符合行业的要求，能立即作出判断并协同用户进行适当的调整，满足用户个性化的需求，真正地“为客户服务，为客户创造价值”。

第五个关键因素是建立实施 ERP 的风险意识。实施 ERP 的风险在于 ERP 的精确性和数据准备、企业 IT 基础、ERP 的集成性和实施中的部门割据、ERP 的先进性和对企业流程再造的决策、一把手的能力和心理素质、高投入与慢收益的权衡等。

第六个关键因素是企业必须建立项目管理体系和运作机制。与其他固定资产的投入产出相比较，ERP 的投入产出不是一朝一夕、立竿见影的。而是一个具有系统复杂、实施难度大、应用周期长和投资大等特点的系统工程。因此，实施 ERP 需要循序渐进，需要长期不断地运用 ERP 辅助业务流程重组、贯彻先进的管理思想、提高管理水平，才能凸显经济效益。所以，企业在 ERP 应用过程中必须从系统工程和科学管理的角度出发，建立健全项目管理体系和运作机制，采取“分部实施、逐步过渡”的实施策略，确保 ERP 项目的成功实施。

9.4 本章小结

本章主要学习物料需求计划（MRP）、制造资源计划（MRPⅡ）和企业资源计划（ERP）三方面内容。

传统的订货点法用于生产计划与控制，适合于需求比较稳定的物料库存控制与管理。然而，当需求不稳定、不均匀时，使用订货点法便暴露出盲目性、高库存与低服务水平以及形成“块状”需求的特性。

MRP 的基本思想是围绕物料转化组织制造资源，实现按需要准时生产。它解决了物料转化过程中的几个关键问题：何时需要，需要什么，需要多少？它不仅在数量上解决了缺料问题，更关键的是从时间上来解决缺料问题。在 MRP 中，将所有物料分成独立需求（independent demand）和相关需求（dependent demand）两种类型。

MRP 的基本原理就是由产品的交货期展开成零部件的生产进度日程与原材料、外购件的需求数量和需求日期，即将产品主生产计划转换成物料需求表，并为编制能力需求计划提供信息。MRP 涉及 3 个输入信息：主生产计划（MPS）、物料清单（bill of materials，BOM）和库存状态文件。通过 MRP 处理，在求出净需要量后，要确定计划发出订货的数量与时间，涉及提前期、批量以及安全库存几个参数。MRP 的发展经历了从订货点法到 MRP，从 MRP 到闭环 MRP，再到 MRPII 和 ERP 的阶段。

制造资源计划（manufacturing resources planning，MRPⅡ）是 20 世纪 80 年代初在 MRP 的基础上开始发展起来的，它是一种资源协调系统，代表了一种新的生产管理思想。MRPⅡ实际上从横向和纵向两个角度体现了其管理思想。但它局限于企业内物流、资金流和信息流的管理。

企业资源计划（enterprise resource planning，ERP）是由美国著名的 Gartner Group 公司于 20 世纪 90 年代初提出的。企业资源计划（ERP）将企业的运营流程当作是一条紧密连接的供应链，它拓展了 MRPⅡ局限于企业内部的管理范围，对供应链上所有环节集成为一体化系统，实施有效管理。

习 题

1. 什么是独立需求和相关需求？
2. 什么是主生产计划。
3. 简述 MRP 的处理逻辑。
4. MRP 的输入包括那些内容？
5. MRP 的输出包括那些内容？
6. 简述闭环 MRP 与开环 MRP 的区别。

7. 简述 MRPⅡ的核心管理思想。

8. 简述 ERP 系统的核心管理思想。

9. 假设某公司生产 A 产品，现在接到客户的订单，要求出产的日期和数量如下：

周次	1	2	3	4	5	6	7	8	9	10	11
产品 A								6			13

该产品的产品结构树为：

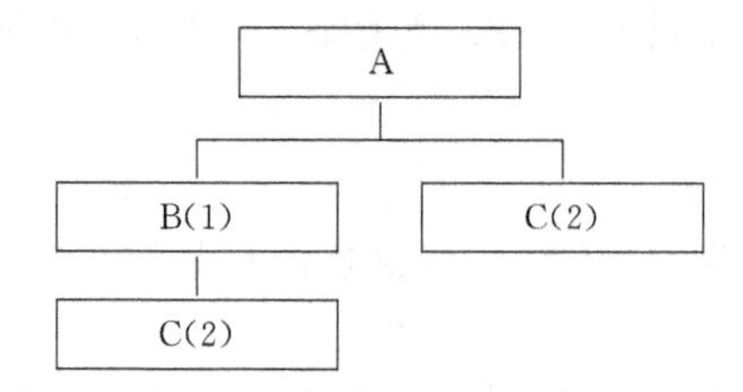

假定 A 总装的提前期为 2 周，B 加工的提前期为 1 周，C 的采购提前期为 2 周。A，B，C 的现有库存数分别为 0 件，4 件和 5 件，A 的预计到货数在整个周期为 0 件，B 在第 2 周预计到货 10 件，C 在第 1 周预计到货 10 件。物料库存信息见表 9-6。

表 9-6　物料库存信息表

周　次		1	2	3	4	5	6	7	8	9	10	11
A	现有数　0											
	预计到货量											
B	现有数　4											
	预计到货量		10									
C	现有数　5											
	预计到货量	10										

计算出 B，C 的物料的需要量及需要的时间。

10. 假设某公司生产 A 产品，现在接到客户的订单，要求出产的日期和数量如表 9-7。

表 9-7　A 产品的要求出产的日期和数量

周次	1	2	3	4	5	6	7	8	9	10	11
产品 A								6			10

已知该产品的产品结构树为：

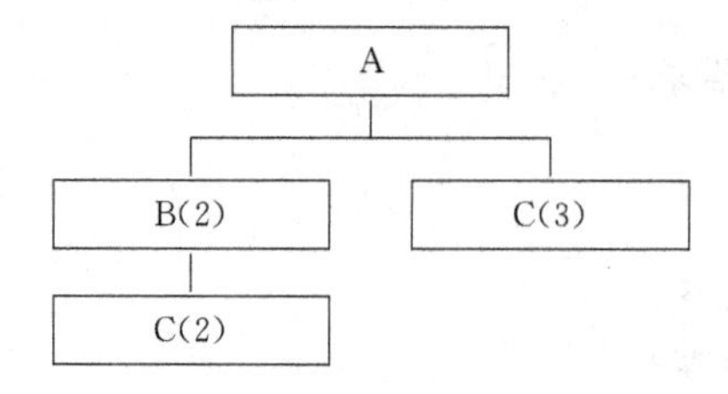

假定 B 和 C 总装成 A 需要 2 周时间，C 采购周期为 2 周，C 加工成 B 的时间为 1 周。A，B，C

的现有库存数分别为 0 件，4 件和 5 件，A 的预计到货数在整个周期为 0 件，B 在第 2 周预计到货 10 件，C 在第 1 周预计到货 10 件。物料库存信息见表 9-8。

表 9-8 物料库存信息表

周　次		1	2	3	4	5	6	7	8	9	10	11
A	现有数 0											
	预计到货量											
B	现有数 4											
	预计到货量		10									
C	现有数 5											
	预计到货量	10										

请计算出 B、C 的物料的需要量及需要的时间。

11. 案例分析：

SSA/ERP——沈阳航天三菱汽车发动机制造有限公司 ERP 之路

沈阳航天三菱汽车发动机制造有限公司是由中国、日本、马来西亚合资组成的中外合资企业，现有员工 400 多人。该公司从三菱自动车工业株式会社引进并生产 4G6 系列汽车发动机和变速器，适用于轻型客车、中巴、吉普车、MPV 车等。该公司于 2000 年建成，已批量向东南汽车、长风汽车、金杯客车、中华汽车、柳州汽车、武汉万通等厂家供货，2001 年公司的销售量为 27000 多台，销售收入为 8 亿多，公司经营运转状况良好。

“我们也没有想到实施 ERP 系统会花费这么长的时间。”沈阳航天三菱总会计师夏玉兰在谈话的一开始就这样感叹其所在的厂上 ERP 系统建设情况。也不免勾起了记者想仔细探听下去的兴趣。在接下来与夏总和沈阳航天三菱信息中心副部长宋立伟的谈话中，记者深刻地感受到，现在企业的 ERP 建设是“一切尽在意料中”，同时也是“一切都在意料之外”。

(1) 上 ERP 在意料之中

沈阳航天三菱上 ERP 的决策是随着公司的诞生而早已存在的。此话怎讲呢？这还得追溯到沈阳航天三菱公司成立的过程。

沈阳航天三菱这个项目早在 1994 年末投资各方合作意向就已基本确定。1995 年 11 月，各方开始进行项目的谈判工作。宋部长说，“其实这个时候，信息化建设的思路就已经在我们进行这个项目的可行性研究中有所体现了。”在 1995 年 12 月，各方进行科研内容的具体洽谈工作时，由日方提出，在沈阳这家公司中必须上 ERP 系统，实现智能化管理。于是在科研中上 ERP 系统这一项内容就被写了进去，也立即得到了各方的一致同意。1996 年初，成立沈阳航天三菱公司的立项被批了下来。

“我的工作也就从 1996 年开始了。其实，那时也是我开始学习 ERP 理论的时候。”宋部长说道：“那时，在中国还基本上没有什么 ERP 的概念，盛行的是 CIMS 以及 MRPⅡ。而且获取相关信息的来源也非常有限。所以，当时我开始从 863 项目、MRPⅡ专家和 MRPⅡ供应商以及国内应用了 MRPⅡ的企业中进行调研，这就花费了大约 2 年的时间。”

于是，企业面临的第一个难题开始了。

(2) ERP 如何选型

相信，这个难题也同样困扰着很多其他想上 ERP 系统的企业。

在谈话间，记者能够感受到，在 ERP 选型过程中，有一个要求非常重要的角色：必须非常清晰地了解 ERP 产品特点、ERP 产品市场、ERP 产品厂商的实际背景以及企业的运作情况。这个角色的好坏也通常能决定ERP系统的实施成功与否。而在沈阳航天三菱里，扮演这个角色的就是ERP项目小组。“我们从一开始就认为，ERP绝对不应是一个技术名词，而更应该是管理名词。它所涵盖的内容应该是整个公司的业务环节，以及上上下下方方面面的工作层和角色。因此，我们在确定ERP项目的时候，项目组里的人就是来自公司的各个业务环节中的业务骨干人员。”项目组由公司常务副总经理任项目总监。

于是，在这样的背景下，项目组开始了对ERP产品的调查和考核工作。1996～1998年的ERP市场还是国外产品的天下，而且数量也并不多，比较知名的大约只有5家公司。因此，项目组开始逐厂深入了解。

通过2年多时间的考察和比较，沈阳航天三菱做出了决定：购买SSA公司的ERP。

“选择它首先是因为它在制造上的优势相对比较突出，尤其是其精密制造的理念对于企业非常适用；其次，由于其他的软件产品要么是因为其系统的复杂和庞大性，要求我们必须有较多的专业人员为之服务以及较高要求的硬件环境；要么就是因为其公司在国内只有销售队伍而没有高素质的实施队伍，项目实施必须请第三方咨询公司；要么就是因为产品核心仍然是财务系统。”宋部长非常专业地介绍了当时国内ERP市场的情况，“虽然当时SSA的市场情况也并不太好。但我们分析出现这个情况的原因是在于其生意做得太大，使得它的服务及实施队伍跟不上。因而它生意做得越多，情况就显得越不好。而并不是其产品不好。”

于是，在1998年9月沈阳航天三菱公司与SSA公司签定了合同，沈阳航天三菱购买了SSA公司BPCS的全部模块。

沈阳航天三菱公司的ERP项目是日方提出的，而且在日本三菱公司已经实现了非常良好的ERP运作，为什么还要花上那么长时间来选型，照搬一下不行吗？

“照搬照抄肯定不行！”夏总非常明确地说，“因为在日本的三菱汽车是一个整车生产制造商，而我们只是为汽车提供发动机的生产商。两者在生产内容、方式、规模和运作管理上差异太大，可比性很小。而且ERP系统本身就是要个性化的，体现着不同企业的管理思路和管理文化，即使同一个地区同行业的企业的ERP都是不可拿来主义的，更何况是不同国家。所以，对日方给出的一些建议，也是需要考虑到我们企业的实际情况，进行有选择的采纳。最初日方建议的是采用SSA的BPCS和三菱现有管理系统相结合的方案，经过长期深入的讨论，最终达成了完全采用SSA的BPCS的一致意见。”

但是，事情似乎总有点不顺，在成功完成了ERP的选型之后，沈阳航天三菱并没有很快进入到ERP实施工作中。直到2001年10月份，这套ERP系统中的四个子系统才开始试运行。从1998年8月到2001年10月，超过3年的时间，沈阳航天三菱的ERP实施真可谓是起起伏伏走过来！

（3）实施三年，意料之外

由于在签约之时，沈阳航天三菱的厂房还在建设之中，因此，所有的实施工作都无法开展。于是，沈阳航天三菱公司就开始对ERP项目组人员进行培训。在这个项目组中，一半是专业的IT技术人员，另一半是各业务部门人员，主要包括采购、销售、财务和生产管理这几个业务部门。

1998年9月至12月项目组成员陆续在国内和国外接受SSA公司和三菱汽车的有关培训。这一系列的培训都是为了能让项目组成员了解BPCS产品，并深刻地理解ERP的实质含义。接受完这些培训后，项目组在一起设定业务流程，进行静态数据分析。与此同时，宋部长也带着自己手下的技术人员在一台借来的mM小型机上进行系统试验。

正当ERP实施的前期工作按预想进度向前进行着的时候，公司领导认为，当时公司工作的重心应该是放在建厂上，同时认为，技术人员应熟悉管理工作，才能更好地进行项目实施。于是，把所有的技术人员放在各管理部门中进行锻炼。这一锻炼就是半年的时间。ERP项目实施也就搁置了半年。

时间走到1999年9～10月间，所有的技术人员才被抽调回。可是，当时所有的技术人员忙碌的不是ERP项目，而是完成公司办公大楼的布线，建立硬件网络的工作，项目并没有进行实质实施工作。此时，沈阳航天三菱公司共有150多台电脑（包括台式机和笔记本电脑），平均每1.3个管理和技术人员一台电脑，1台IBM AS/400小型机和两台PC服务器。

ERP项目的真正实施时间就这样由于工厂建设的进程一再推迟，直到2000年6～7月，公司的生产走上了轨道，提高管理水平和手段才被提到了议程上来，ERP的实施真正开始了，并按照项目组制定的每月计划在有条不紊地运作。终于在2001年10月份，销售、库存、采购和财务四大业务一起上线试运行。

在沈阳航天三菱公司里，他们一次性将主要的四太子系统上线，难道不怕头绪太多容易出问题吗?

“其实，在这个过程中，对于ERP系统应该是块状的，还应是网状的，在企业建厂初期就有不同意见，”夏总回忆说，“我们认为，ERP应该具有一定的集成性，因为本身各个业务环节就不是孤立存在的，尤其是我们选择的这四部分是紧密结合的，成网状分布会更加有利，能够真正实现ERP的信息集成、数据准确及时和物流、信息流和资金流三流统一的特点。”因此，沈阳航天三菱选择了将这四部分业务作为第一阶段同步实施，在取得实际效果后启动第二阶段的生产控制业务。

（4）麻烦也不少

沈阳航天三菱公司既然从开始之初就确定了实施ERP系统的策略，那是否我们往常所说的改造业务流程之中的矛盾就不存在了呢?

宋部长坦言，“不但有且非常多。毕竟软件中所有的流程都是模型化的，而在实际工作中有非常多的人性化因素在起作用。”改造业务流程主要表现在重新分配业务范围和职责的再分配。例如：手工操作时各仓库管理的物料分类随意性很强，主要靠出入库单据来区分其属性。上系统以后，重新对各仓库的物料进行了规划，按照物料的属性将物料划归不同的仓库进行管理。库管员的工作也从简单的按单据出入库改变为要按照不同的出入库原因选择适当的库存事务进行操作，以便选择正确的会计科目，生成正确的会计凭证。

业务流程固化后，严格按照规程操作就显得尤其重要。还用手工操作时的习惯进行工作就会给系统造成很大的麻烦。举个非常简单的例子，在软件中要求的领取货品的流程是销售人员拿着签字认可的领货单到仓库领取相应的货品，仓库管理员根据单据提取货品给销售人员。而且每张单据上只能是同一仓库的产品。然后，将正确的数据录入系统。而在实际操作中，却曾经因为事情紧急，即使仓库管理员知道销售人员拿来的一张单据上写了两个仓库的产品，是不符合要求的，但同样给予了提货。只是口头上要求销售人员尽快补一张正确的单据过来。可是，正是因为这个操作上的不合规，事后销售人员没有及时补填正确单据，数据无法录入，而使得在年底对账的时候总是出现差错。也正是因为这个小小的不符合规范，使得沈阳航天三菱的财务人员忙活了好几天的工夫。

类似这样的问题还有不少，归根到底都是因为流程规范与人性操作之间的矛盾。其实，依靠一个软件产品来规范管理确实能起到一定的作用，但绝不是全部。它所能改的只是某些看似自然但并非合理的经验管理。

负责沈阳航天三菱公司ERP项目实施的SSA GT公司的首席应用顾问王新说，“软件产品能从一定程度上帮助规范企业的运作流程。但它同时也是随着业务的变化而变化的，受着业务的制约。沈阳航天三菱由于是合资企业，生产汽车发动机。最开始主要是整套零件进口，因而其库存科目相对简单，运作流程也相对简单。可是随着国产化率的不断提高，进口的零件越来越少，对于企业各零部件的采购及库存就提出了更高的要求，这些都是软件无法主动做到的，而是需企业在发展中不断调整的。”

同时，王新也谈到，ERP系统不仅帮助企业规范了管理，同时它还起到了另一个非常重要的作用——提升了财务在企业中的地位。我们知道，在ERP系统中，所有的物流或是信息流都将归结到财务中，也就是在资金流上体现。通过对资金数据的了解和分析，就能了解公司整个业务运作得是否正常、是否合理等。

也正是这样的调整，使得宋部长所在的信息中心的工作非常繁忙。不仅要不断熟悉软件产品，更重要的是，要根据企业的具体情况做一些相应调整和改变。

(5) 经验广而告之

尽管工作战线显得长了些，但是宋部长还算是比较满意这段时间ERP系统的试运行工作。夏总也感触颇深，毕竟财务是最能体现信息手段的。由于前期实施工作比较细致，系统流程分析得全面，软件与业务的结合很好。所以在试运行的第一个月，手工账与系统账就完全对应了，这比我们预想的试运行结果要好得多。但是，夏总也强调说，在实施ERP之初，尤其是在手工账和电脑账并行的时候，工作量反而会比以往单做一套手工账增加了，这个阶段是很艰难的。一定要认清这个阶段，更好地适应这个阶段，才不会产生对ERP系统的厌恶感。

其二，对于ERP系统不能只是直观地要求从量上体现出它给企业带来的好处。即不能简单地说，ERP系统本身一定能多大比例地减少库存等，它更多地是在无形之中提高了“质量”。这里的质量不仅包括产品的质量、服务的质量，更是包括企业的生存质量，即企业是否能有较好的市场应变能力，是否在激烈的竞争中有生存的能力等。ERP是一个工具，它为企业将来更科学地制定企业发展计划、为企业更科学地管理各种数据信息等都提供了可能。

其三，一定要做好长期作战的准备，不能指望立竿见影。宋部长说，“企业至少要做三年的计划和实施。”ERP是一个长期的工程，正如它所要反映的企业的管理思想和管理文化一样，不是一天就能形成并起作用的，而是要经过长期的积累和不断地加深认识和理解，才能使它发挥潜移默化的作用。

其四，ERP项目必须是被作为管理项目来对待的，只有这样实施ERP才可能成功。从沈阳航天三菱公司的例子不难看出，实施ERP从意识上改变了员工和企业。既然是对意识和观念的改变，怎么能只用几个技术专业术语来代表呢？更何况，企业全体员工都将受到影响和改变，又怎能是几个信息中心的人就能完成的呢？

其五，起用咨询公司需要仔细斟酌。宋部长非常坦白地谈了为什么没有采用第三方咨询公司的原因，“咨询公司毕竟是第三方，对于其所服务的两头——企业和厂商的了解程度到底能有多深，对于项目的建议到底能有多大程度的帮助都是不确定的。更何况现在的咨询公司本身是赢利性的，就难免会失去一些第三方所应有的中立性质。另外，咨询公司的收费还是偏高的”。而让企业内部的技术人员配合厂商一起来实施，能很大程度地帮助企业里的专业人员熟悉这套ERP系统。这也是一次难得的培养和提高的机会。对今后的系统维护和功能的扩展提供了保障。

(6) 未来的计划

沈阳航天王菱公司的ERP一期工程已经取得了初步成果。本来在试运行了3个月左右的时间之后，系统基本稳定，财务应该脱离手工记账。但由于财政部规定中外合资企业从2002年1月执行新颁布的《企业会计制度》，而新制度较旧制度95%以上的会计科目编码都变了，致使在ERP系统中需要更新这些编码和静态数据设置，并且还要继续与手工账对比验证。因此，系统试运行的时间必然延长。等这项工作完成后，从2002年下半年公司将进行线性系统分析，再上计划和生产这两个模块开始着手从事企业决策系统及查询系统的开发。

ERP系统随着公司业务和管理的不断变化和提供，需要不断完善。摆在沈阳航天三菱面前的路还很长，还需要不断的努力来适应千变万化的市场和中国市场经济的大环境。

资料来源：罗鸿. ERP原理·设计·实施. 北京：电子工业出版社，2003.

请思考：

1. 通过阅读本案例，你对 ERP 有什么样的了解？
2. 你认为“企业只要实施 ERP 系统就一定能取得巨大的经济效益”对吗？
3. 结合案例，谈谈企业实施 ERP 系统面临的主要风险。
4. 结合案例，谈谈你认为成功实施 ERP 的关键因素有哪些？
5. 请讨论 ERP 系统实施的主要方法及主要模块实施的先后次序。

第10章　生产作业计划与控制

引导案例

加州大学洛杉矶分校（UCLA），安达信管理研究生院为本科生、MBA和博士课程进行手工排课，需要两个人每季度花3天时间才能完成。复杂性来自教师们的各种偏好，以及设施和行政方面的约束条件。例如，老师们可能喜欢将分配给自己的课程安排在同一天连着上，并且还要安排在下午。此外于一天只有8个时间空档可以上MBA核心课；对能够进行案例讨论、大班课或上机的教室数目也有限制。同一个老师上的课不能重，同时课程的时间还必须安排得使所有学生都可以选到每个季度的所有必修课。对25门MBA核心课以及120门非核心课进行安排，使教师的偏好、学生的需求以及其他所有约束条件最大限度地得到满足并非一件容易的事情。

现在课程安排可以采用计算机辅助进行。由于核心课的存在、课程开始时间的限制，并且所有的MBA学生都必须选这些课，因此首先安排核心课。有关所要提供的核心课的节数、师资和行政约束条件，以及教核心课的教师的教学偏好的数据都会输入到一个计算机模型中，利用该模型将教师分配给各门课程，将各门课程安排到各个时间空挡，使教学偏好最大限度地得到满足，同时还要满足各种约束条件，但并非所有的偏好都会得到满足。如果教师的偏好有改变，可以重新利用该模型在几秒钟的时间内生成一个新的教学安排。

另外还开发了一个模型用来给非核心课程安排时间、给教师安排课程，使教师的偏好得到最大限度的满足。模型的输入值包括核心课教学任务（因为有些老师核心课和非核心课都可以上）、核心课的安排、可用的教室以及教师的偏好。

该系统已经实施且运转良好。这个排课系统改进了最终的课程安排质量，还节约了时间。包括解决教师偏好冲突所需的时间在内，现在只需3个小时就能生成一个完整的排课计划。

资料来源：拉瑞·P·里兹曼，李·J·克拉耶夫斯基. 运营管理基础. 北京：中国人民大学出版社，2006.

10.1　引言

通过MRP确定了各车间的零部件投入出产计划，将全厂性的生产计划变成了各车间的生产任务。各车间要完成既定的生产任务，还必须将零部件投入出产计划转化成车间生产作业计划。车间生产作业计划也就是人们常说的生产作业计划，也可简称作业计划。为保证作业计划（生产任务）的按期完成，还必须实行作业控制。

作业计划的主要任务是将主生产计划（MPS）细化为每周、每个工作日、甚至每小时的具体作业的安排。换言之，就是把计划工作负荷分解成一个个精确具体的短期计划。作业控制的主要任务是监控工单、赶工单的执行，及时调整系统能力以满足主生产计划（MPS）的要求。

在作业计划与控制系统的设计中，必须有效地满足下列功能要求。

① 把订单、设备、人员分配到工作中心或者其他特定的工作地。实际上，这是一个短期能力计划。

② 确定订单执行的顺序（建立作业优先级）。

③ 将已排序的作业安排到具体的工作中心或工作地，这就是我们通常所说的作业调度，有时也称之为派工。

④ 生产作业控制，包括不断监控和检查订单的执行过程，保证订单的如期完成；及时为滞后订单或关键订单制定相应的赶工单等。

⑤ 不断修订作业计划，以反应最新的订单状态的变化。

⑥ 确保达到质量控制标准。

从体系结构上将，生产作业计划与控制可以简单地划分为作业计划层和生产调度层，如图10-1所示。作业计划层的主要功能是根据工厂和车间下达的中长期生产计划（如月、旬、周生产计划）和车间资源的实际状况进行零件分批和负荷平衡，生成系统资源需求计划。任务预处理时，着重要考虑的问题是在保证交货期的前提下，如何优化使用系统内的资源。生产任务的分批要使每批的零件搭配均衡，以达到高效均衡地使用车间制造资源的目的。生产任务的负荷平衡是要在同一批生产任务中使各主要设备的工作时间之差最小。生产调度层是在作业计划的基础上确定作业（如工件）加工顺序，以及加工过程中各种制造资源的实时动态调度。其中，生产任务静态排序确定每个工件进入系统的先后顺序，并确定机器加工每个工件的开始时间和完成时间。生产任务动态调度要对车间内的被加工任务进行实时再调度（考虑系统扰动）。另外，由于资源的静态分配并不意味着在实际的加工过程中零件一定可以得到这些资源，所以还要进行车间资源的实时动态分派。

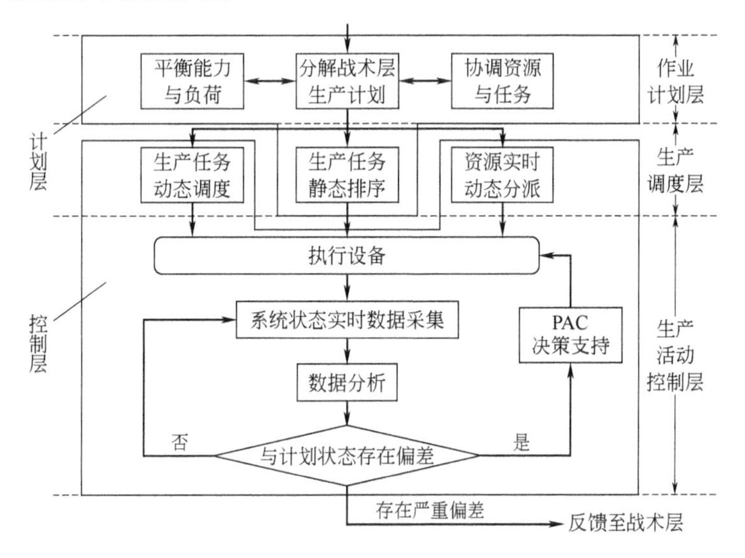

图10-1　生产作业计划与控制的体系结构

10.2 生产作业计划

10.2.1 基本概念

工厂里要对每个工人和工作地安排每天的生产任务，规定开始时间和完成时间；医院要安排病人手术，为此要安排手术室、配备手术器械、手术医师和护士；学校要安排上课时间表，使学生能按规定的时间到规定的教室听事先安排的教师讲课。这些都是作业计划问题。甚至项目计划管理，也是一个作业计划问题。

编制作业计划实质上是要将资源分配给不同的任务，按照既定的优化目标，确定各种资源利用的时间问题。有了零件加工任务，由不同的机器可以完成一定零件的加工，就有一个将任务如何分配给不同的机器加工，使加工时间最少、误期完工最少或成本最低的问题。

由于每项任务都可能分配给不同的机器加工，就有如何给机器分配任务的问题，每台机器都可能被分配了多项任务，而这些任务受到加工路线的约束，就带来了零件在机器上加工的顺序问题。前者属于任务分配问题，后者属于排序问题。

作业排序，无论对制造业还是服务业都特别重要，执行得不好会导致企业资源的无效利用和顾客的不满意。在制造业中，车间作业排序是一个非常复杂的问题，还需要同时进行人员和设备的作业排序，因此，作业排序对于车间作业计划尤为重要。在制造业，由于及时交货、库存水平、制造周期时间、成本和质量等绩效度量标准与每个生产批次的作业计划直接相关，因此作业计划十分关键。当然，由于顾客等待时间、队列长度、利用率、成本和质量与服务台的可得性有关，因而服务业作业计划也同样很关键。

作业计划是为实施主生产计划而设计的短期计划，它在着重考虑了在技术性生产约束条件之后，如何对当前生产能力的应用达到最佳程度。通常几种工作（如零部件的未履行订单）必须在一个或多个工作站上加工处理；一般来说，每个工作站也都可以处理多种不同的工作任务。如果没有对作业计划认真计划以避免瓶颈，就可能形成队列。新的工作任务随时都有可能进入制造流程，这样就又形成了一个变动的环境。这些复杂性给管理者制定可以更有效地处理生产流的作业计划步骤带来了压力。

一般来说，作业计划与作业排序不是同义词，作业排序确定的是作业（工作）处理的优先顺序；作业计划也称为作业排程，不仅包括把作业（工作）分配到工作中心进行作业排序，还包括确定作业的开始时间和完成时间。尽管如此，由于编制作业计划的关键任务是确定作业进行的优先顺序，当作业进行的优先顺序确定之后，作业计划也就确定了。所以，人们常常将作业计划与作业排序这两个术语不加区别地使用。

(1) 有关的名词术语

在制造业生产管理中，常用到以下一些专业术语。

机器：表示“提供服务者”，如机床、维修工、工作地等。

工件：表示“接受服务者”或“服务对象”，如一个零件、一批零件、作业（job）等。

加工路线/工艺路线：工件加工在技术上的约束，由工件加工的工艺过程所决定。

加工顺序：每台机器（共 m 台）加工 n 个工件的先后顺序（正是作业排序所要解决的问题）。

作业排序（sequencing）：确定工件在机器上的加工顺序。

作业计划编制/排产（scheduling）：不仅要确定工件的加工顺序，而且还包括确定机器加工每个（批）工件的开始时间和完成时间。得到排序结果后，一旦确定了是正向排产（forward scheduling）还是反向排产（backward scheduling），就可以确定最终的作业计划。

派工（dispatching）：按作业计划的要求，将具体的生产任务安排到具体的机床上加工。

调度（scheduling）：执行生产计划控制采取的具体行动。“派工”属于“调度”的范围，“调度”属于“控制”的范围。

控制（controlling）：保证生产进程按计划执行，或当实际的生产进度偏离生产计划，或出现例外事件时所采取的行动。“调度”是实行“控制”所采取的行动之一。

(2) 作业排序问题的分类和表示法

排序问题有不同的分类方法。在制造业领域和服务业领域中，有两种基本形式的作业排序，劳动力作业排序（主要是确定人员何时工作）和生产作业排序（主要是将不同工件安排到不同设备上，或安排不同的人做不同的工作）。在制造业和服务业企业中，有时两种作业排序问题都存在。

在制造业的生产作业排序中，还可进一步按机器、工件和目标函数的特征分类。按照机器的种类和数量不同，可以分为单台机器的排序问题和多台机器的排序问题。对于多台机器的排序问题，按工件加工的路线特征，可以分成单件车间（job-shop）排序问题和流水车间（flow-shop）排序问题。工件的加工路线不同，是单件车间排序问题的基本特征；而所有工件的加工路线完全相同，则是流水车间排序问题的基本特征。

按工件到达车间的情况不同，可以分成静态排序问题和动态排序问题。当进行排序时，所有工件都已到达，可以一次对它们进行排序，这是静态排序问题；若工件是陆续到达，要随时安排它们的加工顺序，这是动态排序问题。

按目标函数的性质不同，也可划分不同的排序问题。例如，同是单台设备的排序，目标是使平均流程时间最短和目标是使误期完工的工件数最少，实质上是两种不同的排序问题。按目标函数的情况，还可以划分为单目标排序问题和多目标排序问题。

另外，按参数的性质，还可分为确定型排序问题和随机型排序问题。

由此可见，由机器、工件和目标函数的不同特征以及其他因素上的差别，构成了多种多样的排序问题及相应的排序方法。

常用的排序问题表示方法是由 Conway 等人提出来的四参数表示法：$n/m/A/B$

n——工件数；

m——机器数；

A——车间类型［F——流水作业排序问题；P——流水作业排列排序问题（permutation）；G——单件作业排序问题］；

B——目标函数，通常为最小化。

例如：$n/3/P/C_{\max}$表示 n 个工件在 3 台机器上加工的流水作业排列排序问题，目标函数是使最长完工时间 $C_{\max}$最短。

流水作业排序问题的基本特征：每个工件的加工路线一致（是指工件的流向一致，并不要求每个工件都经过每台机器），但工件在不同机器上的加工顺序不尽相同（有工序交叉）。

排列排序问题——流水作业排序问题的特例，所有工件在各台机器上的加工顺序都相同（同顺序）。

排列排序问题的最优解不一定是相应的流水作业排序问题的最优解，但一般是较优解。可以证明：对于仅有 2 台/3 台机器的特殊情况，排列排序问题的最优解一定是相应的流水作业排序问题的最优解。这里主要讨论排列排序问题：$n/m/P/F_{\max}$问题。

将排序问题扩展到调度问题，就有两种基本表达方式，即代数形式和图论形式。这两种表达方式不仅包含工件的排序信息，还包含任务在机床上的分配信息。

一般地，对 m 台机器加工 n 个不同工件的 job-shop 调度问题进行代数形式的描述。设每个工件 J 在 m 台机器 $\{M_1, \cdots, M_m\}$ 上的加工顺序是指定的，并表示为：

$$\boldsymbol{T_i}=(i_{q_1},\cdots,i_{q_m}),\quad i_{q_k}\in\{1,2,\cdots,m\}$$

其中，i_{q_k} 表示工件 J_i 作第 k 道加工时的机器的序号。则由上式给出的顺序组 $\boldsymbol{T_i}$ 作为第 i 行组成一个 $n\times m$ 矩阵，即机器的顺序矩阵 $\boldsymbol{T}$。同理，可以构造一个 $n\times m$ 加工时间矩阵 $\boldsymbol{P}=(p_{i_q})$。这样，一个 m 台机器加工 n 个不同工件的 job-shop 调度问题可由矩阵 $\{\boldsymbol{T}, \boldsymbol{P}\}$ 来完全描述。

为此问题确定一个调度，需要给每个机器 M_q 对所要加工的工件制定一个加工顺序，并可由相应定义的一个 $m\times n$ 工件顺序矩阵 $\boldsymbol{S}$ 来表示。其中，机器 M_q 上要加工工件的加工顺序为：

$$\boldsymbol{S_q}=(S_{q_1},\cdots,S_{q_n}),\ S_{q_n}\in\{1,2,\cdots,n\}$$

其中，S_{q_k} 表示机器 M_q 第 k 道所要加工的工件为 $J_{S_{q_k}}$。

这样，一个 job-shop 调度问题可归结为求解一个与机器顺序矩阵 $\boldsymbol{T}$ 相容的工件顺序矩阵 $\boldsymbol{S}$，使得与加工时间矩阵 $\boldsymbol{P}$ 相似的某个性能指标最优。

对一个 job-shop 调度问题进行图论描述，可以表达为一个析取图模型 $G=\{N,A,E\}$。N 为具有权重的节点集合，对应于操作的集合。它有两个特殊的节点，即表示开始的顶点 b 和表示结束的顶点 e。除开始顶点和结束顶点的权值为零外，其余每个节点的正权值代表相应操作的加工时间等性能参数，且每个节点都连接有前道操作和机器$[JP(j), MP(j)]$，后道操作和机器$[JS(j), MS(j)]$。A 为合取弧集合，即有向弧集合，对应表示由工艺路线所规定的工件的各道工序的顺序关系，它反映了同一操作之间的次序约束。对于 $(i, j)\in A$，它表示操作 i 是操作 $j(i<j)$的前道操作。E 为析取弧集合，即无向弧集合，表示操作共享同一机器的互斥关系。这样，在图论描述中，job-shop 调度问题就是对其对应的析取图 $G=\{N,A,E\}$的各个无向弧选择一个相应的方向，以使规定的一个性能指标为最优，如流程时间等。这种无向弧的有向化过程就对应于在加工过程中对每台机器确定其操作间的先后顺序，从而选择了一个调度。

(3) 假设条件和符号说明

作业排序问题的假设条件如下：

① 一个工件不能同时在几台不同的机器上加工；

② 每台机器同时只能加工一个工件；

③ 工件在加工过程中采用平行移动方式（即当上道工序完工后立即送至下道工序加工）；

④ 不允许中断（一个工件一旦开始加工必须一直进行到完工，不得中途插入其他工件）；

⑤ 每道工序只在一台机器上完成；

⑥ 工件数、机器数和加工时间已知，加工时间与加工顺序无关。

作业排序问题的符号说明如表 10-1 所示。

表 10-1 作业排序问题的符号说明

J_i	工件 i	$i=1,2,\cdots,n$
M_j	机器 j	$j=1,2,\cdots,m$
p_{ij}	J_i 在 M_j 上的加工时间	J_i 的总加工时间 $P_i=\sum p_{ij}$
w_{ij}	J_i 在 M_j 上加工之前的等待时间	J_i 的总等待时间 $W_i=\sum w_{ij}$
r_i	J_i 的到达时间	J_i 从外部进入车间，可以开始加工的最早时间
d_i	J_i 的完工期限	
C_i	J_i 的完工时间	$C_i=r_i+\sum(p_{ij}+w_{ij})=r_i+P_i+W_i$
C_{max}	作业最长完工时间	$C_{max}=\max\{C_i\}$
F_i	J_i 的流程时间	$F_i=C_i-r_i=P_i+W_i$
F_{max}	作业最长流程时间	$F_{max}=\max\{F_i\}$
a_i	J_i 的允许停留时间	$a_i=d_i-r_i$
L_i	J_i 的延迟时间	$L_i=C_i-d_i=r_i+P_i+W_i-d_i=F_i-a_i(+/-/0)$
L_{max}	作业最长延迟时间	$L_{max}=\max\{L_i\}$

(4) 作业排序方案的评价标准

常用的作业排序方案的评价标准包括以下几方面。

① 满足顾客交货期或者下游工序的交货期。

② 最长流程时间最短（全部完工时间最短、加工周期最短）。流程时间也称为产出周期或产出时间，是指作业在整个流程中的时间。

③ 延迟最小（顾客等待时间最小）。可以用时间表示，也可以用工件数表示。

④ 在制品库存最小。可以用工件数、货币价值表示。

⑤ 利用率最大。机器的有效生产时间占总工作时间的百分比。

⑥ 总成本最小。综合考虑在制品库存、加工成本与加工时间。

10.2.2 作业排序的方法

(1) 工艺导向的排序方法

工艺导向的工作环境（又称间歇性或单件车间环境）是产出品种多、数量少，在生产和服务组织中较多采用的系统。它是一个按订货来制造产品的生产系统。该系统生产的各产品在使用的物料、操作顺序、操作要求、操作时间及生产准备要求等方面有很大差异。由于这些差异，排序会十分复杂。为了均衡、有效地运行设备，管理者需要一个生产计划和控制系统，该系统应是：

① 对未来订货生产的排序应不违背每个工作中心的生产能力限制。也就是说，应该进行有限负荷（finite loading）排序；

② 在分配一项订货给一部门前，要检查一下所需工具及物料的供给情况；

③ 确定每件工作的到期时间并检查一下相对所需日期及订货生产时间的工作进度；

④ 当各工作流经车间时检查进展中的工作情况；

⑤ 提供关于工厂及生产活动的反馈信息；

⑥ 提供生产效率统计及检查生产时间，为工资及劳动力分配分析提供依据。

不论排序系统是手工还是自动进行，它必须是精确和恰当的。这意味着它既需要生产计划又需要生产控制的数据资料。因此，下面先介绍工作中心导向的排序，有关作业控制的部分将在后面说明。

(2) 工作中心导向的排序方法

工作中心导向的排序是确定每一工作中心该做哪件工作的顺序。例如，有 10 个病人被分配到一个医疗诊所来治疗，他们应按什么顺序来接受治疗？是按到达顺序，还是先救治危重病人？排序方法提供了有关的详细信息。下面我们根据排序问题的不同，分别进行介绍。

① $n/1$ 问题排序　$n/1$ 问题是 n 项作业的单机排序。可以采用规则调度方法来排序。常用的调度规则如表 10-2 所示。

表 10-2　优先调度规则例举

规则名	英文全名	含　义	适用目标
SPT	shortest processing time	优先选择加工时间最短的工序	WIP 最少(平均流程时间最短)
FCFS	first come first served	优先选择最早进入可排工序集合的工序	公平对待工件
EDD	earliest due date	优先选择完工期限最紧的工件	保证交货期(工件最大延迟时间最小)
MWKR	most work remaining	优先选择余下加工时间最长的工件	工件完工时间尽量接近
LWKR	least work remaining	优先选择余下加工时间最短的工件	工作量小的工件尽快完成
MOPNR	most operations remaining	优先选择余下工序数最多的工件	与 MWKR 类似(主要减少转运排队时间)
SCR	smallest critical ratio	优先选择临界比最小的工件	工件允许停留时间/工件余下加工时间
RANDOM	random	随机地挑选一个工件	

按照这样的优先调度方法，可赋予不同工件不同的优先权，可以使生成的排序方案按预定目标优化。当然，除上述规则以外，也有一些其他的排序方法，如穆尔法就是其中常用的一种。穆尔法目标是使延期交货的任务数最少。它首先按 EDD 法排序，若没有或只有 1 项任务延期交货，则按最优排序，否则转入下一步；其次在上述排序中找出第一个延期交货的任务，

记上＊号，并在＊号（包括＊号）左边的所有任务中识别出作业时间最长的任务，将其移至排序序列的最后，修正各项任务的完工时间。如此重复，直至没有或只有一项任务延期交货。下面结合具体例子来看如何进行排序。

例 10-1 5 件薄金属板加工作业在爱佳克佳斯公司的长滩工作中心等待分配。它们的生产时间和交货期如表 10-3 所示。请根据以下规则来对这些作业进行排序：FCFS、SPT、EDD、穆尔法，并对按这些规则排序的结果从平均流程时间、最大延迟交货时间、延迟交货产品数、使用率（总生产时间/总流程时间）等几个方面进行比较。

表 10-3 5 项作业的生产时间和交货期

作　业	生产时间/天	交货期/天	作　业	生产时间/天	交货期/天
A	6	8	D	3	15
B	2	6	E	9	23
C	8	18			

解：a. 按 FCFS 规则，排序结果为 A-B-C-D-E，各项性能参数如下所示：

工作顺序	生产时间/天	流程时间/天	交货期/天	延迟天数/天
A	6	6	8	0
B	2	8	6	2
C	8	16	18	0
D	3	19	15	4
E	9	28	23	5
	28	77		

平均流程时间＝77/5＝15.4（天）

最大延迟交货时间＝5（天）

延迟交货产品数＝3

使用率＝28/77＝36.4%

b. 按 SPT 规则，排序结果为 B-D-A-C-E，各项性能参数如下所示：

工作顺序	生产时间/天	流程时间/天	交货期/天	延迟天数/天
B	2	2	6	0
D	3	5	15	0
A	6	11	8	3
C	8	19	18	1
E	9	28	23	5
		65		

平均流程时间＝65/5＝13（天）

最大延迟交货时间＝5（天）

延迟交货产品数＝3

使用率＝28/65＝43.1%

c. 按 EDD 规则，排序结果为 B-A-D-C-E，各项性能参数如下所示：

工作顺序	生产时间/天	流程时间/天	交货期/天	延迟天数/天
B	2	2	6	0
A	6	8	8	0
D	3	11	15	0
C	8	19	18	1
E	9	28	23	5
		68		

平均流程时间=68/5=13.6（天）

最大延迟交货时间=5（天）

延迟交货产品数=2

使用率=28/68=41.2%

d. 按穆尔法，排序结果为B-A-D-E-C，各项性能参数如下所示：

工作顺序	生产时间/天	流程时间/天	交货期/天	延迟天数/天
B	2	2	6	0
A	6	8	8	0
D	3	11	15	0
E	9	20	23	0
C	8	28	18	10
		69		

平均流程时间=69/5=13.8（天）

最大延迟交货时间=10（天）

延迟交货产品数=1

使用率=28/69=40.6%

② $n/2/F/F_{max}$问题排序　$n/2/F/F_{max}$问题比$n/1$稍微复杂一些，即两个或者更多的作业必须在两台机器上以共同的顺序进行加工。与$n/1$问题的情况一样，根据SPT规则，有一种方法可以提供最优方案，同样，我们假设这是一个静态作业排序模型，这种方法被称为约翰逊（Johnson）规则或者约翰逊（Johnson）算法（该方法是由约翰逊提出的），目的是使从第一个作业开始到最后一个作业结束的总流程时间最短。简言之，约翰逊规则的基本思路是：

如果 $\min(p_{i_1}, p_{j_2}) < \min(p_{j_1}, p_{i_2})$，则工件$i$应该排在工件$j$之前。

具体的约翰逊算法包括以下一些步骤。

a. 从加工时间矩阵中找出最短的加工时间。

b. 若最短的加工时间出现在M_1上，则对应的工件尽可能往前排；若最短的加工时间出现在M_2上，则对应的工件尽可能往后排。若最短加工时间有多个则任选一个。

c. 从加工时间矩阵中划去上述已排工件的加工时间。

d. 重复上述步骤直到所有工件都已排序。

例10-2　求如下所示$6/2/F/F_{max}$问题的最优排序。

i	1	2	3	4	5	6
p_{i_1}	5	1	8	5	3	4
p_{i_2}	7	2	2	4	7	4

解：应用 Johnson 算法。

从加工时间矩阵中找出最短加工时间为 1 个时间单位，它出现在 M_1 上。所以，相应的工件（工件 2）应尽可能往前排。即将工件 2 排在第 1 位。划去工件 2 的加工时间。

余下加工时间中最小者为 2，空出现在 M_3 上，相应的工件（工件 3）应尽可能往后排，于是排到最后一位。

划去工件 3 的加工时间，继续按 Johnson 算法安排余下工件的加工顺序。

求解过程可简单表示如下：

将工件 2 排在第 1 位	2					
将工件 3 排在第 6 位	2					3
将工件 5 排在第 2 位	2	5				3
将工件 6 排在第 3 位	2	5	6			3
将工件 4 排在第 5 位	2	5	6		4	3
将工件 1 排在第 4 位	2	5	6	1	4	3

故最优加工顺序为：(2，5，6，1，4，3)。

为了简化步骤，Johnson 算法可以作些改变，形成改进的 Johnson 算法。改变后的算法按以下步骤进行。

a. 将所有 $p_{i_1} \leqslant p_{i_2}$ 的工件按 p_{i_1} 不减的顺序排成一个序列 A。

b. 将所有 $p_{i_1} > p_{i_2}$ 的工件按 p_{i_2} 不增的顺序排成一个序列 B。

c. 将 A 放到 B 之前，就构成最优加工顺序。

这样，例 10-2 求解过程如表 10-4 所示。

表 10-4 改进的 Johnson 算法算例

i	1	2	3	4	5	6
p_{i_1}	⑤	①	8	5	③	④
p_{i_2}	7	2	②	④	7	4
i	2	5	6	1	4	3
p_{i_1}	①	③	④	⑤	5	8
p_{i_2}	2	7	4	7	④	②

这样，序列 A 为 (2,5,6,1)，序列 B 为 (4，3)，构成最优顺序为 (2,5,6,1,4,3)，与 Johnson 算法结果一致。

值得注意的是，当我们从应用 Johnson 算法求得的最优顺序中任意去掉一些工件时，余下的工件仍构成最优顺序。但是，工件的加工顺序不能颠倒，否则不一定是最优顺序。同时，我们还要指出，Johnson 算法只是一个充分条件，而不是必要条件。例如，顺序为 (2,5,6,4,1,3) 不符合 Johnson 算法，但它也是一个最优顺序。

对于一个序列是否最优顺序，还需计算其目标值如何。以最常用的最长流程时间 F_{max} 的计算为例，我们来展开讨论。

设：n 个工件的加工顺序为 $S=(S_1, S_2, \cdots, S_i \cdots, S_n)$

$C_{s_i m_k}$　表示工件 S_i 在机器 M_k 上的完工时间$(i=1,2,\cdots,n)$

$p_{s_im_k}$　表示工件 S_i 在机器 M_k 上的加工时间($k=1,2,\cdots,m$)

则：

$C_{s_im_1}=C_{s_{i-1}m_1}+p_{s_im_1}$

$C_{s_im_2}=\max\{C_{s_im_1},C_{s_{i-1}m_2}\}+p_{s_im_2}$

…

$C_{s_im_k}=\max\{C_{s_im_{k-1}},C_{s_{i-1}m_k}\}+p_{s_im_k}$

…

$C_{s_nm_m}=\max\{C_{s_nm_{m-1}},C_{s_{n-1}m_m}\}+p_{s_nm_m}$

当 $r_i=0$ 时($i=1,2,\cdots,n$)：

$F_{\max}=C_{s_nm_m}$（即排在末位加工的工件在车间的停留时间）。

求解过程的示意图如图 10-2 所示。

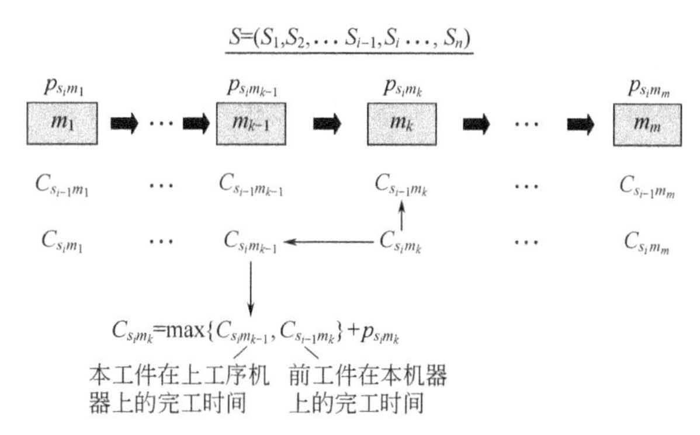

图 10-2　$F_{\max}$的求解过程

例 10-3　有一个 $6/4/P/F_{\max}$ 问题，加工时间矩阵如下表。当工件的加工顺序为 $S=(6,1,5,2,4,3)$时，求最长流程时间 $F_{\max}$。

i	1	2	3	4	5	6
p_{i_1}	4	2	3	1	4	2
p_{i_2}	4	5	6	7	4	5
p_{i_3}	5	8	7	5	5	5
p_{i_4}	4	2	4	3	3	1

解：求解过程如图 10-3 所示。该图中，括号中的数字表示某工件在某机器上的完工时间。

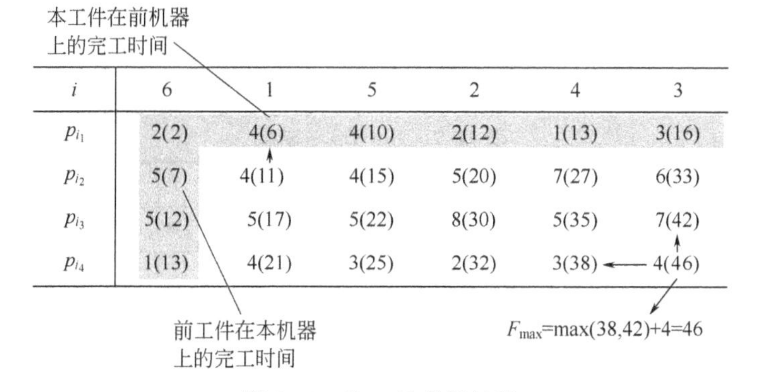

图 10-3　$F_{\max}$的求解过程

例 10-4　求例 10-2 中排序问题的 $F_{\max}$。

解：求解过程如表 10-5 所示。该图中，括号中的数字表示某工件在某机器上的完工时间。故，$F_{\max}=28$。

表 10-5　$F_{\max}$的求解过程

i	2	5	6	1	4	3
p_{i_1}	1(1)	3(4)	4(8)	5(13)	5(18)	8(26)
p_{i_2}	2(3)	7(11)	4(15)	7(22)	4(26)	2(28)

③ $n/m/P/F_{\max}$问题排序　要找出在 2 台机器以上 n 个工件排序的最佳答案是十分复杂

的，$n/m/P/F_{max}$问题的求解规模为（n!）m 种。对于 3 台机器的流水车间排序问题，只有几种特殊类型的问题找到了有效算法。对于一般的流水车间排列排序问题，可以用分支定界法。用分支定界法可以保证得到一般 $n/m/P/F_{max}$问题的最优解。但对于实际生产中规模较大的问题，计算量相当大，以致连电子计算机也无法求解。同时，还需考虑经济性。如果为了求最优解付出的代价超过了这个最优解所带来的好处，也是不值得的。为了解决生产实际中的排序问题，人们提出了各种启发式算法。启发式算法以小的计算量得到足够好的结果，因而十分实用，如 Palmer 法（D. S. Palmer，1965）、CDS 法（Campbell/Dudek/Smith，1970）、关键工件法（陈荣秋，1983）和综合分割法等。下面一种介绍求一般 $n/m/P/F_{max}$问题近优解（near optimal solution）的启发式算法 CDS 法。

CDS 法是由康坎贝尔-杜得克-史密斯（Campbell-Dudek-Smith）三人提出的。他们把 Johnson 算法用于一般的 $n/m/P/F_{max}$问题，得到（$m-1$）个加工顺序，取其中优者。

具体做法是，对加工时间 $\sum_{k=1}^{l} p_{i_k}$ 和 $\sum_{k=m+1-l}^{m} p_{i_k}$（$l=1,2,\cdots,m-1$）用 Johnson 算法求（$m-1$）次加工顺序，取其中最好的结果。

例 10-5 考虑由三台机器组成的流水作业生产线，具体数据见表 10-6。

表 10-6 流水生产线的加工时间矩阵

项　目	J_1	J_2	J_3	J_4	J_5	J_6
设备 A	3	8	5	6	7	4
设备 B	2	3	2	4	5	1
设备 C	6	10	7	9	6	5

试用 CDS 法求解该作业顺序问题，并求最长流程时间。

解：首先，求 $\sum_{k=1}^{l} p_{i_k}$ 和 $\sum_{k=m+1-l}^{m} p_{i_k}$（$l=1,2$），结果如表 10-7 所示。

表 10-7 用 CDS 法求解

i		J_1	J_2	J_3	J_4	J_5	J_6
$l=1$	p_{i_1}	3	8	5	6	7	4
	p_{i_3}	6	10	7	9	6	5
$l=2$	$p_{i_1}+p_{i_2}$	5	11	7	10	12	5
	$p_{i_2}+p_{i_3}$	8	13	9	13	11	6

当 $l=1$ 时按 Johnson 算法得到加工顺序：$J_1-J_6-J_3-J_4-J_2-J_5$

当 $l=2$ 时按 Johnson 算法得到加工顺序：$J_1-J_6-J_3-J_4-J_2-J_5$ 或 $J_6-J_1-J_3-J_4-J_2-J_5$

然后，分别计算最长流程时间计算，对于 $J_1-J_6-J_3-J_4-J_2-J_5$

J_1	J_6	J_3	J_4	J_2	J_5
3(3)	4(7)	5(12)	6(18)	8(26)	7(33)
2(5)	1(8)	2(14)	4(22)	3(29)	5(38)
6(11)	5(16)	7(23)	9(32)	10(42)	6(48)

$F_{max}=48$

对于 $J_6-J_1-J_3-J_4-J_2-J_5$ 最长流程时间也为 48，故求得的作业顺序为 $J_1-J_6-J_3-J_4-J_2-J_5$ 或 $J_6-J_1-J_3-J_4-J_2-J_5$，最长流程时间为 48。

通过对上述三类排序问题的分析，可以发现优先调度规则是其中的主要启发式算法之一。当然，有时运用一个优先规则还不能唯一地确定下一个应选择的工件，这时应使用多个优先规则的组合。这就涉及另外两种启发式算法：随机抽样法和概率调度法。

随机抽样法介乎分支定界法和优先调度法之间。它从全部能动作业计划或无延迟作业计划之中抽样，得出多个作业计划，从中选优。应用随机抽样法时，实际上是对同一个问题多次运用 RANDOM 法则来决定要挑选的工序，从而得到多个作业计划。这种方法不一定能得到最优作业计划，但可以得到较满意的作业计划，而且计算量比分支定界法小得多。随机抽样法比用优先调度法则得到的结果一般要好。但是，它的计算量比后者要大，且求解的效果与样本大小有关。

由上可见，随机抽样法是从 k 个可供选择的工序以等概率方式挑选，每个工序被挑选的概率为 $1/k$，这种方法没有考虑不同工序的特点，有一定盲目性。因此，可以考虑是否选用对一定的目标函数的求解效果明显的优先调度法则来进行改进求解质量。事实上，把除 RANDOM 法则以外的某个法则对一个问题使用多次，给不同的工序按某一优先调度法则分配不同的挑选概率，这样就可以得到多个作业计划供比较，最终得到一种作业计划。这也就是概率调度法的思路。试验表明，概率调度法比随机抽样法更为有效。

当然，以上这些启发式算法的简单性掩饰了排序工作的复杂性。实际上，要将数以百计的工件在数以百计的工作地（机器）上的加工顺序决定下来是一件非常复杂的工作，需要有大量的信息和熟练的排序技巧。对于每一个准备排序的工件，计划人员都需要两大类信息：有关加工要求和现在的状况。加工要求信息包括预定的完工期、工艺路线、标准的作业交换时间、加工时间、各工序的预计等。现状信息包括工件的现在位置（在某台设备前排序等待或正在被加工），现在完成了多少工序（如果已开始加工），在每一工序的实际到达时间和离去时间，实际加工时间和作业交换时间，各工序所产生的废品（它可以用来估计重新加工量）以及其他的有关信息。优先顺序规则就是利用这些信息的一部分来为每个工作地决定工件的加工顺序，其余的信息可以用来估计工件按照其加工路线到达下一个工作地的时间、当最初计划使用的机器正在工作时是否可使用替代机器以及是否需要物料搬运设备等。这些信息的大部分在一天中是随时改变的，所以，用手工获取这些信息几乎是不可能的或效率低的。从这个意义上来说，计算机是用来进行有效的、优化的作业排序的必要工具。从另外一个角度讲，作业计划只是“万里长征只走了第一步”，还需要生产作业控制进一步对车间进行管理。

10.3　生产作业控制

10.3.1　引言

根据美国生产与库存协会（american production and inventory control society，APICS）的定义，生产作业控制是指利用车间的数据和数据处理文件，来维护和传递关于车间工单和工作中心状态信息的系统。

生产作业控制的一个主要问题就是数据不准确和缺乏及时性。当发生了这些问题以后，反馈到主生产计划的数据信息就是错误的，结果会导致错误的决策，从而常常会造成库存过量、缺货、延误交货期等问题。因此，生产作业控制是十分必要的。

生产作业控制的主要功能包括：

① 为每个车间的工单指派作业优先级；

② 维护在制品数量信息；

③ 将车间工单信息传送到办公室；

④ 提供实际产出数据来为能力控制服务；

⑤ 根据车间工单对机位的要求，为在制品库存管理提供数量信息；

⑥ 测量人员和设备的效率、利用率和产量。

要实现生产作业控制的上述功能，需要一些车间控制工具。而且，随着计算机和软件技术的长足发展，很多工具都可以采取计算机化的方式进行。利用计算机，可以方便地对下面一些基本车间控制信息进行管理。

① 调度单。一般每天都需要生成调度单，调度单包含当天哪些作业需要完工，这些作业的优先级以及作业时间等信息。

② 异常报告。异常报告说明需要处理的特殊状况和问题，如预计延期报告等。

③ 输入/输出控制报告。它用以监控每个工作中心的工作负荷与其最大负荷之间的关系。如果出现极度不平衡，应立即识别出哪些需要进行调整。

④ 状态报告。状态报告将车间的运营状况总结后向上级汇报，通常包括按期完工的作业数量和比例、延期并未完成的作业、产出量等。废品报告和返工报告是两种典型例子。

当然，除了这些基本文档信息可以方便地被管理起来外，其他还需要一些有用的车间控制工具，如甘特图、PERT、CPM 网络图等。

10.3.2 甘特图

甘特图是作业排序与控制中最常用的一种工具，可较为直观地解决负荷和排程问题。它最早由 Henry L. Gantt 于 1917 年提出。这种方法基于作业排序的目的，是将活动与时间联系起来的最早尝试之一。有两种基本形式的甘特图：作业进度图和机器图。作业进度图表示一项工作的计划开始日期、计划完成日期以及现在的进度。例如，假设一个汽车制造公司有三项工作在进行中，它们分别是加工汽车零件 A、B 和 C。这些工作的预定计划和现在的完成情况如图 10-4 所示。

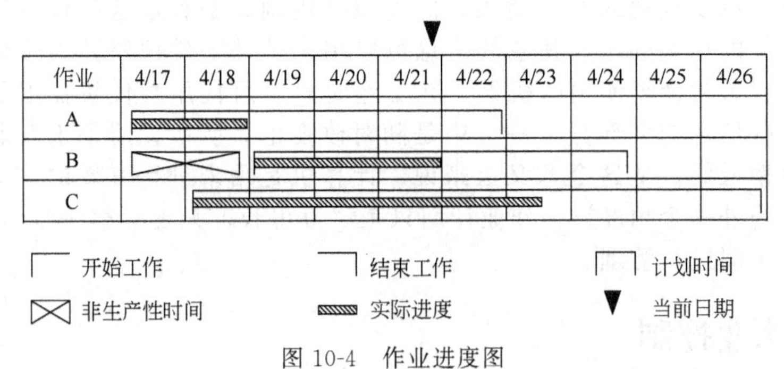

图 10-4　作业进度图

在当前日期（以记号标出的 4 月 21 日），这张甘特图显示出，A 的完成情况滞后于计划，B 在按计划完成，C 的完成情况则超前于计划。假设截止到 4 月 26 日，需要零件 A 的公司还不能收到订货，其装配线就要停产，那么这种情况就需要新的作业计划并更新甘特图。如果这三项工作都在等待进行磨削加工，之后他们要进行抛光才能最后交货，则图 10-5 表示了三种工作在两种不同设备上的所需时间、时间安排和现在的进度。这种形式的甘特图就称为机器图，它描述不同工作在每一台机器上的工作次序，也可被用来管理生产进度。

如图 10-5 所示，在 4 月 23 日当天，A 刚好按计划完成，因为实际进度与当今的日期一致，而磨床是空闲的。甘特机器图可用于解决负荷问题，它可以显示几个部门、机器或设备的

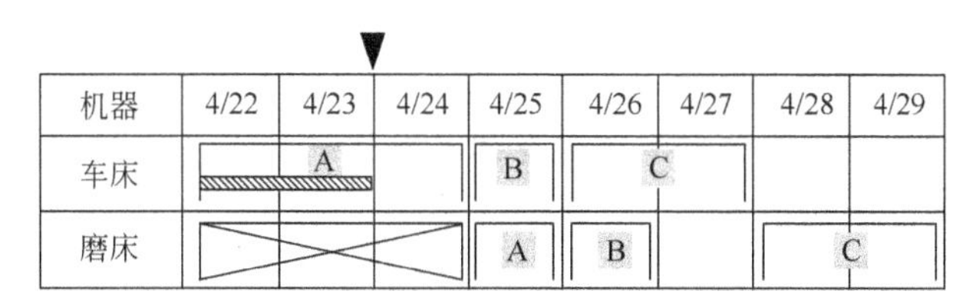

图 10-5　甘特机器图

运行和闲置情况。这表示了该系统的有关工作负荷状况，这样可使管理人员了解何种调整是恰当的。例如，当一工作中心处于超负荷状态时，则低负荷工作中心的雇员可临时转移到该工作中心以增加其劳动力，或者，在制品存货可在不同工作中心进行加工，则高负荷工作中心的部分工作可移到低负荷工作中心完成。多功能的设备也可在各中心之间转移。

不过，甘特机器图确有一些重要的局限性。一方面，它没有描述非预期事件，不能解释生产变动如意料不到的机器故障及人工错误所形成的返工等。另一方面，它需要定期更新，以进行规范地修订和解释新的工作，并修改时间估计。

10.3.3　输入/输出控制

许多公司由于生产过程负荷过重，很难进行排程以取得有效的生产率。这种情况经常发生，是因为他们不知道工作中心实际的工作完成量。有效的排程依赖于排程同工作完成量的匹配。对生产能力和工作完成量缺乏了解导致生产率的降低。要完成的工作较多，则我们要加大设备的工作负荷并增加积压工作存量。超负荷将引起设备紧张，并导致低效率及有关质量问题。如果所要完成的工作较少，则可减少设备的负荷甚至使工作中心停工。减少设备的负荷必使生产能力闲置因而浪费了资源。

输入/输出控制（input/output control，I/O），也称投入/产出控制，是指对工作中心的作业流和序列程度进行控制，是作业计划和控制系统的一个主要特征。它的主要原则就是，工作中心的输入永远不能超过工作中心的输出。否则，工作中心就会超负荷，就会产生积压，作业的效率也会下降，下游工作中心的工作也会受到影响。I/O 控制的目的就是分析输入与输出之间的差异，找到问题的来源，采取适当的控制措施，从而有效地控制生产作业，使工作中心的输入和输出达到完美的平衡，最终使得工作中心的负荷能力充分利用，而且也没有超负荷运转，保证作业顺利完成。表 10-8 是一个输入输出报告。

操作人员管理设备作业流量有以下几种可能选择。

① 确定工作完成量。

② 扩大设备规模。

③ 通过以下途径增加或减少工作中心的投入：

表 10-8　一个输入输出报告例子

本周完工日期	5 月 5 日	5 月 12 日	5 月 19 日	5 月 26 日
计划输入	210	210	210	210
实际输入	110	150	140	130
累计偏差	−100	−160	−230	−310
计划输出	210	210	210	210
实际输出	140	120	160	120
累计偏差	−70	−160	−210	−300

a. 与其他工作中心之间相互调出（入）常规工作；

b. 增加或减少转包；

c. 提供较少产出（或较多产出）。

虽然，提供较少产出是人们不大喜欢的答案，但其利益是十分明显的。首先，由于其产品能按时供应，故顾客接受的服务水平可能提高。其次，由于充塞工作中心及增加总成本的在制品存货减少，因而提高了效率。第三，由于较少的在制品存货，使掩盖的质量等问题减少，因而质量又得到了改善。

10.4 最优生产技术

最优生产技术（optimized production technology，OPT）是由以色列物理学家 Eli Goldratt 于 20 世纪 70 年代末首创的。OPT 最初被称作最优生产时间表（optimized production timetable），20 世纪 80 年代才改称为最优生产技术。后来，Goldratt 又进一步将它发展成为约束理论（theory of constraints，TOC）。

OPT 的倡导者强调，任何制造企业的真正目标只有一个，即在现在和将来都能赚钱。要实现这个目标，必须在增加产销率的同时，减少库存和运行费。这些作业指标的有效控制离不开良好的作业计划与控制，而 OPT 正提供了这样一种新的管理思想。

瓶颈（bottlenecks）是 OPT 最重要的概念。企业制造资源分为瓶颈资源和非瓶颈资源。瓶颈是实际生产能力小于或等于生产负荷的资源，该类资源限制了整个生产系统的产出速度。OPT 的基本思想是识别企业的瓶颈资源/非瓶颈资源，生产管理与控制基于瓶颈资源（约束）。具体体现在下述的 9 条基本原则。

① 主张平衡物流，而不平衡能力。所谓物流平衡就是使各个工序都与瓶颈机床同步。

② 非瓶颈资源的利用程度不取决于其自身潜力，而是由系统的约束决定的。

③ 资源的“利用”（utilization）和“活力”（activation）不是同义词。前者是指资源应该利用的程度，后者是指资源可以利用的程度。

④ 瓶颈上一小时的损失就是整个系统一小时的损失。

⑤ 非瓶颈资源获得的一小时毫无意义，因为只能增加一小时的闲置时间。

⑥ 瓶颈控制了库存和产销率。

⑦ 转运批量可以不等于（在许多时候应该不等于）加工批量。转运批量是指工序间转运一批零件的数量；而加工批量是指经过一次调整准备所加工的同种零件的数量，可以是一个或几个转运批量之和。

⑧ 加工批量应是可变的，而不是固定的。

⑨ 安排作业计划应同时兼顾所有的约束，提前期是作业计划的结果，而不应是预定值。

以 9 条基本原则为指导，OPT 的计划与控制是通过 DBR 系统实现的。DBR 的含义分别为 drum（鼓）、buffer（缓冲器）、rope（绳索）。

drum——把 MPS 看成整个生产中的“鼓”，生产能力及市场对生产过程的约束是“鼓点”，它决定企业生产的节奏。“鼓”的目标是使产出率最大。

buffer——在瓶颈工序前设置一定的“缓冲器”，它提供的物料比预定的时间提早一段时间到达，对瓶颈进行保护，使其能力得到充分利用。

rope——喻指控制中心的作用。用一根看不见的“绳索”把瓶颈与其上游工序串联起来。在“绳索”的牵引下，在制品库存保持均衡、物料的流动保持均衡，整个生产也保持了均衡。

实施 DBR 主要步骤如下。

① 识别瓶颈。当需求超过能力时，排队最长的机器就是瓶颈。在瓶颈上要采取扩大批量的办法来提高其利用率。瓶颈控制着企业的生产节奏——“鼓点”。

② 基于瓶颈约束，建立产品出产计划。一般按有限能力，用顺排法对关键资源排序，使排产计划切实可行；按无限能力，用倒排法对非关键资源排序，使之与关键资源上的工序同步。倒排时，采用的提前期可以随批量变化，批量也可按情况分解。通过“缓冲器”的管理与控制，对瓶颈进行保护。

③ 通过“绳索”控制进入非瓶颈的物料，保持生产的均衡。“绳索”把瓶颈与其上游工序串联起来，起一种传递作用，驱动系统的所有部分按“鼓”的节奏进行生产。通过“绳索”控制企业进入非瓶颈的物料，使库存最小。

另外，采用 OPT 与 MRP 相结合，可以克服 MRP 排序思想的一些缺点。MRP 用无限能力计划法对全部自制零件不分主次地按工艺顺序倒排，得到零件进度表。由于不考虑生产能力的约束，每一种产品在其生产周期内的负荷分布肯定是不均衡的。在进行负荷与能力平衡时，需要作很大的调整，甚至失去了 MRP 的意义。MRP 系统对单件小批生产、产品品种繁多、结构复杂的情况不太适应。OPT 则是适应上述情形的一种生产计划与控制方法，尤其是比较适合于一些零件种数较少、批量大的产品。它从系统观点出发，综观全局，抓住关键，力求取得全局满意解。

在实践中，可以在 MRPⅡ 系统中引入 OPT 方法的“资源约束”理念，识别系统中的瓶颈资源与非瓶颈资源，并基于瓶颈资源进行生产计划与控制，具体结合点如下。

a. 重点控制关键制约因素——瓶颈资源。方法包括在瓶颈工序前设置质量检查点，避免无效劳动；在瓶颈工序前设置缓冲环节，使其免受上游工序生产率波动的影响；适当加大瓶颈工序的生产批量以减少瓶颈资源的调整次数；减少瓶颈工序中的辅助生产时间。

b. 对瓶颈工序的前导和后续工序采用不同的计划方法。为提高计划的可执行性，对瓶颈工序的上游工序采用分散控制的方法，按后续工序的要求，用倒排法决定前导工序的投产日期和数量；而对瓶颈及其下游工序采用集中控制的方法，按前导工序的完成情况，用顺排法决定后续工序的投产日期和数量。

c. 不采用固定生产提前期，用有限能力计划法进行排产。MRPⅡ 一般按预先确定的生产提前期，用无限能力计划法编制生产进度计划，当生产提前期与实际情况出入大时，计划偏离实际而难以实施；OPT 考虑计划期内的资源约束，采用可变提前期，用有限能力计划法，按一定的优先规则编制可实施性好的生产进度计划。

10.5 制造执行系统

自 20 世纪 80 年代以后，伴随着消费者对产品的需求愈加多样化，制造业的生产方式开始由大批量的刚性生产转向多品种少批量的柔性生产；以计算机网络和大型数据库等 IT 技术和先进的通讯技术的发展为依托，企业的信息系统也开始从局部的、事后处理方式转向全局指向的、实时处理方式。在制造管理领域出现了 JIT、LP、TOC 等新的理念和方法，并依此将基于订单的生产扶正、进行更科学的预测和制定更翔实可行的计划。在企业级层面上，管理系统软件领域 MRPⅡ 以及 OPT 系统迅速普及，直到今天各类企业 ERP 系统如火如荼地进行；在过程控制领域 PLC、DCS（device control system）得到大量应用也是取得高效的车间级流程管理的主要因素。但是，车间级的计划与控制仍存在一些问题难以解决：在计划过程中无法准确及时地把握生产实际状况，另一方面则在生产过程中无法得到切实可行的作业计划做指导；工厂管理人员和操作人员难以在生产过程中跟踪产品的状态数据、不能有效地控制在制品库存，而用户在交货之前无法了解订单的执行状况。产生这些问题的主要原因仍然在于运作管理业务系统与生产过程控制系统的相互分离，计划系统和过程控制系统之间的界限模糊、缺乏紧密的联系。针对这种状况，1990 年 11 月，美国先进制造研究机构 AMR（advanced manufacturing research）首次提出制造执行系统（manufacturing execution system，MES）的概念。

根据 AMR 对 MES 的最权威定义，MES 是上层的计划管理系统与底层工业控制之间、面向车间层的管理信息系统。它为操作人员、设备管理人员提供计划的执行和跟踪以及所有资源（人、设备、物料、客户需求等）的当前状态。当工厂中有实时事件发生时，MES 能及时对这些事件做出反应、报告，并用当前的准确数据对它们进行约束和处理。这种对状态变化的迅速响应使 MES 能够减少企业内部那些没有附加值的活动，有效地指导工厂的生产运作过程，同时提高了工厂及时交货的能力，改善了物料的流通性能，提高了生产回报率。在 AMR 提出的三层的企业模型中，MES 位于面向客户的计划层和面向设备控制的控制层之间，成为面向车间的执行层。换言之，MES 位于企业的执行层，很自然地成为计划层 MRPⅡ/ERP 和底层设备控制系统之间的桥梁，如图 10-6 所示。它是针对计划层在生产执行管理方面的限制和不足而产生的，是 MRPⅡ/ERP 的必要补充。MES 强调：①MES 的优化目标是整个生产过程；②MES需要收集生产过程中的实时数据并对实时事件进行及时处理；③MES 同时与 MRPⅡ/ERP 系统级计划层和车间中制造设备控制层保持双向通信能力，从上下两层接收相应数据并反馈处理结果和生产指令。MES 负责管理和优化从订单投产到最终加工成产品整个过程，需要准确维护当前的信息，指导、发动、响应、报告车间的活动，为企业的决策提供有关生产活动的关键信息。

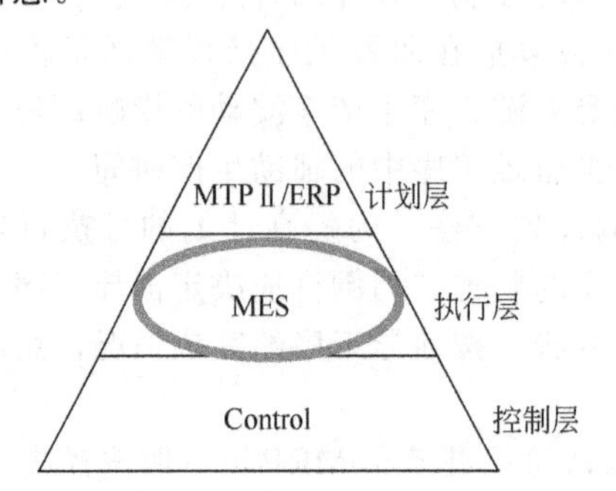

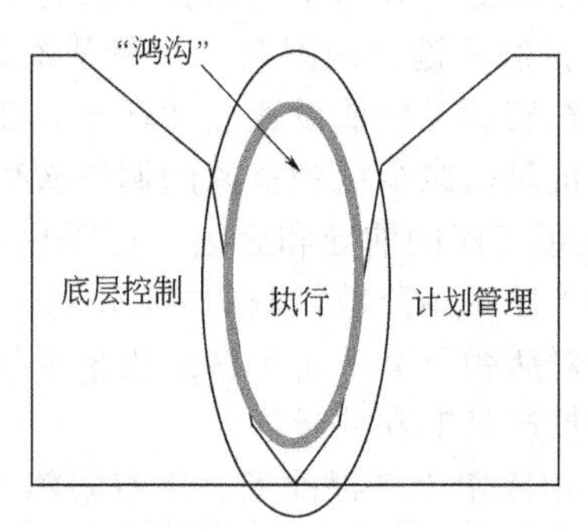

图 10-6 MES 在企业模型中的地位与作用

国际制造执行系统协会（manufacturing execution system association，MESA）对 MES 的定义是“MES 是一些能够完成车间生产活动管理及优化的硬件和软件的集合，这些生产活动覆盖从订单发放到出产成品的全过程。它通过维护和利用实时准确的制造信息来指导、传授、响应并报告车间发生的各项活动，同时向企业决策支持过程提供有关生产活动的任务评价信息”。

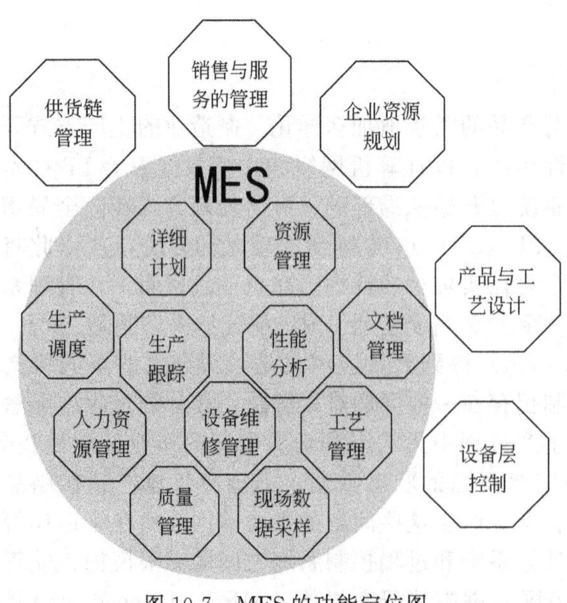

图 10-7 MES 的功能定位图

MES 不同于以派工单形式为主的生产管理和辅助的物料流为特征的传统车间控制器，也不同于偏重于作业与设备调度为主的单元控制器，它能把制造系统的计划和进度安排、追踪、监视和控制、物料流动、质量管理、设备的控制和计算机集成制造接口（CIM）等集成地考虑起来。MES 的功能定位图如图 10-7

所示。

根据 MESA 和美国国家标准与技术研究所 NIST 的定义，MES 应具备 12 个功能模块，如表 10-9 所示。

表 10-9　MES 功能概述

序	功能项目	英文全称	功能概述	备　注
1	资源分配与状态	resource allocation and status	管理车间资源状态及分配信息	MESA/ NIST
2	操作/详细调度	operations/detail scheduling	生成操作计划，提供作业排序功能	M/N
3	分派生产单位	dispatching production units	管理和控制生产单位的流程	M/N
4	文档管理	document control/specification management	管理、控制与生产单位相关的记录	M/N
5	数据采集/获取	data collection/acquisition	采集生产现场中各种必要的数据	M/N
6	人力管理	labor management	提供最新的员工状态信息	M/N
7	质量管理	quality management	记录、跟踪和分析产品及过程特性	M/N
8	过程管理①	process management	监视生产，纠偏或提供决策支持	MESA
9	维护管理	maintenance management	跟踪和指导设备及工具的维护活动	M/N
10	产品跟踪和谱系	product tracking and genealogy	提供工件在任意时刻的位置及其状态信息	M/N
11	性能分析	performance analysis	提供最新的实际制造过程及对比结果报告	M/N
12	物料管理②	material management	管理物料的运动、缓冲与储存	NIST

① NIST 认为过程管理活动已在分派与质量管理中描述；MESA 将其单列，是因为该活动可能由一个单独的系统来执行。

② 该功能为 NIST 所追加，它认为上述物料管理活动与资源分配和跟踪功能的关系并不明确。

这些功能详述如下。

① 资源分配与状态　该功能跟踪资源状态并维护一个详细的历史记录。它保证设备能够适时地安装调整以及其他资源（如文档）能够及时获取。对上述资源的管理包括对操作/详细调度功能的支持。

② 操作/详细调度　提供基于优先级、属性、特性以及制造方法与工艺等的作业排序功能，负责生成工序计划（即详细计划）以满足用户定义的运行目标。

③ 分派生产单位　根据生产计划和详细排程，指导作业、订单、批次、工作指令等形式的生产单位的工作流程。以适当的顺序分派信息，使在正确的时间到达正确的地点。它具有变更预定排程/生产计划，以及通过缓冲管理来控制在制品数量的能力。

④ 文档管理　控制、管理、交付与生产单位关联的信息包，包括工作指令、制造方法、图纸、标准操作规程、零件加工程序、批次记录、工程更改通知以及交班信息等。它支持编辑预定信息和维护文档历史版本。

⑤ 数据采集/获取　获取和更新用于产品跟踪、维护生产历史记录以及其他生产管理功能的生产信息。它可使用扫描仪、输入终端、与制造控制者的软件界面以及其他软件等方式相结合来完成上述功能。它以手工或自动方式在车间采集最新的数据。

⑥ 人力管理　提供最新的人员状态信息，包括时间和出勤记录、资质跟踪以及追踪其间接活动的能力。它与资源分配进行交互以确定最优的人员分派。

⑦ 质量管理　及时提供产品和制造工序测量尺寸分析以保证产品质量控制，并辨别需要引起注意的问题。它可推荐一些矫正问题的措施。也可以包括 SPC/SQC 跟踪、离线检测操作

以及在实验室信息管理系统（LIMS）中分析。

⑧ 过程管理　监视生产过程，自动纠偏或为操作者提供决策支持以纠正和改善在制活动。它可包括报警管理。能通过数据采集/获取提供智能设备与MES的接口。

⑨ 维护管理　跟踪和指导设备及工具的维护活动以保证这些资源在制造进程中的可获性，保证周期性或预防性维护调度，以及对应急问题的反应（报警），并维护事件或问题的历史信息以支持故障诊断。

⑩ 产品跟踪和谱系　提供所有时期工作及其处置的可视性。其状态信息可包括：谁在进行该工作；供应者提供的零件、物料、批量、序列号；任何警告、返工或与产品相关的其他例外信息。其在线跟踪功能也创建一个历史记录，该记录给予零件和每个末端产品使用的可跟踪性。

⑪ 性能分析　提供实际制造操作活动的最新报告，以及与历史记录和预期经营结果的比较。运行性能结果包括对诸如资源利用率、资源可获取性、产品单位周期、与排程表的一致性、与标准的一致性等指标的度量。

⑫ 物料管理　管理物料（原料、零件、工具）及可消耗品的运动、缓冲与储存。这些运动可能直接支持过程操作或其他功能，如设备维护或安装调整。

当然，上述这些功能在实际应用中可以有所删减，因为应用的环境可能会有所不同。MES带来的效益是巨大的。MESA分别在1993年和1996年以问卷方式对若干典型企业进行了两次有关MES应用情况的调查，如表10-10所示。这些典型企业覆盖了医疗产品，塑料与化合物，金属制造，电气/电子，汽车，玻璃纤维，通讯七大行业。结果显示，企业在使用MES后的确可以降低生产周期时间、减少在制品（WIP）、减少提前期以及改善产品质量等。除此以外，MES还会带来许多难以量化的间接经济利益，如满足客户要求的高质量响应；提高制造系统对变化的响应能力以及客户服务水平；均衡企业资源的利用率，优化产能，提高运作效率；大大缩短企业投资回报周期；通过员工授权，大大提高企业员工的工作能力与效率；提高企业敏捷性，增强企业核心竞争力。

表10-10　MESA分别在1993年和1996年所做的调查统计数据

改善项目	统计数据(1993年)	统计数据(1996年)
缩短制造周期时间	在40%的周期时间里，有60%以上有减少； 降低的幅度为2%～80%； 平均减少了45%	平均减少了35%； 降低的幅度为10%～80%
降低或消除数据录入时间	在60%的数据录入时间里，有75%以上减少； 降低的幅度为25%～100%； 平均减少了75%	在接近一半的报告中，有50%以上减少； 降低的幅度为0～90%； 平均减少了36%
减少在制品(WIP)	在57%的在制品里，有25%以上有减少； 降低的幅度为25%～100%； 平均减少了17%	降低的幅度为0～100%； 平均减少了32%；
降低或排除转换间的文书工作	在63%的资料中，有50%以上有减少； 降低的幅度为5%～100%； 平均减少了17%	降低的幅度为0～200%； 平均减少了67%
缩短提前期	在50%的资料中，有30%以上有减少； 降低的幅度为2%～60%； 平均减少了32%	降低的幅度为0～80%； 平均减少了22%
提高产品质量、减少次品	平均缺陷数降低15%； 降低幅度5%～25%	降低的幅度为0～65%； 平均减少了22%
消除书面和蓝图作业的浪费	平均降低57%； 降低幅度10%～100%	平均降低55%； 降低幅度0～100%； 在62%的报告中，有75%以上减少

可见，MES 对生产计划与控制的影响是巨大的，它可以帮助实现实时的订单状态、设备状态、库存可视性；实时的作业优先级，提供对工厂管理的实时信息；调度，分派，发到车间的 e-mail；客户订单的跟踪与可跟踪性；实时的车间数据采集等。另外，MES 带来的知识化和员工授权改变了员工的精神状态，减少了监督，提高了工作效率。

10.6　本章小结

编制作业计划实质上是要将资源分配给不同的任务，按照既定的优化目标，确定各种资源利用的时间问题。

制造业的生产作业排序，按照机器的种类和数量不同，可以分为单台机器的排序问题和多台机器的排序问题。对于多台机器的排序问题，按工件加工的路线特征，可以分成单件车间（job-shop）排序问题和流水车间（flow-shop）排序问题。按工件到达车间的情况不同，制造业的生产作业排序可以分成静态排序问题和动态排序问题。还可以按目标函数和参数的性质等对作业排序问题进行分类。常用的排序问题表示方法是由 Conway 等人提出来的四参数表示法：$n/m/A/B$。

作业排序的方法包括工艺导向的排序方法和工作中心导向的排序方法。常用的启发式算法包括约翰逊算法、Palmer 法、CDS 法、关键工件法和综合分割法等。

生产作业控制是指利用车间的数据和数据处理文件，来维护和传递关于车间工单和工作中心状态信息的系统。甘特图是作业排序与控制中最常用的一种工具，可较为直观地解决负荷和排程问题。输入/输出控制是指对工作中心的作业流和序列程度进行控制，是作业计划和控制系统的一个主要特征。OPT 的基本思想是识别企业的瓶颈资源/非瓶颈资源，生产管理与控制基于瓶颈资源（约束）。

MES 是上层的计划管理系统与底层工业控制之间、面向车间层的管理信息系统。它为操作人员、设备管理人员提供计划的执行和跟踪以及所有资源（人、设备、物料、客户需求等）的当前状态。MES 是一些能够完成车间生产活动管理及优化的硬件和软件的集合，这些生产活动覆盖从订单发放到出产成品的全过程。

习　　题

1. 说明排序、编制作业计划、派工、赶工、调度、控制等术语的含义及其相互关系。
2. 写出 5 个优先排序的规则，解释每个规则如何用于分配工作。
3. 在排序中何时最适于使用约翰逊规则？
4. 描述前向与后向排程之间的差异。
5. 甘特机器图与作业进度图之间有什么不同？
6. 什么是投入-产出控制？它如何帮助部门经理？
7. 用于评价排序规则的标准是什么？
8. 瓶颈工作中心是如何影响排程的？
9. 求下列 $6/2/F/F_{max}$ 问题的最优解，并求各工作中心的通过时间和空闲时间。

i	1	2	3	4	5	6
p_{i1}	5	4	8	2	6	12
p_{i2}	5	3	9	7	18	15

10. 设某生产车间只有一台大型加工设备，计划期初接到六项任务，所需时间及预定交货期如下表所示。试分别按 SPT、EDD 和穆尔法进行作业排序，并加以比较。

任务号	J_1	J_2	J_3	J_4	J_5	J_6
生产时间	8	9	4	5	3	2
交货期	32	23	13	24	6	8

11. OPT 的基本思想是什么？
12. MES 的地位和作用如何？主要功能包括哪些？

第11章　供应链管理

引导案例

戴尔的供应链管理模式

戴尔公司以"直接经营"模式著称，其高效运作的供应链和物流体系使它在全球IT行业不景气的情况下逆市而上。根据权威的国际数据公司（IDC）的统计资料，在2002年第三季度，戴尔重新回到了全球PC第一的位置，中国市场上戴尔的业绩更加令人欣喜。戴尔公司在全球的业务增长在很大程度上要归功于戴尔独特的直接经营模式和高效的供应链，直接经营模式使戴尔与供应商、客户之间构筑了一个称之为"虚拟整合"的平台，保证了供应链的无缝集成。

事实上，戴尔的供应链系统早已打破了传统意义上"厂家"与"供应商"之间的供需配合。在戴尔的业务平台中，客户变成了供应链的核心。直接经营模式可以让戴尔从市场上得到第一手的客户反馈和需求，生产等其他业务部门可以及时将这些客户信息传达到戴尔原材料供应商和合作伙伴那里。这种在供应链系统中将客户视为核心的"超常规"运作，使得戴尔能够做到4天的库存周期，而竞争对手大都还徘徊在30～40天。这样，以IT行业零部件产品每周平均贬值1%计算，戴尔产品的竞争力显而易见。

在不断完善供应链管理系统的过程中，戴尔公司还敏锐的捕获到互联网对供应链和物流带来的巨大变革，不失时机地建立了包括信息搜集、原材料采购、生产、客户支持以及客户关系管理，以及市场营销等环节在内的网上电子商务平台。在valuechain. dell. com网站上，戴尔公司和供应商共享包括产品质量和库存清单在内的一整套信息。与此同时，戴尔公司还利用互联网与全球超过113000商业和机构客户直接开展业务。通过戴尔公司先进的www. dell. com网站，用户可以随时对戴尔公司的全系列产品进行评比、配置，并获知相应的报价。用户也可以在线订购，并且随时监测产品制造及送货过程。

戴尔公司在电子商务领域的成功实践使"直接经营"插上了腾飞的翅膀，极大增强了产品和服务的竞争优势。今天，基于微软视窗的操作系统，戴尔公司经营着全球规模最大的互联网商务网站，覆盖了80个国家，提供了27种语言或方言、40种不同的货币报价，每季度有超过9.2万人次浏览。

资料来源：邵晓峰，张存禄，李美燕．供应链管理．北京：机械工业出版社，2006.

20世纪90年代以来，企业面临的竞争环境发生了巨大的变化，产品寿命周期越来越短，产品品种和数量飞速膨胀，客户对交货期的要求越来越高，对产品和服务的期望越来越高。如何以较低成本参与市场竞争，提高市场占有率，满足客户要求，获得良好的经营利润，使企业在复杂的市场环境中立于不败之地，成为摆在企业面前的重要课题。随着全球经济的一体化，人们发现任何一个企业都不可能在所有业务上成为最杰出者，加强与其他企业合作已势在必行，供应链管理应运而生。本章首先介绍供应链和供应链管理的相关概念，之后，依次阐述供应链管理的运作策略、采购管理、分销管理以及库存管理等内容。

11.1 供应链管理概述

11.1.1 供应链

(1) 供应链的含义

一般认为，供应链的概念是先从制造业发展出来的。早期的观点认为供应链是制造企业中的一个内部过程，它是指将采购的原材料和零部件，通过生产转换和销售活动传递到用户的一个过程。传统的供应链概念局限于企业的内部操作，注重企业自身利益目标。

后来供应链的概念注意了与其他企业的联系，注意了供应链的外部环境，将供应链定义为：一个通过链中不同企业的制造、组装、分销、零售等过程将原材料转换成产品到最终用户的转换过程，它是更大范围、更为系统的概念。

最近，供应链的概念更加注重围绕核心企业的网链关系。更多将供应链定义为围绕核心企业，通过对信息流、物流和资金流的控制，从采购原材料开始，制成中间产品以及最终产品，最后由销售网络把产品送到消费者手中的将供应商、制造商、分销商、零售商、直到最终用户连成一个整体的功能网链结构，其示意图如图 11-1 所示。国内有人将 supply chain 翻译为“供需链”，国外也有人使用 supply/demand chain。

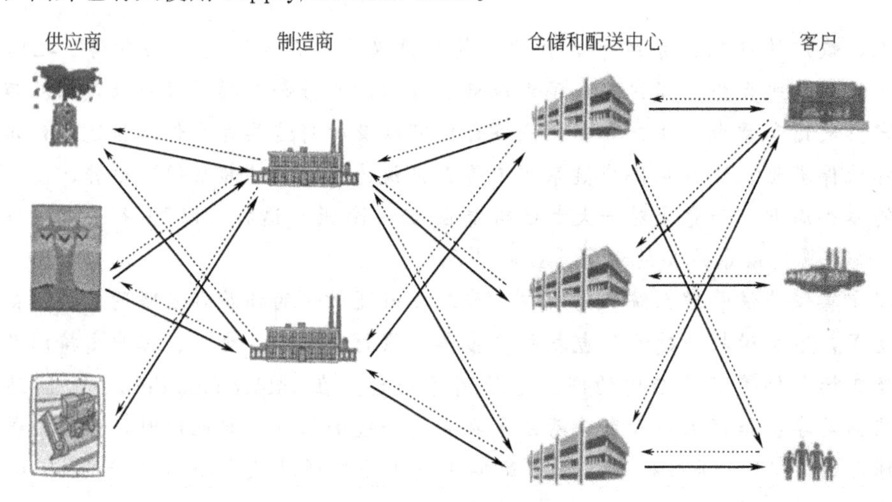

图 11-1 供应链示意图

供应链的定义虽然不尽相同，但可以肯定的是供应链不仅是一条连接供应商到用户的物料链，而且是一条增值链。供应链内的各个企业具有共同的利益和命运，一项产品的市场竞争力（包括产品的功能、质量、价格、服务、环保等）是链内企业共同努力的成果，不是链内某一家企业所能独立完成的。以上理念是供应链的思想基础。

(2) 供应链的结构

从原材料供应商到最终消费者，所有企业都包括在供应链中，而供应链中究竟包括哪些企业，这些企业各自出现的位置在哪里，相互之间的关系应该怎样，则取决于诸多因素。如产品的复杂程度、涉及的原材料种类、供应商的供货能力等都会影响供应链的结构。

供应链的结构主要包括供应链的长度（所包含的层面数）、各层面供应商或客户的数量、各层面之间的联系方式。现实生活中，供应链的结构在形式上是千差万别的，图 11-2 是典型的供应链分层网链结构模型。链上只有一个核心企业，以核心企业为中心，上下游有若干节点企业。核心企业可以是制造企业，也可以是零售企业。供应链系统上游企业或下游企业或多或少，不一而同。从网链结构来看，供应链更像一棵根须众多、枝繁叶茂的大树，而不是从字面理解的一条传递的链条。

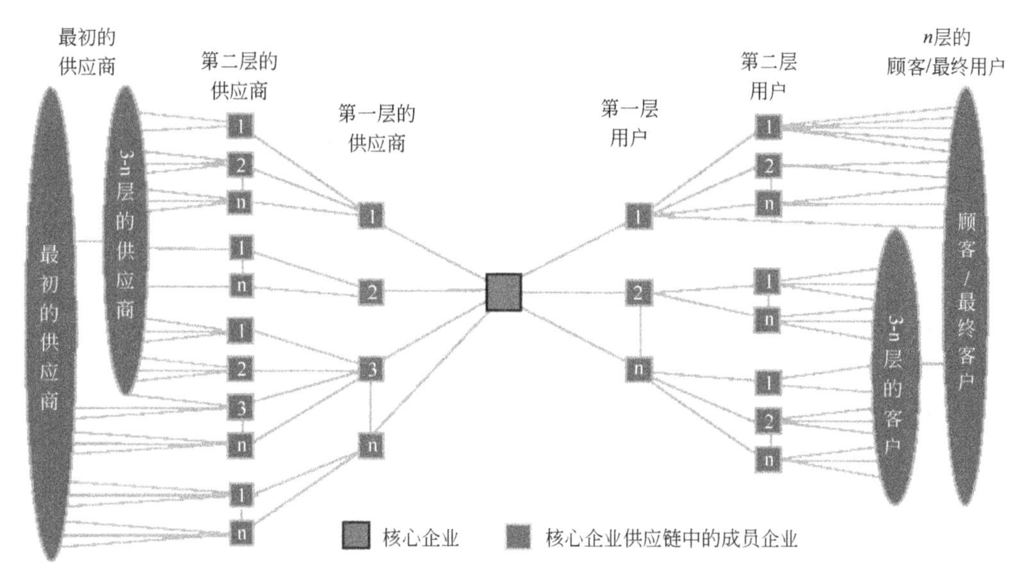

图 11-2　供应链系统的分层网链结构模型

（3）供应链的类型

供应链可以从不同角度出发划分为不同的类型。

① 生产推动型和需求拉动型　顾客需求的满足可能是主动取得的，也可能是被动取得的。根据供应链驱动模式的不同，可以将供应链分为生产推动型供应链和需求拉动型供应链。生产推动型供应链主要根据长期预测或销售订单进行生产决策，其主要形式为面向成品库存生产。一般地，制造商利用从零售商处接收到的订单来进行需求预测。需求拉动型供应链中的生产则根据实际消费需求而不是预测需求来开展计划和组织生产，其主要形式为面向订单生产，通过使用快速的信息流机制将客户信息向上传递。两种系统的优缺点见表 11-1。

表 11-1　生产推动型和需求拉动型供应链比较

优缺点	生产推动型	需求拉动型
优点	能够稳定供应链的生产负荷，提高机器设备利用率，缩短交货周期，增加交货可靠性	大大降低各类库存和流动资金占用，减少库存变质和失效的风险
缺点	需要备有较多的原材料、在制品和制成品库存，库存占用的流动资金较大，当市场需求发生变化时，企业应变能力较弱	将面对能否及时获取资源和及时交货以满足市场需求的风险

注：资料来源：孙元欣．供应链管理原理．上海：上海财经大学出版社，2003.

② 稳定的供应链和动态的供应链　从供应链存在的稳定性来看，可以将供应链分为稳定的和动态的供应链。

稳定的供应链是指构成供应链的节点企业之间的关系相对稳定。这主要取决于市场需求的稳定性，需求单一的市场组成的供应链，其动态性较弱，市场稳定性较强。

对于需求变化相对频繁、复杂的市场环境下组成的供应链，其动态性必然较高。因为需求的变化必然导致供需关系的变化，进而导致供应链的变化。

实际上，供应链的稳定性是相对的，而动态性是绝对的。需要根据需求的不断变化，相应地调整供应链的组成。

③ 平衡的供应链和倾斜的供应链　根据供应链能力和用户需求的关系，可以将供应链分为平衡的供应链和倾斜的供应链。当资源一定时，每一个供应链都具有一定的、相对稳定的设备容量和生产能力，但用户需求处于不断变化的过程中。

当供应链的容量能满足用户需求时，供应链处于平衡状态，此时的供应链称之为平衡供应链。平衡的供应链可以实现各主要职能（采购、生产、分销、财务）之间的平衡。而当市场变化加剧，造成供应链成本增加、库存增加、浪费增加等现象时，企业不是在最优状态下运作，供应链则处于倾斜状态。同样，当供应链的能力远远超过市场用户的需求时，节点企业利润受阻，运营状态受到影响，供应链的平衡状态被打破，趋于倾斜状态。

④ 有效性供应链和反应性供应链　根据供应链的功能模式，可以将供应链划分为有效性供应链和反应性供应链。

有效性供应链主要体现供应链的物理功能，即以最低成本将原材料转化为零部件、半成品、产品，以及在供应链中的运输等；反应性供应链主要体现供应链的市场中介的功能，即快速响应用户需求，把产品分配到用户需求的市场。

这两种类型的供应链的比较见表 11-2。

表 11-2　有效性供应链和反应性供应链的比较

内　容	有效性供应链	反应性供应链
产品特征	产品技术和市场需求相对平稳	产品技术和市场需求变化很大
基本目标	以最低的成本供应可预测的需求	对不可预测需求做出快速反应，使缺货、降价、库存尽可能低
产品设计策略	绩效最大化而成本最小化	模块化设计，尽可能延迟产品差异
提前期	不增加成本的前提下缩短提前期	大量投资缩短提前期
制造策略	保持较高设备利用率	配置缓冲库存，柔性制造
库存策略	合理的最小库存	规划零部件和成品的缓冲库存
供应商选择	以成本和质量为核心	以速度、柔性和质量为核心

⑤ 风险规避供应链和敏捷供应链　有效性供应链和反应性供应链的划分主要是从市场需求变化的角度出发的，在实际运作中，往往需要同时考虑需求端和供应端的不确定性问题。在某些情况下，供应端的不确定性的影响可能会更大一些。那些能够快速应对改变，及时找到调整策略的供应链能够顺利渡过难关，而那些不具备应变能力的供应链则可能面临被市场淘汰。

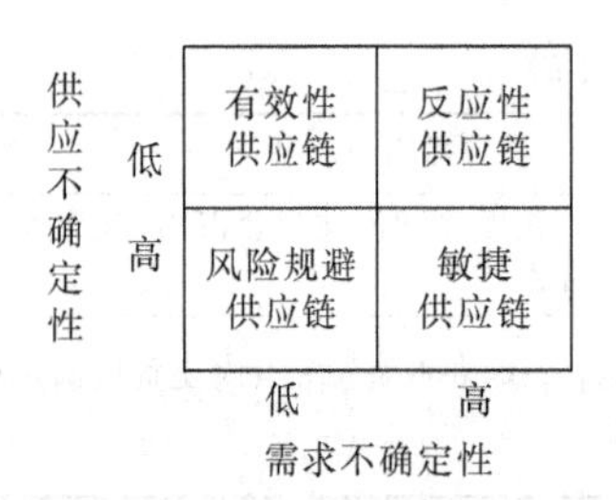

图 11-3　考虑需求和供应不确定性的供应链类型

资料来源：马士华，林勇．供应链管理．北京：清华大学出版社，2006.

从需求和供应两个方向的不确定性对供应链进行划分，可以划分为如图 11-3 所示的类型。

对于风险规避供应链，来自需求端的不确定性较低，来自供应端的不确定性较高，这种供应链需要对供应端的不确定性有较强的应变能力。

而敏捷供应链（agile supply chain）应该是一种综合能力最强的供应链系统，能够对来自需求端和供应端的不确定性做出及时反应，使自己始终能够适应环境的变化。

11.1.2　供应链管理

（1）供应链管理的产生

供应链（supply chain）本来是客观存在的，但提出“供应链管理”这一概念，则是 20 世纪 80 年代末的事。近年来，供应链管理在国际上已经成为企业管理的一个热点问题，其产生原因主要有以下四个方面。

① 企业竞争环境日趋激烈　20 世纪 70 年代后期，随着生产力的飞速发展和社会经济水平

的不断提高，世界各地的市场开始向以消费者（customer）为主导的买方市场方向发展，客户需求日益多样化。企业面临的竞争（competition）日益激烈，加上制造全球化与贸易自由化、技术革新速度加快以及信息社会和网络时代的到来，企业所处的政治、经济和社会环境也发生了巨大变化（change）。“3C”带来了市场需求的多样性和不确定性。

② 管理模式的转变　由于市场竞争日趋激烈，世界各国的企业都在积极探索新的生产管理模式，以适应买方市场这一新的社会经济形式。

传统的管理模式是“纵向一体化”（vertical integration）管理模式。在这种指导思想下，企业为了最大限度地掌握市场份额，必然要牢牢控制用于生产和经营的各种资源。在企业的运作模式上，采用了“高度自制”的策略，一个企业囊括了几乎所有零部件的加工、装配活动。不仅如此，还把分销甚至零售环节的业务也纳入自己的业务范围之内，最后形成了无所不包的超级组织，这就是人们说的“大而全”、“小而全”。

传统“纵向一体化”管理模式在新的历史形势下暴露出越来越多的弊端，会增加企业投资负担，迫使企业从事不擅长的业务活动，使企业在每个业务领域都直接面临众多竞争对手。从 20 世纪 80 年代中后期开始，在企业管理中形成了一种“横向一体化”（horizontal integration）的管理热潮。供应链管理是“横向一体化”管理模式的代表。许多企业将自己的非核心业务外包（outsourcing）给其他企业，使自己集中资源发展“核心能力”（core competence），通过共同的市场利益和业务结成联盟占据竞争中的主动地位。这意味着更加需要链上的各个企业加强合作，从而更加突出加强供应链管理的必要性。

③ 发掘第三方利润源泉　到目前为止，企业为降低成本、提高竞争力在企业内部管理上下了很大功夫，引入了全面质量管理、MRPⅡ、ERP、精益生产等多种科学管理方法。因此，对于许多内部管理比较规范的企业来说，它们的第一利润来源（降低物耗）和第二利润来源（提高劳动生产率）可挖掘的潜力已经不大。而在供应链的两头，即零部件供应管理和产成品的流通配送环节，尚有很大的节约成本的潜力。由此提出一个新的课题，即如何在流通领域里加强管理，改善企业之间在经营运作上的协调与配合，来发掘第三利润来源。

④ 网络技术的发展　在日益激烈的竞争环境下，缩短产品研发周期、生产周期、上市周期就成为企业提高竞争力的一个重要方面，而产品研发周期、生产周期、上市周期的缩短需要企业关注整个供应链上物流和信息流的快速流动。网络技术的发展，使得实时信息可以在供应商、经销商和客户之间自由流动，供应链成员之间的边界进一步消融，从而为实现供应链管理提供了机会。

20 世纪 90 年代供应链管理已经成为学术界和产业界讨论和研究的热点。1996 年美国先进制造研究公司（AMR）和国际咨询公司 PRTM 联合成立了供应链委员会。目前许多世界级的大型制造企业均已加盟该委员会。我国从 20 世纪 90 年代中期引进供应链管理，现在也在大力宣传、学习和积极推行。

（2）供应链管理的含义

供应链管理是借助信息技术（IT）和管理技术，将供应链上业务伙伴的业务流程相互集成，从而有效地管理从原材料采购、产品制造、分销，到交付给最终用户的全过程，在提高客户满意度的同时，降低整个系统的成本、提高各企业的效益。

供应链管理不是供应商管理的别称，而是一种新的管理策略，它把不同企业集成起来以增加整个供应链的效率，注重企业之间的合作。供应链管理倡导的管理理念包括：从“纵向一体化”转向“横向一体化”管理，从职能管理转向过程管理，从产品管理转向顾客管理，从企业间交易性管理转向关系性管理，从物质管理转向信息管理，从零和竞争转向多赢竞争，从简单的多元化经营转向核心竞争力管理。

供应链管理的基本内涵主要有以下几点。

① 链内企业彼此之间由原来的市场竞争关系改变为合作伙伴关系。

② 链内企业应树立共同的战略目标，加强各自的核心能力，实现优势互补，强强联合，并通过加强供应链内部的管理，有效地协调链内成员企业的生产经营活动，降低交易成本，改善物流运输和库存，努力挖掘第三利润源泉，提高供应链最终产品的市场竞争力，从而使链内企业共同受益。

③ 供应链管理的核心内容是把链内企业的全部生产经营活动集成起来，进行统筹规划，通过各环节的有效协调与配合，改善链内的物流、工作流、价值流、资金流和信息流。

(3) 供应链管理的内容

供应链管理覆盖了从供应商到客户的全部过程，主要涉及四个主要领域：供应、生产计划、物流和需求。供应链管理是以同步化、集成化生产计划为指导，以各种技术为支持，尤其以 Internet/Intranet 为依托，围绕供应、生产作业、物流、满足需求来实施的，如图 11-4 所示。供应链管理的目标在于提高用户服务水平和降低总的交易成本，并且寻求两者之间的平衡。

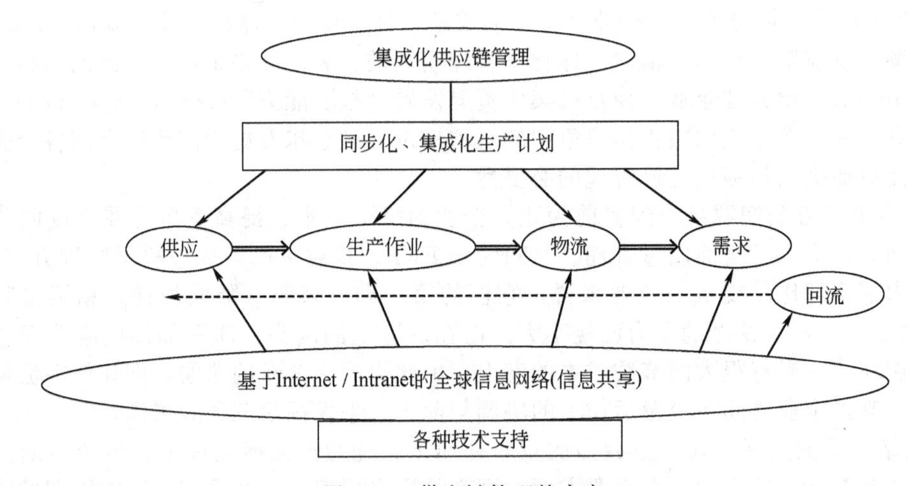

图 11-4 供应链管理的内容

资料来源：朱道立，龚国华，罗奇．物流和供应链管理．上海：复旦大学出版社，2001.

供应链管理的关键业务包括以下 7 个方面。

① 客户关系管理。顾客是供应链管理的核心和基本出发点。供应链管理的第一步就是识别对企业的经营使命至关重要的顾客，并与他们发展合作关系。

② 客户服务管理。一方面服务是获取客户信息的唯一来源，另一方面服务为顾客提供实时、在线的产品和价格信息，以支持客户对交货期和货物状态的查询。

③ 需求管理。一个好的需求管理系统利用 POS 系统和关键客户数据来提高供应链效率和减少不确定性，并平衡客户需求和企业供应能力。

④ 完成订单。要高效地完成顾客订单，需要将企业的制造、分销和运输计划综合在一起。

⑤ 生产流管理。生产流管理的改进可以缩短生产周期，提高客户响应速度。

⑥ 采购。与供应商发展长期合作关系，以支持企业生产和新产品研发工作。

⑦ 产品开发与商品化。一定要让顾客和供应商参与到新产品开发过程中，以便在更短的时间内，以更低的成本，开发出客户需要的产品。

在某些类型的供应链中，还包括第八个关键业务，即回收（物流）过程。

(4) 供应链管理的意义

近年来，供应链管理得到了国内外学术界和企业界人士的极大关注。国际上许多著名企业，如戴尔（Dell）、惠普（HP）、保洁（P&G）等，在供应链管理实践中取得了巨大的成绩，大大降低了整个供应链成本，提高了服务水平和顾客满意度水平，从而提高了竞争力。供应链管理已成为现代企业管理中的一个新热点，实施供应链管理的现实意义主要有以下三方面。

① 有利于降低成本。在罗伯特·V·德兰尼（Robert V. Delaney）出版的《物流状况报告》中指出，1997 年美国企业在相关的供应活动中的费用为 8620 亿美元，大约是美国国民生产总值（GNP）的 10%。这个数字包括供应链中制造工厂和仓库内，以及供应链不同组成部分之间搬运、存储和控制产品所发生的成本。这笔在物流方面的巨额支出包括了许多不必要的成本。专家分析，通过使用更有效的供应链管理战略，食品杂货业每年可节约 300 亿美元，相当于其年运营成本的 10%。在我国，物流费用占国民生产总值的比例更高。因此，有效的供应链管理可以大幅度地增加收益或降低成本。在 Pittiglio Rabin Todd & McGrath 组织资助的研究项目“1997 年供应链绩效研究报告”中指出，供应链管理的应用使总成本降了 10%。

② 有利于改善客户服务水平。供应链管理可以缩短订货-生产周期，提高企业按时交货率，并较快响应客户需求。供应链管理的最终目的在于更好地满足顾客的需求，这又反过来促进企业进一步发展，从而形成一个良性循环。

③ 有利于提高企业的国际竞争力。在现代国际市场上，企业之间的竞争变成了企业供应链与供应链之间的竞争。加强供应链管理，与合作伙伴进行资源的优势互补，实现强强联合，有利于加速企业增强竞争实力。

（5）供应链管理面临的问题

实际上，供应链中不同组成部分之间的集成很困难，供应链管理在客观上具有复杂性，原因如下几方面。

① 供应链由不同的企业成员构成，这些不同成员的目标不尽相同。比如，对制造商来说，为了保证质量和降低成本，一般进行大批量的作业稳定的均衡生产。而零售商为了适应顾客需求的变动，往往希望能够适量的小批量供货。这种大批量生产的目标与仓库或配送中心降低库存的管理目标相冲突。这种矛盾的利害关系，在复杂的供应链中随处可见。

② 供应链是一个动态的系统。在供应链中，顾客需求、供应商能力和供应链成员关系等都可能随时间而变化。比如，随着顾客购买力的提高，顾客对高质量产品的需求会增多，生产商和供应商将面临更大的压力进行产品的多样化生产。即使顾客对特定产品的需求没有变化，供应链中的库存水平也会有相当大的波动。

③ 许多供应链问题是新问题，因此无法对所有涉及的问题做出清楚的解释。比如，在高技术行业中，产品的生命周期正在变得越来越短。尤其是电子类产品如手机和计算机，产品的生命周期只有几个月，所以，生产商可能只能有一个订单或生产机会。在这些行业中，产品品种的快速增加使产品的需求预测工作变得越来越难，无法根据历史数据对顾客需求做出较准确预测。

④ 企业管理方面存在制约因素，包括企业对供应链管理认识不足，企业管理基础差，企业内部集成化管理还未实现，企业重硬件投资、轻软件建设，企业重客户关系等。另外，缺乏公平合理的绩效评价系统和利益分配机制，缺乏供应链管理高级人才。

11.2 供应链运作策略

供应链是动态的系统，必须根据顾客的不同需求选择不同的供应链管理策略，根据供应链所服务市场的不同情况采用不同的组织方法。表 11-3 表示了市场中两种不同类型的产品需要的不同运营系统。对于不同的运营系统应该有不同的策略。

表 11-3 不同类型的产品与所需的运营系统

产 品 类 型		所需运营系统
功能性产品	可以预测 变化很少 品种少 价格稳定 提前期短 利润低	保证产品沿供应链迅速移动/高效率 降低成本 保持最小库存 提高生产能力利用率 低成本供应商
创新性产品	难以预测 变化很多 品种多 价格先高后低 提前期长 利润高	提供较高的服务水平/及时供应 快速反应 合理配置库存 加工时间短 柔性供应商

注：资料来源：杨建华，张群，杨新泉．运营管理．北京：清华大学出版社，2006.

供应链运作策略需要与不同类型的产品相匹配。对于功能型产品，其边际贡献率低，缺货的边际利润损失不大，目标在于降低成本，应采用有效性供应链策略。而对于创新型产品，其边际贡献率高，缺货的边际利润损失大，目标在于快速响应市场需求变化，则需要采用反应性供应链策略，如图 11-5 所示。有效性供应链策略要求保持较低的库存，尤其在供应链的下游，提高产品流动速度，减少库存积压的流动资金。供应链中的信息流动必须快速高效，以保证生产计划与销售计划的及时调整。反应性供应链策略则强调为最终顾客提高较高的服务水平，保证及时供应，提高迅速反应能力。下游库存保证顾客随时都可以获得产品供应。快速反应能力要靠供应链的信息化支持，需要自动化的订单处理系统、仓库自动监控系统和信息的智能处理等的支持。

	功能型产品	创新型产品
有效性供应链策略	匹配	不匹配
反应性供应链策略	不匹配	匹配

图 11-5 与产品类型匹配的供应链运作策略

资料来源：杨建华，张群，杨新泉．运营管理．北京：清华大学出版社，2006.

11.3 供应链环境下的采购管理

11.3.1 采购与采购管理

采购是经济主体为满足自身的某种需要，通过支付一定费用，通过购买、租赁、借贷、交换等方式，向供应商取得商品或服务的使用权或所有权的过程。在日常经济生活中，经常发生各种不同类型的采购。根据采购主体的不同，有个人采购、团体采购、企业采购和政府采购；根据采购客体的不同，有工业品采购、农产品采购、工程采购和服务采购；从交易方式看，有现款采购、租赁采购和交换采购等。

企业经营活动所需要的物资绝大部分是通过采购获得的，采购是企业物流管理的起始点，是物料从供应商到企业组织内部移动的管理过程，是企业供应链管理的基本活动之一。一般来说，原材料和外购零部件的价值占产品成本的份额相当大，如制造业中企业的采购资金占最终产品销售额的 40%～60%，通过采购降低物料成本是企业增加利润的一个重要途径。因此，采购活动就显得特别重要。采购部门作为连接运作系统与供应商的纽带，其地位也就十分重要。

采购管理的重要性还表现在它与库存之间的关系。采购管理不当，会造成大量的、多余的库存。而库存会导致占用企业的大量资金和发生管理成本。从质量的角度来说，劣质物料给产品带来的潜在影响会非常大，带来的潜在成本也非常高。此外，采购管理的好坏还会影响到供货的及时性。而这些都与企业最终产品的价格、质量和及时性直接相关。

采购管理的使命是领会每一种主要产品/服务的竞争优势（低生产成本、快速及时的交货，高质量的产品服务等），以及为每一种产品/服务制定与运营战略相吻合的采购计划。在供应链管理模式下，采购管理的目标要做到五个恰当：恰当的数量、恰当的时间、恰当的地点、恰当的价格和恰当的来源。

11.3.2 供应链环境下采购管理的特点

在供应链环境下，企业的采购方式和传统的采购方式有所不同，主要体现在以下几方面。

（1）从为库存采购到为订单采购的转变

在传统采购模式中，采购的目的多是为了补充库存，即为库存而采购。采购部门并不关心生产过程，不了解生产的进度和产品需求的变化，因此采购过程缺乏主动性，采购部门制定的采购计划很难适应制造需求的变化。在供应链管理模式下，采购活动以订单驱动方式进行。订单驱动方式使供应链系统能够准时响应用户的需求。

（2）采购管理向外部资源管理转变

在传统采购管理中，与供应商之间缺乏合作，缺乏对需求的快速响应。供应链管理的思想就是系统性、协调性、集成性和同步性，外部资源管理是实现供应链管理思想的一个重要步骤——企业集成。从供应链企业集成的过程来看，它是供应链企业从内部集成走向外部集成的重要一步。

（3）从一般的买卖关系向战略合作伙伴关系转变

在传统采购管理中，供应商与需求企业之间的关系是一种简单的买卖关系，基于这种企业关系，企业的管理理念是以生产为中心的，供销处于次要的、附属的地位。他们相互独立的进行各自的运作，主要根据市场的价格变动来传递经营信息，往往处于接受信息的被动地位。企业间很少沟通与合作，缺乏有效的信息沟通，因此无法解决一些涉及全局性、战略性的供应链问题。在供应链管理环境下，供应商与需求企业之间的关系是战略合作伙伴关系，能够进行信息共享和服务协作，为解决全局性、战略性供应链问题提供了条件。

11.3.3 采购的一般流程

采购管理科学化，首先需要规范采购作业的行为模式。如果采购人员按照个人的工作习惯随意操作，采购的质量难以保证。所以，企业需要规定采购的一般流程，以保证采购工作质量。

采购的一般流程可以按如下5个步骤展开。

① 提出采购申请。采购申请的内容一般包括采购品种、数量、质量要求以及到货期限。采购申请必须按生产或客户的需要，结合现有库存数量，对品种、数量、安全库存量等因素做科学计算后才能提出，并且要有审核制度，规定哪些物资、多大的采购资金必须经过哪级主管的批准才有效。通过采购申请环节的控制，可以防止随意和盲目采购。

② 选择和管理供应商。在买方市场中，市场上往往有多家供应商可供选择。一个好的供应商是企业降低采购成本的主攻方向，是确保供应物料的质量、价格和交货期的关键。因此，在采购管理中，供应商选择以及关系的保持是一个重要问题。对于如何选择和管理供应商，我们在下面还要详细展开讨论。

③ 订货。订货手续或复杂或简单，在全球采购中，各种文书、函件的处理量可能非常大，手续比较复杂，但在某些情况下，可能一个电话就完成了订货手续。在订货过程中签订采购订单时，必须认真仔细。采购订单相当于合同文本，具有法律效力，上面填写的关键条款和用词须反复推敲，含义要简洁明确。对于采购物品的规格、数量、价格、质量标准、交货时间和地

点、包装标准、运输方式、检验形式、索赔条件与标准等都应该一一审定。

④ 订货跟踪。采购订单签发后并不是采购工作的结束，必须对订单的执行情况进行跟踪。订单跟踪主要是指订单发出后的进度检查、监控、联络等日常工作，目的是为了防止到货延迟或者差错影响生产运作计划的执行，防止发生对方违约事件，保证订单顺利执行。对订单实施跟踪还可以随时掌握货物的动向，万一发生意外，可以及时采取措施，避免不必要的损失，或将损失降低到最低水平。

⑤ 货到验收。货物运送到自己的仓库后必须马上组织人员对货物进行验收。验收时按订单上的条款，逐条进行，仔细查对，货物验收完毕后才能签字认可。如果供应商很可靠，这一步骤的工作就可以省略。很多日本企业与他们的供应商之间就做到了货到无检查，直接送到生产线。

信息技术使得企业可以通过网络等先进技术和供应商联系，不需要纸质媒介，就可简洁、迅速的完成订货手续，节省大量的管理成本。采购管理的“e化”将是今后企业采购管理发展的一个重要方向。

11.3.4 采购方式与采购策略

(1) 采购方式

从一个集团企业内部来说，物资采购可以大致分为分散采购和集中采购。

所谓分散采购，就是物资部门作为一种职能部门，其职能逐渐弱化，向经营性转变，集团企业下属各二级单位自行出去采购各自所需物资。

所谓集中采购，就是充分发挥物资部门的职能作用，集团企业用行政手段，硬性规定各二级单位无权自己出去采购生产所需物资，必须向物资部门送报物资申请计划，由物资部门按生产单位的物资申请计划，按质、按量、低价，及时的采购进生产所需物资。

企业实行物资的集中采购，具有以下优势：①可以降低库存，杜绝重复库存。而企业实行物资的分散采购，会出现物资部门有的物资，各二级单位又自行外出采购，造成几家同库存，这对降低库存，减少储备资金的占用是很不利的。②有利于降低物资的采购费用，形成批量进货、降低物资的购进单价。实行分散采购，采购人员增加，运输费用增加，使企业的物资采购成本升高，成为企业产品成本难以下降的主要因素。③有利于企业产品生产的全面质量管理，有利于企业建立和完善物资的进货、检查、验收制度，使假冒伪劣产品进入到企业生产领域的渠道减少，对假冒伪劣产品进入到生产领域具有有效的预防作用。在假冒伪劣产品进入到生产领域时，不会出现因实行分散采购而产生的扯皮，推卸责任等现象，使其索赔、退货、责任追查的工作变得简单而彻底。④有利于企业内部的互相监督。企业实行物资的分散采购，各二级单位自己进的物资自己使用，因购进产品质量的好坏、价格的高低对采购人员没有直接的经济利益的影响，甚至采购人员直接的经济利益还可能得到提高，导致企业在物资采购过程中的问题不容易暴露出来，即便有些采购问题暴露出来，也是很浅显的，实质性的东西被人们掩盖了，使其对责任的追查只是停留在表面现象上，不是很彻底。而企业实行物资的集中采购，物资的使用者在经济利益的驱动下能对物资的采购者起到良好的监督作用。

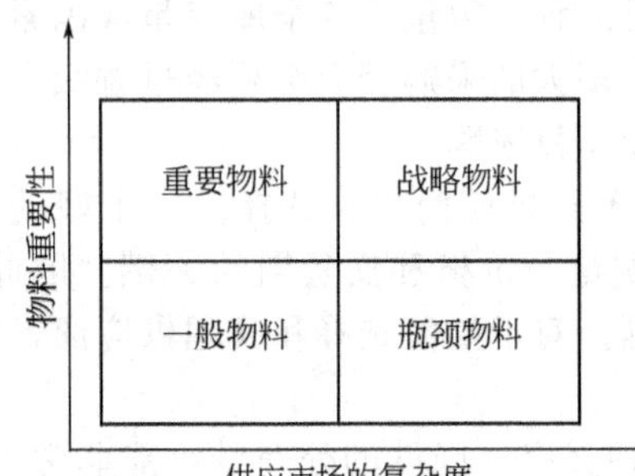

图 11-6 采购物料的分类模型

资料来源：刘丽文．生产与运作管理．北京：清华大学出版社，2002，178.

但集中采购也存在弊端，一般伴随着采购灵活性降低、采购相应速度下降、内部用户的选择余地减小等缺点。

实际运作中，企业可以采取集中采购和分散采购相结合的方式。对于少量订货与紧急订货，可以采取分散采购，由本部门就地处理；而对于大量的、高价值物品则采用集中采购。

（2）采购策略

一个企业需要采购的物料可能有几百种、上千种甚至更多。企业需要将全部物料合理分类，对不同物料采取不同的、最经济的管理方法。

对物料进行分类可以从两个方面考虑：一是物料本身对企业的重要程度，例如产品的性能、质量、成本等有重大影响；二是供应市场复杂度，例如企业在供应市场上的选择余地，是否能得到可靠的供应商等。以这两个依据为基本指标，可以构造出图 11-6 所示的采购物料的基本分类模型。

按照这种分类，可以把各种物料基本分为四类：战略物料、瓶颈物料、重要物料和一般物料。对不同物资，可以采取表 11-4 所示的不同管理策略。

表 11-4　不同物料的采购管理策略组合

项　目	战略物料	瓶颈物料	重要物料	一般物料
供应商管理模式	战略伙伴关系 长期合作	稳定、长期的合作关系	一般合作关系	一般交易关系
基本策略	“双赢”策略	灵活策略	最低成本策略	管理成本最小化
管理重点	详细的市场调查和需求预测 严格的库存监控 严格的物流控制和后勤保障 对突发事件的准备	详细的市场数据和长期供需趋势信息 寻找替代方案 备用计划 供货数量和时间的控制	供应商选择 建立采购优势 目标价格管理 订购批量优化 最小库存	产品标准化 订购批量最优化 库存优化 业务效率
安全库存量	中等	较高	较低	最小化
订购批量	中等	较大	较小	经济批量
绩效评价准则	长期可得性 质量可靠性	来源的可靠性	采购成本与库存成本	业务效率

注：资料来源：刘丽文．生产与运作管理．北京：清华大学出版社，2002，178.

11.3.5　单渠道与多渠道供货的比较

采购过程中，某种物资可以通过单渠道采购，也可以通过多个渠道采购。两种渠道各有优缺点，见表 11-5。

表 11-5　单渠道与多渠道供货比较

	单　渠　道	多　渠　道
优点	更好的质量保证能力，因为更有可能实行 SQA（供应商质量保证） 较强的依赖可以激发更大的忠诚和积极性 便于沟通，关系密切、持久 容易在新产品/服务开发过程中进行合作 保密性好	采购方可以通过竞争性招标将价格压低 某供应商出现问题时可以随时改换其他供应商 可以从许多渠道获得知识和技能
缺点	一旦供应出现问题，就会受到严重损失 供应商容易受到采购方订货数量波动影响 如果没有其他竞争对手存在，供应商可能会抬高价格	难以激发供应商的忠诚 难以开发有效的 SQA 活动 在沟通方面需要投入更多精力 供应商对新工艺进行规模投资的可能性不大 难以实现规模经济

11.3.6　供应商管理

供应商管理是供应链管理的一个很重要的问题，它在实现采购目标中具有很重要的作用。

（1）供应商关系模式

在供应商与制造商关系中，存在两种典型的关系模式：竞争关系和双赢关系。

① 竞争关系模式　传统的企业和供应商之间的关系是一种松散的、相互之间作为交易对手、竞争对手的关系，竞争关系基于价格驱动。这种关系的采购策略表现为：a. 采购商同时向若干供应商购货，通过供应商之间的竞争获得价格好处，同时也保证供应的连续性。b. 买方通过在供应商之间分配采购数量对供应商加以控制。c. 买方与供应商保持的是一种短期合同关系。

② 双赢关系模式　双赢关系模式基于互惠互利和相互信任。这种关系的采购策略表现为：a. 采购商对供应商给予协助，帮助供应商降低成本、改进质量、加快产品开发进度。b. 通过建立相互信任的关系提高效率，减少交易成本。c. 通过长期的信任合作代替短期的合同。d. 强调在供需双方之间分享信息，通过合作与协商协调相互的行为。

（2）供应商选择的过程

供应商的选择过程可以归纳为：分析企业需求、设定供应商选择目标、制定供应商选择评价标准、确定候选名单、选择评价供应商和实施合作关系，整个过程如图 11-7 所示。

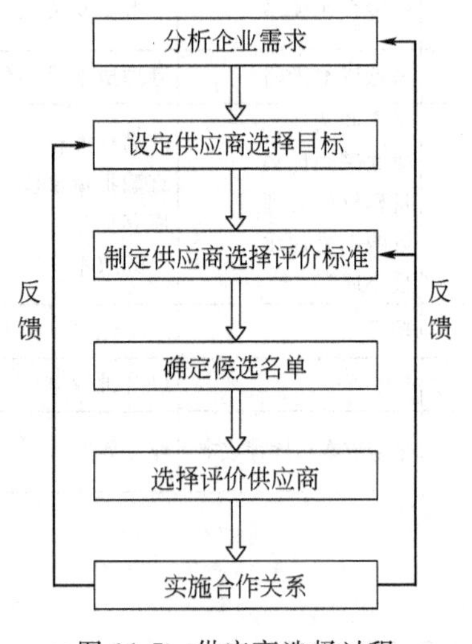

图 11-7　供应商选择过程

① 分析企业需求　市场需求是企业一切活动的驱动源，在选择供应商前，明确地确定并理解企业业务需求是确保成功的第一步。分析企业需求也就是明确合作业务活动的范围，活动始于何处，终于何处？

这一阶段决策团队需要分析企业内外环境，收集资料和数据，对企业需求进行深刻剖析，如企业核心竞争力，物流费用问题，效率问题，员工水平、能力，顾客服务水平，资金、时间、人力限制等，物流方面需要分析企业产品的类型和特征，以确认是否建立供应链合作关系的必要，明确业务合作的方向、目的和范围。

② 设定供应商选择目标　设定供应商选择目标也就是明确怎样做以及谁来做。通过汇集各方面的建议和看法，根据企业的战略、合作目的和产品特性等，对备选供应商的企业规模、地理位置、业务范围进行界定，设定供应商的选择范围，初步确定满足选择标准的供应商范围。

③ 制定供应商选择评价标准　选择评价标准是企业对合作伙伴进行综合评价的依据和标准，是反映企业本身和环境所构成的复杂系统不同属性的指标，是按隶属关系、层次结构有序组成的集合。不同行业、企业、产品需求，不同环境下的服务商的评价指标是不一样的。对于供应商的选择评价，除了关注经济效益以外，还需要考虑社会生态效益。

为了实现公司的战略，客观、科学地评价逆向物流服务商的综合物流服务能力，需要建立一套科学、完整、合理的供应商评价指标体系，能够全方位、多角度反映供应商的综合服务能力。

④ 确定候选名单　与候选物流企业进行有效的沟通，初步了解目标企业的类型、规模、实力等，进一步确认是否是本企业需要的供应商，并询问有无合作的意向，到备选的供应商进行现场考察，深入了解他们的经营历史、运作绩效、内部管理、组织结构、业务范围、发展趋势等。并让目标企业填写有针对性的调查文卷，分析调查文卷得出的数据，剔除一些不符合要求的企业，选出有限数量的目标企业。

⑤ 选择评价供应商　评价合作伙伴的一个主要工作是请有关的专业人员调查、收集有关合作伙伴的生产运作等全面的信息，在收集合作伙伴信息的基础上，利用一定的决策分析工具

和技术方法对合作伙伴进行评价，并在此基础上选择评判第三方逆物流企业，选出一个或者多个供应商进行合作。

这一阶段需要先对外部的潜在供应商进行调查、分析、评估，调查供应商的管理状况、战略导向、信息技术支持能力、自身的可塑性和兼容性、行业运营经验等，评价其从事逆向物流活动的成本状况、长期发展能力、信誉度等。特别是供应商的承诺和报价，企业务必认真分析衡量。在评价的基础上，对潜在的多个供应商进行比较，从中选择最适合企业需要的合作伙伴。

在评价过程中，有一个决策点，即根据一定的技术方法选择供应商，如果选择成功，则可开始实施合作关系，如果没有合适的供应商可选，则重新定义供应商选择目标，重新开始评价选择。

⑥ 实施合作关系　在实施合作关系过程中，可以根据实际情况的变化及时修改伙伴评价标准，或重新开始合作伙伴评价选择。

(3) 供应商选择的评估要素

为了客观、科学地选择供应商，需要从多个方面对供应商进行评估。评估供应商一般考虑以下几方面。

① 生产提前期与按时运送。供应商能提供的生产提前期是多少？供应商有什么确保按时运送的程序？供应商有什么证明和纠正运送问题的程序？

② 质量与数量保证。供应商用什么程序进行质量控制和质量保证？质量问题及纠正措施有文件证明吗？为判断和改正货物不符的原因作过调查工作吗？

③ 柔性。供应商面临数量、交付时间与产品/服务改变时，灵活性有多大？

④ 位置。供应商的地理位置是否具有优势？供应商的地理位置对库存有相当大的影响，距离近的供应商有利于管理，在紧急缺货时，可以快速送到。

⑤ 价格。供应商对既定商品组合报价合理吗？供应商愿意协商价格吗？供应商愿意联合起来共同降低成本（与价格）？

⑥ 信誉与财务状况稳定性。供应商的信誉如何？供应商财务状况如何？在选择供应商时，应该选择具有较高信誉、经营稳定，以及财务状况良好的供应商。

⑦ 售后服务。供应商必须具有良好的售后服务。如果需要他们提供可替代元器件，或者需要能够提供某些技术支持，好的供应商应该能够提供这些服务。

11.4 供应链环境下的分销管理

11.4.1 分销渠道的定义

目前，关于分销渠道的定义主要有两种，一种强调组织机构，另一种则强调路径过程。

强调“组织机构”的分销渠道定义，认为分销渠道是指某种产品从生产者向消费者转移过程中所经过的一切取得所有权或协助所有权转移的组织或个人。例如 1960 年美国市场营销协会给分销渠道下的定义是“企业内部或外部代理商和经销商（批发和零售）的组织机构，通过这些组织，商品（产品或劳务）才得以上市行销”。因此，一条分销渠道主要包括商人中间商（取得所有权）和代理中间商（转移所有权），此外还包括作为分销渠道的起点和终点的生产者和消费者。

强调“路径过程”的分销渠道定义，认为分销渠道不是组织机构，而是由这些组织机构组成的路径。例如，美国营销学者 Edward W. Cundiff 和 Rechard R. Still 认为，分销渠道是指“当产品从生产者向消费者和产业用户移动时，直接或间接转移所有权所经过的途径”。

供应链管理侧重于“路径过程”分销渠道的概念。因此，在供应链管理中，分销渠道是指产品或服务从生产者向消费者转移过程中取得这种产品或服务的所有权或帮助转移其所有权的所有环节所组成的整体，渠道主要包括生产者自设的销售机构、代理商、批发商、零售商，以及出于渠道起点和终点的生产者与消费者。

一般来说，分销渠道的起点是生产者，终点是最终的消费者或用户。在商品从生产者向最终消费者或用户转移的流通过程中，商品的所有权至少转移一次。通常情况下，生产者需要借助中间商将其产品销售给最终消费者或用户，在这个过程中，商品的所有权会进行多次转移。

11.4.2 分销渠道的成因与优势

在社会经济活动中，分销渠道从无到有，不断发展完善，是什么原因促使了它的出现和发展呢？主要原因有以下几方面。

① 分销渠道中由于中间商对其代理的区域市场较为熟悉，并且拥有一批笃定的客户群，能帮助厂商迅速地打开当地市场。

② 中间商对本地客户的资信情况和投资环境更加了解，可以帮助厂商规避交易和投资风险。通过中间商还可以减少自设网络所必需的高昂费用，降低了整体销售成本。

③ 中间商一次性订购批量产品，并且提供了多种多样、灵活多变的付款方式。因而大大减轻了厂商在资金上的压力。

多种因素使得分销渠道得以稳定发展。产品由分销渠道扩散到客户手中，具有以下优势。

① 分销渠道减少了市场中交易的次数。在交易过程中，通过分销渠道的中间商实现集中采购与配送，从而减少了市场中交易的次数，提高了交易的效率。如图 11-8 所示，10 个顾客直接从 4 个供应商处购买产品，交易的次数为 40 次，如果通过一个中间商间接销售，则交易次数降为 14 次，比直接交易方式的交易次数降低了 65%。显然，供应商和顾客的数目越多，中间商的作用越明显。

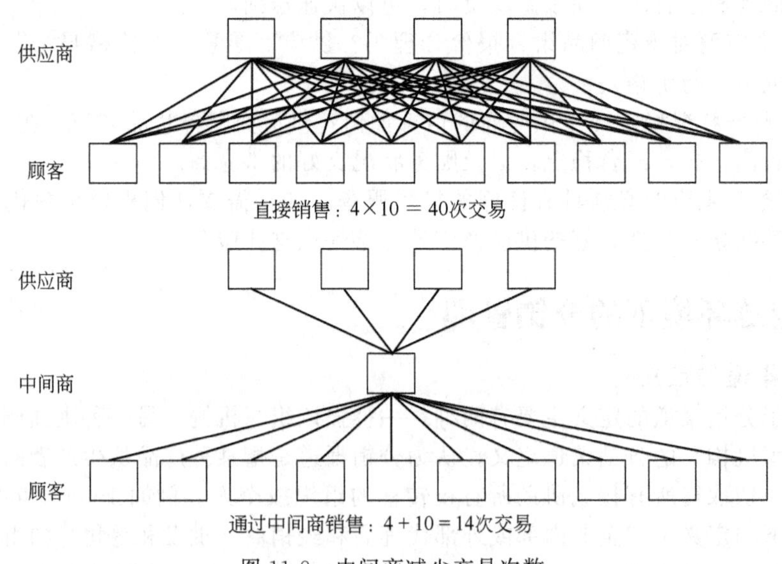

图 11-8 中间商减少交易次数

资料来源：朱道立，龚国华，罗奇．物流和供应链管理．上海：复旦大学出版社，2001.

② 专业化的分销渠道设置使分销成本最小化，交易规范化。专业化是提高分销效率的最基本的驱动力。在实际业务中，某些专业企业（如第三方物流企业）能比其他企业更好地承担基本功能，而能够把经济性引入到物流过程中。同时，交易的规范化处理可以加强渠道成员的合作，提高渠道效率。

③ 分销渠道为买卖双方搜索市场信息提供了便利。在产品流通过程中，经销商对企业而

言是极其重要的信息来源。在市场环境中，买方试图满足自己的消费需求，而卖方则想要预测并抓住这些需求信息，如果这一双向“搜索”过程能成功进行，需求信息能实时高效地流动，那么对买卖双方都是有利的。经销商最接近市场，可以和终端客户经常保持联系，获取各种有关客户、市场和竞争者的信息，并反馈给生产商。同时，许多经销商也销售竞争厂商的产品，有助于他们了解客户对各种产品的真实反映。

11.4.3　分销渠道设计

（1）分销渠道的结构设计

分销渠道的结构设计主要涉及渠道的长度、宽度和广度，如表 11-6 所示。

表 11-6　分销渠道结构设计内容

渠道的长度	渠道的宽度	渠道的广度
零级渠道 一级渠道 二级渠道 三级渠道	独家分销 选择分销 密集分销	一种渠道 多种渠道

注：资料来源：邵晓峰，张存禄，李美燕．供应链管理．北京：机械工业出版社，2006.

① 渠道的长度　渠道的长度是指渠道层次的数量，即产品在渠道的流通过程中，中间要经过多少层级的经销商参与其销售的全过程。渠道长度的层级结构可分为以下四种。

零级渠道，即制造商→终端用户。

一级渠道，即制造商→零售商→终端用户。

二级渠道，即制造商→批发商→零售商→终端用户，或者制造商→代理商→零售商→终端用户。

三级渠道，即制造商→一级经销商→二级经销商→零售商→终端用户，或者制造商→代理商→批发商→零售商→终端用户。

零级渠道也就是直销渠道，是产品从生产者流向最终消费者或用户的过程中不经过任何中间商的分销渠道。直销渠道是两个环节的分销渠道，是最短的分销渠道，常常通过直销商、展销会、订货会、邮购等形式直接出售产品。美国约有 40％的产品采用直销方式。其他三种渠道统称为间接渠道，产品要经过若干中间商才能到达终端客户。

② 渠道的宽度　渠道宽窄取决于各环节中使用同类型中间商数目的多少。企业使用的同类中间商多，产品在市场上的分销面广，称为宽渠道。宽渠道一般适用于日用消费品。企业使用的同类中间商少，分销渠道窄，称为窄渠道，一般适用于专业性强的产品或者重耐用消费品。

渠道的宽度主要有以下三种方式：a. 独家分销，也称集中型分销，是指公司在一定的市场范围内，选择一家某种类型的中间商来销售公司的产品。通常双方协商签订独家经销合同，规定经销商不得经营竞争者的产品，以便控制经销商的业务经营，调动其经营积极性。b. 选择型分销是指企业在一定的市场范围内，通过少数几个经过挑选的最合适的中间商来销售其产品，如特约代理商或特约经销商。c. 密集型分销是指企业尽可能地通过大量的符合最低信用标准的中间商参与其产品的销售。这三种不同宽度的分销渠道的特点比较见表 11-7。

③ 渠道的广度　分销渠道的广度是宽度的一种扩展和延伸，是指厂商选择几条渠道进行产品的分销活动。分销渠道的广度主要有两种类型：单渠道和多渠道。单渠道是指厂商仅利用一条渠道进行某种产品的分销；多渠道是指厂商利用多条不同的渠道进行某种产品的分销，如在某地区采用直接渠道，另外一些地区采用选择型分销。

（2）分销渠道设计的步骤

表 11-7 分销渠道宽度类型及特点

特 征	独家分销	选择型分销	密集型分销
	一地一家分销商	一地若干家分销商	一地多家分销商
优点	渠道控制度强 节省费用	渠道控制度较强 市场渠道面较大 客户接触率较高	市场覆盖面大 客户接触率高
缺点	市场覆盖面小 客户接触率低 对分销商的依赖度高	分销商之间竞争较激烈 选择中间商难	渠道控制度低 费用高 竞争激励引发渠道冲突
适用对象	高价值商品 特殊商品	高价商品 选购性商品	日用商品

注：资料来源：邵晓峰，张存禄，李美燕．供应链管理．北京：机械工业出版社，2006.

一般企业在设计好渠道结构后，如果企业有新产品问世，或者现有的供应商不能很好地适应经营环境变化，无法实现其整体目标时，企业就需要重新设计其渠道结构。事实上，渠道设计是一个动态调整的过程。

一般来说，分销渠道设计的步骤主要包括分析客户的服务需要、建立分销渠道目标、设计渠道结构的备选方案、评估选择分销渠道。

① 分析客户的服务需要。设计分销渠道，首先需要深入分析客户的购买行为，即 4W1H，购买什么样的商品、在什么地方购买、为什么要购买、什么时候购买以及如何购买。分销渠道的最终目标是满足客户的服务需要。

② 建立分销渠道目标。在设计分销渠道时，关键要确定分销渠道的目标。分销渠道设计的目标主要包括：渠道的销量、渠道的利润、渠道的信誉、渠道的控制度、渠道的覆盖率以及渠道的合作程度。

③ 设计渠道结构的备选方案。确定好分销渠道目标之后，就要设计各种能够实现这一目标的渠道设计方案。渠道设计方案主要涉及渠道的长度、宽度以及广度等方面。

④ 评估选择分销渠道。分销渠道方案确定后，企业需要对各种备选方案进行评价，找出最优的渠道方案。在选择分销渠道时，一般从经济性、控制性（管理和控制渠道的能力）和适应性等标准来评价分销渠道设计方案。

11.5 供应链环境下的库存管理

11.5.1 供应链管理下的库存

供应链中的库存是指供应链中的所有原材料、在制品和制品。在供应链中，库存有许多表现形式，分布在整个供应链中，从供应商、制造商、分销商到零售商所保持的原材料、在制品以及成品。库存管理水平的高低将直接影响整个供应链是否可以达到目标，因此库存的计划、管理和控制是非常重要的，改变库存政策可以大大地改变供应链效率和响应。

从供应链的角度来管理库存，使库存管理的目的发生改变，即以物流控制为目的的传统库存管理转变为以过程控制为目的的库存管理。基于过程控制的库存管理将是全面质量管理、业务流程再造、工作流技术、物流技术的集成。这种新的库存管理思想对企业的组织行为产生重要的影响，组织结构将更加面向过程。供应链是多个组织的联合，通过有效的过程管理可以减少乃至消除库存。

在供应链库存管理中，组织障碍是库存增加的一个重要因素。不管是企业内部还是企业之间，相互合作与协调是实现供应链无缝连接的关键。在供应链管理环境下，库存控制不再是一种运作问题，而是企业的战略性问题。要实现供应链管理的高效运行，必须增加企业的协作，建立有效的合作机制，不断进行流程革命。因而，库存管理并不是简单的物流过程管理，而是企业之间工作流的管理。

基于工作流的库存管理能解决传统库存控制方法无法解决的库存协调问题，特别是多级库存控制问题。多级库存管理涉及多组织协作关系，这是企业之间的战略协作问题，必须通过组织的最有效协作关系进行协调才能解决。

为了适应供应链管理的要求，供应链管理环境下的库存管理方法必须作相应的改变，本节主要介绍两种管理技术和方法：供应商管理库存（vendor managea inventory，VMI）系统和联合库存管理。

11.5.2　供应商管理库存

（1）VMI 系统

20 世纪 80 年代以后，全球性市场竞争日趋激烈，企业为了提高竞争力，不断寻求各种措施提高企业对市场需求的响应速度，VMI 便是其中一种。目前，VMI 在供应链中的作用受到越来越多的重视。

长期以来，流通环节中的库存是各自为政的，每一个部门都各自管理自己的库存。零售商有自己的库存，批发商有自己的库存，供应商也有自己的库存，供应链各个环节都有自己的库存控制策略。由于各自的库存控制策略不同，就会产生需求放大现象，使供应商无法快速地响应用户的需求。另外，供应链的各个不同组织根据各自的需要独立运作，导致重复建库，不能产生供应链全局的最低成本。VMI 系统能够突破传统的条块分割的库存管理模式，以系统的、集成的管理思想进行库存管理，使供应链系统能够获得同步化的运作。

VMI 即供应商管理库存，是一种在用户和供应商之间的合作性策略，以对双方来说都是最低的成本优化产品的可获性，在一个相互同意的目标框架下由供应商管理库存，这样的目标框架被经常性监督和修正以产生一种连续改进的环境。VMI 是一种供应链集成化运作的决策代理模式，在 VMI 系统中，用户（需求方）不再拥有库存，只制定服务水平，供货方代替用户（需求方）管理库存，库存的管理职能转由供应商负责，由供方确定库存水平和补给策略，拥有库存控制权。与 VMI 对应的是 RMI（retailer managed inventory），即传统的零售商管理库存。

相对于 RMI 而言，VMI 系统具有以下几方面优势。①可以大大缩短供需双方的交易时间。②供应链管理强调企业的核心竞争力，强调企业间建立长期合作伙伴关系，同时减少供应商的数量，用户选择 VMI 是适应供应链管理的一种必然趋势。③用户的核心业务迅猛发展需要其后勤管理跟上，但企业原来的自营库存管理系统因技术和信息系统的局限而滞后。另外，用户自己管理供应商存货很可能会导致错误的产品储存和补充决策，而供应商对自己的产品管理更有经验，更专业化，可以提供包括软件、专业知识、后勤设备和人员培训等一系列的服务，供应链中企业的服务水平会因为 VMI 而提高，同时降低库存管理成本。④VMI 会令供应商更好地控制其生产经营活动，从而更好地满足用户需求，提高整个供应链的柔性。⑤企业用于投资的资金总是有限的，VMI 会大大减少用户的存货投资。

企业采用 VMI 系统后，如何进行管理适应呢？关键措施体现在以下四个原则中。①合作性原则。以往的库存控制理论与方法都是站在使用者的角度，而 VMI 是把库存控制的决策交给了供应商，对供需双方都是一个挑战。VMI 要求零售商向供应商提供足够透明的库存变化信息，以便供应商能及时、准确做出补充库存的决定。但是，这对零售商来讲是非常困难的决策。零售商和供应商要相互合作，建立起相互信任的伙伴关系。这是实施 VMI 的基础。②双赢互惠原则。VMI 不是关于成本如何分配或谁来支付的问题，而是共同降低成本、提高赢利水平。零售商和供应商共同建立 VMI 执行协议框架和运作规程，建立起对双方都利的库存控制系统。③目标一致性原则。双方都明白各自的责任，在观念上达成一致的目标。在此基础上签订框架协议，对VMI的具体实施作出决定，如库存放在哪里、什么时候支付、是否要管理费等都要在框架协议中体现。④连续改进原则。供需双方共同努力，逐渐消除浪费。

(2) VMI实施步骤

实施VMI，首先要改变订单处理的方式，建立基于标准的托付订单处理模式。这就要求供应商和批发商一起确定供应商的订单业务处理过程、所需要的信息和库存控制参数；然后建立一种订单的处理标准模式，如EDI标准报文；最后，把订货、交货和票证处理各个业务功能集成到供应商一方。

库存状态的透明性是实施VMI的关键。供应商能够随时跟踪和检查销售商的库存状态，从而快速响应市场的需求变化，及时对生产、供应状态作出相应的调整。

VMI策略可以分如下几个步骤实施。

① 建立顾客情报信息系统。要有效地管理销售库存，使供应商能够获得顾客的有关信息，就要建立顾客情报信息库。使供应商能够及时掌握需求变化情况，把由批发商（分销商）进行的需求预测与分析功能集成到供应商的系统中来。

② 建立销售网络管理系统。供应商要很好地管理库存，必须建立起完善的销售网络管理系统，保证自己的产品需求信息和物流畅通。为此，必须保证商品条码（ID代码）的可读性和唯一性；解决商品分类的标准编码问题；解决商品储运过程中的识别问题。

③ 建立供应商与分销商（批发商）的合作框架协议。供应商和分销商通过协商，确定订单处理的业务流程以及库存控制参数（订货点、最低库存水平）、库存信息传递方式（EDI标准报文或Internet）等。

④ 组织机构的变革。因为VMI改变了供应商的组织模式。过去一般由会计处理与客户有关的事情，引入VMI策略之后，由订货部门负责用户的库存控制、库存补给和服务水平。

(3) 供应商管理库存的方式

供应商管理库存的方式主要有四种。

① 供应商提供包括所有产品的用于进行库存决策的软件，用户使用软件执行库存决策，用户拥有存货所有权，管理存货。

② 供应商在用户的所在地，代表用户执行库存决策，管理库存，但是存货的所有权属于用户。

③ 供应商在用户的所在地，代表用户执行库存决策，管理库存，供应商拥有存货所有权。

④ 供应商不在用户的所在地，但是定期派人代表用户执行库存决策，管理库存，供应商拥有存货所有权。

通过VMI，供应商可以客观处理放在供应商出的库存，确定订货点，补充订货，确定订货流程等。

11.5.3 联合库存管理

(1) 联合库存的基本思想

联合库存管理（joint managed inventory，JMI）是指由供应商和客户联合管理库存。

联合库存管理和供应商管理用户库存不同。VMI是一种供应链集成化运作的决策代理模式，由供应商代替分销商行使库存决策的权利。JMI则强调双方同时参与，共同制定库存计划，使供应链过程中的每个库存管理者（供应商、制造商、分销商）都从相互之间的协调性考虑，保持供应链相邻的两个节点之间的库存管理者对需求的预期保持一致，从而消除了需求变异放大现象。

联合库存管理是一种风险分担的库存管理模式，体现了战略联盟的新型企业合作关系。在这种管理模式下，任何相邻节点需求的确定都是供需双方协调的结果，库存管理不再是各自为政的独立运作过程，而是变成供需连接的纽带和协调中心。

(2) 联合库存管理的优缺点

联合库存管理是解决供应链系统中由于各节点企业的相互独立库存运作模式导致的需求放大现象，提高供应链的同步化程度的一种有效方法。和传统的库存管理模式相比，联合库存管理有如下几方面的优点。

① 为实现供应链的同步化运作提供了条件和保证。

② 减少了供应链中的需求扭曲现象，降低库存的不确定性，提高了供应链的稳定性。

③ 库存作为供需双方的信息交流和协调的纽带，可以暴露供应链管理中的缺陷，为改进供应链管理水平提供依据。

④ 为实现零库存管理、准时采购以及精细供应链管理创造了条件。

⑤ 进一步体现了供应链管理的资源共享和风险分担的原则。

但是，JMI 的建立和协调成本较高，在现实过程中双方很难建立一个协调中心，即使建立了也很难运作。

(3) 联合库存管理的实施策略

为了发挥 JMI 的作用，供需双方应本着合作的精神，建立协调管理机制，明确各自的责任和目标，建立合作沟通的渠道。主要应从以下几方面入手。

① 建立供需协调管理机制。没有一个协调的管理机制，就不可能进行有效的联合库存管理。建立供需协调管理机制，需要双方建立共同的合作目标、建立联合库存的协调控制方法、建立合作沟通的渠道以及建立利益的分配和激励机制。

② 发挥两种资源计划系统的作用。为了发挥联合库存管理的作用，在供应链库存管理中应充分利用目前比较成熟的两种资源管理系统：制造资源计划系统（MRPⅡ）和物资资源配送计划（DRP）。原材料库存协调管理中心应用制造资源计划系统，而在产品联合库存协调管理中心则应用物资资源配送计划。这样就可以在供应链系统中把两种资源计划系统很好地结合起来。

③ 建立快速响应系统。快速响应系统是在 20 世纪 80 年代末由美国服装行业发展起来的一种供应链管理策略。目的在于减少供应链中从原材料到用户的时间和库存，最大限度地提高供应链的运作效率。快速响应系统采用更有效的企业间的合作，消除供应链组织之间的障碍，提高供应链的整体效率。快速响应系统需要供需双方密切合作，即协调库存管理中心，为快速响应系统发挥更大的作用创造有利的条件。

④ 发挥第三方物流企业的作用。第三方物流企业（third party logistics，TPL 或 3PL）也叫物流服务商，它为用户提供各种服务，如产品运输、订单选择、库存管理、信息支持等。把库存管理的部分功能交给第三方物流企业管理，可以使企业更加集中精力致力于自己的核心业务。第三方物流企业起到了供应商和用户之间联系的桥梁作用，可以使企业减少成本、获得更多的市场信息、改进服务质量等。

11.6 本章小结

随着市场竞争的加剧，经济的全球化，信息技术的飞速发展以及用户需求的个性化发展，企业不得不与上下游企业进行联结，整合资源，发挥供应链的整体竞争优势，进而在日益激烈的市场中占据有利位置，供应链管理应运而生。

本章首先讲授了供应链和供应链管理的相关概念、供应链管理的运作策略，并重点讲授了供应链环境下的采购管理、分销管理以及库存管理。

在供应链环境下，企业的采购方式和传统的采购方式有所不同，体现在：从为库存采购到为订单采购的转变、采购管理向外部资源管理转变和从一般的买卖关系向战略合作伙伴关系转变。其采购流程包括提出采购申请、选择和管理供应商、订货、订货跟踪和货到验收。物资采购方式大致分为分散采购和集中采购。一个企业需要采购的物料可能有几百种、上千种甚至更多。企业需要将全部物料合理分类，对不同物料采取不同的、最经济的管理方法。在采购过程中，某种物资可以通过单渠道采购，也可以通过多个渠道采购。同时，在供应链环境下的采购管理过程中，供应商管理也是一个很重要的问题。

供应链环境下分销渠道的定义主要有两种，一种强调组织机构，另一种则强调路径过程。强调“组织机构”的分销渠道定义，分销渠道是指某种产品从生产者向消费者转移过程中所经过的一切取得所有权或协助所有权转移的组织或个人。强调“路径过程”的分销渠道定义，分销渠道不是组织机构，而是由这些组织机构组成的路径。一般来说，分销渠道的起点是生产者，终点是最终的消费者或用户。在商品从生产者向最终消费者或用户转移的流通过程中，商品的所有权至少转移一次。通常情况下，生产者需要借助中间商将其产品销售给最终消费者或用户，在这个过程中，商品的所有权会进行多次转移。本章主要介绍了分销渠道的成因和优势、分销渠道的结构设计和步骤。

供应链中的库存是指供应链中的所有原材料、在制品和制品。从供应链的角度来管理库存，使库存管理的目的发生改变，即以物流控制为目的的传统库存管理转变为以过程控制为目的的库存管理。基于过程控制的库存管理将是全面质量管理、业务流程再造、工作流技术、物流技术的集成。为了适应供应链管理的要求，供应链管理环境下的库存管理方法必须作相应的改变，本章主要介绍了两种管理技术和方法：VMI 系统和联合库存管理。

习　题

1. 什么是供应链？
2. 什么是供应链管理？供应链管理的内涵是什么？
3. 供应链管理的关键业务有哪些？
4. 请分析企业实施供应链管理的意义及面临的问题。
5. 简述供应链管理环境下采购的一般流程。
6. 双赢关系模式下的采购策略表现在哪些方面？
7. 简述单渠道供货与多渠道供货的优缺点。
8. 试分析分销渠道中经销商存在的意义。
9. 分销渠道结构设计一般包括哪些内容？
10. 请解释术语 VMI 和 JMI。

第 12 章　生产系统维护

引导案例

奥兰多公共事业委员会（OUC）拥有并经营为佛罗里达州中部 13 个县提供电力的发电厂。每年，OUC 都对一台发电机组进行 1～3 个星期的停机维护工作。

另外，每台机组每三年进行一次全面的拆修和涡轮发电机检查。拆修在春季和秋季进行，这时天气温暖，电力需求量小。这类维修持续 6～8 个星期。

OUC 位于斯坦顿能源中心的工作组要求维护人员每年完成将近 12000 项修理和预防性维护任务。为了有效地完成任务，许多工作都是由计算机控制的维护管理程序进行日常排程。计算机制定预防性维护的工作顺序和所需物料清单。

工厂停工进行维护工作每天要花费 OUC 约 55000 美元的额外开支以支付由其他发电厂补偿发电的费用。但与因强制停机而造成的费用相比，这笔开销就小得多了。一次意外的停机将导致每天 250000 美元到 500000 美元的额外开支！

有计划的拆修不是件容易的事：每次拆修包括 1800 种不同性质的任务，需要 72000 个工时。但是，对新涡轮发电机进行第一次拆修证明：预防性维护物有所值。工人们发现一片破裂的旋翼叶片，如不及时发现，这片叶片将损坏一台价值 2700 万美元的设备。这样的裂缝难以用肉眼发现，往往通过染色测试、X 射线和超声波进行检测。

在 OUC，为预防性维护花那么多钱是值得的。由此产生的结果是 OUC 电力分布系统的可靠度在佛罗里达州名列榜首。有效的维护措施使 OUC 具有竞争优势。

资料来源：Jay Heizer，Barry Render. 生产与运作管理教程. 北京：华夏出版社，1999.

12.1　设备管理概论

12.1.1　设备与设备管理

在全球经济放缓的 2001 年，通用电气公司实现利润 141 亿美元，营业利润率达到创纪录的近 20%。但大家也许并不知道，该公司在很多情况下还在使用着 20 世纪 70 年代的设备，他们用 70 年代的设备和机器来生产着现代化的冰箱，甚至是最先进的飞机引擎。这似乎与很多人头脑中的想法很不一致。要获取最强的竞争力和最高的利润能不采用最新的设备和最先进的生产线吗？通用电气公司的经验给出了肯定的答案。生产系统的维护是十分重要的。善于管理的人在控制维护和故障开支的同时往往十分重视对系统进行维护。一项有关英国生产率缺陷的研究将英国公司和德国公司作比较，结果发现，虽然英国工厂拥有与德国工厂一样的机器设备，但英国工厂的设备维护很差。因此，与德国工厂的设备相比，英国工厂的设备经常发生故障且持续时间较长，技工的修理技术也相对较差。从这项研究也可以发现，机器和生产的故障对企业经营和盈利的影响深远。在结构复杂、高度机械化的工厂里，过多的机械故障或生产过程出现问题可能还会导致更多的问题，例如，工人闲散、设备闲置、客户流失、声誉降低以及变盈为亏等。因此，在现代化的企业里，企业的生产品种、数量、质量、成本、交货期等各方面工作无不与设备管理密切相关，并且，其作用与影响日益突出。

（1）设备及其分类

所谓设备，就是为了组织生产，对投入的劳动力和原材料所提供的必需的各种相关劳动手段的总称。它包括：机器、仪器、炉窑、车辆、船舶、飞机、施工机械、工业设施等。其中，最有代表性的是机器。设备是固定资产的重要组成部分。固定资产是物质资料生产过程中，用来影响或改变劳动对象的劳动手段。一般来讲，设备主要是指企业生产所需用的除土地、建筑物、道路、车站、码头等以外的有形固定资产，如各种机器、机械电子装置、各种车辆等。但是在实际工作中，固定资产一般应同时具备使用年限在1年以上和单位价值在规定限额以上这两个条件，否则就被列为低值易耗品。所以，有些设备也不一定是固定资产，例如，某些行业的某些专用设备，如1吨以下的小型矿车、7000瓦以下的电动机等。

设备种类繁多，型号规格各异。对设备进行合理的分类，是进行设备管理工作的基础。设备的分类方法很多，可以根据不同的需要从不同的角度来进行，一般有下述6种。

① 按设备的用途分类。按此分类可以将设备分为以下5大类。这种分类方法可以提供各类设备在全部设备中所占的比重，从而便于研究设备的构成。

a. 生产工艺设备。用于改变劳动对象形状或性能、发生直接生产行为的设备，如金属切削机床、铸造、锻压与焊接等设备，是企业设备中的主要部分。

b. 辅助生产设备。这指为生产服务的各种设备，如机械制造企业中的动力、运输设备。

c. 试验研究设备。用于科学试验的各种设备，如计量、测试设备等。

d. 管理用设备。这指企业管理机构中用于经营管理的各种设备，如计算机、复印机和其他装置等。

e. 公用福利设备。这主要指企业内医疗卫生、通讯、餐饮等方面设备。

在工业企业的设备中，主要是生产工艺设备和辅助生产设备。我们经常提到的设备管理，主要是指对这两部分设备的管理。其他用途的设备其基本管理原理，大体是相同的。

② 按设备的使用情况分类。按此分类可以将设备分为以下3大类。这种分类方法，可以考察设备的实际利用状况，以便研究怎样合理利用设备，提高设备的利用率。

a. 在用设备。这是指正在使用的各种设备。因为季节性生产、大修理等原因暂停使用的设备和存放在工作场地准备替换使用的设备，由于它们尚未脱离本单位的工作过程，或仍要为本单位的工作服务，都应属于在用设备。

b. 未使用设备。这是指未投入使用的新设备和存放在仓库准备安装投产或正在改造、尚未验收投产的设备等。

c. 不需用设备。是指不适合本单位需要，准备调出处理的各种设备。

③ 按设备的所属关系分类。按此分类可将设备分为以下两大类。这种分类方法便于统计本单位的设备拥有量，以便分清设备管理的责任。

a. 自有设备。这是指本单位自己拥有的各种设备，也就是构成本单位固定资产的实有设备，包括租出的设备。

b. 租人设备。这是指为满足本单位临时需用或其他原因租用的外单位设备。设备出租或租入可以充分利用现有设备，提高设备利用率。

④ 按设备在使用中所起作用的程度分类可分为下面3大类。这种分类方法可以提供设备管理的主要对象，以便集中力量抓住重点保证整个生产和工作顺利进行。

a. 关键设备。这是指在生产和工作中起主导、关键作用的设备。这类设备一旦发生故障，就会严重影响企业生产和安全，造成重大经济损失。

b. 主要设备。这是指在生产和工作中起主要作用的设备。这类设备对生产和工作以及在安全方面的威胁比关键设备要小一些。

c. 一般设备。这是指数量众多、结构简单、维修方便、价格较便宜或备用的设备。这类设备在整个生产和工作中若发生故障，对整个生产和工作的影响不大。

⑤ 按设备的技术特性分类。这种分类是由有关主管部门按照设备的技术特性而规定的。

a. 高精度设备。这是按设备能加工到的精度划分的，如高精度平面磨床，其加工精度误差小于或等于 0.002 毫米。

b. 大型设备。这是按设备技术特性中工作对象的几何尺寸大小、负载能力、容量等来划分的，如普通车床加工直径 1000 毫米及 1000 毫米以上，起重设备的起重能力在 30 吨以上，电力变压器在 5000 千瓦以上的才能定为大型设备。

c. 重型稀有设备。重型稀有设备包括重型、特重型设备。如普通车床规定加工直径在 2000 毫米以上，起重机规定起重能力在 100 吨以上的为重型稀有设备。

⑥ 按设备的适用范围分类可以将设备分为以下两大类。这种分类方法可以全面观察企业设备的技术构成。

a. 通用设备。这是指通用性较强，适用于各种产品加工的设备（如金屑切削机床、锻压设备、数控机床等）。

b. 专用设备。这是指从事某一特定产品生产的设备（如炼铁的高炉、纺纱的纱锭、造纸的造纸机等）。

（2）设备管理

在生产的主体由人力向设备转移的今天，设备管理的好坏对企业的竞争力有重要影响。设备管理水平的高低直接影响企业的计划、交货期、产品制造成本的高低以及生产过程的均衡性等方面的工作。同时，它还直接关系到企业产品的产量、质量、安全生产和环境保护。在工业企业中，设备及其备品备件所占用的资金往往占到企业全部资金的 50％～60％，设备管理水平的高低还影响着企业生产资金的合理使用。

设备管理是指依据企业的生产经营目标，通过一系列的技术、经济和组织措施，对设备寿命周期内的所有设备物质运动形态和价值运动形态进行的综合管理工作。所谓设备寿命周期，指的是设备从规划、购置、安装、调试、使用、维修直至改造、更新及报废全过程所经历的全部时间。

设备管理的主要内容有技术、经济、组织三个方面，三者是不可分割的有机整体。具体包括以下方面。

① 依据企业经营目标及生产需要制订企业设备规划。

② 选择和购置所需设备，必要时组织设计和制造。

③ 组织安装和调试即将投入运行的设备。

④ 对投入运行的设备正确、合理地使用。

⑤ 精心维护保养和及时检修设备，保证设备正常运行。

⑥ 适时改造和更新设备。

12.1.2　设备综合管理的产生

设备管理是随着工业生产的发展，设备现代化水平的不断提高，以及管理科学和技术的发展而逐步发展起来的。在设备管理的发展过程中，设备维修制度的发展过程可划分为事后修理、预防维修、生产维修、维修预防和设备综合管理五个阶段。

（1）事后修理

事后修理是指设备发生故障后，再进行修理。这种修理法出于事先不知道故障在什么时候发生，缺乏修理前准备，因而，修理停歇时间较长。此外，因为修理是无计划的，常常打乱生产计划，影响交货期。事后修理是比较原始的设备维修制度。目前，除在小型、不重要设备中采用外，已被其他设备维修制度所代替。

（2）预防维修

第二次大战时期，军工生产很忙，但是设备故障经常破坏生产。为了加强设备维修，减少设备停工修理时间，出现了设备预防维修的制度。这种制度要求设备维修以预防为主，在设备运用过程中做好维护保养工作，加强日常检查和定期检查，根据零件磨损规律和检查结果，在设备发生故障之前有计划地进行修理。由于加强了日常维护保养工作，使得设备有效寿命延长了，而且由于修理的计划性，便于做好修理前准备工作，使设备修理停歇时间大为缩短，提高了设备有效利用率。

(3) 生产维修

预防维修虽有上述优点，但有时会使维修工作量增多，造成过分保养。为此，1954 年又出现了生产维修。生产维修要求以提高企业生产经济效果为目的来组织设备维修。其特点是，根据设备重要性选用维修保养方法，重点设备采用预防维修，对生产影响不大的一般设备采用事后修理。这样，一方面可以集中力量做好重要设备的维修保养工作，同时也可以节省维修费用。

(4) 维修预防

人们在设备的维修工作中发现，虽然设备的维护、保养、修理工作进行得好坏对设备的故障率和有效利用率有很大影响，但是设备本身的质量如何对设备的使用和修理往往有着决定性的作用。设备的先天不足常常是使修理工作难以进行的主要方面。因此，于 1960 年出现了维修预防的设想。这是指在设备的设计、制造阶段就考虑维修问题，提高设备的可靠性和易修性，以便在以后的使用中，最大可能地减少或不发生设备故障，一旦故障发生，也能使维修工作顺利地进行。维修预防是设备维修体制方面的一个重大突破。

(5) 设备综合管理

在设备维修预防的基础上，从行为科学、系统理论的观点出发，于 20 世纪 70 年代初，又形成了设备综合管理（terotechnology）的概念。它是对设备实行全面管理的一种重要方式。1970 年首创于英国，继而流传于欧洲各国。其基本思想是将设备的制造与使用相结合、修理改造与更新相结合、技术管理与经济管理相结合、专业管理与群众管理相结合，使设备管理从原来单纯的为生产服务转变到为企业经营方针服务的更高管理层次范畴，是设备管理方面的一次革命。日本在引进、学习的过程中，结合生产维修的实践经验，创造了全面生产维修制度(total productive maintenance，TPM)，它是日本式的设备综合管理。设备综合管理的具体内容将在下节进行介绍。

当然，随着计算机技术在企业中应用的发展，设备维修领域也发生了重大变化，出现了基于状态维修（condition-based maintenance）和智能维修（intelligent maintenance）等新方法。基于状态维修是随着可编程逻辑控制器（PLC）的出现而在生产系统上使用的，现在能够连续地监控设备和加工参数。采用基于状态维修，是把 PLC 直接连接到一台在线计算机上，实时监控设备的状态如与标准正常公差范围发生任何偏差，将自动发出报警（或修理命令）。这种维护系统安装成本可能很高，但是可以大大提高设备的使用水平。智能维修，或称自维修，包括电子系统自动诊断和模块式置换装置，将把远距离设施或机器的传感器数据连续提供给中央工作站。通过这个工作站，维护专家可以得到专家系统和神经网络的智能支持，以完成决策任务。然后将向远方的现场发布命令，开始维护例行程序，这些程序可能涉及调整报警参数值、启动机器上的试验振动装置、驱动备用系统或子系统。美国联邦航空管理局（FAA）正在开发远距离维护监控系统（RMMS）。它是维护自动化未来发展方向的一个范例。在有些例子中，可以用机器人技术进行远距离模块置换。

12.1.3 设备综合管理学

现代产业的发展，使设备的重要性越来越突出，但随之也带来一些新问题。例如，设备日益朝着大型化、复杂化、精密化或超小型化、连续化、超高温、超高压等方向发展，所需设备投资不断增加，如使用不当，将会影响企业的经济效果；在机械化、自动化程度较高的工厂，设备一旦发生故障而停工，就会打乱生产计划，影响交货期。严重的设备事故，不仅造成废次品，甚至影响人身安全；由于设备的效率低，或者漏汽、漏水、漏油等原因，造成贵重资源和能源的浪费；由于设备的腐蚀、磨损现象严重，造成检查、加油、清洁、修理等维护人员的增加和费用的提高；设备自动化程度的提高，工人的工作容易变得单调无味，影响劳动情绪和工作效率。所有这些，都对设备管理工作提出了新的课题。设备综合管理学，又称为设备综合工程学，就是在这种形势下产生和发展起来的一种新型的设备管理方法和体制。

设备综合管理有五个特点。

① 把设备的最经济寿命周期费用作为研究目的。设备的寿命周期费用是指设备从研究设计开始，到制造、安装、运转、维修、改造，直至更新，整个过程（或称设备一生）发生的全部费用。

寿命周期费用可划分为两部分，其一为设置费，包括研究、设计、制造等费用，对外购的设备，设置费包括售价、运输及安装费用；其二为维持费，指设备投入运转以后发生的全部费用，如操作人员工资、能源消耗费、维护修理费、固定资产税金等费用。以寿命周期费用最经济作为评价设备的目标，就是要求在选购设备时，不仅要考虑设置费，同时要考虑维持费。售价低的设备，如其维持费高，就不一定是经济的设备。

单纯考虑寿命周期费用尚不全面，还要求设备的综合效率要高。设备的综合效率是指设备在整个寿命周期内的输出与输入之比。即

设备综合效率＝设备寿命周期的输出/设备寿命周期的输入

其中，对设备的输入，指设备的寿命周期费用；输出则可用设备在整个寿命周期内的出产量来表示，但要求是在产品质量、成本、交货期、安全与环境保护、劳动情绪等达到规定条件下的生产量。

② 把与设备有关的工程技术、财务、管理等方面结合起来进行综合性管理。设备综合工程学要求对设备进行全面的、综合的管理，要运用工程技术、管理数学、经济学、心理学等多方面的知识。这是管好现代化设备的客观需要。

③ 研究提高设备的可靠性、维修性设计，提高设计的质量和效率。设备的设计阶段对其效率有决定性的作用，设备生产率、精度、维修性、可靠性、环保性、节能性等要求，主要取决于设计阶段。设备综合工程学要求研究设计的可靠性和维修性。可靠性高、维修性好的设备，寿命周期费用低，产品产量、质量、交货期易于保证，产品成本低，操作安全。

④ 设备综合工程学把设备当作一个系统，并以它的整个寿命周期为管理和研究对象。这是系统的观点和方法在设备管理中的应用，是对设备的设计、制造、使用、维修、革新改造以至更新等各个阶段，进行全面的、综合的、技术和经济的管理。

⑤ 强调设备的设计、使用和费用的信息反馈。这种反馈过程是将设备在使用过程发生的问题、维修过程的情况以及各种与设备有关的费用发生资料，反馈给设计制造部门，以便对设备进行改进或研制更高质量的设备。为此，要求设备生产厂和用户厂之间疏通信息反馈的渠道。

简言之，设备综合管理学是一门以设备一生为研究对象，以提高设备综合效率，使其寿命周期费用最经济为目的的综合性管理科学。具体而言，设备综合管理又包括如下六个方面的内容：

a. 正确地选购设备；

b. 用好、修好、管好设备；

c. 对现有设备进行挖潜、改造和更换；

d. 保证国外引进的设备正常运转；

e. 搞好自制设备的综合管理；

f. 做好设备管理与维修人员的培训工作。

当然，在科学技术和企业情况不断发展变化的动态环境中，设备管理过程中的新问题会不断出现，要想保证企业生产始终建立在最优的物质技术基础之上，设备管理的任务就更加任重而道远。

12.2 设备维修管理

12.2.1 维修术语及相关度量指标

(1) 可靠性

在确定系统的保障要求时，维修频率将成为一个非常重要的参数。维修频率在很大程度上取决于该产品的可靠性。一般来说，提高系统的可靠性，则维修频率将下降；与此相反，降低系统的可靠性，则维修频率将上升。不可靠系统往往需要额外的维修。可靠性可简单地定义为：在规定的运行条件下，在给定的时间内或达成某个目标期间，某一系统（或产品）能以良好状态运行的概率。可靠性是衡量在一系列给定条件下，一种产品、零件或系统执行目标功能的能力。

可靠性函数 $R(t)$ 可表达为：

$$R(t)=1-F(t) \tag{12-1}$$

式中　$F(t)$——该系统在 t 时刻运行时发生故障（失效）的概率。

$F(t)$本质上是故障分布函数，也就是“不可靠性”函数。若随机变量 t 具有密度函数 $f(t)$，则可靠性函数可表达为：

$$R(t)=1-F(t)=\int_{t}^{\infty} f(t)\mathrm{d}t \tag{12-2}$$

假设失效前的工作时间为指数密度函数，则有：

$$f(t)=\frac{1}{\theta}\mathrm{e}^{-t/\theta} \tag{12-3}$$

式中　θ——平均寿命；

t——所研究的时刻；

e——自然对数的底。

那么，在 t 时刻的可靠性函数是：

$$R(t)=1-F(t)=\int_{t}^{\infty}\frac{1}{\theta}\mathrm{e}^{-t/\theta}\mathrm{d}t=\mathrm{e}^{-t/\theta} \tag{12-4}$$

当然，不同个体的故障特性可能随着各自的应用而存在相对差异，譬如，机械设备的故障分布函数可能不同于电子部件的故障分布函数。因此，失效前的工作时间不服从指数密度函数，而服从其他的密度函数，如威布尔分布、伽马分布等。

平均寿命 θ 是所研究的全体对象的使用寿命的算术平均值。对于式(12-4) 中的指数函数，平均寿命 θ 就等同于平均失效间隔时间（MTBF），故有：

$$R(t)=\mathrm{e}^{-t/M}=\mathrm{e}^{-\lambda t} \tag{12-5}$$

式中　λ——瞬时故障率；

M——平均失效间隔时间。

由式(12-4) 和式(12-5) 知，平均寿命与故障率的关系式如式(12-6) 所示：

$$\lambda=\frac{1}{\theta} \tag{12-6}$$

在某一规定的时间间隔内故障出现的概率叫做故障率。故障率 λ 可表达为：

$$\lambda=\frac{\text{故障次数}}{\text{总的工作时间}} \tag{12-7}$$

故障率可用每小时的故障次数、每 1000 小时的故障百分率或每百万小时的故障次数来表示。例如，设在规定的工作条件下对 10 个部件进行试验。部件失效情形为部件 1 在 75 小时后失效，部件 2 在 125 小时后失效，部件 3 在 130 小时后失效，部件 4 在 325 小时后失效，部件 5 在 525 小时后失效，而总的运行时间是 3805 小时，那么可计算出每小时的故障率为：

$$\lambda=\frac{5}{3805}=0.001314$$

值得注意的是，故障一词用以描述一种产品不能按目的运行的情况，这不仅包括产品根本不能运行的情况，也包括产品运行低于标准或未按目的运行的情况。例如，一个烟雾报警系统可能没能对烟雾的出现做出反应（这是根本就没有运行的情况），也可能它发出警报，但声音太小从而不能提供准确的警告（低于标准运行的情况），或者它可能在烟雾不存在情况下却发出警报（非目的反应的情况）。

可靠性总是受一定条件即正常运作条件限制的。这些条件既包括荷载量、温度和湿度范围，又有运行程序和维修计划。用户忽视这些条件经常导致零件或整个系统过早出现故障。例如，用一辆客车来运载沉重的货物导致机车的过度磨损、耗用；在坑坑洼洼的道路上行车经常最终导致轮胎出现故障；而用一个计算器敲打钉子可能使它失去执行运算的功能。

提高可靠性的方法有多种，如改善零件设计、提高生产和（或）装配技术、增加试验、利用备用部件、改善防护维修程序、提高用户受教育程度、改善系统设计性、安全性和经济性等。由于系统的总体可靠性与单个部件可靠性是函数关系，因此个体部件可靠性的提高能提高整个系统的可靠性。但是，另外一方面，不恰当的生产或装配程序会抵消掉甚至是最好的设计的作用，而且这也常是故障根源。运用备用部件可以提高系统的可靠性。另外，在实际运用中出现的故障经常可以通过提高用户的知识水平及精简推荐维修期或维修程序而减少。最后，也可以通过简化系统（因而减少可能产生系统故障的部件数目）或改变部件间的关系（如提高界面的可靠性）来提高总体可靠性。

当然，人们会经常遇到一个问题：到底将可靠性提高到多大是合适的呢？显然，电灯泡所需的可靠性与飞机所需的可靠性的内涵是不同的。因此，问题的答案要根据提高可靠性带来的潜在效益和所耗的费用来定。一般说来，提高可靠性的成本是逐步增加的。所以，尽管开始时效益的提高要比成本的增加快得多，但最终会出现相反的趋势。可靠性的最优水平在于效益增加量与成本增加量相等时的那一点。在短期内，这种权衡建立在相对固定的参量（如成本）的内容上。但是从长期看，提高可靠性和减少成本的努力将带来可靠性最优水平的提高。

（2）维修性

维修性是一种固有的设计特性，主要涉及维修任务执行的便捷性、精确性、安全性和经济性。从广义上说，维修性能够通过维修耗时、人员人工小时效率、维修频率、维修成本等指标来加以度量。这里介绍一些最常用的度量指标。

① 维修耗时指标　维修可分成两类：修复性维修和预防性维修。修复性维修指出现故障后，使系统恢复到必要性能水平时不可或缺的、非计划性的活动。这些活动包括故障定位、拆卸、修理、移除与更换、重新装配、校准调试、检测等。此外，这类维修还包括所有的不是事先计划的软件维修，如适应性维修和匹配性维修。预防性维修是为使系统的性能保持在规定状态所必需的计划性的活动。这类维修包括对指定重要对象的定期检测、保养、校准、监控和（或）换件。

维修是由对于系统故障的诊断、修复或防护等行为构成的。维修时间是在对某一给定的系统（或产品）进行必要的修复性维修或预防性维修时，由各个维修操作的工作时间组成的。维修性就是系统在维修时是否方便迅速的一种度量指标，用完成维修工作所需要的时间衡量。下面说明几种较常用的维修性时间度量指标。

a. 平均修复性维修时间　系统每一次发生故障时，为将该系统修复到良好的工作状态，需要一系列的步骤。这些步骤包括故障检测、故障分离、拆卸以便达到故障部位、修复等。对于已知的故障，完成这些步骤就构成了一个修复性维修周期。平均修复性维修时间（$\overline{M}_{ct}$），或平均修复时间（MTTR），是由各次维修周期时间的数学平均值所表示的一个复合值，可以用式(12-8) 来计算：

$$\overline{M}_{ct}=\frac{\sum(\lambda_i)M_{ct_i}}{\sum\lambda_i} \tag{12-8}$$

式中　λ_i——被测产品中单个（第 i 个）组成部分（零部件）的故障率，通常用设备每工作小时的故障次数表示。

值得注意的是，$\overline{M}_{ct}$只考虑实际的维修时间，也就是直接消耗在该系统上的维修工作时间，不包括物流延迟时间和管理延误时间。虽然所有的时间要素都是很重要的，但在设备设计中，主要是把$\overline{M}_{ct}$这个指标作为保障性特性的一个度量。

b. 平均预防性维修时间　预防性维修由那些为保持系统规定的性能水平所需要的活动组成，可能包括下列任务：定期检查、保养，关键件的计划性更换、校准、大修等。平均预防性维修时间（$\overline{M}_{pt}$）是对某一产品完成预防性（或已计划的）维修活动所经历的时间均值（或平均值），可表达为：

$$\overline{M}_{pt}=\frac{\sum(f_{pt_i})M_{pt_i}}{\sum f_{pt_i}} \tag{12-9}$$

式中　f_{pt_i}——单次（第 i 次）预防性维修活动的频率，即为每系统工作小时中预防性维修活动的次数；

M_{pt_i}——完成第 i 次预防性维修活动所需消耗的时间。

预防性维修活动可能在系统全负荷运转时进行，也可能要求停工进行。在这种情形下，我们关心的是因预防性维修活动造成的系统停工时间。同样，$\overline{M}_{pt}$只包括系统实际的维修时间，而不包括物流延迟时间和管理延误时间。

c. 实际平均修复性维修时间中位数和实际平均预防性维修时间中位数　平均修复性维修时间中位数（$\widetilde{M}_{ct}$）是指把全部停工时间的值分为两个部分的值，使得 50％的值等于或小于这个中位数，50％的值等于或大于这个中位数。中位数通常给出数据样本最好的平均值位置。

利用计算$\widetilde{M}_{ct}$的方法，也可求得实际平均预防性维修时间中位数$\widetilde{M}_{ct}$。

d. 平均实际维修时间　平均实际维修时间（$\overline{M}$）是指执行计划（预防性）或非计划（修复性）维修所需要的平均维修时间或平均耗时，它不包括物流延迟时间和管理延误时间，可表示如下：

$$\overline{M}=\frac{\lambda\overline{M}_{ct}+f_{pt}\overline{M}_{pt}}{\lambda+f_{pt}} \tag{12-10}$$

式中　λ——修复性维修率或故障率；

f_{pt}——预防性维修率。

e. 最大实际修复性维修时间　最大实际修复性维修时间（M_{max}）可以定义一个维修停工值，以此值为上限，预期某一规定百分比的全部维修活动能够在界限内完成。

f. 物流延迟时间　物流延迟时间（LDT）指的是停机检修时间中消耗于以下情况的部分时间：等待取得备件，为了进行维修等待必需的测试设备，等待运输，等待维修所需的某一设备等。物流延迟时间虽不包括在实际维修时间内，却是构成总的停机检修时间的一个主要部分。

g. 管理延误时间　管理延误时间（ADT）是指由于管理特性因素导致的维修延误中的那部分停工时间，这些因素包括：人员委派的快慢、罢工、组织机构的制约等。管理延误时间不包括在实际维修时间内，但常常是构成总的停机检修时间的一个重要部分。

h. 停机检修时间　停机检修时间（MDT）是为修理和恢复一个系统充分良好的工作状态和（或）保持系统的该种状态所需要耗费的总时间（在此时间内，系统是不工作的）。停机检修时间包括平均实际维修时间、物流延迟时间以及管理延误时间。其平均值是根据每一项维修任务的经历时间和相应的频率而计算出来的（类似于确定平均实际维修时间时所用的方法）。

② 维修工时指标　上面所讨论的维修性的各个指标是与耗时有关的。虽然维修活动经历的时间在完成维修任务中极为重要，但还必须考虑在维修过程中所消耗的维修工时。在完成规定的维修任务中，增加人力资源（在许多情况下）能够缩短经历时间。不过，这样做的代价有可能是昂贵的，特别是需要技术水平高的人员去执行要求维修时间较短的维修任务。换句话说，对于维修任务而言，维修性的核心是便捷性和经济性。因此，以最低限度的维修成本在维修耗时、工时以及人员技能之间取得平衡是我们追求的目标。维修工时指标包括：

a. 系统每工作小时的维修工时（MLH/OH）；

b. 系统每工作周期的维修工时（MLH/cycle）；

c. 月维修工时（MLH/month）；

d. 每项维修活动的维修工时（MLH/MA）。

当然，所有这些指标都可以用平均值加以规定。此外，可以通过同样的方法计算平均预防性维修工时和平均总维修工时（包括预防性维修和修复性维修）。对于每一维修水平，这些值都是能够被预测的，并可以用来确定具体的保障要求和相关成本。

③ 维修频率指标　如前所述，MTBF 和 λ 是度量可靠性的关键指标。可靠性与维修性是密切相关的，MTBF 和 λ 这两个可靠性指标是确定修复性维修频率的依据。在系统的设计中，维修性所涉及的就是在系统处于工作状态时用以配合将排除故障维修要求最小化的那些特性。所以，对于一个特定系统的可靠性和维修性的要求必须是兼容的和相辅相成的。

除了系统保障中修复性维修这个方面以外，维修性还涉及使得该系统的预防性维修需求最小化（如不能忽略不计的话）的设计特性。有时，增加预防性维修需求的目的是为了改进系统的可靠性（例如，通过在指定时间更换某些选定的零部件以降低故障次数）。但是，如果控制不当，引入预防性维修的结果将是高成本的。更有甚者，由于过多的预防性维修活动经常会诱发故障，因此过多的预防性维修活动（特别是对于复杂的系统或产品）往往会对系统的可靠性产生不良的后果。因此，维修性的一个目标就是要以最低的总成本在修复性维修与预防性维修之间保持适度的平衡。

a. 平均维修间隔时间　平均维修间隔时间（MTBM）是指全部维修活动（修复性和预防性维修）所需时间的平均值，其计算式如下：

$$\mathrm{MTBM}=\frac{1}{1/\mathrm{MTBM}_u+1/\mathrm{MTBM}_s} \tag{12-11}$$

式中　MTBM_u——非计划（修复性）维修的间隔时间；

MTBM_s——计划（预防性）维修的间隔时间。

b. 平均拆卸间隔时间　平均拆卸间隔时间（MTBR）作为 MTBM 的一个指标，是指两次换件之间的平均时间间隔，是决定备件要求的一个重要的参数。在许多情况下，完成修复性维修和预防性维修并不需要对零配件进行更换。在另外一些情况下，则要求换件，由此使得备件的可用性和库存要求成为必需。此外，可能还需要较高级别的维修保障（即中继级维修和基地级维修）。

④ 维修成本指标　对许多系统或产品而言，维修成本是总生命周期成本的一个主要部分。而且经验表明，贯穿系统开发早期的设计决策对维修成本有深重的影响。因此，从定义系统需求开始就把总生命周期成本看成一个主要的设计参数是有必要的。尤其有意义的是执行维修活动的经济性。换句话说，维修性与那些最终导致以最低的总成本执行维修的系统设计特性直接相关。在考虑维修成本时，下列与成本有关的指标可适当地作为系统设计中的标准：

a. 每次维修活动的成本；

b. 系统每工作小时的维修成本；

c. 每月维修成本；

d. 每次任务或每任务段的维修成本；

e. 维修成本与生命周期总成本之比。

(3) 可用性指标

可用性（availability）可在不同的范围内使用。在某些情况下，可用性被作为系统齐备性（即当被要求使用时，系统准备妥当或可使用的程度、比率或概率）的度量指标。有时，可用性可能是指当被要求时，系统不仅准备妥当，而且能以某种令人满意的状态完成其全部使命的概率。另外，可用性可能指完成既定任务方案使得全局在某一规定点令人满意的概率。所以，可用性度量指标应针对一特定的方案或一系列方案。

常用的可用性度量指标包括以下三种。

① 固有可用性（inherent availability，A_i）是指在理想的保障环境中（即有适用的工具、备件、维修人员等），某一系统或设备能按要求在任一需要的时刻全局满意工作的概率。它不包括预防性或计划的维修活动、物流延迟时间和管理延误时间，可表达为：

$$A_i = \frac{\text{MTBF}}{\text{MTBF} + \overline{M}_{\text{ct}}} \tag{12-12}$$

② 可达可用性　（achieved availability，A_a）是指在理想的保障环境中（即有合用的工具、备件、人员等），在规定的使用条件下，某一系统或设备能在任一需要的时刻良好地工作的概率。该定义与 A_i 的定义相近，但包括预防性维修时间，不包括物流延迟时间和管理延误时间。A_a 可用下式表示：

$$A_a = \frac{\text{MTBM}}{\text{MTBM} + \overline{\text{M}}} \tag{12-13}$$

③ 工作可用性　（operational availability，A_o）指在实际保障工作环境中，某一系统或设备能在任一需要的时刻良好工作的概率，如下式所示：

$$A_o = \frac{\text{MTBM}}{\text{MTBM} + \text{MDT}} \tag{12-14}$$

12.2.2　设备的磨损与故障规律

设备维修的理论有两种基本观点。

第一种观点建立在摩擦学基础之上，研究机械磨损规律的“设备修理周期结构”理论。这种理论认为，由于摩擦磨损的原因，随着磨损时间的延续和按一定规律磨损量的增加，将会引起机器零件表层的破坏和几何形状与尺寸的改变，甚至会造成机构动作的失调与工作精度的下降，最后丧失工作能力，导致故障或事故的发生。

第二种观点建立在故障物理学基础之上，研究故障规律和设备可靠件的“故障分析与状态管理”理论。这种理论认为，设备的故障除了磨损的原因之外、还有外界工作条件如温度、压力、振动等原因，以及内部工作条件如内应力、变形、疲劳及老化等多种原因。运用这种理论是要通过对设备的异常现象的数据检测、对故障频率及其分布的分析、设备可靠性的原因分析，并运用数理统计方法分析它的规律性，进而得到设备劣化与维修必要性的信息。这种理论和方法对尚未掌握维修规律，以及重型、精密、电子、自动化等设备是比较适用的。

（1）机器零件的磨损规律

掌握设备出故障的规律有助于准确地判断设备发生故障的原因，并且可以根据设备出故障的规律，事先做好修复或更换工作，做到防患于未然，同时，安排好生产和维修的时间，避免生产与维修的冲突。

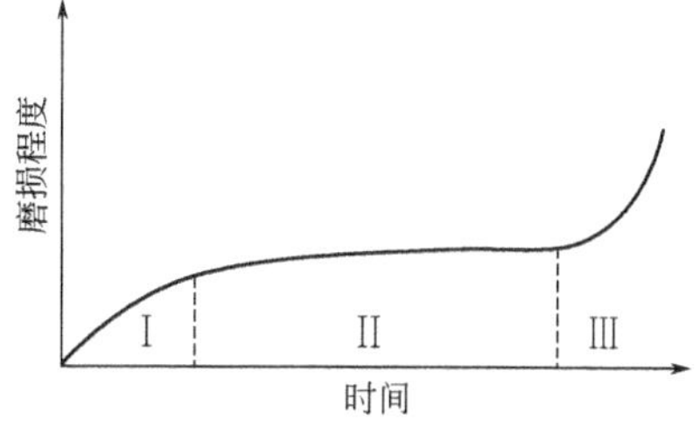

图 12-1　零件磨损示意图

机器零件的磨损规律如图 12-1 所示。

零件从投入使用到磨损报废一般可以分为三个阶段：初期磨损期、正常磨损期和急剧磨损期。

① 初期磨损。零件的表面宏观几何和微观几何都要发生明显变化。磨损速度很快，这一阶段对设备来说没有什么危害，而是设备进入正常运转的必经阶段，有时这一阶段又叫“跑合”、“磨合”。例如，一辆刚买回来的自行车不一定轻便好骑，而骑了一段时间之后就感到很轻便，这是因为自行车有相对运动的零件经过磨合后处于一种良好的配合状态，初期磨损期一般很短。

② 正常磨损。经跑合磨损后，设备各个部分进入了正常工作状态，这时候只要工作条件比较稳定，零件的磨损是比较缓慢的。这一阶段的长短代表着一个零件的寿命周期长短。为了延长零件的使用寿命，这一时期要加强设备日常保养工作，及时清扫和润滑。

③ 急剧磨损。零件是有一定寿命的、经过一定时间以后，零件由于疲劳、腐蚀、氧化等原因，正常磨损关系被破坏了，这时候的磨损速度非常快，很短时间内就可以使零件丧失应有的精度或强度。如果没有及时更换，就可能导致整合设备不能正常工作，甚至出现重大事故、导致设备报废。因此，在实际工作中是不容许零件进入急剧磨损期的。

（2）设备故障曲线

设备故障是指设备或其零部件在运行过程中发生的丧失规定功能的不正常现象。一般而言，按故障发生的速度可把故障分为两类：突发故障和渐发故障。突发故障也称损坏故障，一般是由偶然性、意外性的原因造成的。这种故障一旦发生，对设备所造成的损坏一般很大，可能使设备完全丧失其功能，必须停机修理，甚至报废处理。渐发故障也称劣化故障，它是由于设备性能逐渐劣化，机能慢慢降低而引起的故障。设备无论是处于运转或闲置状态均会出现性能劣化。

所谓设备的劣化是指磨损和腐蚀造成的耗损、冲击和疲劳等造成的损坏和变形、原材料的附着和尘埃等造成的污染，从而使设备的精度、效率和功能下降的现象。

设备劣化按其产生原因一般可分为使用劣化、自然劣化和灾害性劣化三类。此外，也有人认为，由于社会劳动生产率的提高和技术的进步，从而使原有设备相对落后而造成的产量或质量下降、价值降低的现象亦应视为设备的劣化。

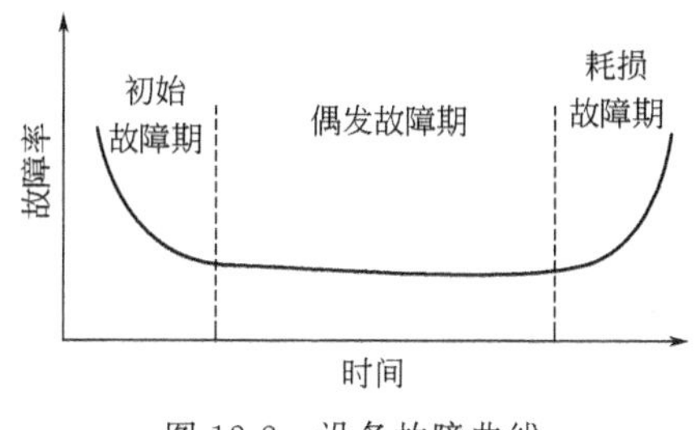

图 12-2　设备故障曲线

根据设备出故障的基本规律，人们归纳出厂设备故障曲线，因其形状像浴盆，故又称“浴盆曲线”，如图 12-2 所示。

从浴盆曲线可以看出，设备故障率的变化显现三个不同的阶段。

① 初始故障期。这段时期的故障主要是由于设计上的原因，操作上的不习惯、新装配的零件没有跑合、质量不好、制造质量欠佳、搬运和安装的大意以

及操作者不适应等原因而引起的，开始时故障率较高，随后逐渐降低。再过一段时间故障率就比较稳定了。减少这段时期故障的措施是：慎重地搬运及安装设备，严格进行试运转并及时消除缺陷；细致地研究操作方法；将由于设计和制造造成的缺陷情况反馈给设备制造单位以便改进。这一时期的工作主要是抓好岗位培训，让操作者尽快掌握操作技能，提高操作的熟练程度。

② 偶发故障期。这段时期内设备处于正常运转阶段，故障率较低，一般情况下是由于维护不好和操作失误而引起的偶然故障。偶发故障期故障率的高低，取决于是否使用可靠性高的设备，以及是否做好日常维护保养和小修工作等。这一阶段持续的时间较长，主要管理工作是抓好日常维护和保养工作，掌握机器件能，定期维修。

③ 耗损故障期。这时设备经过很长时间的使用，某些零件开始老化，故障率逐渐上升，而后加剧。这说明设备处于不正常状态，必须停机检修，更换已损坏的零件，恢复设备原有性能。设备故障率重新增加的时期称为耗损故障期。做好设备的预防性修理和进行改革性维修，可以降低设备的故障率，延长设备的有效寿命。

把设备故障分成三个不同的阶段，有助于对设备管理起到指导作用。管理人员可以根据设备故陷在不同时期的特点和规律，采取不同的措施。

12.2.3 设备的合理使用和维修体制

设备只有在使用中才能发挥其作为生产力要素的作用，而对设备的使用合理与否又直接影响着设备的使用寿命、精度和性能，从而影响其生产产品的数量、质量和企业的经济效益。

关于如何合理使用设备，一般应从三个方面着手：一是提高设备利用程度；二是保证设备的工作精度；三是建立健全的规章制度。

一般来说，提高设备利用程度主要有三方面的含义。

① 提高设备利用广度。即充分利用设备可能的工作时间，不能让设备闲置。

② 提高设备利用强度。使设备在单位工作时间内生产出尽可能多的合格产品。

③ 提高设备利用的合理性。加工对象的材料、大小、长短及精度等应适合设备的特点和要求，操作者的技术水平应与机器的复杂程度和操作要求相适应。设备使用中应严格遵照设备的设计和使用要求，并正确地进行设备维护。不要经常超载工作。

从设备的磨损理论可知，设备在使用过程中，随着磨损的增加，加工精度就不断降低，因此，要保证设备能以正常的工作精度运转，就应设法减少或延缓设备的磨损，设备的日常维护和保养是重要的手段。当设备的磨损达到一定程度，使设备的工作精度不能满足需要时，就应进行修理以恢复设备原有的工作精度。根据机器设备维护保养工作的深度、广度及工作量的大小，维护保养工作可分为以日常保养（或称例行保养）、一级保养、二级保养和三级保养。除日常保养、一级保养由操作工人自行负责外，其他两级保养，在操作工人参与下，一般由维修工负责进行。保养的内容，应根据设备的特点来确定，例如设备的生产工艺、设备结构的复杂程度、设备工作量的大小与部门维修习惯等。

另外，设备的合理使用也是与企业工人关系最密切的一项工作。要实现设备的合理使用，除了前述的提高设备的利用程度，保证设备的工作精度以外，建立健全相应的规章制度并使之得到遵守执行也是一个极其重要的方面，往往也是难度最大的一个方面。在企业中应对设备的操作工人进行思想教育，使他们认识到合理正确使用设备的重要性，并要求他们认真执行正确使用设备的各项基本要求、规章和相应的设备操作规程。

设备维修体制是生产的正常进行的重要保证。下面介绍两种常见的维修体制：计划预防修理制和全面生产维修制。

（1）计划预防修理制度

计划预防修理制度，简称计划预修制，是我国工业企业从 20 世纪 50 年代开始普遍推行的一种设备维修制度，是进行有计划的维护、检查和修理，以保证设备经常处于完好状态的一种组织技术措施。

计划预修制是根据零件的一般磨损记录和设备故障规律，有计划地进行维修，在故障发生之前修复或更换已磨损或老化的零部件。计划预修制的主要内容包括对设备的维护和计划修理。

设备维护的主要工作内容有：日常维护、定期清洗换油、定期检查、计划修理。

① 日常维护。日常维护由生产工人每人进行，其工作内容包括设备润滑及清扫、紧固松动部位、调整机构、消除细小故障等。

② 定期清洗换油。对工作时多垢屑、多灰尘及经常接触腐蚀介质的设备，除了日常维护进行清扫外，还要按规定的清洗间隔期进行清洗，要按换油计划表定期定质给润滑系统换油。

③ 定期检查。定期通过外部观察、试运转或拆卸部分部件来查明设备及其零部件的技术状态、磨损情况；对设备进行调整和消除小缺陷；通过检查，查明下次计划修理时需要更换或修复的零件；编制初步的设备缺陷一览表，以便作好修理前的准备工作。定期检查主要由维修人员负责。

④ 计划修理。由于修理工作项目和修理内容及要求不同，修理分为小修、中修和大修三种。

a. 小修是工作量最小的一种修理。小修时要修复或更换少量的使用期限短的磨损零件，并进行必要的局部解体，消除一些小缺陷，调整设备，以保证设备能正常使用到下一次计划修理。

b. 中修工作量介于小修和大修之间。中修时要更换或修复数量较多的已磨损零件，修复设备的主要零件、校正设备基准，使设备达到规定的精度、性能和生产能力。

c. 大修是工作量最大的一种修理。大修时要全部拆卸设备，修复或更换全部磨损零件和修复基准零件，设备要通过大修恢复原有的精度，性能和生产率。

计划预修制规定设备修理按计划进行。由于设备的重要程度和结构的繁简程度不同，以及对零件使用寿命的掌握程度不同，因此，规定了三种不同的实现计划修理的方法。

① 标准修理法。也叫强制修理法，是对设备的修理日期、类别和内容，都按标准预先做出计划，并严格按照计划进行修理，而不管设备零件的实际磨损情况及设备的运转情况如何。标准修理法的优点是：便于做好修理前准备工作，缩短修理时间，保证设备正常运转。但是，采用这种方法容易脱离实际，造成设备的过剩修理，修理费用较高。所以，一般用于那些必须严格保证安全运转和特别重要的设备，如动力设备、自动线上的设备等。

② 定期修理法。这种方法是根据设备实际使用情况，参考有关修理定额资料，制定设备修理的计划日期和大致的修理工作量。确切的修理日期和修理内容，则根据每次修理前的检查，再作详细规定。这种方法的优点是对修理日期和内容的规定既有科学依据，又允许根据设备的实际工作状态做适当的调整。因而既有利于作好修理的准备工作，缩短修理停歇时间，又能合理的利用零件的使用寿命，提高修理质量，降低修理费用。目前我国维修基础比较好的企业多采用此法。

③ 检查后修理法。这种方法事先只规定设备的检查计划，而每次修理的时间和内容，则根据检查结果及以前的修理资料来决定。采用检查后修理法，可以充分利用零件的使用期限，修理费用较低，但由于每次修理均是根据检查的结果，则可能由于主观判断错误，而做出不正确的决定，而且，也不容易做好修理前的准备工作，从而延长设备修理的停歇时间。检查后修理法一般在缺乏修理定额资料时，或对简单、不重要的设备维修时采用。

总的说来，计划预修制是一种比较科学的预防维修制，但还不完善。例如，不能很好解决修理计划切合设备实际的问题，因此，既有过剩修理（修理时间过早、修理项目过多），也有失修的情况发生；强调恢复性修理，而对改善性修理来作相应规定，在实际修理中出现大修时“复制古董”的问题；对生产工人参加维护保养限制较多，不利于调动广大工人管好、用好设备的积极性。

针对上述问题，我国许多企业在实践中，作了相应的改革，例如推广应用项目修理（简称项修）和改善性修理等。项目修理是针对设备的精度、性能的劣化程度进行局部修理，以恢复或提高设备某个部位的精度或性能，满足生产工艺的要求。改善性修理是对设备中故障率高的部位，通过改进其结构、参数、材料和制造工艺等方法，提高零部件的性能，使故障不再发生。

（2）全面生产维修制

全面生产维修制（TPM）是日本企业界在生产维修制的基础上，根据英国人创立的设备综合工程学，在1971年提出的动员全企业人员参加的更为全面的“生产性维修”。TPM的提出可以说是现代设备管理渐趋成熟的一个标志。

TPM的主要目的是将设备的利用提高到极限；强化生产条件，保证不生产不良品；追求一切“零损失”。与设备综合工程学相比，它更侧重于方法的应用，因此，TPM的推广，可以说是设备综合工程学在实践中的展开和深入。

TPM的基本思想可以概括为“三全”。

a. 全系统是指以设备整个寿命为对象，从研究、设计、制造、使用、维修至报废为止全过程的系统管理，因此有时又称全过程管理。在使用阶段要做好保养和检查工作，对重要设备实行预防维修，对次要设备实行事后维修。当设备频频发生重要性故障时，就采取改善维修。

b. 全效率类似设备综合工程的综合效率。是指通过设备管理，使设备在生产中达到产量、质量最好，成本最低，故障少，安全生产，交货及时，操作工人情绪饱满。

c. 全员是指从企业领导到工人及设备有关人员全体都参加设备管理，分别承担相应的职责。涉及设备的计划、使用、保养等所有部门。

所以，TPM是指全员参加的、以提高设备综合效率为目标的、以设备一生为对象的生产维修制。TPM的基本特征为：以提高设备综合效率为目标；建立以设备一生为对象的生产维修总系统；涉及设备的计划、使用、保养等所有部门；从最高领导到第一线工人全体成员参加；加强生产维修保养思想教育，开展班组自主活动，推广生产维修。

从内容上讲，TPM主要包括以下几方面。

① 日常点检。首先由技术人员、维修人员共同制定出点检卡，并且向操作人员讲解点检方法，然后由操作工人在上班后的5～10分钟里，用听、看、试的办法，根据点检卡内容逐项进行检查。15分钟后，维修人员逐台看点检卡，若有标记机器运转不良的符号，立即进行处理。根据日本丰田公司的统计，有80%的早期发现故障，都是由生产工人在日常点检时发现的。

② 定期检查。维修工人按计划定期对重点设备进行的检查，要测定设备劣化的程度，确定设备性能，调整设备等。

③ 计划修理。根据日常点检、定期检查的结果所提出的设备修理委托书或维修报告、机床性能检查记录等资料编制的计划定期进行修理。这种修理属于恢复性维修。

④ 改善性维修。对设备的某些结构进行改进修理，主要用于经常发生故障的设备。

⑤ 故障修理。当设备突然发生故障或由于设备原因造成废品时必须立即组织抢修，这称为故障修理。这是一个重要环节，它直接影响停机时间。

⑥ 维修记录分析。这是TPM的一项重要内容。尤其是“平均故障间隔时间”分析很受日

本企业的重视。它把各项维修作业的发生时间、现象、原因、所需工时、停机时间等都记录下来，做成分析表，通过分析找出故障重点次数多、间隔时间短、维修工作量大、对生产影响大的设备和部件，把它们作为维修保养的重点对象。

⑦ 开展 5S 活动、经常进行 TPM 教育。5S 活动是指整理（seiri）、整顿（seiton）、清洁（seisoh）、清扫（seiketsu）、教养（shitsuke），主要目的是从思想上建立良好的工作作风。日本人认识到，再先进的方法也要靠人去落实、去执行，特别是第一线的操作工人，因此特别重视对员工的经常性教育。不单从技能上，更重要的从职业道德和敬业精神上开展不懈的教育活动，使员工能够自觉地执行各项规章制度。

12.2.4 设备的更新、改造

设备更新是指用比较经济和完善的设备替换技术上不能继续使用或在经济上不宜再用的设备。就实物形态而言，设备更新是用新的机器设备代替陈旧设备；就价值形态而言，是设备在运行中对于磨损掉的价值重新给予补偿。这种补偿形式有两种：①简单更新，即以同型号的新设备更换旧设备。其优点是有利于减少机型，减轻修理工作量。同时，也能保证原有产品质量，减少使用陈旧设备的能源、维修费等开支。但是，它不具有技术更新的性质，因此，如大量采用这种类型的更新，企业设备的平均役龄虽然很短，却不能大幅度地提高企业的经济效益，会导致企业技术的停滞。②技术更新。这是指以技术上更先进、经济上更合理的新设备代替物质上无法继续使用，经济上不宜再用的陈旧设备，即以结构更先进、技术更完善、效率更高、性能更好、耗费能源和原材料更少、外观更新颖的设备代替那些落后陈旧的设备。设备更新，主要是指后一种。

设备更新的关键是正确地确定它的技术经济界限，即找出设备合理的更新周期。设备到达更新周期，意味着设备寿命的结束，由于更新要从技术和经济两个方面考虑设备是否适宜继续使用，为此，对设备的寿命要有全面的认识。从不同的角度分析设备的寿命有如下 4 种情况。

① 自然寿命，是指设备从投入使用到报废所经过的全部时间。设备的自然寿命取决于设备的制造量、使用状况和维修工作。

② 技术寿命，是指设备从开始使用到因技术落后而被淘汰所经过的时间。设备的技术寿命主要取决于科学技术的进步，由于设备的无形磨损，它可能尚未达到自然寿命，却因达到技术寿命而被淘汰。

③ 经济寿命，亦称经济的价值寿命。它是指从设备诞生起到由于综合磨损，使其在价值形态上失去使用价值为止经历的全部时间。设备的经济寿命由设备的使用成本所决定。在设备的使用阶段，必须支付维持费用（使用成本）来维持设备的使用，当使用成本过高时，就应当淘汰。

④ 产品寿命，是指市场上已不需要该设备所生产的产品，即便该设备仍处于良好状态，但被迫提前淘汰。因产品寿命周期被淘汰的主要是专用设备。

研究设备寿命的目的在于及时进行决策，以提高企业的经济效益。设备的经济寿命是用于分析和确定设备最佳更新期的理论依据。根据设备的经济寿命来确定设备的最佳更新期的原则，是使设备的一次性投资和各年经营费用的总和达到最小。具体的设备最佳更新周期决策方法在此不再赘述。

设备改造是指在原有设备的基础上，对设备的结构进行局部改革，或是把科学技术的新成果应用于现有设备，改变现有设备落后的技术面貌，提高设备的现代化水平。例如，将旧机床改造为程控、数控机床，或在原有机床上增设精密检查装置等。

通过设备改造可以充分利用现有条件，满足生产的需要，减少新设备的购置，节省投资。

同时还可以改善设备的性能，提高产品的质量和生产效率，降低成本，全面提高生产的经济效益。

设备改造的内容很广泛，应根据本企业的生产技术特点及产品和工艺要求来决定。一般机器设备技术改造的主要内容有：对设备的容量、功率、体积和形状的改变；提高精度和耐磨性；提高设备的机械化、自动化水平；改善润滑和冷却系统；为满足生产中工艺的要求，以及满足劳动保护和技术安全的要求而改变机床的结构等。

设备的技术改造要结合产品的升级换代和生产发展的需要，充分考虑新技术的可靠性，以及维修配件的供应条件等。当设备性能不能满足产品质量要求、生产率远远低于先进设备、能源消耗高、维修费用不经济时，陈旧设备不宜继续使用。应当采取更新而不是改造的方法。

在设备改造过程中，要遵循针对性、先进适用性、可靠性和经济性的原则。要从实际出发，按照生产工艺的要求，针对生产中的薄弱环节，采用不同的新技术，以企业的产品更新换代、发展新品种和提高产品质量为目标，结合设备在生产过程中所处的地位及技术状况来决定哪些设备必须改造以及怎样改造。采用的技术应先进适用，根据不同的设备、不同的生产工艺和批量，采取的技术标准应有高有低，要讲究先进适用，不要盲目追求高指标，更不应该为改造而改造。制定设备改造方案时，采用的新技术一定要有充分把握。它必须经实践证明是可行的，经技术论证适用于改造设备。要有实实在在的经济效益。制定设备技术改造方案时，要进行可行性分析，综合考虑投入的人力、物力、财力和创造的效益，力求以较少的投入获得较大的产出。

12.3 本章小结

设备是为了组织生产，对投入的劳动力和原材料所提供的必需的各种相关劳动手段的总称。设备管理是指依据企业的生产经营目标，通过一系列的技术、经济和组织措施，对设备寿命周期内的所有设备物质运动形态和价值运动形态进行的综合管理工作。所谓设备寿命周期，指的是设备从规划、购置、安装、调试、使用、维修直至改造、更新及报废全过程所经历的全部时间。

设备维修制度的发展过程可划分为事后修理、预防维修、生产维修、维修预防和设备综合管理五个阶段。设备综合管理学是一门以设备一生为研究对象，以提高设备综合效率，使其寿命周期费用最经济为目的的综合性管理科学。

设备维修管理中相关度量指标包括可靠性、维修性、可用性等方面。其中，衡量维修性的指标有维修耗时指标、维修工时指标、维修频率指标等。可用性指标包括固有可用性、可达可用性、工作可用性等。

设备维修的理论有两种基本观点，即“设备修理周期结构”理论和“故障分析与状态管理”理论。

合理使用设备应从提高设备利用程度、保证设备的工作精度、建立健全的规章制度来着手。设备维修体制是生产正常进行的重要保证，包括计划预防修理制和全面生产维修制。

设备更新是指用比较经济和完善的设备替换技术上不能继续使用或在经济上不宜再用的设备，其关键是正确地确定它的技术经济界限，即找出设备合理的更新周期。设备改造是指在原有设备的基础上，对设备的结构进行局部改革，或是把科学技术的新成果应用于现有设备，改变现有设备落后的技术面貌，提高设备的现代化水平。

习　题

1. 什么是设备？设备的分类如何？

2. 设备综合管理的内容是什么？
3. 设备可靠性、可维修性和可用性指标包括哪些？
4. 设备的磨损与故障规律如何？
5. 设备维修体制包括哪些？
6. 为什么要进行设备的更新和改造？

第13章 精益生产

引导案例

上海通用汽车精益生产

“柔性化共线生产、精益生产技术”是人们在谈到上海通用先进的生产方式时经常提及的，但很少有人能真正明白什么是柔性化，什么是精益生产。实际上，柔性化与精益生产不仅仅是上海通用生产制造的一个环节，更是从采购到销售整个企业流程运作的基本理念。作为一条柔性化精益生产的生产线，它仅仅是整个GMS（general manufacture system，通用制造体系的简称）系统中一个具体的工艺流程。

假如把GMS看作是一架高速运转的机器的话，那么“标准化、缩短制造周期、质量是制造出来的、持续改进、员工参与”则是保证这部机器运转良好的最重要的5个环节，而实际上GMS就是以这5条作为其构成的最基本的原则，而这5条原则又循序渐进，互为补充，互相促进，最终达到良性循环的效果。

万事有道：标准化

精益生产方式，最重要的是要确立标准和规范。看似简单的标准化实际上包含着众多方面，诸如工作场地布置标准化、定额工时管理的标准化、标准化的作业流程以及简单明了的视觉标记的运用和管理。

在工作场地布置方面，规定工具、材料摆放在工位或者岗位的什么地方，使操作的员工最直接、最有效、最便捷取用到相应的工具或者材料。定额工时的管理则是在确定一个基本产品操作完成时间的基础上，对产品的生产环节如手工操作时间、取料时间、行走时间和机器运转时间进行分析，以减少不必要（不增殖）的时间浪费，进而提高工作效率的一种标准。标准化作业则是指在保持最佳操作方法之上，不断改进和提升基准线，进一步归纳总结新标准之后的经验和优势，加以推广，持续改进，周而复始，由此得到恒定的产品质量和提高现场的安全以及人机工程的合理性。目视管理采用“红绿灯”管理，红灯停、黄灯缓、绿灯行。在零件的标签上，红色代表废品、黄色代表待处理品、绿色代表合格品、增加的一种颜色灰色则代表在制品。同样工作现场的设置和取料箱也以红黄绿作为禁止（废品）、缓行（待处理）、放行（合格）的标记。对于一个基本岗位工作基本情况的考核，没有大段文字的审核报告，有的只是简单色块表示。简单明了的色块通过视觉可以刺激人对颜色最本能的反映，而最本能的反映则是最有效的。

人人有责：制造质量

GMS系统认为质量是制造出来的，而不是检验出来的。其本质在于把质量观念置于整个产品生产制造环节，而非仅仅是最后的一道检验的环节，其意义在于不同环节、不同流程阶段的工位心中都要树立质量的观念（基础是要有质量的标准化），每发现一处缺陷都把它消灭在萌芽状态。当然，这并不意味着没有质量检验关。实际上，在总装线上一辆车装配完成，经过规定检验合格报交后，仍旧需要送到封闭的更加严格的检验部门进行诸如耐久性、淋雨实验等。在整个质量环节仍旧有一个基本的原则，那就是“不接受缺陷、不制造缺陷、不传递缺陷”，这条原则实际上就是把每一个工位，无论是上一道工序还是下一道工序都首先看作彼此的“客户”，本岗位、本客户不接受上一道工序传来的缺陷，同时自己也不能产生失误和差错，如果产生失误和差错，下一个工位或者说客户有权拒绝接受，三条原则对每一工序和岗位都适用。这三条原则在实际的工作流程中有着广泛的适用。

永恒目标：缩短周期

缩短制造周期最能体现物流和一体化管理的概念。交货周期OTD（order to deliver）是指从接受客户订单直至收到货款的全过程。缩短交货周期对企业有着非常重要的意义，首先交货期的缩短，会获得用户的满意，同时客户反馈的过程加快，利于产品的改进，质量的提高。同时根据订单，可以避免过量生产，减少流动资金的占用。缩短交货周期包括生产现场的物流管理和CKD远洋运输的物流。就现场管理的物流来说，主要是通过物料看板、物料少量精益再包装、地址配送、物料看板等几个环节的配合来实现。CKD远洋配送则是指由国外供应商将零部件包装后由集装箱运至国内按照要求进行重新包装，然后分别送入企业仓库或者国内供应商，在通过企业仓库运至生产现场的一种物流形式。

修正坐标：持续改进

持续改进是以标准化的实施为前提的，每一个点滴的小改进都是进一步提升的基础。持续改进的一个重要步骤就是全员的生产维修，设备维修的方式是自主保养加预防性维修加抢修。在自主保养方面强调操作工要对设备进行自主保养，形成“自己的设备自己维护”的主人翁意识。同时还要对操作工进行设备保养知识的培训。除此之外，还要通过专业仪器对设备进行专业性的振动分析，以得出人为无法分析和判断出的精确数据。

以人为本：员工参与

企业中最重要最核心的要素就是人。上海通用提倡员工参与的观念，不断的激励员工，同时下放职权，给员工以充分参与创造的空间。提倡员工参与，即激励个人的能动性，更提倡团队方式参与到工作目标的实现上。在上海通用的车间里，可以看到每一个小组的休息点都有打印好的合理化建议单和建议箱，每一项被最终采纳的合理化建议都会得到物质和精神上的奖励。据悉，从2000年5月开始，已经采纳合理化建议1500条，直接节约成本1880000多万元。

另外，柔性理念也体现在对员工培训上，其目的是通过多方位的培训，使员工能胜任不同的岗位，为所有的员工提供更多的发展计划和机会。所谓一人多岗，一岗多能也是完全源自丰田生产理念，一人多岗，一岗多能的培训也最终为一个生产线上不同车型的共线生产打下了基础，而一人多岗，一岗多能也同样可以使员工避免产生枯燥呆板的情绪，在不同的工作环境和岗位撞击出更多的火花。

根据http：//www.ciotimes.com/industry/car/c/car200803271104.html文章改编

13.1 精益生产的概述

13.1.1 精益生产的起源

精益生产（lean prodution，LP）是美国麻省理工学院国际汽车项目组的研究人员给日本汽车工业的生产方式取的名称。精益生产既是一种以最大限度地减少企业生产所占用的资源和降低企业管理和运营成本为主要目标的生产方式，同时，它又是一种理念，一种文化，即不投入多余的生产要素，只在适当时间生产下道工序或市场需要数量的产品。它的实质是管理过程的优化，通过大力精简中间管理层，进行组织扁平化改革，减少非直接生产人员；推行生产均衡化、同步化，实现零库存与柔性生产；推行全生产过程的质量保证体系；减少和降低任何环节上的浪费；最终实现拉动式准时化生产（just in time，JIT）。精益生产的核心是追求消灭包括库存在内的一切“浪费”，并围绕此目标发展了一系列具体方法，逐渐形成了一套独具特色的生产经营管理体系。它起源于日本丰田汽车公司的一种生产管理方法。

在 20 世纪 40 年代中后期，美国是全球汽车业的霸主。以福特为代表的美国汽车工业实行了大规模生产方式。这种生产方式以提高生产效率为目的，每条生产线，甚至每家汽车制造厂只生产单一品种的汽车。在当时这种情况下，日本丰田汽车公司去美国福特公司学习，结果发现根本不可能照搬“福特模式”。因为，日本市场需求量小，无法满足福特大规模的要求。以冲压机床为例，福特给每一汽车品种配置一台昂贵的机床，进行大量生产。而在 1949 年，日本全年生产的卡车数仅 25622 辆，汽车数 1008 辆。丰田公司为了生存，不论订单数量多少、品种的变化多样都得接单。在这种情况下，根本不可能为每一汽车品种配置一台昂贵的机床，丰田公司必须想办法实现在一条生产线上生产多种品种的汽车。1950 年朝鲜战争爆发，订单开始增加，即使如此，仍达不到福特大规模生产的要求。正是在这种背景下，丰田公司开始摸索在小批量多品种的市场环境下的生产方式。

在 20 世纪 70 年代后期，以丰田为代表的日本汽车工业已经在全球汽车市场的竞争中处于领先地位。1979 年开始，美国麻省理工学院的一批学者对世界各大汽车公司进行研究，发现以丰田为代表的日本汽车工业的生产方式与欧美汽车公司的生产方式存在很大差异。在此基础上，根据丰田生产系统的特点加以总结提炼，命名为“lean production”，即精益生产。

日本丰田汽车公司精益方式的出现，适应了社会的发展。精益生产方式是战后日本汽车工业遭到“资源稀缺”和“多品种，少批量”的市场制约的产物。

13.1.2 精益生产的特点

与单件生产方式和大量生产方式相比，精益生产方式既综合了单件生产方式品种多和大量生产方式成本低的优点，又避免了单件生产方式生产效率低和大量生产方式柔性不足的缺点，是生产方式的又一次革命性飞跃。精益生产与大量生产方式在生产目标、工作方式、管理方式等方面存在很大的差异，具体见表 13-1。

表 13-1 大批量生产与精生产特点比较

比较项目	精益生产方式	大批量生产方式
生产目标	追求尽善尽美	尽可能好
工作方式	集成、多功能、综合的工作组	分工、专门化
管理方式	权力下放	宝塔式
产品特征	面向用户、生产周期短	数量很大的标准化产品
供货方式	JIT 方式、零库存	大量库存缓冲
产品质量	由人工保证，质量高、零缺陷	检验部门事后把关
返修率	几乎为零	很大
自动化	柔性自动化，但尽量精简	刚性自动化
生产组织	精简一切多余环节	组织机构庞大
设计方式	并行方式	串行模式
工作关系	集体主义精神	相互封闭
用户关系	以用户为上帝，产品面向用户	以用户为上帝，但产品少变
供应商	同舟共济、生死与共	互不信任、无长期打算
雇员关系	终身雇佣、以企业为家	可以随时解雇，工作无保障

精益生产集准时生产制和柔性制造的优点于一体，在质量管理上贯彻六个西格码的质量管理原则，不是依靠检查，而是从产品的设计开始就把质量问题考虑进去，确保每一个产品只能严格地按照唯一正确的方式生产和安装；在库存管理上，体现了节约成本的要求，在满足顾客

的需求和保持生产线流动的同时，做到了产成品库存和在制品库存最低；在员工激励上，精益企业的员工被赋予了极大的权利，真正体现了当家作主的精神，并且人事组织结构趋于扁平化，消除了上级与下级之间相互沟通的隔阂，做到全厂上下一条心。所有这一切都体现了降低成本、提高产品竞争力的要求。

13.2　精益生产的技术支撑系统

精益生产的技术支撑系统如图 13-1。精益生产的最终目标是提高公司的整体利润，其途径分为经济性与适应性两个方面，即不断的消除浪费降低成本，同时通过柔性生产提高竞争能力来不断适应市场需求能力，扩大市场份额。JIT 生产方式可以有效地实现这两个方面，而看板管理又是实现 JIT 的一种有效管理方法。成功的看板管理需要很严格的条件：通过全面质量管理以及低成本自动化技术保证产品质量，通过设备的快速切换以及合理布置实现小批量生产、并最终达到均衡化生产，通过合理的设备布置与标准化的作业以及多技能员工的紧密配合达到同步化生产，在此基础上还需要良好的外部协作。显然，上述目标和策略实现的基石是全员参与的改善、合理化活动以及 5S 现场管理等。

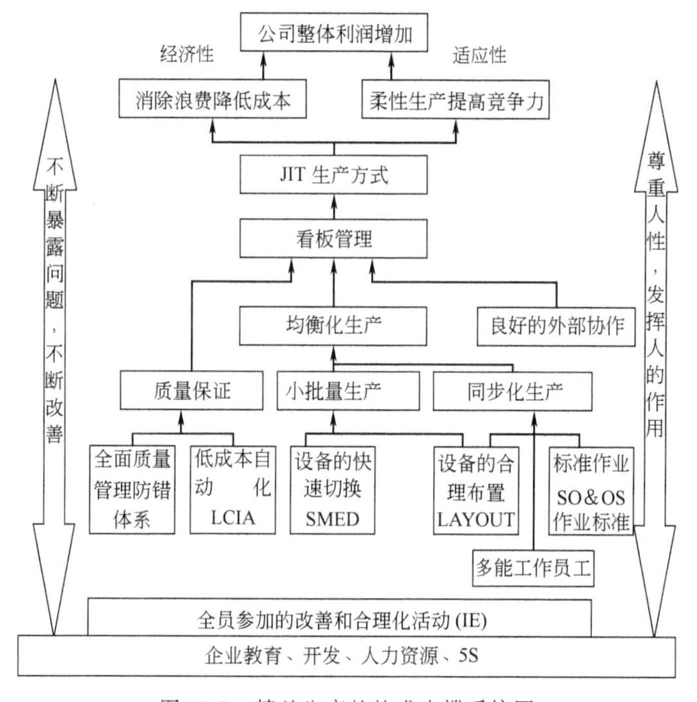

图 13-1　精益生产的技术支撑系统图

13.3　消除浪费

精益生产的核心思想是消除浪费。要消除浪费，需要遵循四个步骤：①了解什么是浪费；②识别工序中哪里存在浪费；③使用合适的工具来消除已识别的特定浪费；④实施持续改进措施，并重复实施上述步骤。

13.3.1　7 种浪费

精益生产方式中所指出的浪费，和日常生活中所提到的浪费有着截然不同的含义，即在工业生产中，凡是不能直接创造出价值的一切活动，均视为浪费。这其中包括：

① 不为工序增加价值的任何事情；

② 不利于生产、不符合客户要求的任何事情；

③ 顾客不愿付钱由你去做的任何事情；

④ 尽管是增加价值的活动，但所用的资源超过了“绝对最少”的界限，也是浪费。

精益生产方式将所有浪费归纳成七种浪费：纠正错误、过量生产、物料搬运、动作、等待、库存、过度加工，如表 13-2 所示。

表 13-2 精益生产中常见的七种浪费

浪费	定义	表现	起因
纠正错误	对产品进行检查，返工等补救措施	额外的时间和人工进行检查，返工等工作；由此而引起的无法准时交货；企业的运作是补救式的，而非预防式的(救火队方式的运作)	生产能力不稳定；过度依靠人力来发现错误；员工缺乏培训
过量生产	生产多于需求或生产快于需求	库存堆积；过多的设备；额外的仓库；额外的人员需求；额外场地	生产能力不稳定；缺乏交流(内部、外部)；换型时间长；开工率低；生产计划不协调；对市场的变化反应迟钝
物料搬运	对物料的任何移动	需要额外的运输工具；需要额外的储存场所；需要额外的生产场地；大量的盘点工作；产品在搬运中损坏	生产计划没有均衡化；生产换型时间长；工作场地缺乏组织；场地规划不合理；大量的库存和堆场
动作	对产品不产生价值的任何人员和设备的动作	人找工具；大量的弯腰、抬头和取物；设备和物料距离过大引起的走动；人或机器“特别忙”	办公室，生产场地和设备规划不合理；工作场地没有组织；人员及设备的效率低；没有考虑人机工程学；工作方法不统一；生产批量太大
等待	人员以及设备等资源的空闲	人等机器；机器等人；人等人；有人过于忙乱；非计划的停机	生产，运作不平衡；生产换型时间长；人员和设备的效率低；生产设备不合理；缺少部分设备；缺乏预防性检修措施
库存	任何超过客户或者后道作业需求的供应	需要额外的进货区域；停滞不前的物料流动；发现问题后需要进行大量返工；需要额外资源进行物料搬运(人员，场地，货架，车辆等)；对客户要求的变化不能及时反应	生产能力不稳定；不必要的停机；生产换型时间长；生产计划不协调；市场调查不准确
过度加工	亦称“过分加工的浪费”，既指多余的加工，也指超过顾客要求以上的精密加工，造成资源的浪费	瓶颈工艺；没有清晰的产品/技术标准；无穷无尽的精益求精；需要多余的作业时间和辅助设备	工艺更改和工程更改没有协调；随意引进不必要的先进技术；由不正确的人来作决定；没有平衡各个工艺的要求；没有正确了解客户的要求

特别地，精益生产方式认为“库存是万恶之源”。这是丰田对浪费的见解与传统见解最大的不同，也是丰田能带给企业更大利益的原动力。精益生产方式中几乎所有的改善行动皆会直接或间接地和消除库存有关。精益生产方式为什么将库存看作是万恶之根源，而要想尽办法来

降低它呢？

因为库存会造成下列的浪费：

① 产生不必要的搬运、堆积、放置、防护处理、找寻等浪费；

② 造成先进先出作业有一定困难；

③ 损失利息及管理费用；

④ 物品的价值会减低，变成呆滞品；

⑤ 占用厂房空间，造成多余的工场、仓库建设投资的浪费。

另外，因库存所造成的无形损失，绝不亚于上述的有形损失，精益生产方式认为库存会隐藏问题，而“问题”在精益生产方式中被认为是宝藏，问题如果能不断地被发现然后解决，则利益便会不断地产生。首先，库存量一多，因机械故障、不良产品所带来的不利后果不能马上显现出来，因而也不会产生对策。由于有了充足的库存，出现问题时可以用库存先顶上，问题就可以慢慢解决甚至不用解决，最起码是被掩盖住了，不急迫了，不会被上级追究了，似乎本部门的工作成绩就出来了。由于库存量的存在，设备能力不平衡时也看不出（库存越多，越不容易看出来）。人员是否过剩，也无法了解。由于有较多的库存，供应部门需要增加人员，制造一线需要更多的人员来生产产品用于补充库存，需要增添设备来保证生产库存所需要的设备能力，从而形成新一轮的浪费。

13.3.2 识别浪费的方法

企业实施精益生产，就是要根据精益思维的原则，在组织、管理、供应链、产品开发和生产运作方面建立有效的生产方式，以消除所有不增加价值的浪费为目标，逐步改善进而最大限度地谋求经济效益和提高竞争力。

但令人遗憾的是，许多企业在导入精益生产理念和方法后，很少认真地对整个产品的价值流进行分析，就很快进入了大规模的消除浪费活动，这些改进活动虽然可能改善了产品价值流的很小部分，使之流动得更加顺畅，但是其他部分的问题仍会导致大量库存，最终的结果是没有降低成本，甚至有所增加。如果仅仅局部实现了精益，那么改进效果的持续性就会受到限制，不能实现如大野耐一所说的“在全过程中减少浪费”，这将会导致精益生产的实施无法进行下去。

不同行业、不同企业的情况是千差万别的，在实施精益的过程中，经常会被企业杂乱无章的背景所迷惑，不知道从哪里、如何实施改善活动，会觉得改善活动无从下手。在这种情况下，就需要有一个有效的工具或方法，能够让我们找出浪费及其原因之所在，然后将其消除，这个工具就是价值流图分析技术。

价值流图分析作为一个有效的工具，可以通过作图的方法，帮助企业考虑整个产品价值流的流动，而不是只考虑孤立的过程，从而使企业能够对其整个价值流进行持续的、系统化的改进，提高企业的效益和在市场中的竞争能力。利用价值流图分析，不仅能够消除浪费，还可以消除产生浪费之根源，使之不至于卷土重来。

（1）价值流

所谓价值流，是当前产品通过其基本生产过程所要求的全部活动。这些活动包括给产品增加价值和不增加价值两部分，包括了从产品最基本的原材料阶段一直到产品交付顾客的全部过程，如一辆汽车的制造，包括了从顾客要求到概念设计、产品设计、样车制造、试验、定型、投产到交付后的使用、信息反馈和回收过程，会经过很多车间、工厂、公司，甚至可能经过多个国家和地区。从价值流的定义可以看出，价值流包括整个产品生命周期，地域范围可能包含若干个企业甚至国家和地区，所以做出产品的整个价值流图分析是极为复杂的工作，但分析价值流的基本方法是相同的。

（2）价值流图

价值流图是指按照从顾客到供应商的顺序跟踪产品的生产路径，仔细地画出物流和信息流的每个过程，然后针对绘制出的价值流图进行分析、提出问题，画出其未来的状态图，以指明价值应该如何流动。价值流图分析，可以使整个纷乱复杂的价值流变为可视的一张价值流现状图，使得价值流中的问题显现出来，这样就可以应用各种精益技术将不增值的活动即浪费消除。这种改进不仅能够消除浪费，而且能够消除浪费之源，从而提高企业的竞争力。

常见的价值流图的符号见如图 13-2。

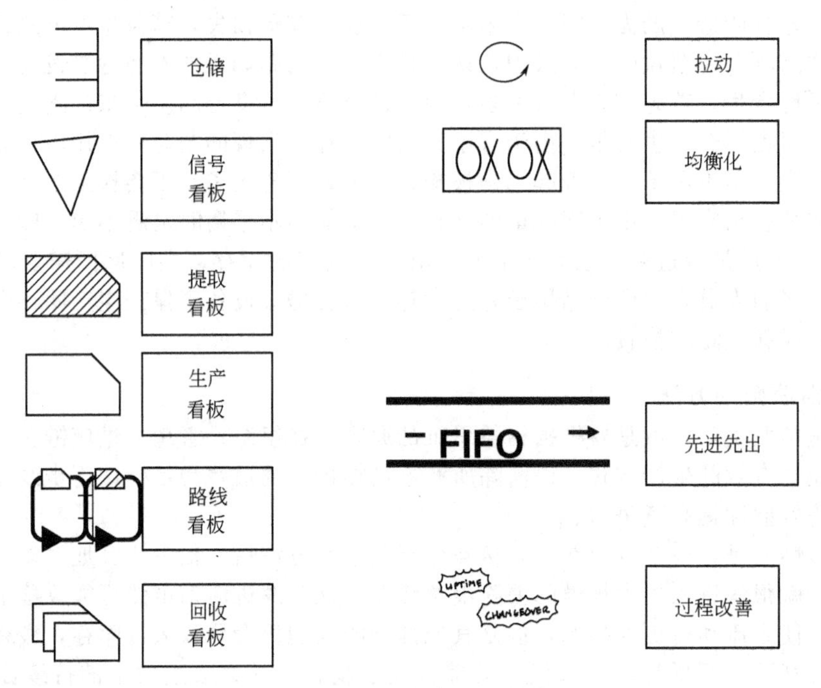

图 13-2　常见的价值流图的符号

（3）价值流图的绘制

对一个产品来说，以下两条主要流动路径是至关重要的：一是从原材料到达顾客手中的生产流程；二是从概念到正式发布的产品设计流程。价值流就是使一个产品通过这些主要流程所需要的全部活动，包括增值活动、必要但非增值活动和非增值活动（即浪费）三类。研究表明，企业用于增值活动的时间仅占整个流程的极小部分，大部分时间都花在非增值的活动中。

价值流图有助于观察和理解产品通过价值流过程时的物料流动和信息流动，以及其中的增值和非增值活动，从而发现浪费和确定需要改善的地方，为改善活动定下一个蓝图和方向。同时也便于员工了解企业的状态，提供参与改善的机会。

应用价值流图分析企业生产流程，意味着要从全盘看待问题，而不是集中于某个单独的过程；意味着将改变整体，而不仅仅是优化某个部分。价值流图分析可以是针对企业内部活动进行分析和改善，也可以针对从供应商出货起到顾客收货为止的整个价值流的分析和改善。

绘制价值流图一般包括四个步骤：

第一步，确定顾客需求，绘出生产流程；

第二步，绘出当前物流过程；

第三步，绘出当前信息流；

第四步，计算全部生产周期 TPCT（total production cycle time）。

图 13-3 是某公司的价值流图示例。

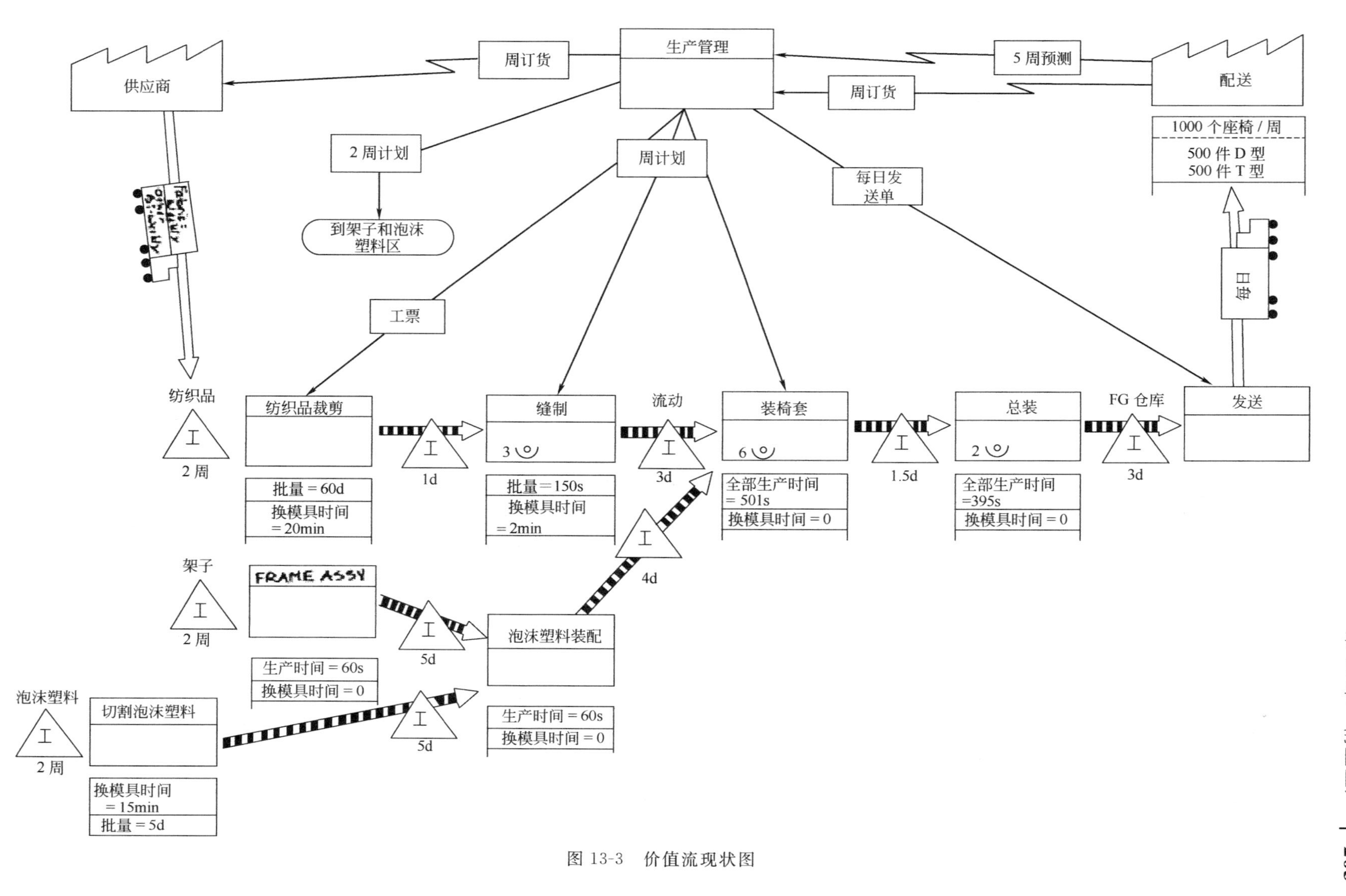

供应商
周订货
生产管理
5 周预测
周订货
配送
1000 个座椅 / 周
500 件 D 型
500 件 T 型
2 周计划
周计划
每日发送单
到架子和泡沫塑料区
每日
工票
纺织品
2 周
纺织品裁剪
批量 = 60d
换模具时间 = 20min
1d
缝制
3
批量 = 150s
换模具时间 = 2min
流动
3d
装椅套
6
全部生产时间 = 501s
换模具时间 = 0
1.5d
总装
2
全部生产时间 =395s
换模具时间 = 0
FG 仓库
3d
发送
架子
2 周
FRAME ASSY
生产时间 = 60s
换模具时间 = 0
5d
泡沫塑料装配
生产时间 = 60s
换模具时间 = 0
4d
泡沫塑料
2 周
切割泡沫塑料
换模具时间 = 15min
批量 = 5d
5d

图 13-3　价值流现状图

有了“当前状态图”，管理人员一般都能比较容易地判别和确定出浪费所在及其原因，为消灭浪费和持续改善提供目标。“未来状态图”是以精益思想为指导，按照企业的实际情况，为未来的运作模式指明方向，设计新的精益流程。所谓“未来状态”，也仅仅是基于当前的技术和认知水平，在一定时间内可以达到的较为理想的目标。随着人们技术和认知水平的提高，原来的目标又变得不理想了，人们又进入了一个更高层次的改善循环。如此往复，正是精益思想中“与完美竞争，永无止境”的精髓所在。

13.4 5S现场管理

“5S管理”起源于日本，通过规范现场、现物，营造一目了然的工作环境，培养员工良好的工作习惯，其最终目的是提升人的品质，养成良好的工作习惯。凡事要遵守规定，认认真真地对待工作中的每一件“小事”，自觉维护工作环境。5S是来自日文的五个单词的简称——整理（seiri）、整顿（seiton）、清扫（seiso）、清洁（seiketsu）和素养（shitsuke）。5S现场管理的目标就是营造安全、舒适、明亮的工作环境，提升员工的工作热情，从而塑造企业良好的形象。

（1）整理（seiri）

整理是把要与不要的人、事、物分开，再将不需要的人、事、物加以处理。其要点是对生产现场的现实摆放和停滞的各种物品进行分类，区分什么是现场需要的，什么是不需要的；其次，对于现场不需要的物品，如用剩的材料、多余的半成品、切下的料头、切屑、垃圾、废品、多余的工具、报废的设备等，要坚决清理出生产现场，这项工作的重点在于坚决把现场不需要的东西清理掉。对于车间里各个工位或设备的前后、通道左右、厂房上下、工具箱内外，以及车间的各个死角，都要彻底搜寻和清理，达到现场无不用之物。

整理的目的是：①改善和增加作业面积；②现场无杂物，行道通畅，提高工作效率；③减少磕碰的机会，保障安全，提高质量；④消除管理上的混放、混料等差错事故；⑤有利于减少库存量，节约资金；⑥改变作风，提高工作情绪。

（2）整顿（seiton）

整顿是把需要的人、事、物加以定量、定位。通过前一步整理后，对生产现场需要留下的物品进行科学合理的布置和摆放，以便用最快的速度取得所需之物，在最有效的规章、制度和最简捷的流程下完成作业。

整顿活动的要点是：①物品摆放要有固定的地点和区域，以便于寻找，消除因混放而造成的差错；②物品摆放地点要科学合理，例如，根据物品使用的频率，经常使用的东西应放得近些（如放在作业区内），偶尔使用或不常使用的东西则应放得远些（如集中放在车间某处）；③物品摆放目视化，使定量装载的物品做到过目知数，摆放不同物品的区域采用不同的色彩和标记加以区别。

（3）清扫（seiso）

清扫是把工作场所打扫干净，设备异常时马上修理，使之恢复正常。生产现场在生产过程中会产生灰尘、油污、铁屑、垃圾等，从而使现场变脏。脏的现场会使设备精度降低，故障多发，影响产品质量，使安全事故防不胜防；脏的现场更会影响人们的工作情绪，使人不愿久留。因此，必须通过清扫活动来清除那些脏物，创建一个明快、舒畅的工作环境。

清扫活动的要点是：①自己使用的物品，如设备、工具等，要自己清扫，而不要依赖他人，不增加专门的清扫工；②对设备的清扫，着眼于对设备的维护保养。清扫设备要同设备的点检结合起来，清扫即点检；清扫设备要同时做设备的润滑工作，清扫也是保养；③清扫也是为了改善。当清扫地面发现有飞屑和油水泄漏时，要查明原因，并采取措施加以改进。

（4）清洁（seiketsu）

整理、整顿、清扫之后要认真维护，使现场保持完美和最佳状态。清洁是对前三项活动的坚持与深入，从而消除发生安全事故的根源。创造一个良好的工作环境，使职工能愉快地工作。

清洁活动的要点是：①车间环境不仅要整齐，而且要做到清洁卫生，保证工人身体健康，提高工人劳动热情；②不仅物品要清洁，而且工人本身也要做到清洁，如工作服要清洁，仪表要整洁，及时理发、刮须、修指甲、洗澡等；③工人不仅要做到形体上的清洁，而且要做到精神上的"清洁"，待人要讲礼貌、要尊重别人；④要使环境不受污染，进一步消除混浊的空气、粉尘、噪声和污染源，消灭职业病。

（5）素养（shitsuke）

素养是努力提高人员的素养，养成严格遵守规章制度的习惯和作风，这是5S活动的核心。没有人员素质的提高，各项活动就不能顺利开展，开展了也坚持不了。所以，抓5S活动，要始终着眼于提高人的素质。

表 13-3 是 5S 的一个规范示例。

表 13-3　5S 规范示例

5S	规　　范	适用场所	检查记录
整理	把永远不可能用到的物品清理掉		
	把长期不用，但有潜在可用性的物品指定地方放置		
	把经常使用的物品放在容易取到的地方		
整顿	应有仓库场地布置总体规划，并画出规划图	●	
	物料、物品放置应有总体规划	●◆	
	区域划分应有标识	●◆	
	物料架应有标识	●◆	
	不同物料应有适当的标识来区分	●◆	
	物料放置应整齐、美观	●◆	
	通道要空出、不杂乱	●◆	
	应有车间场地布置总体规划，并画出规划图	◆	
	不同的生产线、工序应设牌标识	◆	
	工位摆放应整齐	◆	
	设备摆放应整齐	◆	
	工人工作台面应整齐	◆	
	文件、记录等物品放置应有规划	■	
	物品放置应整齐、美观	■	
	必要时应做一定标识	■	
	档案柜应整齐，有必要的标识	■	
	抽屉应整齐，不杂乱	■	
	员工应有员工卡		
	要设置文件布告栏		

续表

5S	规　　范	适用场所	检查记录
清扫	地面要清洁		
	墙面要清洁		
	物料架要清洁	●	
	物料无积尘	●	
	通风要好，保持干燥清爽的环境	●	
	工人工作台面要清洁	◆	
	设备要清洁	◆	
	光线要充足	◆	
	办公桌面要清洁	■	
	档案柜要清洁	■	
	抽屉要清洁	■	
	文件、记录不肮脏破烂	■	
清洁	坚持上班5S一分钟，下班5S一分钟		
	定期有检查		
	对不符合的情况及时纠正		
素养	语言有礼貌		
	举止讲文明		
	着装要整洁		
	工作主动、热情		
	有强烈的时间观念（按时完成任务、开会不迟到等）		

注：上表包含三种场所的5S规范示例。

●—对仓库的规范要求；◆—对车间的规范要求；■—对办公现场的规范要求；全空白—适用于所有场所。

13.5 准时生产

准时生产（just-in-time，JIT）是一种不同于物料需求计划（MRP）的生产方式，也称无库存生产方式（stockless production）、零库存（zero inventories）或一个流（one-piece flow）。尽管JIT生产的理念最早可以追溯到福特创造的流水线生产，但使JIT理念得以重视并得到推广的原因是日本丰田汽车公司JIT方法的成功应用。一般地，JIT适应于订货型生产（MTO）。

13.5.1 JIT的哲理

JIT是一种生产管理的哲理。按其概念，不仅生产过程中的物料而且供应商供应的原材料和外购件都要求准时地离开和到达指定的地点，没有任何等待加工的工件，也没有等待任务加工的工人和设备。

JIT的最终目标是一个平衡系统，一个贯穿整个系统的平滑、迅速的物料流。在该方式下，生产过程将在尽可能短的时间内，以尽可能最佳的方式利用资源，杜绝浪费。

在JIT理念中，浪费包括：过量生产、等候时间、不必要运输、存货、加工废品、低效工作方法和产品缺陷。特别地，JIT认为库存是万恶之源，因为它不仅占用大量的资金，造成修建或租赁仓库等一系列不增加价值的活动，造成浪费，而且还将许多管理不善的问题掩盖起来，如机器经常出故障、设备调整时间太长、设备能力不平衡、缺勤率高、备件供应不及时等问题，使问题得不到及时解决。JIT 就是要通过不断减少各种库存来暴露管理中的问题，以不断消除浪费，进行不断地改进。

尽管 JIT 的基本思想简单，容易理解，但是，实现 JIT 却不容易。JIT 设置了一个最高标准，一种极限——“零”。实际生产只能无限地接近这个极限，但却永远不可能达到。日本丰田汽车公司从看到美国的超级市场开始，就有了准时生产的思想，但还是经过了 20 多年坚持不懈的努力，才达到比较完善的地步，但离极限“零”也还存在差距。因此，JIT 需要不断改进。

13.5.2　看板控制系统

(1) 推进式系统和拉动式系统

在生产计划与控制方面，JIT 不同于物料需求计划 MRP，前者称为拉动式系统（pull），后者称为推动式系统（push）。

对于拉动式系统（pull），如图 13-4，由市场需求信息拉动产品装配需求，再由产品装配拉动零件加工。每道工序和每个车间按照当时的需要向前一道工序和上游车间发出需求指令，上游工序和车间则完全按这些需求指令进行生产，形成物流和信息的统一。这种方式为拉动式（pull）方法。

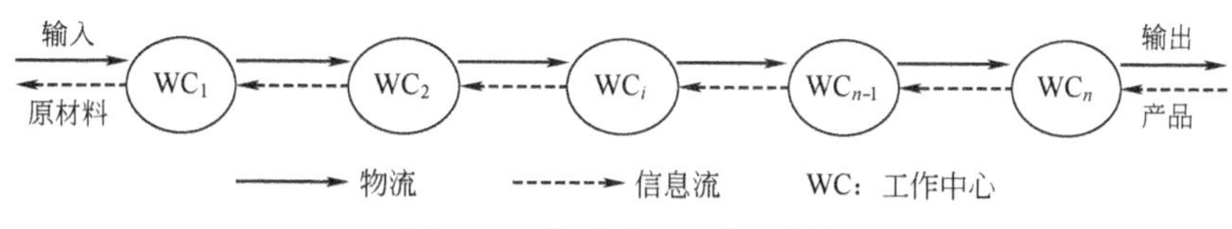

图 13-4　拉动式（pull）系统

对于推动式系统（push），如图 13-5，计划部门根据市场需求，按零部件展开，计算出每种零件部件的需要量和需要时间，形成每个零部件的投入产出计划，然后将计划发给每一个工作地和工作车间。每一工作地和生产车间都按计划制造零部件，将实际完成情况反馈到计划部门，并将加工完的零部件送到后一道工序和下游生产车间，不管后一道工序和下游生产车间当时是否需要。这种方式称为推动式（push）方式。由于实际生产作业计划会不可避免地受到随机因素的干扰，因此推动式（push）方式必然造成物流和信息流的分离。

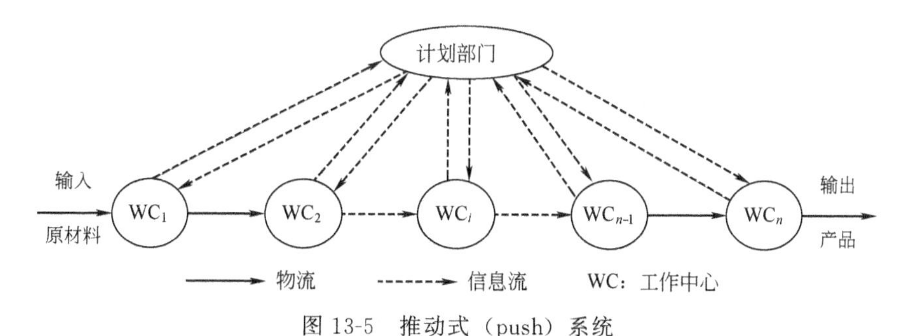

图 13-5　推动式（push）系统

(2) 看板控制系统

看板，是传递生产计划与控制信息的工具，可以直接使用装载零件的容器、循环通知单或指令卡代替，起传递指令信号的作用。在 JIT 系统中，因为生产或零部件供应的指令信号均来自于下游工序，所以它们的生产或零部件的供应都必须根据看板来进行的。

看板一般分为两种，即生产看板和传送看板。生产看板用于指挥生产，规定了各工序应该生产的零部件种类及其数量。生产看板一般是通过指挥放置零部件的容器的适时适量的补给来指挥 JIT 生产的。传送看板则用于指挥零部件在前后两道工序之间的传送，即适时适量地将容器内的在制品传送到下游工序，一般容器内所规定放置的零部件数量是固定不变的。

当需要改变产出率时，只需要根据简单的计算公式，从JIT生产系统中增减容器的数量，即可调整生产率。当然，在计算公式中还需要考虑安全库存量，但通常限制在日需求的10%以内。这一计算公式给出的实际上是理论上所需要的看板/容器的数量。在实践中，企业通常尽可能地减少生产循环中的看板/容器的数量，以保证在制品库存最小化。

13.5.3 JIT生产方式实施的其他条件

通过前面的阐述，JIT是一个拉动系统，其生产计划与控制可以通过看板控制系统来完成。但要使整个JIT生产方式能够顺利实施，仅仅通过看板控制系统还远远不够，必须进行关注流程设计、全面质量控制、稳定的计划、与供应商建立合作关系、不断降低库存和改进产品设计，如图13-6。

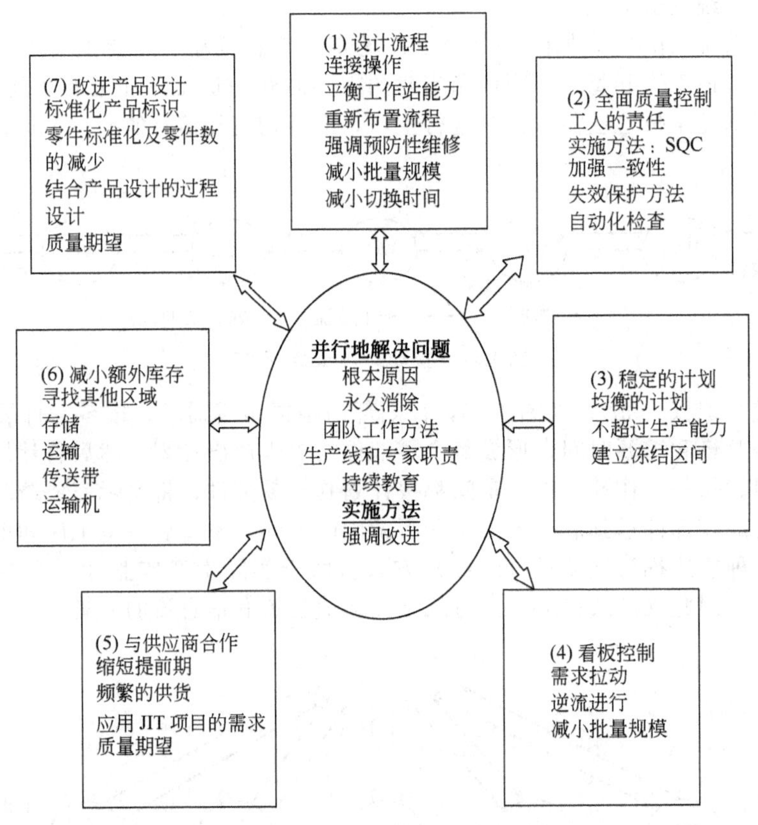

图13-6 JIT实施的条件

(1) 流程设计

工厂设施的布置一般分工艺原则布置和产品原则布置。不管采用哪种布置方式，JIT实施要求工厂布局的设计应该能够保证均衡工作流，并具有最小化的在制品库存，这就意味着无论实际的生产线是否存在，都要把每个工作站（或工作中心）看成是生产线的一部分。同一条生产线一般应该采用统一的原则进行能力平衡，并确保所有工作站的作业通过拉动系统联系到一起。因此，JIT的设计必须把内部和外部的物流系统的各方面与工厂布局的联系清晰地显示出来。

(2) 全面质量控制

全面质量控制指的是制造工艺的每一步都要确保产品质量，而不是通过检验来确保质量；同时，所有员工必须对自己的工作质量完全负责，而不是推给质量检验部门。只有当员工对其工作质量完全负责时，才能保证系统中流动的全是高质量的产品，才能保证 JIT 的最有效运行。

（3）稳定的计划

JIT 的基础是均衡生产，为了实现 JIT 的均衡生产，企业需要一个能够在较长时间跨度内保持稳定的均衡计划。均衡计划的条件是生产能力预留。在 JIT 环境下，通过预留生产能力，可以替代库存的缓冲作用。尽管预留生产能力必然会导致多余的劳动力和机器设备，从而导致该部分的成本上升，但这部分的成本仍会大大低于过量库存的成本，并且，通过在生产淡季让多余的劳动力从事工作站的日常维护工作，参加团队工作小组（teamwork），以及思考工作改进措施，也会进一步提高生产质量和生产效率。

（4）与供应商建立合作关系

不同于传统的采购供应关系，在 JIT 系统中，企业与供应商建立合作关系。基于这种合作关系，供应商愿意且能够按看板要求进行小批量供应高质量的零部件，从而保证 JIT 系统平滑的工作流运行。

（5）不断减少库存

在 JIT 理念中，库存就是浪费，库存掩盖了实际生产中存在的问题，并使这些问题永远也得不到解决。为此，JIT 方法为使问题充分暴露往往逐步减少库存。一旦问题得以发现并解决，系统就可以减少库存，发现和解决更多问题，依次类推。随着生产问题越来越多地被解决，对库存的依赖性也就越来越小。

（6）改进产品设计

标准部件、模块化设计以及质量是产品设计的三个重要要素，它们是 JIT 系统的关键。尽量在产品设计中使用标准部件意味着工人需要处理的部件种类更少，采购、处理与质量检查能够程序化，大大降低生产人力成本；尽量采用模块化设计，通过模块化设计，大大减少了需要处理的部件数，简化了装配、采购、处理和培训等；尽量将质量设计到产品与生产过程中，提高产品的质量，降低因产品质量造成的成本损失。

JIT 实施的目标是彻底消除无效劳动和浪费，具体要达到以下目标。

① 废品量最低。JIT 要求消除各种引起不合理的原因，在加工过程中每一工序都要求达到最好水平。

② 库存量最低。JIT 认为，库存是生产系统设计不合理、生产过程不协调、生产操作不良的证明。

③ 准备时间最短。准备时间长短与批量选择相联系，如果准备时间趋于零，准备成本也趋于零，就有可能采用极小批量。

④ 生产提前期最短。短的生产提前期与小批量相结合的系统，应变能力强，柔性好。

⑤ 减少零件搬运，搬运量低。零件送进搬运是非增值操作，如果能使零件和装配件运送量减少，搬运次数减少，可以节约装配时间，减少装配中可能出现的问题。

⑥ 机器损坏低。

⑦ 批量小。

13.6　本章小结

精益生产是一种以最大限度地减少企业生产所占用的资源和降低企业管理和运营成本为主要目标的生产方式，同时，它又是一种理念，一种文化，即不投入多余的生产要素，只在适当时间生产的下道工序或市场需要数量的产品。与大量生产方式相比，精益生产在生产目标、工作方式、管理方式等方面存在很大的差异。精益生产的最终目标通过不断地消除浪费和增强生产柔性能力提高公司的整体利润，其实现需要相应的技术支撑体系，如消除浪费、5S现场管理和JIT生产方式等。

精益生产的核心思想是消除浪费。要消除浪费，需要遵循了解浪费、识别浪费、消除浪费和改进浪费四个步骤。根据精益生产对浪费的定义，最常见的有七种浪费：纠正错误、过量生产、物料搬运、动作、等待、库存和过度加工。价值流图是一种能够分析和消除浪费的有效的工具。

5S现场管理也是精益生产技术支撑的基础。5S是指整理（seiri）、整顿（seiton）、清扫（seiso）、清洁（seiketsu）和素养（shitsuke）。5S现场管理的目标就是营造安全、舒适、明亮的工作环境，提升员工的工作热情，从而塑造企业良好的形象。

JIT是实施精益生产的关键。JIT也称无库存生产方式（stockless production）、零库存（zero inventories）或一个流（one-piece flow）。它认为库存是万恶之源，必须通过不断减少各种库存来暴露管理中的问题，从而消除浪费，并不断地进行改进。在生产计划与控制方面，JIT不同于物料需求计划MRP，前者称为拉动式系统（pull），后者称为推动式系统（push）。看板管理是拉动式生产计划与控制中的一种典型方法。要实施JIT生产方式，仅仅通过看板控制系统还远远不够，必须进行关注流程设计、全面质量控制、稳定的计划、与供应商建立合作关系、不断降低库存和改进产品设计。

习　题

1. 简述精益生产的概念。

2. 简要分析精益生产与大规模生产之间的区别。

3. 简要叙述精益生产的技术支撑体系。

4. 根据精益生产，浪费是如何定义的？最常见的有哪几种浪费？消除浪费应该遵循怎样的步骤？

5. 运用价值流图，以一个企业的实际运作情况为例，绘制出该企业的价值流图，并讨论如何消除这些浪费？

6. 探讨如何利用精益生产的理念改善下列企业：医院、银行和超市服务。

7. 5S的含义是什么？5S现场管理的目的是什么？结合实际生活或企业，讨论5S现场管理的必要性。

8. 什么叫推动式系统？什么叫拉动式系统？它们的区别是什么？

9. 什么叫看板？看板有几种类型？

10. JIT生产方式实施的条件是什么？结合企业案例，讨论其中一个条件或几个条件的重要性。

11. 案例分析：

酒店精益管理思考

从客户的角度来看，在入住酒店需要等待的是入住和退房的过程，虽然时间不是很长，但客户的等待感觉是很不好的，哪怕是几分钟。因此，酒店的精益管理可以从缩短退房时间、优化入住流程、改变物品管理模式以及全面可视化管理着手。

(1) 缩短退房时间

如何缩短退房时间是酒店精益管理的一个重要方面。一般退房流程包括：客人到前台交房卡——总台通知楼层服务员查房——服务员查房——通知总台查房结果——总台结算——收费——开发票。主要的流程发生在查房的环节，那能不能不要查房呢？

查房的主要目的是检查客房物品损坏情况和收费物品的使用情况，其实损坏物品的情况是非常少见的，因此主要检查内容还是后者。要取消查房，如果没有收费商品应该是可行的，但收费物品

(主要是食品和保健品)是酒店提供的服务，如果没有是否会影响酒店服务水平呢？我们可以分析一下这些物品的使用情况，一般情况下，客人是很少使用这些商品的，也许酒店可以拿出更准确的数据来说明。如果以上假设成立，酒店其实正在面临一个问题就是如何管理这些消耗缓慢的收费商品，一不小心就会成为过期商品（不知道目前酒店是如何处理的），如果这样那就是严重的浪费。对于很小部分客户需要这些商品，有没有其他的途径提供呢？如果在每层楼设置一个自助购物柜台或自助购物机（类似自助饮料销售），也是非常方便的。这个问题得到解决，退房的流程就变成：客人交房卡——总台服务员拿房间资料——结算——开发票。如果能按照客人资料提前准备发票那流程就更快。

日本有一种新的模式，退房时只需要将房卡插入大厅里的自助机器中就OK，前提是预先按照房价付款而不是入住时交定金。

(2) 优化入住流程

入住流程是：登记客人信息——交押金——开押金收据——制作房卡。有一点就是好像每次房卡都是专门设置的，为什么不能把房卡与房间号码一一对应呢，就像上文中的文件管理一样。同时当一批客人很多时，每个人的信息都需要登记，那就得费比较长的时间，是否有必要每个人都登记呢？

尽管入住登记时间不是很长，但这种流程本身造成客人没有“宾至如归”的感觉，因为回家是不需要那么多手续的。设想在酒店的大厅里安装一个像地铁自动售票机类似的设备，在首页提示酒店房价、房间类型、折扣、是否客满等信息，客人在插入身份证之后选择房间类型后显示客房楼面布局、空房信息，客人可以自选房间号码（甚至还可以实现房费支付）。如此以来，客人真的就像回家一样，直接就到房间了。而酒店可以在收到客人入住信息后，让服务员在特定时间提供上门服务，如收费服务和信息登记等，真正让客人“宾至如归”。

(3) 改变物品管理模式，减少浪费

在很长一段时间，酒店流行提供大量的一次性物品，出于环保和节约的考虑，其实对于不影响卫生和安全的物品，没有必要使用一次性物品，如洗发水、沐浴露等。对于如被褥、毛巾之类的商品，很多酒店采取有客人（入住多天）提示是否需要更换是一种很好的模式。还有前文中提起的收费商品可以采取在露面设置柜台或自助柜台的方式，减少处理过期物品或报废的成本，或者食品过期没有更换给客人带来麻烦的风险，同时提高酒店管理效率。

(4) 全面可视化管理

尽管可视化管理有相当的案例，酒店也可以采用可视化方式简化管理，体现酒店细节管理水平。

作为客户，我们对于服务有切身的感受，可以提出明确的需求和不足之处，作为服务提供者，也许会受到思维限制，很难超越现状的管理模式。精益要求以客户的立场思考，但其实并不容易。如果真的可以尝试把自己当成客户，如果能真正体验作为客户的感受，工作改善的方向和思路也许会更清晰，在没有尝试之前尽量不要轻易下“不可能、太理想”的结论。

请思考：

① 以你入住的酒店为例，从顾客角度谈谈酒店管理常常存在的问题。

② 结合精益生产的思想或技术支撑体系，酒店精益管理还可以在哪几方面改进。

参 考 文 献

[1] 陈荣秋，马士华. 生产运作管理. 北京：机械工业出版社，2004.

[2] 陈荣秋，马士华. 生产运作管理. 北京：高等教育出版社，2000.

[3] 陈荣秋，周水银. 生产运作管理的理论与实践. 北京：中国人民大学出版社，2002.

[4] 马风才. 运营管理. 北京：机械工业出版社，2007.

[5] 王关义. 现代生产管理. 北京：经济管理出版社，2005.

[6] 陈荣秋. 生产与运作管理. 北京：高等教育出版社，1999.

[7] 张念. 仓储与配送管理. 大连：东北财经出版社，2004.

[8] 李建华，邵晓峰. 运营管理. 上海：上海人民出版社，2004.

[9] 李季. 企业运营管理. 北京：首都经济贸易大学出版社，2003.

[10] 林光. 企业生产运作管理. 北京：清华大学出版社，2006.

[11] 潘家轺，曹德弼. 现代生产管理学. 北京：清华大学出版社，2003.

[12] 罗鸿. ERP 原理·设计·实施. 北京：电子工业出版社，2003.

[13] 朱道立，龚国华，罗奇. 物流和供应链管理. 上海：复旦大学出版社，2001.

[14] 齐二石. 生产与运作管理教程. 北京：清华大学出版社，2006.

[15] 马士华，林勇. 供应链管理. 北京：清华大学出版社，2006.

[16] 刘丽文. 生产与运作管理. 北京：清华大学出版社，2002.

[17] 邵晓峰，张存禄，李美燕. 供应链管理. 北京：机械工业出版社，2006.

[18] 赵启兰，刘宏志. 生产计划与供应链中的库存管理. 北京：电子工业出版社，2003.

[19] 任建标. 生产与运作管理. 北京：电子工业出版社，2006.

[20] [美] Richard B. Chase，Nicholas J. Aquilano，F. Robert Jacobs. 运营管理. 北京：机械工业出版社，2003.

[21] [美] Mark M. Davis，Nicholas J. Aquilano，Richard B. Chase. 运营管理基础. 北京：机械工业出版社，2004.

[22] [美] William J. Stevenson. 生产与运作管理. 北京：机械工业出版社，2003.

[23] [美] James A. Fitzsimmons，Mona J. Fitzsimmons. 服务管理——运作、战略与技术. 北京：机械工业出版社，2003.

[24] F. Robert Jacobs，Elliot Bendoly. Enterprise resource planning：Developments and directions for operations management research. European Journal of Operational Research，2003，146 (2)：233～240.

[25] Tinkham，Mary A，Kleiner，Brian H. New developments in service operations management. Industrial Management，1992，34 (6)：20～22.

[26] Plenert，Gerhard. Focusing material requirements planning (MRP) towards performance. European Journal of Operational Research，1999，119 (1)：91～99.

[27] Benton W C，Shin Hojung. Manufacturing planning and control：The evolution of MRP and JIT Integration. European Journal of Operational Research，1998，110 (3)：411～440.